Bernal Díaz del Castillo

Historia verdadera de la conquista de la Nueva España
Edición de Miguel León-Portilla

Tomo II

Barcelona **2023**
Linkgua-ediciones.com

Créditos

Título original: Historia verdadera de la conquista de la Nueva España.

© 2023, Red ediciones S.L.

e-mail: info@linkgua.com

Diseño de cubierta: Michel Mallard.

ISBN rústica: 978-84-9953-906-5.
ISBN ebook: 978-84-9953-175-5.

Cualquier forma de reproducción, distribución, comunicación pública o transformación de esta obra solo puede ser realizada con la autorización de sus titulares, salvo excepción prevista por la ley. Diríjase a CEDRO (Centro Español de Derechos Reprográficos, www.cedro.org) si necesita fotocopiar, escanear o hacer copias digitales de algún fragmento de esta obra.

Sumario

Créditos _____ 4

Brevísima presentación _____ 13
   La vida _____ 13

Historia verdadera _____ 15
   Capítulo CXLII. Cómo el capitán Gonzalo de Sandoval fue a Chalco y a Tamanalco con todo su ejército; y lo que en aquella jornada pasó diré adelante _____ 15
   Capítulo CXLIII. Cómo se herraron los esclavos en Texcoco, y cómo vino nueva que había venido al puerto de la Villarrica un navío, y los pasajeros que en él vinieron; y otras cosas que pasaron iré adelante _____ 21
   Capítulo CXLIV. Cómo nuestro capitán Cortés fue a una entrada y se rodeó la laguna, y todas las ciudades y grandes pueblos que alrededor hallamos, y lo que más nos pasó en aquella entrada _____ 24
   Capítulo CXLV. De la gran sed que hubo en este camino y del peligro en que nos vimos en Xochimilco con muchas batallas y reencuentros que con los mexicanos y con los naturales de aquella ciudad tuvimos, y de otros muchos reencuentros de guerras que hasta volver a Texcoco pasamos _____ 33
   Capítulo CXLVI. Cómo desque llegamos con Cortés a Texcoco, con todo nuestro ejército y soldados, de la entrada de rodear los pueblos de la laguna, tenían concertado entre ciertas personas de los que habían pasado con Narváez, de matar a Cortés y a todos los que fuésemos en su defensa; y quien fue primero autor de aquella chirinola fue uno que había sido amigo de Diego Velázquez, gobernador de Cuba; al cual soldado Cortés le mandó ahorcar por sentencia; y cómo se herraron los esclavos y se apercibió todo el real y los pueblos nuestros amigos, y se hizo alarde y ordenanzas, y otras cosas que más pasaron _____ 45
   Capítulo CXLVII. Cómo Cortés mandó a todos los pueblos nuestros amigos que estaban cercanos de Texcoco, que hiciesen almacén de saetas y casquillos de cobre, y lo que en nuestro real más pasó _____ 47
   Capítulo CXLVIII. Cómo se hizo alarde en la ciudad de Texcoco en los patios mayores de aquella ciudad, y los de a caballo, ballesteros y escopeteros y

soldados que se hallaron, y las ordenanzas que se pregonaron, y otras cosas que se hicieron _____ 48

Capítulo CXLIX. Cómo Cortés buscó a los marineros que eran menester para remar en los bergantines, y se les señaló capitanes que habían de ir en ellos, y de otras cosas que se hicieron _____ 50

Capítulo CL. Cómo Cortés mandó que fuesen tres guarniciones de soldados y de a caballo y ballesteros y escopeteros por tierra a poner cerco a la gran ciudad de México, y los capitanes que nombró para cada guarnición, y los soldados y de a caballo y ballesteros y escopeteros que les repartió, y los sitios y ciudades donde habíamos de asentar nuestros reales _____ 53

Capítulo CLI. Cómo Cortés mandó repartir los doce bergantines, y mandó que se sacase la gente del más pequeño bergantín, que se decía Busca Ruido, y de lo demás que pasó _____ 61

Capítulo CLII. Cómo desbarataron los indios mexicanos a Cortés, y le llevaron vivos para sacrificar sesenta y dos soldados, y le hirieron en una pierna, y el gran peligro en que nos vimos por su causa_____ 76

Capítulo CLIII. De la manera que peleábamos y se nos fueron todos los amigos a sus pueblos _____ 88

Capítulo CLIV. Cómo Cortés envió a Guatemuz a rogarle que tengamos paz_____ 95

Capítulo CLV. Cómo fue Gonzalo de Sandoval contra las provincias que venían a ayudar a Guatemuz _____ 99

Capítulo CLVI. Cómo se prendió Guatemuz _____ 105

Capítulo CLVII. Cómo mandó Cortés adobar los caños de Chapultepec, y otras muchas cosas _____ 115

Capítulo CLVIII. Cómo llegó al puerto de la Villarrica un Cristóbal de Tapia que venía para ser gobernador _____ 122

Capítulo CLIX. Cómo Cortés, y todos los oficiales del rey acordaron de enviar a su majestad todo el oro que le había cabido de su real quinto de todos los despojos de México, y cómo se envió de por sí la recámara del oro y todas las joyas que fueron de Moctezuma y de Guatemuz, y lo que sobre ello acaeció_____ 132

Capítulo CLX. Cómo Gonzalo de Sandoval llegó con su ejército a un pueblo que se dice Tuxtepec, y lo que allí hizo, y después pasó a Guazacualco, y todo lo más que le avino_____ 138

Capítulo CLXI. Cómo Pedro de Alvarado fue a Tutepeque a poblar una villa, y lo que en la pacificación de aquella provincia y poblar la villa le acaeció _____ 147

Capítulo CLXII. Cómo vino Francisco de Garay de Jamaica con grande armada para Pánuco, y lo que te aconteció, y muchas cosas que pasaron _____ 150

Capítulo CLXIII. Cómo el licenciado Alonso de Zuazo venía en una carabela a la Nueva España, y dio en unas isletas que llaman las Víboras, y lo que más le aconteció _____ 166

Capítulo CLXIV. Cómo Cortés envió a Pedro de Alvarado a la provincia de Guatemala para que poblase una villa y los trajese de paz, y lo que sobre ello se hizo 168

Capítulo CLXV. Cómo Cortés envió una armada para que pacificase y conquistase aquellas provincias de Higüeras y Honduras, envió por capitán della a Cristóbal de Olí, y lo que pasó diré adelante _____ 175

Capítulo CLXVI. Cómo los que quedamos poblados en Guazacualco siempre andábamos pacificando las provincias que se nos alzaban, y cómo Cortés mandó al capitán Luis Marín que fuese a conquistar y a pacificar la provincia de Chiapas, y me mandó que fuese con él, y lo que en la pacificación pasó _____ 178

Capítulo CLXVII. Cómo estando en Castilla nuestros procuradores, recusaron al obispo de Burgos, y lo que más pasó _____ 196

Capítulo CLXVIII. Cómo fueron ante su majestad el Pánfilo de Narváez y Cristóbal de Tapia, y un piloto que se decía Gonzalo de Umbría y otro soldado que se llamaba Cárdenas; y con favor del obispo de Burgos, aunque no tenía cargo de entender en cosas de Indias, que ya le habían quitado el cargo y se estaba en Toro: todos los por mí referidos dieron ante su majestad muchas quejas de Cortés, y lo que sobre ello se hizo _____ 199

Capítulo CLXIX. De en lo que Cortés entendió después que le vino la gobernación de la Nueva España, cómo y de qué manera repartió los pueblos de indios, y otras cosas que más pasaron, y una manera de platicar que sobre ello se ha declarado entre personas doctas _____ 212

Capítulo CLXX. Cómo el capitán Hernando Cortés envió a Castilla, a su majestad, 80.000 pesos en oro y plata, y envió un tiro, que era una culebrina muy ricamente labrada de muchas figuras, y toda ella, o la mayor parte, era de oro bajo, revuelto con plata de Michoacan, que por nombre se decía el Fénix, y también envió a su padre, Martín Cortés, sobre 5.000 pesos de oro; y lo que sobre ello avino diré adelante _____ 221

Capítulo CLXXI. Cómo vinieron al puerto de la Veracruz doce frailes franciscos de muy santa vida, y venía por su vicario y guardián fray Martín de Valencia, y era tan buen religioso, que hubo fama que hacía milagros; y era natural de una villa de Tierra de Campo que se dice Valencia de don Juan, y lo que Cortés hizo en su venida _____ 224

Capítulo CLXXII. Cómo Cortés escribió a su majestad y le envió 30.000 pesos de oro, y cómo estaba entendiendo en la conversión de los naturales y reedificación de México, y de cómo había enviado un capitán que se decía Cristóbal de Olí a pacificar las provincias de Honduras con una buena armada, y se alzó con ella, y dio relación de otras cosas que había pasado en México; y en el navío que iban las cartas de Cortés envió otras cartas muy secretas el contador de su majestad, que se decía Rodrigo de Albornoz, y en ellas decían mucho mal de Cortés y de todos los que con él pasamos y lo que su majestad sobre ello mandó que se proveyese __227

Capítulo CLXXIII. Cómo, sabiendo Cortés que Cristóbal de Olí se había alzado con la armada y había hecho compañía con Diego Velázquez, gobernador de Cuba, envió contra él a un capitán que se llamaba Francisco de las Casas, y lo que entonces sucedió diré adelante _____ 232

Capítulo CLXXIV. Cómo Hernando Cortés salió de México para ir camino de las Higüeras en busca de Cristóbal de Olí y de Francisco de las Casas y de los demás capitanes y soldados; dase cuenta de los caballeros y capitanes que sacó de México para ir en su compañía, y del gran aparato y servicio que llevó hasta llegar a la villa de Guazacualco, y de otras cosas que entonces pasaron _____ 237

Capítulo CLXXV. De lo que Cortés ordenó después que se volvió el factor y veedor a México y del trabajo que llevábamos en el largo camino y de las grandes puentes que hicimos, y hambre que pasamos en dos años y tres meses que tardamos en este viaje _____ 241

Capítulo CLXXVI. Como desque hubimos llegado al pueblo de Ciguatepecad envió Cortés por capitán a Francisco de Medina para que, topando a Simón de Cuenca, viniesen con los dos navíos ya otra vez por mí memorados al Triunfo de la Santa Cruz, al Golfo Dulce, y de lo que más pasó_____ 247

Capítulo CLXXVII. De en lo que Cortés entendió después de llegado a Acalá, y cómo en otro pueblo más adelante, sujeto al mismo Acalá, mandó ahorcar a Guatemuz, que era gran cacique de México, y a otro cacique que era señor de Tacuba, y la causa por qué; y otras cosas que entonces pasaron _____ 252

Capítulo CLXXVIII. Cómo seguimos nuestro viaje, y lo que en ello nos avino _____ 256

Capítulo CLXXIX. Cómo Cortés entró en la villa donde estaban poblados los de Gil González de Ávila, y de la gran alegría que todos los vecinos hubieron, y lo que Cortés ordenó _____ 266

Capítulo CLXXX. Cómo otro día después de haber llegado a aquella villa, que yo no le sé otro nombre sino San Gil de Buena Vista, fuimos con el capitán Luis Marín hasta ochenta soldados, todos a pie, a buscar maíz y a descubrir la tierra, y lo que más Rasó diré adelante _____ 267

Capítulo CLXXXI. Cómo Cortés se embarcó con todos los soldados que había traído en su compañía y los que había en San Gil de Buena Vista, y fue a poblar adonde ahora llaman Puerto de Caballos, y se le puso por nombre La Natividad, y lo que en él se hizo _____ 270

Capítulo CLXXXII. Cómo el capitán Gonzalo de Sandoval comenzó a pacificar aquella provincia de Naco, y de los grandes reencuentros que con los de aquella provincia tuvo, y lo que más se hizo _____ 273

Capítulo CLXXXIII. Cómo Cortés desembarcó en el puerto que llaman de Trujillo, y cómo todos los vecinos de aquella villa le salieron a recibir y se holgaron mucho con él; y de todo lo que allí se hizo _____ 274

Capítulo CLXXXIV. Cómo el capitán Gonzalo de Sandoval, que estaba en Naco, prendió a cuarenta soldados españoles y a su capitán, que venían de la provincia de Nicaragua, y hacían muchos daños y robos a los indios de los pueblos por donde pasaban _____ 279

Capítulo CLXXXV. Cómo el licenciado Zuazo envió una carta desde La Habana a Cortés, y lo que en ella se contiene es lo que diré adelante _____ 282

Capítulo CLXXXVI. Cómo fueron por la posta de Nicaragua ciertos amigos del Pedro Arias de Ávila a hacerle saber cómo Francisco Hernández, que envió por capitán a Nicaragua, se carteaba con Cortés y se le había alzado con las provincias de Nicaragua, y lo que sobre ello Pedro Arias hizo _____ 290

Capítulo CLXXXVII. Cómo yendo Cortés por la mar la derrota de México tuvo tormenta, y dos veces tornó arribar al puerto de Trujillo, y lo que allí le avino _____ 291

Capítulo CLXXXVIII. Cómo Cortés envió un navío a la Nueva España, y por capitán de él a un criado suyo que se decía Martín de Orantes, y con cartas y poderes para que gobernase Francisco de las Casas y Pedro de Alvarado si allí estuviese, y si no, el Alonso de Estrada y el Albornoz _____ 293

Capítulo CLXXXIX. Cómo el tesorero, con otros muchos caballeros rogaron a los frailes franciscanos que enviasen a un fray Diego de Altamirano, que era deudo de Cortés, que fuese en un navío a Trujillo y lo hiciese venir, y lo que sucedió _____ 296

Capítulo CXC. Cómo Cortés se embarcó en La Habana para ir a la Nueva España, y con buen tiempo llegó a la Veracruz, y de las alegrías que todos hicieron con su venida _____ 301

Capítulo CXCI. Cómo en este instante llegó al puerto de San Juan de Ulúa, con tres navíos, el licenciado Luis Ponce de León, que vino a tomar residencia a Cortés, y lo que sobre ello pasó; y hay necesidad de volver algo atrás para que bien se entienda lo que ahora diré _____ 303

Capítulo CXCII. Cómo el licenciado Luis Ponce, después que hubo presentado las reales provisiones y fue obedecido, mandó pregonar residencia contra Cortés y los que habían tenido cargos de justicia, y cómo cayó malo de mal de modorra y della falleció, y lo que más le sucedió _____ 310

Capítulo CXCIII. Cómo después que murió el licenciado Ponce de León comenzó a gobernar el licenciado Marcos de Aguilar, y las contiendas que sobre ello hubo, y cómo el capitán Luis Marín con todos los que veníamos en su compañía topamos con Pedro de Alvarado, que andaba en busca de Cortés, y nos alegramos los unos con los otros, porque estaba la tierra de guerra, por la poder pasar sin tanto peligro 312

Capítulo CXCIV. Cómo Marcos de Aguilar falleció, y dejó en el testamento que gobernase el tesorero Alonso de Estrada, y que no entendiese en pleitos del factor ni veedor ni dar ni quitar indios hasta que su majestad mandase lo que más en ello fuese servido, según y de la manera que le dejó el poder Luis Ponce de León _____ 319

Capítulo CXCV. Cómo vinieron cartas a Cortés de España, del cardenal de Sigüenza don García de Loaysa, que era presidente de Indias y luego fue arzobispo de Sevilla, y de otros caballeros, para que en todo caso se fuese luego a Castilla, y le trajeron nuevas que era muerto su padre Martín Cortés; y lo que sobre ello hizo _____ 327

Capítulo CXCVI. Cómo entretanto que Cortés estaba en Castilla con título de marqués, vino la real audiencia a México, y en lo que entendió _____ 337

Capítulo CXCVII. Cómo Nuño de Guzmán supo por cartas ciertas de Castilla que le quitaban el cargo, porque había mandado su majestad que le quitasen de presidente a él y a los oidores, y viniesen otros en su lugar, acordó de ir a pacificar y conquistar la provincia de Jalisco, que ahora se dice la Nueva Galicia _____ 346

Capítulo CXCVIII. Cómo llegó la real audiencia a México, y lo que se hizo _____347
Capítulo CXCIX. Cómo vino don Hernando Cortés, marqués del Valle, de España, casado con la señora doña María de Zúñiga, con título de marqués del Valle y capitán general de la Nueva España y de la mar del Sur; y del recibimiento que se le hizo_____351
Capítulo CC. De los gastos que el marqués don Hernando Cortés hizo en las armadas que envió a descubrir, y cómo en todo lo demás no tuvo ventura; y he menester volver mucho atrás de mi relación para que bien se entienda lo que ahora diré_____353
Capítulo CCI. Cómo en México se hicieron grandes fiestas y banquetes por alegría de las paces del cristianísimo emperador nuestro señor, de gloriosa memoria, con el rey Francisco de Francia, cuando las vistas de Aguas Muertas _____360
Capítulo CCII. Cómo el virrey don Antonio de Mendoza envió tres navíos a descubrir por la banda del sur en busca de Francisco Vázquez Coronado, y le envió bastimentos y soldados, que estaban en la conquista de la Cibola _____368
Capítulo CCIII. De una muy grande armada que hizo el adelantado don Pedro de Alvarado en el año de 1537_____369
Capítulo CCIV. De lo que el marqués del Valle hizo desde que estaba en Castilla ___375
Capítulo CCV. De los valerosos capitanes y fuertes soldados que pasamos dende la isla de Cuba con el venturoso y muy animoso capitán don Hernando Cortés, que después de ganado México fue marqués del Valle y tuvo otros ditados_____384
Capítulo CCVI. De las estaturas y proporciones y edades que tuvieron ciertos capitanes valerosos y fuertes soldados que fueron de Cortés, cuando vinimos a conquistar la Nueva España _____404
Capítulo CCVII. De las cosas que aquí van declaradas cerca de los méritos que tenemos los verdaderos conquistadores; las cuales serán apacibles de las oír _____409
Capítulo CCVIII. Cómo los indios de toda la Nueva España tenían muchos sacrificios y torpedades, y se los quitamos, y les impusimos en las cosas santas de buena doctrina _____410
Capítulo CCIX. De cómo impusimos en muy buenas y santas doctrinas a los indios de la Nueva España, y de su conversión; y de cómo se bautizaron, y volvieron a nuestra santa fe, y les enseñamos oficios que se usan en Castilla, y a tener y guardar justicia _____412

Capítulo CCX. De otras cosas y provechos que se han seguido de nuestras ilustres conquistas y trabajos _____416

Capítulo CCXI. Cómo el año de 1550, estando la corte en Valladolid, se juntaron en el real consejo de Indias ciertos prelados y caballeros, que vinieron de la Nueva España y del Perú por procuradores, y otros hidalgos que se hallaron presentes, para dar orden que se hiciese el repartimiento perpetuo; y lo que en la junta se hizo y platicó es lo que diré_____422

Capítulo CCXII. De otras pláticas y relaciones que aquí irán declaradas, que serán agradables de oír_____426

Capítulo CCXII bis. De las señales y planetas que hubo en el cielo de Nueva España antes que en ella entrásemos, y pronósticos de declaración que los indios mexicanos hicieron, diciendo sobre ellos; y de una señal que hubo en el cielo, y otras cosas que son de traer a la memoria_____432

Libros a la carta_____**439**

Brevísima presentación

La vida

Bernal Díaz del Castillo nació en Medina del Campo, en 1495, y murió en Guatemala. Hijo de Francisco Díaz del Castillo, regidor de su ciudad natal, y de María Díez Rejón.

Viajó a América acompañado de Pedrarias Dávila y estuvo en las expediciones de Francisco Hernández de Córdoba y Juan de Grijalva. Participó con Hernán Cortés en la conquista de Nueva España, y estuvo en la «Noche triste», y en el asedio de Tenochtitlán, siendo herido de gravedad en Tlaxcala.

Después vivió en la ciudad de Santiago de los Caballeros de Guatemala y allí se casó con Teresa de Becerra, hija del conquistador de Guatemala. En 1552, a los setenta y dos años, empezó a escribir una de las crónicas más completas sobre la conquista de México. Su *Historia verdadera de la Conquista de la Nueva España*.

Díaz del Castillo fue regidor de Santiago durante más de treinta años y murió allí en 1584.

En 1514, cuando Bernal Díaz embarcó hacia el Nuevo Mundo, no había cumplido veinte años, y tres años más tarde participaba en la expedición dirigida por Hernán Cortés hacia México, donde unos pocos españoles, en algo menos de dos años, consiguieron derrotar al Imperio azteca. Cuarenta años más tarde, Bernal Díaz relata, con un afán de fidelidad tan tenaz como problemático, una de las grandes expediciones que más han marcado el imaginario occidental: los desafíos que planteaba el poder, las tácticas de Cortés para aproximarse al imperio de Montezuma y, más tarde, al de Cuauhtemoc, el choque de creencias, la explotación de los nativos para conseguir oro y otros tesoros, o las batallas que se libraron hasta la caída de México. La *Historia verdadera de la conquista de la Nueva España* es, si no un relato fidedigno de lo que ocurrió, sí una de las obras de la literatura de la Conquista —junto con los *Diarios* de Colón, las *Cartas de relación* de Cortés y la *Historia de la destrucción de las Indias* del padre Bartolomé de las Casas— que mejor atestiguan la mentalidad occidental de la época. Si, como señaló Todorov, la conquista de América es «el encuentro más asombroso de nuestra historia. En el "descubrimiento" de los demás continentes y de los demás hombres no existe realmente ese sentimiento de extrañeza radical» (*La conquista de América: el problema del otro*),

es muy posible que esa radical extrañeza fuera lo único que compartieron los hombres que participaron en aquel encuentro.

La presente edición está basada en el Manuscrito Remón.

Historia verdadera

Capítulo CXLII. Cómo el capitán Gonzalo de Sandoval fue a Chalco y a Tamanalco con todo su ejército; y lo que en aquella jornada pasó diré adelante

Ya he dicho en el capítulo pasado cómo los pueblos de Chalco y Tamanalco vinieron a decir a Cortés que les enviase socorro, porque estaban grandes guarniciones juntas para les venir a dar guerra; y tantas lástimas le dijeron, que mandó a Gonzalo de Sandoval que fuese allá con doscientos soldados y veinte de a caballo, y diez o doce ballesteros y otros tantos escopeteros, y nuestros amigos los de Tlaxcala y otra capitanía de los de Texcoco, y llevó al capitán Luis Marín por compañero, porque era su muy grande amigo; y después de haber oído misa, en 12 días del mes de marzo de 1521 años, fue a dormir a unas estancias del mismo Chalco, y otro día llegó por la mañana a Tamanalco, y los caciques y capitanes le hicieron buen recibimiento y le dieron de comer, y le dijeron que luego fuese hacia un gran pueblo que se dice Guaztepeque, porque hallaría juntos todos los poderes de México en el mismo Guaztepeque o en el camino antes de llegar a él, y que todos los de aquella provincia de Chalco irían con él; y al Gonzalo de Sandoval pareciόle que sería muy bien ir muy a punto; y puesto en concierto, fue a dormir a otro pueblo sujeto del mismo Chalco, Chimalhuacan, porque las espías que los de Chalco tenían puestas sobre los culúas vinieron a avisar cómo estaban en el campo no muy lejos de allí la gente de guerra sus enemigos, y que había algunas quebradas y arcabuezos, adonde esperaban; y como el Sandoval era muy avisado y de buen consejo, puso los escopeteros y ballesteros por delante, y los de a caballo mandó que de tres en tres se hermanasen, y cuando hubiesen gastado los ballesteros y escopeteros algunos tiros, que todos juntos los de a caballo rompiesen por ellos a media rienda y las lanzas terciadas, y que no curasen alancear, sino por los otros, hasta ponerlos en huida, y que no se deshermanasen; y mandó a los soldados de a pie que siempre estuviesen hechos un cuerpo, y no se metiesen entre los contrarios hasta que se lo mandase; porque, como le decían que eran muchos los enemigos (y así fue verdad), y estaban entre aquellos malos pasos, y no sabían si tenían hechos hoyos o algunas albarradas, quería tener sus soldados enteros, no le viniese algún desmán; y yendo por su camino, vio venir por tres partes repartidos los escuadrones de mexicanos dando gritas y tañendo trompetillas y atabales, con todo género de armas, según lo suelen traer, y se vinieron como leones bravos a encontrar con los nuestros; y cuando el Sandoval los vio tan denodados, no guardó a la orden que había dado, y dijo a los de a caballo que antes que se juntasen con los nuestros que luego rompiesen, y el Sandoval delante animando a los suyos dijo: «Santiago, y a ellos»; y de aquel tropel fueron algunos de los escuadrones mexicanos medio desbaratados, mas no del todo, que se juntaron todos e hicieron rostro, porque se ayudaban con los malos pasos y quebradas, porque los de a caballo, por ser los pasos muy agrios, no podían correr, y se estuvieron sin ir tras ellos; a esta causa les tornó a mandar Sandoval a todos los soldados que con buen concierto les entrasen, los ballesteros y escopeteros delante, y los rodeleros que les fuesen a los lados, y cuando viesen que les iban hiriendo y haciendo mala obra, y oyesen un tiro desta otra parte de la barranca, que sería señal que todos los de a caballo a una arremetiesen a les echar de aquel sitio, creyendo que les meterían en tierra llana que había allí cerca; y apercibió a los amigos que ellos ansimismo acudiesen con los españoles, y así se hizo como lo mandó; y en aquel tropel recibieron los nuestros muchas heridas, porque eran muchos los contrarios que sobre ello cargaron; y en fin de más pláticas, les hicieron ir retrayendo, mas fue hacia otros malos pasos; y Sandoval con los de a caballo los fue siguiendo, y no alcanzó sino tres o cuatro; y uno de los nuestros de a caballo que iba en el alcance, que se decía Gonzalo Domínguez, como era mal camino, rodó el caballo y toméle debajo, y dende a pocos días murió de aquella mala caída. He traído esto aquí a la memoria deste soldado, porque este Gonzalo Domínguez era uno de los mejores jinetes y esforzado que Cortés había traído en nuestra compañía; y teníamosle en tanto en las guerras, por su esfuerzo, como al Cristóbal de Olí y a Gonzalo de Sandoval; por la cual muerte hubo mucho sentimiento entre todos nosotros. Volvamos a Sandoval y a todo su ejército, que los fue siguiendo hasta cerca del pueblo que se dice Guaztepeque, y antes de llegar, a él le salen al encuentro sobre quince mil mexicanos, y le comenzaban a cercar y le hirieron muchos soldados y cinco caballos; mas como la tierra era en parte llana, con el gran concierto que llevaba rompe los dos escuadrones con los de a caballo, y los demás escuadrones vuelven las espaldas hacia el pueblo para tornar a aguardar a unos mamparos que tenían hechos; mas nuestros soldados y los amigos les siguieron de manera, que no tuvieron tiempo de aguardar, y los de a caballo siempre fueron en el alcance por otras partes, hasta que se encerraron en el mismo pueblo en partes que no se pudieron haber; y creyendo que no volverían más a pelear aquel día, mandó Sandoval reposar su gente, y se curaron los heridos y comenzaron a comer, que se había habido mucho despojo; y estando comiendo vinieron dos de a caballo y otros dos soldados que había puesto antes que comenzase a comer, los unos para corredores del campo y los otros por espías; y vinieron diciendo: «Al arma, al arma; que vienen muchos escuadrones de mexicanos»; y como siempre estaban acostumbrados a tener las armas muy a punto, de presto cabalgan y salen a una gran plaza, y en aquel instante vinieron los contrarios, y allí hubo otra buena batalla; y después que estuvieron buen rato haciendo cara en unos mamparos, desde allí hirieron algunos de los nuestros, y tal prisa les dio el Gonzalo de Sandoval con los de a caballo, y con las escopetas y ballestas y cuchilladas los soldados, que les hicieron huir del pueblo por otras barrancas, y por aquel día no volvieron más. Y cuando el capitán Sandoval se vio libre desta refriega dio muchas gracias a Dios, y se fue a reposar y dormir a una huerta que había en aquel pueblo, la más hermosa y de mayores edificios y cosa mucho de mirar que se había visto en la Nueva España así del gran concierto de la diversidad de árboles de todo género de frutas de la tierra y otras muchas rosas y olores; pues los conciertos que en él había por donde venía el agua de un río que en ella entraba; pues los ricos aposentos y las labores de ellos y la madera tan olorosa de cedros y otros árboles preciados: galas y cenadores y baños y muchas casas que en ella había; pues los paseadores y el entretejer de unas ramas con otras, y aparte las yerbas medicinales y otras legumbres que entre ellos son buenas de comer, y tenía tantas cosas de mirar que era muy admirable, y ciertamente era huerta para un gran príncipe, y aun no se acabó de andar por entonces toda, porque tenía más de un cuarto de legua de largo. Y dejemos de hablar de la huerta, y digamos que yo no vine en esta entrada, ni en este tiempo que digo anduve esta huerta, sino de ahí a obra de veinte días, que vine con Cortés cuando rodeamos los grandes pueblos de la laguna, como adelante diré; y la causa por que no vine en aquella sazón es porque estaba muy mal herido de un bote de lanza que me dieron en la garganta junto al gaznate, que estuve della a peligro de muerte, de que ahora tengo una señal, y diéronmela en lo de Iztapalapa, cuando nos apretaron tanto; y como yo no fui en esta entrada, por eso diga en esta mi relación: «Fueron y esto hicieron y tal les acaeció»; y no digo: «Hicimos ni hice, ni en ello me hallé»; mas todo lo que escribe acerca dello pasó al pie de la letra; porque luego se sabe en el real de la manera que en las entradas acaece; y así, no se puede quitar ni alargar más de lo que pasó. Y dejaré de hablar en esto, y volveré al capitán Gonzalo de Sandoval, que otro día de mañana, viendo que no había más bullicio de guerreros mexicanos, envió a llamar a los caciques de aquel pueblo con cinco indios naturales de los que habían prendido en las batallas pasadas, y los dos de ellos eran principales, y les envió a decir que no hubiesen miedo y que vengan de paz, y que lo pasado se lo perdona, y les dijo otras buenas razones, y los mensajeros que fueron, trataron las paces, mas no osaron venir los caciques por miedo de los mexicanos; y en aquel mismo día también envió a decir a otro gran pueblo que estaba de Guaztepeque obra de dos leguas, que se dice Acapistla, que mirasen que son buenas las paces, que no querían guerra, y que miren y tengan en la memoria en qué han parado los escuadrones de culúas que estaban en aquel pueblo de Guaztepeque, sino que todos han sido desbaratados; que vengan de paz, y que los mexicanos que tienen en guarnición que les echen fuera de su tierra, y que si no lo hacen, que irá allá de guerra y los castigará; y la respuesta fuera que vayan cuando quisieren, que bien quisieren, que bien piensan tener con sus carnes buenas hartazgas, y sus ídolos sacrificios; y como aquella respuesta le dieron, y los caciques de Chalco que con Sandoval estaban, que sabían que en aquel pueblo de Acapistla estaban muchos más mexicanos en guarnición para les ir a Chalco a dar guerra cuando viesen vuelto al Sandoval, a esta causa le rogaron que fuese allá y los echase de allí, y el Sandoval estaba para no ir, lo uno porque estaba herido y tenía muchos soldados y caballos heridos, y lo otro, como había tenido tres batallas, no se quisiera meter por entonces en hacer más de lo que Cortés le mandaba; y también algunos caballeros de los que llevaba en su compañía, que eran de los de Narváez, le dijeron que se volviese a Texcoco y que no fuese a Acapistla, porque estaba en gran fortaleza, no le acaeciese algún desmán; y el capitán Luis Marín le aconsejó que no dejase de ir a aquella fuerza y hacer lo que pudiese; porque los caciques de Chalco decían que si desde allí. se volvían sin deshacer el poder que estaba junto en aquella fortaleza, que así como vean o sepan que Sandoval vuelve a Texcoco, que luego. son sus enemigos en Chalco; y como era el camino de un pueblo a otro obra de dos leguas, acordó de ir, y apercibió sus soldados y fue allá; y luego como llegó a vista del pueblo, antes de llegar a él le salen muchos guerreros, y le comenzaron a tirar vara y flecha y piedra con hondas, y fue tanta como granizo, que le hirieron tres caballos y muchos soldados, sin poderles hacer cosa ni daño ninguno; y hecho esto, luego se suben entre sus riscos y fortalezas, y desde allí les daban voces y gritas y tañían sus caracolas y atables; y como el Sandoval así vio la cosa, acordó de mandar a algunos de a caballo que se apeasen y a los demás de a caballo que se estuviesen en el campo en lo llano a punto, mirando no viniesen algunos socorros mexicanos a los de Acapistla entre tanto que combatían aquel pueblo; y como vio que los caciques de Chalco y sus capitanes y muchos de sus indios de guerra que allí estaban remolinando y no osaban pelear con los contrarios, adrede para probarlos y ver lo que decían, les dijo Sandoval: «¿Qué hacéis ahí? ¿Por qué no les comenzáis a combatir? Y entrad en este pueblo y fortaleza; que aquí estamos, que os defenderemos»; y ellos respondieron que no se atrevían, porque era gran fortaleza, y que por esta causa venía el Sandoval y sus hermanos los teules con ellos, y con su mamparo y esfuerzo venían los de Chalco a les echar de allí. Por manera que se apercibe el Sandoval de arte que él y todos sus soldados y escopeteros y ballesteros les comenzaron de entrar y subir; y puesto que recibieron en aquella subida muchas heridas, y al mismo capitán le descalabraron otra vez y le hirieron muchos de los amigos, todavía les entró en el pueblo, donde se les hizo mucho daño; y todos los que más daño les hicieron fueron los indios de Chalco y los demás amigos tlaxcaltecas; porque nuestros soldados, si no fue hasta romperlos y ponerlos en huida, no curaron de dar cuchilladas a ningún indio, porque les parecía crueldad; y en lo que más se empleaban era en buscar una buena india o haber algún despojo; y lo que comúnmente hacían era reñir a los amigos porque eran tan crueles y por quitar. les algunos indios o indias porque no los matasen. Dejemos de hablar desto, y digamos que aquellos guerreros mexicanos que allí estaban, por se defender se vinieron por unos riscos abajo cerca del pueblo, y como había muchos dellos heridos de los que se venían a esconder en aquella quebrada y arroyo, y se desangraban, venía el agua algo turbia de sangre, y no duró aquella turbieza un Ave Maria. Y aquí dice el cronista Gómara en su Historia que por venir el río tinto en sangre los nuestros pasaron sed por causa de la sangre. A esto digo que había fuentes de agua clara abajo en el mismo pueblo, que no tenían necesidad de otra agua. Volvamos a decir que luego que aquello fue hecho se volvió el Sandoval con todo su ejército a Texcoco, y con buen despojo, en especial con muy buenas piezas de indias. Digamos ahora cómo el señor de México, que se decía Guatemuz, lo supo, y el desbarate de sus ejércitos, dicen que mostró mucho sentimiento dello, y más de que los de Chalco tenía tanto atrevimiento, siendo sus súbditos y vasallos, de osar tomar armas tres veces contra ellos; y estando tan enojado, acordó que entre tanto que el Sandoval volvía al real de Texcoco, de enviar grandes Poderes de guerreros, que presto juntó en la ciudad de México con otros que estaban junto a la laguna, y en más de dos mil canoas grandes, con todo género de armas, salen sobre veinte mil mexicanos, y vienen de repente en la tierra de Chalco por hacerles todo el mal que pudiesen; y fue de tal arte y tan presto, que aun no hubo bien llegado el Sandoval a Texcoco ni hablado a Cortés, cuando estaban otra vez mensajeros de Chalco en canoas por la laguna demandando favor a Cortés, porque le dijeron que habían venido sobre dos mil canoas, y en ellas veinte mil mexicanos, y que fuesen presto a los socorrer; y cuando Cortés lo oyó, y Sandoval que entonces en aquel instante llegaba a hablarle y a darle cuenta de lo que había hecho en la entrada donde venía, el Cortés no le quiso escuchar a Sandoval, de enojo, creyendo que por su culpa o descuido recibían mala obra nuestros amigos los de Chalco; y luego sin mas dilación ni le oír le mandó volver y que dejase allí en el real todos los heridos que traía, y con los sanos luego fue muy en posta; y destas palabras que Cortés le dijo recibió mucha pena el Sandoval, y porque no le quiso escuchar, y luego partió para Chalco; y cuando llegó con todo su ejército bien cansado de las armas y largo camino, pareció ser que los de Chalco, luego como lo supieron por sus espías que los mexicanos venían tan de repente sobre ellos, y cómo había tenido Guatemuz aquella cosa concertada que diesen sobre ellos, como dicho tengo, sin más aguardar socorro de nosotros, enviaron a llamar a los de la provincia de Guaxocingo y Tlaxcala, que estaban cerca, los cuales vinieron aquella noche misma, muy aparejados con sus armas, y se juntaron con los de Chaco, que serían por todos más de veinte mil dellos, y ya les habían perdido el temor a los mexicanos, y gentilmente los aguardaron en el campo y pelearon como muy varones; puesto que los mexicanos mataron y prendieron muchos de ellos, los de Chalco les mataron muchos más y les prendieron hasta quince capitanes y hombres principales, y de otra gente de guerra de no tanta cuenta se prendieron otros muchos; y túvose esta batalla entre los mexicanos por grande deshonra suya, viendo que los de Chalco los vencieron, y, en mucho más que los desbaratáramos nosotros; y como llegó Sandoval a Chalco, y vio que no tenía qué hacer ni qué se temer, que ya no volverían otra vez los mexicanos sobre Chalco, da vuelta a Texcoco y llevó los presos mexicanos, con lo cual se holgó mucho Cortés; y Sandoval mostró grande enojo de nuestro capitán por lo pasado, y no le fue a ver ni hablar, puesto que Cortés le envió a decir que le había entendido de otra manera, y que creyó que por descuido del Sandoval no se había remediado, pues que iba con mucha gente de a caballo y soldados, y sin haber desbaratado los mexicanos se volvía. Dejemos de hablar desta materia, porque luego tornaron a ser amigos Cortés y Sandoval, y no sabía Cortés placer que hacer al Sandoval por tenerle contento, que no le hacía. Dejarlo he aquí y diré cómo acordamos de herrar todos las piezas, esclavas y esclavos que se habían habido, que fueron muchas, y de cómo vino en aquel instante un navío de Castilla, y lo que más pasó.

Capítulo CXLIII. Cómo se herraron los esclavos en Texcoco, y cómo vino nueva que había venido al puerto de la Villarrica un navío, y los pasajeros que en él vinieron; y otras cosas que pasaron iré adelante

Como hubo llegado Gonzalo de Sandoval con gran presa de esclavos, y otros muchos que se habían habido en las entradas pasadas, fue acordado que luego se herrasen; y de que se hubo pregonado que se llevasen a herrar a una casa señalada, todos los más soldados llevamos las piezas que habíamos habido, para echar el hierro de su majestad, que era una G, que quiere decir guerra, según y de la manera que lo teníamos de antes concertado con Cortés, según he dicho en el capítulo que dello habla, creyendo que se nos había de volver después de pagado el real quinto, que las apreciasen cuánto podía valer cada pieza; y no fue así, porque si en lo de Tepeaca se hizo muy malamente, según otra vez dicho tengo, muy peor se hizo en esto de Texcoco, que después que sacaban el real quinto, era otro quinto para Cortés y otra parte para los capitanes; y en la noche antes cuando las tenían juntas nos desaparecieron las mejores indias. Pues como Cortés nos había dicho y prometido que las buenas piezas se habían de vender en el almoneda por lo que valiesen, y las que no fuesen tales por menos precio, tampoco hubo buen concierto en ello, porque los oficiales del rey que tenían cargo dellas hacían lo que querían; por manera que si mal se hizo una vez, esta vez peor; y desde allí adelante muchos soldados que tomábamos algunas buenas indias, porque no nos la tomasen, como las pasadas, las escondíamos y no las llevábamos a herrar, y decíamos que habían huido; y si era privado de Cortés, secretamente la llevaban de noche a herrar y las apreciaban en lo que valían y les echaban el hierro y pagaban el quinto; y otras muchas se quedaban en nuestros aposentos, y decíamos que eran naborías que habían venido de paz de los pueblos comarcanos y de Tlaxcala. También quiero decir que como ya había dos o tres meses pasados que algunas de las esclavas que estaban en nuestra compañía y en todo el real conocían a los soldados cuál era bueno y cuál malo; y cuál trataba bien a las indias naborías que tenía o cuál las trataba mal, y tenían fama de caballeros, y de otra manera; cuando las vendían en el almoneda, si las sacaban algunos soldados que las tales indias o indios no les contentaban o las habían tratado mal, de presto se les desaparecían que no las veían más; y preguntar por ellas era como quien dice: buscar a Mahoma en Granada, o a «mi hijo el bachiller» en Salamanca; y en fin, todo se quedaba en deuda en los libros del rey; así en lo de las almonedas, y los quintos, y al dar las partes del oro se consumió: que ninguno o muy pocos soldados llevaron partes, porque ya lo debían, y aun muchos más pesos de oro que después cobraron los oficiales del rey. Dejemos esto, y digamos cómo en aquella sazón vino un navío de Castilla, en el cual vino por tesorero de su majestad un Julián de Alderete, vecino de Tordesillas, y vino un Orduña el viejo, vecino que fue de la Puebla, que después de ganado México trajo cuatro o cinco hijas, que casó muy honradamente; era natural de Tordesillas; y vino un fraile de san Francisco que se decía fray Pedro Melgarejo de Urrea, natural de Sevilla, que trajo unas bulas de señor san Pedro, y con ellas nos componían si algo éramos en cargo en las guerras en que andábamos; por manera que en pocos meses el fraile fue rico y compuesto a Castilla; trajo entonces por comisario y quien tenía cargo de las bulas a Jerónimo López, que después fue secretario en México; vinieron un Antonio Carvajal, que ahora vive en México, ya muy viejo, capitán que fue de un bergantín; y vino Jerónimo Ruiz de la Mota, yerno que fue, después de ganado México, del Orduña, que asimismo fue capitán de un bergantín, natural de Burgos; y vino un Briones, natural de Salamanca: a este Briones ahorcaron en esta provincia de Guatemala por amotinador de ejércitos, desde a cuatro años que se vino huyendo de lo de Honduras; y vinieron otros muchos que ya no me acuerdo, y también vino un Alonso Díaz de Reguera, vecino que fue de Guatemala, que ahora vive en Valladolid; y trajeron en este navío muchas armas y pólvora, y en fin como navío que venía de Castilla, y vino cargado de muchas cosas, y con él nos alegramos. Y de las nuevas que de Castilla trajeron no me acuerdo bien; mas paréceme que dijeron que el obispo de Burgos ya no tenía mano en el gobierno, que no estaba su majestad bien con él desque alcanzó a saber de nuestros muy buenos y notables servicios, y cómo el obispo escribía a Flandes al contrario de lo que pasaba y en favor de Diego Velázquez: y halló muy claramente su majestad ser verdad todo lo que nuestros procuradores de nuestra parte le fueron a informar, y a esta causa no le oía cosa que dijese Dejemos esto, y volvamos a decir que como Cortés vio los bergantines que estaban acabados de hacer, y la gran voluntad que todos los soldados teníamos de estar ya puestos en el cerco de México, y en aquella sazón volvieron los de Chalco a decir que los mexicanos venían sobre ellos, y que les enviasen socorro, y Cortés les envió a decir que él quería ir en persona a sus pueblos y tierra, y no se volver hasta que a todos los contrarios echase de aquellas comarcas; y mandó apercibir trescientos soldados y treinta a caballo, y todos los más escopeteros y ballesteros que había, y gente de Texcoco; y fue en su compañía Pedro de Alvarado y Andrés de Tapia y Cristóbal de Olí, y asimismo fue el tesorero Julián de Alderete, y el fraile fray Pedro Melgarejo, que ya en aquella sazón había llegado a nuestro real; y yo fui entonces con el mismo Cortés, porque me mandó que fuese con él; y lo que pasamos en aquella entrada diré adelante.

Capítulo CXLIV. Cómo nuestro capitán Cortés fue a una entrada y se rodeó la laguna, y todas las ciudades y grandes pueblos que alrededor hallamos, y lo que más nos pasó en aquella entrada

Como Cortés había dicho a los de Chalco que les había de ir a socorrer porque los mexicanos no viniesen y les diesen guerra (porque harto teníamos cada semana de ir y venir a les favorecer), mandó apercibir todos los soldados y ejército, que fueron trescientos soldados y treinta de a caballo, y veinte ballesteros y quince escopeteros, y el tesorero Julián de Alderete y Pedro de Alvarado y Andrés de Tapia y Cristóbal de Olí, y fue también el fraile fray Pedro Melgarejo, y a mí me mandó que fuese con él, y muchos tlaxcaltecas y amigos de Texcoco; y dejó en guarda de Texcoco y bergantines a Gonzalo Sandoval con buena copia de soldados y de a caballo. Y una mañana, después de haber oído misa, que fue viernes 5 días del mes de abril de 1521 años, fuimos a dormir a Talmanalco, y allí nos recibieron muy bien; y el otro día fuimos a Chalco, que estaba muy cerca el uno del otro: allí mandó Cortés llamar a todos los caciques de aquella provincia, y se les hizo un parlamento con nuestras lenguas doña Marina y Jerónimo de Aguilar, en que se les dio a entender como ahora al presente íbamos a ver si podría traer de paz a algunos de los pueblos que estaban más cerca de la laguna, y también para ver la tierra y sitio para poner cerco a la gran ciudad de México, y que por la laguna habían de echar los bergantines, que eran trece, y que les rogaba a todos que para otro día que estuviesen aparejadas todas sus gentes de guerra para ir con nosotros; y cuando lo hubieron entendido, todos a una de muy buena voluntad dijeron que sí lo harían; y otro día fuimos a dormir a otro pueblo que estaba sujeto al mismo Chalco, que se dice Chimalhuacan, y allí vinieron más de veinte mil amigos, así de Chalco y de Texcoco y Guaxocingo, y los tlaxcaltecas y otros pueblos; y vinieron tantos que en todas las entradas que yo había ido, después que en la Nueva España entré, nunca vi tanta gente de guerra de nuestros amigos como ahora fueron en nuestra compañía. Ya he dicho otra vez que iba tanta multitud dellos a causa de los despojos que habían de haber, y lo más cierto, por hartarse de carne humana si hubiese batallas, porque bien sabían que las había de haber; y son a manera de decir como cuando en Italia salía un ejército de una parte a otra, y les seguían cuervos y milanos y otras aves de rapiña, que se mantenían de los cuerpos muertos que quedaban en el campo cuando se daba alguna muy sangrienta batalla; así he juzgado que nos seguían tantos millares de indios. Dejemos desta plática, y volvamos a nuestra relación: que en aquella sazón se tuvo nueva que estaban en un llano cerca de allí aguardando muchos escuadrones y capitanías de mexicanos y sus aliados, todos los de aquellas comarcas, para pelear con nosotros; y Cortés nos apercibió que fuésemos muy alerta y saliéramos de aquel pueblo donde dormimos, que se dice Chimalhuacan, después de haber oído misa, que fue bien de mañana; y con mucho concierto fuimos caminando entre unos peñascos y por medio de dos sierrezuelas, que en ellas había fortalezas y mamparos, donde había muchos indios e indias recogidos y hechos fuertes; y desde su fortaleza nos daban gritos y voces y alaridos, y nosotros no curamos de pelear con ellos, sino callar y caminar y pasar adelante hasta un pueblo grande que estaba despoblado, que se dice Yautepeque, y también pasamos de largo; y llegamos a un llano donde habían unas fuentes de muy poca agua, y a una parte estaba un gran peñol con una fuerza muy mala de ganar, según luego pareció por la obra; y como llegamos en el paraje del peñol, porque vimos que estaba lleno de guerreros, y de lo alto de él nos daban gritos y tiraban piedras y varas y flechas, e hirieron tres soldados de los nuestros, entonces mandó Cortés que reparásemos allí, y dijo: «Parece que todos estos mexicanos se ponen en fortalezas y hacen burla de nosotros de que no les acometemos»; y esto dijo por los que dejábamos atrás en las sierrezuelas; y luego mandó a unos de a caballo y a ciertos ballesteros que diesen una vuelta a una parte del peñol, y que mirasen si había otra subida más conveniente de buena entrada para les poder combatir, y fueron, y dijeron que lo mejor de todo era donde estábamos, porque en todo lo demás no había subida ninguna, que era toda peña tajada; y luego Cortés mandó que les fuésemos entrando y subiendo. El alférez Cristóbal de Corral delante, y otras banderas, y todos nosotros siguiéndolas, y Cortés con los de a caballo aguardando en lo llano por guarda de otros escuadrones de mexicanos, no viniesen a dar en nuestro fardaje o en nosotros entre tanto que combatíamos aquella fuerza; y como comenzamos a subir por el peñol arriba, echan los indios guerreros que en él estaban tantas piedras muy grandes y peñascos, que fue cosa espantosa, como se venían despeñando y saltando, cómo no nos mataron a todos; y fue cosa inconsiderada y no de cuerdo capitán mandarnos subir; y luego a mis pies murió un soldado que se decía fulano Martínez, valenciano, que había sido maestresala de un señor de salva en Castilla, y éste llevaba una celada, y no dijo ni habló palabra; y todavía subíamos, y como venían las galgas (que así llamábamos a las grandes piedras que venían despeñadas), rodando y despeñándose y dando saltos; luego mataron a otros dos soldados, que se decían Gaspar Sánchez, sobrino del tesorero de Cuba, y a un fulano Bravo; y todavía subíamos, y luego mataron a otro soldado muy esforzado que se decía Alonso Rodríguez, y a otros dos descalabrados, y en las piernas golpes todos los más de nosotros, y todavía porfiar e ir adelante; y yo, como en aquel tiempo era suelto, no dejaba de seguir al alférez Corral; y íbamos debajo de unas como socarreñas y concavidades que se hacían en el peñol de trecho a trecho, a ventura de si me encontraban algunos peñascos entre tanto que subía de socarreña a socarreña, que fue muy gran ventura; y estaba el alférez Cristóbal Corral amparándose detrás de unos árboles gruesos que tenían muchas espinas, que nacen en aquellas concavidades, y estaba descalabrado y el rostro todo lleno de sangre y la bandera rota, y me dijo: «Oh señor Bernal Díaz del Castillo, que no es cosa el pasar más adelante, y mirá no os cojan algunas lanchas o galgas; estése al reparo de aquesa concavidad»; porque ya no nos podíamos tener aun con las manos, cuanto más poderles subir. En este tiempo vi que de la misma manera que Corral y yo habíamos subido de socarreña en socarreña venía Pedro Barba, que era capitán de ballesteros, con otros dos soldados; y yo le dije desde arriba: «Oh señor capitán, no suba más adelante, que no se podrá tener con pies y manos, no vuelva rodando»;

y cuando se lo dije, me respondió como muy esforzado, o por dar aquella respuesta como gran señor, dijo: «Y eso había de decir, sino ir adelante»; y yo recibí de aquella palabra remordimiento de mi persona, y le respondí: «Pues veamos cómo sube donde yo estoy»; y todavía pasé bien arriba; y en aquel instante vienen tantas piedras muy grandes que echaron de lo alto, que tenían represadas para aquel efecto, que hirieron a Pedro Barba y le mataron un soldado, y no pasaron más un paso de allí donde estaban; y entonces el alférez Corral dio voces para que dijesen a Cortés de mano en mano que no se podía subir más arriba, y que al retraer también era muy peligroso; y como Cortés lo entendió, porque allá abajo donde estaba en tierra llana le habían muerto tres soldados y herido siete del gran ímpetu de las galgas que iban despeñándose (y aun tuvo por cierto Cortés que todos los más de los que habíamos subido arriba estábamos muertos o bien heridos, porque donde él estaba no podía ver las vueltas que daba aquel peñol), y luego por señas y por voces y por unas escopetas que soltaron, tuvimos arriba nuestras senas que nos mandaban retraer; y con buen concierto, de socarreña en socarreña bajamos abajo todos descalabrados y corriendo sangre, y las banderas rotas, y ocho muertos y desque Cortés así nos vio, dio muchas gracias a Dios; y luego le dijeron lo que habíamos pasado yo y el Pedro Barba, porque se lo dijo el mismo Pedro Barba y el alférez Corral estando platicando de la gran fuerza, y que fue maravilla cómo no nos llevaron las galgas de vuelo, según eran muchas; y aun lo supieron luego en todo el real. Dejemos todo esto, y digamos cómo estaban muchas capitanías de mexicanos aguardando en partes que no les podíamos ver ni saber dellos, y estaban esperando para socorrer y ayudar a los del peñol; y bien entendieron lo que fue, que no podríamos subirles en la fuerza, y que entre tanto que estábamos peleando tenían concertado que los del peñol por una parte y ellos por la otra darían en nosotros; y como lo tenían acordado, así vinieron a les ayudar a los del peñol; y cuando Cortés lo supo que venían mandó luego a los de a caballo y a todos nosotros que fuésemos a encontrar con ellos, y así se hizo; y aquella tierra era llana, y a partes había unas como vegas que estaban entre otros serrejones; y seguimos a los contrarios hasta que llegamos a otro muy fuerte peñol, y en el alcance se mataron muy pocos indios, porque se acogían en partes que no se podían haber. Pues vueltos a la fuerza que probábamos a subir, y viendo que allí no había agua ni la habíamos bebido en todo el día, ni aun los caballos, porque las fuentes que dicho tengo que allí estaban no la tenían, sino lodo; que, como teníamos tantos enemigos, estaban sobre ellas y no las dejaban manar, y a esta causa mudamos nuestro real y fuimos por una vega abajo cerca de otro peñol, que sería del uno al otro obra de legua y media poco más o menos, creyendo que hallaríamos agua, y no la había sino muy poca; y cerca de aquel peñol había unos árboles de morales de la tierra, y allí nos paramos, y estaban obra de doce o trece casas al pie de la sierra y fuerza; y así que nosotros llegamos nos comenzaron a dar grita y tirar galgas y varas y flechas desde lo alto; y estaba en esta fuerza mucha más gente que en el primero peñol, y aun era muy mas fuertes, según después vimos; y nuestros escopeteros y ballesteros les tiraban, mas estaban tan altos y tenían tantos mamparos, que no se les podía hacer mal ninguno; pues entrarles o subirles no había remedio, y aunque probamos dos veces, que por las casas que allí estaban había unos pasos, hasta dos vueltas podíamos ir, mas desde allí adelante, ya he dicho, peor que el primero; de manera que así en esta fuerza como en la primera no ganamos ninguna reputación, antes los mexicanos y sus confederados tenían victoria; y aquella noche dormimos en aquellos morales bien muertos de sed, y se acordó para otro día que desde otro peñol que estaba cerca dél fuesen todos los ballesteros y escopeteros, y que subiesen en él, que había subida, aunque no buena: porque desde aquel alcanzarían las ballestas y escopetas el otro peñol fuerte y podíanle combatir; y mandó Cortés a Francisco Verdugo y al tesorero Julián de Alderete que se preciaban de buenos ballesteros, y a Pedro Barba, que era capitán, que fuesen por caudillos; y que todos los más soldados hiciésemos acometimiento por los pasos y subidas de las casas que dicho tengo que les queríamos subir, y así los comenzamos a entrar; mas echaban tanta piedra grande y menuda, que hirieron a muchos soldados; y además desto, no les subíamos de hecho, porque era por demás, que aun tenernos con las manos y pies no podíamos; y entre tanto que nosotros estábamos de aquella manera, los ballesteros y escopeteros desde el peñol que he dicho les alcanzaban con las ballestas y escopetas, y aunque no muy bien, mataban algunos y herían otros; de manera que estuvimos dándoles combates obra de media hora; y quiso nuestro señor Dios que acordaron de se dar de paz, y fue por causa que no tenían agua ninguna, que estaba mucha gente arriba en el peñol, en un llano que se hacía arriba, y habíase acogido a él de todas aquellas comarcas así hombres como mujeres y niños y gente menuda; y para que entendiésemos abajo que querían paces, desde el peñol las mujeres meneaban unas mantas hacia abajo, y con las palmas daban unas con otras, señalando que nos harían pan y tortillas, y los guerreros no nos tiraban vara ni piedra ni flecha, y cuando Cortés lo entendió, mandó que no se les hiciese mal ninguno, y por señas se les dio a entender que bajasen cinco principales a entender en las paces; los cuales bajaron, y con grande acato dijeron a Cortés que les perdonase, que por favorecerse y defenderse se habían subido en aquellas fuerzas; y Cortés les dijo con nuestras lenguas doña Marina y Aguilar, algo enojado, que eran dignos de muerte por haber empezado la guerra; mas que pues han venido, que vayan luego al otro peñol y llamen los caciques y hombres principales que en él están, y traigan los muertos, y que lo pasado se les perdonará; y que vengan de paz, si no, que habíamos de ir sobre ellos y ponerles cerco hasta que se mueran de sed; porque bien sabíamos que no tenían agua, porque en toda aquella tierra no hay sino muy poca; y luego fueron a llamarlos. así como se lo mandó. Dejemos de hablar en ello hasta que vuelvan con la respuesta; y digamos cómo estando platicando Cortés con el fraile Melgarejo y el tesorero Alderete sobre las guerras pasadas que habíamos habido antes que viniesen a la Nueva España, y en la del peñol, y el gran poder de los mexicanos, y las grandes ciudades que habían visto después que vinieron de Castilla; y decían que si al emperador nuestro señor le informara de la verdad el obispo de Burgos, como le escribía el contrario, que nos enviaría a hacer grandes mercedes; que no se acuerdan que otros mayores servicios haya recibido ningún rey en el mundo que el que nosotros le habíamos hecho en ganar tantas ciudades, sin ser sabidor su majestad de cosa ninguna. Dejemos otras muchas pláticas que pasaron, y digamos cómo mandó nuestro capitán Cortés al alférez Corral y a otros dos capitanes, que fueron Juan Jaramillo y a Pedro de Ircio, y a mí, que me hallé allí con ellos, que subiésemos al peñol y viésemos la fortaleza qué tal era, y que si estaban muchos indios heridos o muertos de saetas y escopetas, y qué gente estaba recogida; y cuando esto nos mandó dijo: «Mirad señores, que no les toméis ni un grano de maíz»; y según yo entendí, quisiera que nos aprovecháramos; y subimos al peñol por unos malos pasos, digo que era más fuerte que el primero, porque era peña tajada; y ya que estábamos arriba, para entrar en la fuerza era como quien entra por una abertura no más ancha que dos bocas de silos o de horno; y ya puestos en lo más alto y llano, estaban grandes anchuras de prados, y todo lleno de gente, así de guerra como de muchas mujeres y niños, y hallamos hasta veinte muertos y muchos heridos, y no tenían gota de agua que beber, y tenían todo su hato y su hacienda hechos fardajes, y otros muchos líos de mantas, que eran de tributo que daban a Guatemuz; y como yo así vi tantas cargas de ropa y supe que eran del tributo, comencé a cargar cuatro tlaxcaltecas, mis naborías que llevé conmigo, y también eché a cuestas de otros cuatro indios de los que la guardaban otros cuatro fardos, y a cada uno eché una carga; y como Pedro de Ircio lo vio, dijo que no lo llevase, y yo porfiaba que sí; y como era capitán, hízose lo que mandó, porque me amenazó que se lo diría a Cortés; y me dijo el Pedro de Ircio que bien había visto que dijo Cortés que no les tomásemos un grano de maíz, y yo dije que así era verdad, que por esa palabra misma quería llevar de aquella ropa: por manera que no me dejó llevar cosa ninguna; y bajamos a dar cuenta a Cortés de lo que habíamos visto y a lo que nos envió; y dijo el Pedro de Ircio a Cortés, por me revolver con él, lo pasado, pensando que le contentaba mucho; después de le dar cuenta de lo que había, dijo: «No se les tomó cosa ninguna; que ya había cargado Bernal Díaz del Castillo de ropa a ocho indios, y si no se lo estorbaba yo, ya los traería cargados»; entonces dijo Cortés medio enojado: «Pues ¿por qué no lo trajo? Y también os habíais de quedar allá vos con la ropa e indios con los de arriba»; y dijo: «Mirad cómo no entendieron que los envié porque se aprovechasen, y a Bernal Díaz, que me entendió, quitaron el despojo que traía destos perros, que se quedarán riendo con los que nos han muerto y herido»; y cuando aquello oyó el Pedro Ircio dijo que quería tornar a subir a la fuerza; y entonces le dijo que ya no había coyuntura para ello, y que no fuese allá de ninguna manera. Dejemos esta plática, y digamos cómo vinieron los del otro peñol, y en fin de muchas razones que pasaron sobre que les perdonasen, todos dieron la obediencia a su majestad; y como no había agua en aquel paraje, nos fuimos luego camino de un pueblo ya nombrado en el capítulo pasado, que se dice Guaztepeque, adonde estaba la huerta que he dicho que es la mejor que había visto en toda mi vida, y así lo torno a decir; que el tesorero Alderete y el fraile fray Pedro Melgarejo, y nuestro Cortés desque entonces la vieron y pasearon algo della, se admiraron y dijeron que mejor cosa de huerta no habían visto en Castilla. Y digamos cómo en aquella noche nos aposentamos todos en ella; y los caciques de aquel pueblo vinieron de paz a hablar y servir a Cortés, porque Gonzalo de Sandoval los había recibido ya de paz cuando entró en aquel pueblo, según más largamente he escrito en el capítulo pasado que dello habla; y aquella noche reposamos allí, y a otro día muy de mañana nos partimos para Cuernavaca y hallamos unos escuadrones de guerreros mexicanos que de aquel pueblo habían salido, y los de a caballo les siguieron más de legua y media hasta encerrarlos en otro gran pueblo que se dice Tepuztlan; y estaban tan descuidados los moradores dél, que dimos en ellos antes que sus espías que tenían sobre nosotros llegasen. Aquí se hubieron muy buenas indias y despojos, y no aguardaron ningunos mexicanos ni los naturales en el pueblo; y nuestro Cortés envió a llamar a los caciques por tres o cuatro veces que viniesen todos de paz: y que si no venían, que les quemaría el pueblo y los iríamos a buscar; y la respuesta fue que no querían venir; y porque otros pueblos tuviesen temor dello, mandó poner fuego a la mitad de las casas que allí cerca estaban, y en aquel instante vinieron los caciques del pueblo por donde aquel día pasamos, que ya he dicho que se dice Yautepeque, y dieron la obediencia a su majestad; y otro día fuimos camino de otro mejor y mayor pueblo, que se dice: Coadlabaca (y comúnmente corrompimos ahora aquel vocablo y le llamamos Cuernavaca) y había dentro de él mucha gente de guerra, así de mexicanos como de los naturales, y estaba muy fuerte por unas cavas y riachuelos que están en las barrancas por donde corre el agua, muy hondas, de más de ocho estados abajo, puesto que no llevaban mucha agua, y es fortaleza para ellos; y también no había entrada para caballos sino por unas dos puentes, y teníanlas quebradas; y desta manera estaban tan fuertes, que no los podíamos llegar, puesto que nos llegábamos a pelear con ellos desta parte de sus cavas y riachuelos en medio, y ellos nos tiraban mucha vara y flechas y piedras con hondas; y estando desta manera avisaron a Cortés que más adelante, obra de media legua, había entrada para los caballos, y luego fue allá con los de a caballo, y todos nosotros estábamos buscando paso, y vimos que desde unos árboles que estaban junto con la cava se podía pasar a la otra parte de aquella honda cava, y puesto que cayeron tres soldados desde los árboles abajo en el agua, y aun el uno se quebró la pierna, todavía pasamos, aunque con harto peligro; porque de mí digo que verdaderamente cuando pasaba que lo vi muy peligroso y malo de pasar, y se me desvanecía la cabeza, y todavía pasé yo y otros veinte o treinta soldados y muchos tlaxcaltecas, y comenzamos a dar por las espaldas de los mexicanos, que estaban tirando vara y flecha a los nuestros; y cuando lo vieron, que lo tenían por cosa imposible, creyeron que éramos muchos más; y en este instante llegaron Cristóbal de Olí y Pedro de Alvarado y Andrés de Tapia, con otros de a caballo, que habían pasado con mucho riesgo de sus personas por una puente quebrada, y damos en los contrarios; por manera que volvieron las espaldas y se fueron huyendo a los montes y a otras partes de aquella honda cava, donde no se pudieron haber; y dende a poco rato también llegó Cortés con todos los demás de a caballo. En este pueblo se hubo gran despojo, así de mantas muy grandes como de buenas indias, y allí mandó Cortés que estuviésemos aquel día, y en una huerta del señor de aquel pueblo nos aposentamos todos, y era muy buena. Que quiera decir el gran recaudo de velas y escuchas y corredores del campo que do quiera que estábamos, o por los caminos llevábamos, es prolijidad recitarlo tantas veces; y por esta causa pasaré adelante, y diré que vinieron nuestros corredores del campo a decir a Cortés que venían hasta veinte indios, y a lo que parecía en sus meneos y semblantes eran caciques y hombres principales que le traían mensajes o a demandar paces, y eran los caciques de aquel pueblo; y cuando llegaron adonde Cortés estaba le hicieron mucho acato y le presentaron ciertas joyas de oro, y le dijeron que les perdonase porque no salieron de paz, que el señor de México les enviaba a mandar que, pues estaban en fortaleza, que desde allí nos diesen guerra, y les envió un buen escuadrón de mexicanos para que les ayudasen; y que a lo que ahora han visto, que no habrá cosa, por fuerte que sea, que no la combatamos y señorearemos. y que le piden por merced que los reciba de paz; y Cortés les mostró buena cara y dijo que somos vasallos de un gran señor, que es el emperador don Carlos, que a los que le quisieren servir que a todos les hace mercedes, y que a ellos en su real nombre los recibe de paz: y allí dieron la obediencia a su majestad; y acuérdome que dijeron aquellos caciques que en pago de no haber venido de paz hasta entonces permitieron nuestros dioses a los suyos que les hiciese castigo en sus personas y haciendas. Donde los dejaré ahora; y digamos cómo otro día de mañana caminamos para otra gran población que se dice Xochimilco; y lo que pasamos en el camino y en la ciudad y reencuentros de guerra que nos dieron diré adelante, hasta que volvimos a Texcoco, y lo que más pasamos.

Capítulo CXLV. De la gran sed que hubo en este camino y del peligro en que nos vimos en Xochimilco con muchas batallas y reencuentros que con los mexicanos y con los naturales de aquella ciudad tuvimos, y de otros muchos reencuentros de guerras que hasta volver a Texcoco pasamos

Pues como caminamos para Xochimilco, que es una gran ciudad, y en toda la más della están fundadas las casas en la laguna de agua dulce, y estará de México obra de dos leguas y media; pues yendo por nuestro camino con gran concierto y ordenanza, como lo teníamos de costumbre, fuimos por unos pinares, y no había agua en todo el camino; y como íbamos con nuestras armas a cuestas y era ya tarde y hacía gran Sol, aquejábanos mucho la sed, y no sabíamos si había agua adelante, y habíamos andado ciertas leguas, ni tampoco teníamos certeza qué tanto estaba de allí un pozo que nos decían que había en el camino; y como Cortés así vio todo nuestro ejército cansado, y los amigos tlaxcaltecas se desmayaron y se murió uno de sed, y un soldado de los nuestros que era viejo y estaba doliente, me parece que también se murió de sed, acordó Cortés de parar a la sombra de unos pinares, y mandó a seis de a caballo que fuesen adelante, camino de Xochimilco, y que viesen que tanto allí había población o estancias, o el pozo que tuvimos noticias que estaba cerca, para ir a dormir a él; y cuando fueron los de a caballo, que era Cristóbal de Olí y un Valdenebro y Pedro González de Trujillo, y otros muy esforzados varones, acordé yo de apartar en parte que no me viese Cortés ni los de a caballo, y llevé tres naborías míos tlaxcaltecas, bien esforzados y sueltos indios, y fui tras ellos hasta que me vieron ir, y me aguardaron para me hacer volver, no hubiese algún rebato de guerreros mexicanos donde no me pudiese valer, y yo todavía porfiaba a ir con ellos; y el

Cristóbal de Olí, como era yo su amigo, me dijo que fuese y que aparejase los puños a pelear con las manos y los pies a ponerme en salvo; y era tanta la sed que tenía, que aventuraba mi vida por me hartar de agua; y pasando obra de media legua adelante, había muchas estancias y caserías de los de Xochimilco en unas laderas de unas sierrezuelas; entonces los de a caballo que he dicho se apartaron para buscar agua en las casas, y la hallaron y se hartaron della, y uno de mis tlaxcaltecas me sacó de una casa un gran cántaro de agua, que así los hay grandes cántaros en aquella tierra, de que me harté yo y ellos; y entonces acordé desde allí de me volver donde estaba Cortés reposando, porque los moradores de aquellas estancias ya comenzaban a se apellidar y nos daban grita, y traje el cántaro lleno de agua con los tlaxcaltecas, y hallé a Cortés que ya comenzaba a caminar con todo su ejército; y como le dije que había agua en unas estancias muy cerca de allí y que había bebido y que traía agua en el cántaro, la cual traían los tlaxcaltecas muy escondida porque no me la tomasen, porque «a la sed no hay ley»; de la cual bebió Cortés y otros caballeros, y se holgó mucho, y todos se alegraron y se dieron prisa a caminar, y llegamos a las estancias antes de se poner el Sol, y por las casas hallaron agua, aunque no mucha, y con la sed que traían algunos soldados, comían unos como cardos, y a algunos se les dañaron las bocas y lenguas; y en este instante vinieron los de a caballo y dijeron que: el pozo que estaba lejos, y que ya estaba toda la tierra apellidando guerra, y que era bien dormir allí; y luego pusieron velas y espías corredores del campo, y yo fui uno de los que pusieran por velas, y paréceme que llovió aquella noche un poco o que hizo mucho viento; y otro día muy de mañana comenzamos a caminar, y obra de las ocho llegamos a Xochimilco. Saber yo ahora decir la multitud de guerreros que nos estaban esperando, unos por tierra y otros en un paso de una puente que tenían quebrada, y los muchos mamparos y albarradas que tenían hecho en ellas, y las lanzas que traían hechas, como dalles, de las espadas que hubieron cuando la gran matanza que hicieron de los nuestros en lo de las puentes de México, y otros muchos indios capitanes que todos traían espadas de las nuestras muy relucientes; pues flecheros y varas de a dos gajos, y piedra con hondas, y espadas de a dos manos como contantes, hechas de a dos manos de navajas. Digo que estaba toda la tierra firme y al pasar de aquella puente estuvieron peleando con nosotros cerca de media hora, que no les podíamos entrar, que ni bastaban ballestas ni escopetas ni grandes arremetidas que hacíamos, y lo peor de todo era que ya venían otros escuadrones dellos por las espaldas dándonos guerra; y cuando aquello vimos, rompimos por el agua y puente medio nadando, y otros a vuelapié, y allí hubo algunos de nuestros soldados que bebieron tanta agua por fuerza, que se les hincharon las barrigas dello. Y volvamos a nuestra batalla: que al pasar de la puente hirieron a muchos de los nuestros y mataron dos soldados y luego les llevamos a buenas cuchilladas por unas calles donde había tierra firme adelante, y los de a caballo, juntamente con Cortés, salen por otras partes a tierra firme adonde toparon sobre más de diez mil indios, todos mexicanos, que venían de refresco para ayudar a los de aquel pueblo; y peleaban de tal manera con los nuestros, que les aguardaban con las lanzas a los de a caballo, e hirieron a cuatro dellos; y Cortés, que se halló en aquella gran prisa, y el caballo en que iba, que era muy bueno castaño oscuro, que le llamaban el Romo, o de muy gordo, o de cansado, como estaba holgado, desmayó el caballo y los contrarios mexicanos, como eran muchos, echaron mano a Cortés y le derribaron del caballo; otros dijeron que por fuerza le derrocaron; ahora sea por lo uno o por lo otro, en aquel instante llegaron muchos más guerreros mexicanos para si pudieran apañarle vivo a Cortés; y como aquello vieron unos tlaxcaltecas y un soldado muy esforzado, que se decía Cristóbal de Olea, natural de Castilla la Vieja, de tierra de Medina del Campo, de presto llegaron, y a buenas cuchilladas y estocadas hicieron lugar, y tornó Cortés a cabalgar, aunque bien herido en la cabeza, y quedó el Olea muy malamente herido de tres cuchilladas; y en aquel tiempo acudimos todos los más soldados que más cerca dél nos hallamos; porque en aquella sazón, como en aquella ciudad había en cada calle muchos escuadrones de guerreros y por fuerza habíamos de seguir las banderas, no podíamos estar todos juntos, sino pelear unos a unas partes y otros a otras, como nos fue mandado por Cortés; mas bien entendimos que donde andaba Cortés y los de a caballo que había mucho que hacer, por las muchas gritas y voces y alaridos que oíamos. Y en fin de más razones, puesto que había adonde andábamos muchos guerreros, fuimos con gran riesgo de nuestras personas adonde estaba Cortés, que ya se le habían juntado hasta quince de a caballo y estaban peleando con los enemigos junto a unas acequias, adonde se amparaban y había albarradas; y como llegamos, les pusimos en huida, aunque no del todo volvían las espaldas; y porque el soldado Olea que acudió a nuestro Cortés estaba muy mal herido de tres cuchilladas y se desangraba, y las calles de aquella ciudad estaban llenas de guerreros, dijimos a Cortés que se volviese a unos mamparos y se curase el Cortés y el Olea; y así, volvimos, y no muy sin zozobra de vara y piedra y flecha, que nos tiraban de muchas partes donde tenían mamparos y albarradas, creyendo los mexicanos que volvíamos retrayéndonos, y nos seguían con gran furia; y en este instante viene Pedro de Alvarado y Andrés de Tapia y Cristóbal de Olí y todos los mas de a caballo que fueron con ellos a otras partes, el Olí corriendo sangre de la cara y el Pedro de Alvarado herido, y el caballo y todos los demás cada cual con su herida, y dijeron que habían peleado con tanto mexicano en el campo, que no se podían valer; y porque cuando pasamos la puente que dicho tengo, parece ser Cortés los repartió que la mitad de a caballo fuesen por una parte y la otra mitad por otra; y así, fueron siguiendo tras unos escuadrones, y la otra mitad tras los otros. Pues ya que estábamos curando los heridos con quemarles con aceite y apretarles con mantas, suenan tantas voces y trompetillas y caracoles por unas calles en tierra firme, y por ellas vienen tantos mexicanos a un patio donde estábamos curando los heridos, y tírannos tanta vara y piedra, que hirieron de repente a muchos soldados; mas no les fue muy bien en aquella cabalgada, que presto arremetimos con ellos, y a buenas cuchilladas y estocadas quedaron hartos dellos tendidos. Pues los de a caballo no tardaron en salirles al encuentro, que mataron muchos; puesto que entonces hirieron dos caballos y mataron un soldado, de aquella vez los echamos de aquel sitio; y cuando Cortés vio que no había más contrarios, nos fuimos a reposar a otro grande patio, adonde estaban los grandes adoratorios de aquella ciudad, y muchos de nuestros soldados subieron en el cu más alto, adonde tenían sus ídolos, y desde allí vieron la gran ciudad de México y toda la laguna, porque bien se señoreaba todo; y vieron venir sobre dos mil canoas que venían de México llenas de guerreros, y venían derechos adonde estábamos; porque, según otro día supimos, el señor de México, que se decía Guatemuz, les enviaba para que aquella noche o día diesen en nosotros; y juntamente envió por tierra sobre otros diez mil guerreros para que, unos por una parte y otros por otra, tuviesen manera que no saliésemos de aquella ciudad con las vidas ninguno de nosotros. También había apercibido otros diez mil hombres para les enviar de refresco cuando estuviesen dándonos guerra, y esto se supo otro día de cinco capitanes mexicanos que en las batallas prendimos; y mejor lo ordenó nuestro señor Jesucristo; porque así como vino aquella gran flota de canoas, luego se entendió que venían contra nosotros y acordóse que hubiese muy buena vela en todo nuestro real, repartido a los puertos y acequias por donde habían de venir a desembarcar, y los de a caballo muy a punto toda la noche, ensillados y enfrenados, aguardando en la calzada y tierra firme, y todos los capitanes, y Cortés con ellos, haciendo vela y ronda toda la noche, a mí y a otros diez soldados nos pusieron por velas sobre unas paredes de cal y canto, y tuvimos muchas piedras y ballestas y escopetas y lanzas grandes adonde estábamos, para que si por allí, en unas acequias que era desembarcadero, llegasen canoas, que los resistiésemos e hiciésemos volver, y a otros soldados pusieron en guarda en otras acequias. Pues estando velando yo y mis compañeros, sentimos el rumor de muchas canoas que venían a remo callado a desembarcar a aquel puesto donde estábamos, y a buenas pedradas y con las lanzas les resistimos, que no osaron desembarcar, y a uno de nuestros compañeros enviamos que fuese a dar aviso a Cortés; y estando en esto, volvieron otra vez muchas canoas cargadas de guerreros, y nos comenzaron a tirar mucha vara y piedra y flecha, y los tornamos a resistir, y entonces descalabraron a dos de nuestros soldados; y como era de noche y muy oscuro, se fueron a juntar las canoas con sus capitanes de la flota de canoas, y todas juntas fueron a desembarcar a otro portezuelo o acequias hondas; y como no son acostumbrados a pelear de noche, se juntaron todos con los escuadrones que Guatemuz enviaba por tierra, que eran ya dellos más de quince mil indios. También quiero decir, y esto no por me jactanciar, que como nuestro compañero fue a dar aviso a Cortés cómo habían llegado allí en el puerto donde velábamos muchas canoas de guerreros, según dicho tengo, luego vino a hablar con nosotros el mismo Cortés, acompañado de diez de a caballo, y cuando llegó cerca sin nos hablar, dimos voces yo y un Gonzalo Sánchez, que era del Algarbe portugués, y dijimos: «¿Quién viene ahí? ¿No podéis hablar?». Y le tiramos tres o cuatro pedradas; y como me conoció Cortés en la voz a mí y a mi compañero, dijo Cortés al tesorero Julián de Alderete y a fray Pedro Melgarejo y al maestre de campo, que era Cristóbal de Olí, que le acompañaban a rondar: «No es menester poner aquí más recaudo, que dos hombres están aquí puestos entre los que velan, que son de los que pasaron conmigo de los primeros, que bien podemos fiar dellos esta vela, y aunque sea otra cosa de mayor afrenta»; y desque nos hablaron, dijo Cortés que mirásemos el peligro en que estábamos; se fueron a requerir a otros puestos, y cuando no me cato, sin más nos hablar, oímos cómo traían a un soldado azotando por la vela, y era de los de Narváez. Pues otra cosa quiero traer a la memoria, y es, que ya nuestros escopeteros no tenían pólvora ni los ballesteros saetas; que el día antes se dieron tal prisa, que lo habían gastado; y aquella misma noche mandó Cortés a todos los ballesteros que alistasen todas las saetas que tuviesen y las emplumasen y pusiesen sus casquillos, porque siempre traíamos en las entradas muchas cargas de almacén de saetas, y sobre cinco cargas de casquillos hechos de cobre, y todo aparejo para donde quiera que llegásemos tener saetas; y toda la noche estuvieron emplumando y poniendo casquillos todos los ballesteros, y Pedro Barba, que era su capitán, no se quitaba de encima de la obra, y Cortés, que de cuando en cuando acudía. Dejemos esto, y digamos ya que fue de día claro cuál nos vinieron a cercar todos los escuadrones mexicanos en el patio donde estábamos; y como nunca nos cogían descuidados, los de a caballo por una parte, como era tierra firme, y nosotros por otra, y nuestros amigos los tlaxcaltecas, que nos ayudaban, rompimos por ellos y se mataron e hirieron tres de sus capitanes, sin otros muchos que luego otro día se murieron; y nuestros amigos hicieron buena presa, y se prendieron cinco principales, de los cuales supimos los escuadrones que Guatemuz había enviado; y en aquella batalla quedaron muchos de nuestros soldados heridos, y uno murió luego. Pues no se acabó en esta refriega; que yendo los de a caballo siguiendo el alcance, se encuentran con los diez mil guerreros que el Guatemuz enviaba en ayuda y socorro de refresco de los que de antes había enviado, y los capitanes mexicanos que con ellos venían traían espadas de las nuestras, haciendo muchas muestras con ellas de esforzados, y decían que con nuestras armas nos habían de matar; y cuando los nuestros de a caballo se hallaron cerca dellos, como eran pocos, y eran muchos escuadrones, temieron; y a esta causa se pusieron en parte para no se encontrar luego con ellos hasta que Cortés y todos nosotros fuésemos en su ayuda; y como lo supimos, en aquel instante cabalgaban todos los de a caballo que quedaban en el real, aunque estaban heridos ellos y sus caballos, y salimos todos los soldados y ballesteros, y con nuestros amigos los tlaxcaltecas, y arremetimos de manera, que rompimos y tuvimos lugar de nos juntar con ellos pie con pie, y a buenas estocadas y cuchilladas se fueron con la mala ventura, y nos dejaron de aquella vez el campo. Dejemos esto, y tornaremos a decir que allí se prendieron otros principales, y se supo dellos que tenía Guatemuz ordenado de enviar otra gran flota de canoas y muchos más guerreros por tierra; y dijo a sus guerreros que cuando estuviésemos cansados, y muchos heridos y muertos de los reencuentros pasados, que estaríamos descuidados con pensar que no enviaría más escuadrones contra nosotros, y que con los muchos que entonces enviaría nos podría desbaratar; y como aquello se supo, si muy apercibidos estábamos de antes, mucho más lo estuvimos entonces, y fue acordado que para otro día saliésemos de aquella ciudad y no aguardásemos más batallas; y aquel día se nos fue en curar heridos y en adobar armas y hacer saetas; y estando de aquella manera, pareció ser que, como en aquella ciudad eran ricos y tenían unas casas muy grandes llenas de mantas y ropa y camisas de mujeres de algodón, y había en ella oro y otras muchas cosas y plumajes, alcanzáronlo saber los tlaxcaltecas y ciertos soldados en qué parte paraje estaban las casas, y se las fueron a mostrar unos prisioneros de Xochimilco, y estaban en la laguna dulce y podían pasar a ellas por una calzada, puesto que había dos o tres puentes chicas en la calzada, que pasaban a ellas de unas acequias hondas a otras; y como nuestros soldados fueron a las casas y las hallaron llenas de ropa, y no había guarda, cárganse ellos y muchos tlaxcaltecas de ropa y otras cosas de oro, y se vienen con ello al real; y como lo vieron otros soldados, van a las mismas casas, y estando dentro sacando ropa de unas cajas muy grandes de madera, vino en aquel instante una gran flota de canoas de guerreros de México y dan sobre ellos e hirieron muchos soldados, y apañan a cuatro soldados vivos y los llevaron a México, y los demás se escaparon de buena; y llamábanse los que llevaron Juan de Lara, y el otro Alonso Hernández, y de los demás no me acuerdo sus nombres, mas sé que eran de la capitanía de Andrés de Monjaraz. Pues como le llevaron a Guatemuz estos cuatro soldados, alcanzó a saber cómo éramos muy pocos los que veníamos con Cortés y que muchos estaban heridos, y tanto como quiso saber de nuestro viaje, tanto supo; y como fue bien informado, manda cortar pies y brazos a los tristes nuestros compañeros, y los envía por muchos pueblos nuestros amigos de los que nos habían venido de paz, y les envía a decir que antes que volvamos a Texcoco piensa no quedará ninguno de nosotros a vida; y con los corazones y sangre hizo sacrificio a sus ídolos. Dejemos esto, y digamos cómo luego tornó a enviar muchas flotas de canoas llenas de guerreros, y otras capitanías por tierra, y les mandó que procurasen que no saliésemos de Xochimilco con las vidas. Y porque ya estoy harto de escribir de los muchos reencuentros y batallas que en estos cuatro días tuvimos con mexicanos, y no puedo dejar otra vez de hablar en ellas, digo que cuando amaneció vinieron desta vez tantos culúas mexicanos por los esteros, y otros por las calzadas y tierra firme, que tuvimos harto que romper en ellos; y luego nos salimos de aquella ciudad a una larga plaza que estaba algo apartada del pueblo, donde solían hacer sus mercados; y allí, puestos con todo nuestro fardaje para caminar, Cortés comenzó a hacer un parlamento acerca del peligro en que estábamos, porque sabíamos cierto que en los caminos y pasos malos nos estaba aguardando todo el poder de México y otros muchos guerreros puestos en esteros y acequias; y nos dijo que sería bien, y así nos lo mandaba de hecho, que fuésemos desembarazados y dejásemos el fardaje y hato, porque no nos estorbase para el tiempo de pelear. Y cuando aquello le oímos, todos a una le respondimos que, mediante Dios, que hombres éramos para defender nuestra hacienda y personas y la suya, y que sería gran poquedad si tal hiciésemos; y desque vio nuestra voluntad y respuesta, dijo que a la mano de Dios lo encomendaba; y luego se puso en concierto cómo habíamos de ir, el fardaje y los heridos en medio, y los de a caballo repartidos, la mitad dellos delante y la otra mitad en la retaguardia, y los ballesteros también con todos nuestros amigos, y allí poníamos más recaudo, porque siempre los mexicanos tenían por costumbre que daban en el fardaje; de los escopeteros no nos aprovechábamos, porque no tenían pólvora ninguna; y desta manera comenzamos a caminar. Y cuando los escuadrones mexicanos que había enviado Guatemuz aquel día vieron que nos íbamos retrayendo de Xochimilco creyeron que de miedo no los osábamos esperar, como ello fue verdad, y salen de repente tantos dellos y se vienen derechos a nosotros, e hirieron ocho soldados, y dos murieron de ahí a ocho días, y quisieron romper y desbaratar por el fardaje; mas, como íbamos con el concierto que he dicho, no tuvieron lugar, y en todo el camino hasta que llegamos a un gran pueblo que se dice Cuyoacoan, que está obra de dos leguas de Xochimilco, nunca nos faltaron rebatos de guerreros que nos salían en partes que no nos podíamos aprovechar dellos, y ellos sí de nosotros, de mucha vara y piedra y flecha; y como tenían cerca los esteros y zanjas, poníanse en salvo. Pues llegados a Cuyoacoan a obra de las diez del día, hallámosla despoblada. Quiero ahora decir que están muchas ciudades las unas de las otras, cerca de la gran ciudad de México, obra de dos leguas, porque Xochimilco y Cuyoacoan y Huichilobusco e iztapalapa y Coadlabaca y Mezquique, y otros tres o cuatro pueblos que están a legua y media o a dos leguas los unos de los otros, y de todos ellos se habían juntado allí en Xochimilco muchos indios guerreros contra nosotros. Pues volvamos a decir que como llegamos a aquel gran pueblo y estaba despoblado, y está en tierra llana, acordamos de reposar aquel día que llegamos y otro, porque se curasen los heridos y hacer saetas: porque bien entendido teníamos que habíamos de haber más batallas antes de volver a nuestro real, que era Texcoco; y otro día muy de mañana comenzamos a caminar, con el mismo concierto que solíamos llevar, camino de Tacuba, que está de donde salimos obra de dos leguas, y en el camino salieron en tres partes muchos escuadrones de guerreros, y todas tres resistimos, y los de a caballo los seguían por tierra llana hasta que se acogían a los esteros y acequias; y yendo por nuestro camino de la manera que he dicho, apartóse Cortés con diez de a caballo a echar una celada a los mexicanos que salían de aquellos esteros y salían a dar guerra a los nuestros, y llevó consigo cuatro mozos de espuelas, y los mexicanos hacían que iban huyendo, y Cortés con los de a caballo y sus criados siguiéndoles; y cuando miró por sí, estaba una gran capitanía de contrarios puestos en celada, y dan en Cortés y los de a caballo, que les hirieron los caballos, y si no dieran vuelta de presto, allí quedaran muertos o presos. Por manera que apañaron los mexicanos dos de los soldados mozos de espuelas de Cortés, de los cuatro que llevaba, y vivos los llevaron a Guatemuz y los sacrificaron. Dejemos de hablar deste desmán por causa de

Cortés, y digamos como habíamos ya llegado a Tacuba con nuestras banderas tendidas, con todo nuestro ejército y fardaje, y todos los más de a caballo habían llegado, y también Pedro de Alvarado y Cristóbal de Olí; y Cortés no venía con los diez de a caballo que llevó en su compañía, tuvimos mala sospecha no les hubiese acaecido algún desmán. Y luego fuimos con Pedro de Alvarado y Cristóbal de Olí y Andrés de Tapia en su busca, con otros de a caballo, hacia los esteros donde le vimos apartar, y en aquel instante vinieron los otros dos mozos de espuelas que habían ido con Cortés, que se escaparon, y se decía el uno Monroy y el otro Tomás de Rijoles, y dijeron que ellos por ser ligeros escaparon, y que Cortés y los demás se vienen poco a poco porque traen los caballos heridos; y estando en esto viene Cortés, con el cual nos alegramos, puesto que él venía muy triste y como lloroso; llamábanse los mozos de espuelas que llevaron a México a sacrificar, el uno Francisco Martín «vendabal» y este nombre de Vendabal se le puso por ser algo loco, y el otro se decía Pedro Gallego. Pues como allí llegó Cortés a Tacuba, llovía mucho, y reparamos cerca de dos horas en unos grandes patios; y Cortés con otros capitanes y el tesorero Alderete, que venía ya malo, y el fraile Melgarejo y otros muchos soldados subimos en el gran cu de aquel pueblo, que desde él se señoreaba muy bien la ciudad de México, que está muy cerca, y toda la laguna y las más ciudades que están en el agua pobladas; y cuando el fraile y el tesorero Alderete vieron tantas ciudades y tan grandes, y todas asentadas en el agua, estaban admirados. Pues cuando vieron la gran ciudad de México y la laguna y tanta multitud de canoas, que unas iban cargadas con bastimentos y otras iban a pescar y otras baldías, mucho más se espantaron, porque no las habían visto hasta en aquella sazón; y dijeron que nuestra venida en esta Nueva España que no eran cosas de hombres humanos, sino que la gran misericordia de Dios era quien nos sostenía; y que otras veces han dicho que no se acuerdan haber leído en ninguna escritura que hayan hecho ningunos vasallos tan grandes servicios a su rey como son los nuestros, y que ahora lo dicen muy mejor, y que dello harían relación a su majestad. Dejemos de otras muchas pláticas que allí pasaron, y cómo consolaba el fraile a Cortés por la pérdida de sus mozos de espuelas, que estaba muy triste por ellos; y digamos cómo Cortés y todos nosotros estábamos mirando desde Tacuba el gran cu del ídolo Huichilobos y el Tatelulco y los aposentos donde solíamos estar, y mirábamos toda la ciudad, y las puentes y calzada por donde salimos huyendo; y en este instante suspiró Cortés con una muy gran tristeza, muy mayor que la que antes traía, por los hombres que le mataron antes que en el alto cu subiese; y desde entonces dijeron un cantar o romance:

> En Tacuba está Cortés
> Con su escuadrón esforzado,
> Triste estaba y muy penoso,
> Triste y con gran cuidado,
> La una mano en la mejilla,
> Y la otra en el costado, etc.

Acuérdome que entonces le dijo un soldado que se decía el bachiller Alonso Pérez, que después de ganada la Nueva España fue fiscal y vecino en México:

«Señor capitán, no esté vuestra merced tan triste; que en las guerras estas cosas suelen acaecer, y no se dirá por vuestra merced:
> Mira Nero, de Tarpeya,
> A Roma cómo se ardía.»

Y Cortés le dijo que ya veía cuántas veces había enviado a México a rogarles con la paz, y que la tristeza no la tenia por una sola cosa, sino en pensar en los grandes trabajos en que nos habíamos de ver hasta tornarla a señorear, y que con la ayuda de Dios presto lo pondríamos por la obra. Dejemos estas pláticas y romances, pues no estábamos en tiempo dellos, y digamos cómo se tomó parecer entre nuestros capitanes y soldados si daríamos una vista a la calzada, pues estaba tan cerca de Tacuba, donde estábamos; y como no había pólvora ni muchas saetas, y todos los más soldados de nuestro ejército heridos, acordándosenos que otra vez, poco más había de un mes, que Cortés les probó a entrar en la calzada con muchos soldados que llevaba, y estuvo en gran peligro, porque temió ser desbaratado, como dicho tengo en el capítulo pasado que dello habla; y fue acordado que luego nos fuésemos nuestro camino, por temor no tuviésemos en ese día o en la noche alguna refriega con los mexicanos; porque Tacuba está muy cerca de la gran ciudad de México, y con la llevada que entonces llevaron vivos de los soldados no enviase Guatemuz sus grandes poderes contra nosotros; y comenzamos a caminar, y pasamos por Escapuzalco y hallámosle despoblado, y luego fuimos a Tenayuca, que era gran pueblo «de las Sierpes». Ya he dicho otra vez, en el capítulo que dello habla, que tenían tres sierpes en el adoratorio mayor en que adoraban, y las tenían por sus ídolos, y también estaban despoblados; y desde allí fuimos a Gualtitlán, y en todo este día no dejó de llover muy grandes aguaceros, y como íbamos con nuestras armas a cuestas, que jamás las quitábamos de día ni de noche, y con la mucha agua y del peso dellas íbamos quebrantados, y llegamos ya que anochecía a aquel gran pueblo, y también estaba despoblado, y en toda la noche no dejó de llover, y había grandes lodos, y los naturales dél y otros escuadrones mexicanos nos daban tanta grita de noche desde unas acequias y partes que no les podíamos hacer mal; y como hacía muy oscuro y llovía, no se podían poner velas ni rondas, y no hubo concierto ninguno ni acertábamos con los puestos; y esto digo porque a mí me pusieron para velar la prima, y jamás acudió a mi puesto ni cuadrillero ni rondas, y así se hizo en todo el real. Dejemos deste descuido, y tornemos a decir que otro día fuimos camino de otra gran población, que no me acuerdo el nombre, y había grandes lodos en él, y hallámosla despoblada; y otro día pasamos por otros pueblos y también estaban despoblados; y otro día llegamos a un pueblo que se dice Aculman, sujeto de Texcoco; y como supieron en Texcoco cómo íbamos, salieron a recibir a Cortés buen recibimiento, así de los nuestros como de los recién venidos de Castilla, y mucho más de los naturales de los pueblos comarcales; pues trajeron de comer, y luego esa noche se volvió Sandoval a Texcoco con todos sus soldados a poner en cobro su real. Y otro día por la mañana fue Cortés con todos nosotros camino de Texcoco; y como íbamos cansados y heridos, y dejábamos muertos nuestros soldados y compañeros, y sacrificados en poder de los mexicanos, en lugar de descansar y curar nuestras heridas, tenían ordenada una conjuración ciertas personas de calidad, de la parcialidad de Narváez, de matar a Cortés y a Gonzalo de Sandoval y a Pedro de Alvarado y Andrés de Tapia. Y lo que más pasó diré adelante.

Capítulo CXLVI. Cómo desque llegamos con Cortés a Texcoco, con todo nuestro ejército y soldados, de la entrada de rodear los pueblos de la laguna, tenían concertado entre ciertas personas de los que habían pasado con Narváez, de matar a Cortés y a todos los que fuésemos en su defensa; y quien fue primero autor de aquella chirinola fue uno que había sido amigo de Diego Velázquez, gobernador de Cuba; al cual soldado Cortés le mandó ahorcar por sentencia; y cómo se herraron los esclavos y se apercibió todo el real y los pueblos nuestros amigas, y se hizo alarde y ordenanzas, y otras cosas que más pasaron

Ya he dicho como veníamos tan destrozados y heridos, de la entrada por mí nombrada, pareció ser que un gran amigo del gobernador de Cuba, que se decía Antonio de Villafaña, natural de Zamora o de Toro, se concertó con otros soldados de los de Narváez, los cuales no nombro sus nombres por su honor, que así como viniese Cortés de aquella entrada, que le matasen, y había de ser desta manera: que, como en aquella sazón había venido un navío de Castilla, que cuando Cortés estuviese sentado a la mesa comiendo con sus capitanes y soldados, que entre aquellas personas que tenían hecho el concierto, que trajesen una carta muy cerrada y sellada, como que venía de Castilla, y que dijesen que era de su padre Martín Cortés, y que cuando la estuviese leyendo le diesen de puñaladas, así al Cortés como a todos los capitanes y soldados que cerca de Cortés nos hallásemos en su defensa. Pues ya hecho y consultado todo lo por mí dicho, los que lo tenían concertado, quiso nuestro señor que dieron parte del negocio a dos personas principales, que aquí tampoco quiero nombrar, que habían ido en la entrada con nosotros, y aun a uno dellos, en el concierto que tenían, le habían nombrado por uno de los capitanes generales después que hubiesen muerto a Cortés; y asimismo a otros soldados de los de Narváez hacían alguacil mayor y alférez, y alcaldes y regidores, y contador y tesorero y veedor, y otras cosas deste arte, y aun repartido entre ellos nuestros bienes y caballos; y este concierto estuvo encubierto dos días después que llegamos a Texcoco; y nuestro señor Dios fue servido que tal cosa no pasase, porque era perderse la Nueva España, y todos nosotros muriéramos, porque luego se levantaran bandos y chirinolas. Pareció ser que un soldado lo descubrió a Cortés, que luego pusiese remedio en ello antes que más fuego sobre aquel caso se encendiese; porque le certificó aquel buen soldado que eran muchas personas de calidad en ello; y como Cortés lo supo, después de hacer grandes ofrecimientos y dádivas que le dio a quien se lo descubrió, muy presto, secretamente lo hace saber a todos nuestros capitanes, que fueron Pedro de Alvarado y Francisco de Lugo, y a Cristóbal de Olí y a Gonzalo de Sandoval, y Andrés de Tapia y a mí, y a dos alcaldes ordinarios que eran de aquel año, que se decían Luis Marín y Pedro de Ircio, y a todos nosotros los que éramos de la parte de Cortés; y así como lo supimos, nos apercibimos, y sin más tardar fuimos con Cortés a la posada de Antonio de Villafaña, y estaban con él muchos de los que eran en la conjuración, y de presto le echamos mano al Villafaña con cuatro alguaciles que Cortés llevaba, y los capitanes y soldados que con el Villafaña estaban comenzaron a huir, y Cortés les mandó detener y prender algunos dellos; y cuando tuvimos preso al Villafaña, Cortés le sacó del seno el memorial que tenía con las firmas de los que fueron en el concierto que dicho tengo; y como lo hubo leído, y vio que eran muchas personas en ello de calidad, y por no infamarlos, echó fama que comió el memorial el Villafaña, y que no le había visto ni leído. Y luego hizo proceso contra él, y tomada la confesión, dijo la verdad, y con muchos testigos que había de fe y de creer, que tomaron sobre el caso, por sentencia que dieron los alcaldes ordinarios, juntamente con Cortés y el maestre de campo Cristóbal de Olí, y después que se confesó con el padre Juan Díaz, le ahorcaron de una ventana del aposento donde posaba el Villafaña; y no quiso Cortés que otro ninguno fuese infamado en aquel mal caso, puesto que en aquella sazón echaron presos a muchos por poner temores y hacer señal que quería hacer justicia de otros: y como el tiempo no daba lugar a ello, se disimuló; y luego acordó Cortés de tener guarda para su persona, y fue su capitán un hidalgo que se decía Antonio de Quiñones, natural de Zamora, con doce soldados, buenos hombres y esforzados, y le velaban de día y de noche, y a nosotros de los que sentía que éramos de su banda, nos rogaba que mirásemos por su persona. Y desde allí adelante, aunque mostraba gran voluntad a las personas que eran en la conjuración, siempre se recelaba dellos. Dejemos esta materia, y digamos cómo luego se mandó pregonar que todos los indios e indias que habíamos habido en aquellas entradas los llevasen a herrar dentro de dos días a una casa que estaba señalada para ello; y por no gastar más palabras en esta relación sobre la manera que se vendían en la almoneda, más de las que otras veces tengo dichas en las dos veces que se herraron, si mal lo habían hecho de antes, muy peor se hizo esta vez, que, después de sacado el real quinto, sacaba Cortés el suyo, y otras treinta sacaliñas para capitanes; y si eran hermosas y buenas indias las que metíamos a herrar, las hurtaban de noche del montón, que no parecían hasta de ahí a buenos días; y por esta causa se dejaban de herrar muchas piezas, que después teníamos por naborías. Dejemos de hablar en esto, y digamos lo que después en nuestro real se ordenó.

Capítulo CXLVII. Cómo Cortés mandó a todos los pueblos nuestros amigos que estaban cercanos de Texcoco, que hiciesen almacén de saetas y casquillos de cobre, y lo que en nuestro real más pasó

Como se hubo hecho justicia del Antonio de Villafaña, y estaban ya pacíficos los que eran juntamente con él conjurados de matar a Cortés y a Pedro de Alvarado y al Sandoval y a los que fuésemos en su defensa, según más largamente lo tengo escrito en el capítulo pasado; y viendo Cortés que ya los bergantines estaban hechos, y puestas sus jarcias y velas y remos muy buenos, y más remos de los que habían menester para cada bergantín, y la zanja de agua por donde había de salir a la laguna muy ancha y hondable, envió a decir a todos los pueblos nuestros amigos que estaban cerca de Texcoco, que en cada pueblo hiciesen ocho mil casquillos de cobre, que fuesen según otros que les llevaron por muestra, que eran de Castilla; y asimismo les mandó que en cada pueblo labrasen y desbastasen otras ocho mil saetas de una madera muy buena, que también les llevaron muestra, y les dio de plazo ocho días para que trajesen las saetas y casquillos a nuestro real; lo cual trajeron para el tiempo que se les mandó, que fueron más de cincuenta mil casquillos y otras tantas saetas, y los casquillos fueron mejores que los de Castilla; y luego mandó Cortés a Pedro Barba, que en aquella sazón era capitán de ballesteros, que los repartiese, así saetas como casquillos, entre todos los ballesteros, y que les mandase que siempre desbastasen el almacén, y las emplumasen con engrudo, que pega mejor que lo de Castilla, que se hace de unas como raíces que se dice zacotle; y asimismo mandó al Pedro Barba que cada ballestero tuviese dos cuerdas bien pulidas y aderezadas para sus ballestas, y otras tantas nueces, para que si se quebrase alguna cuerda o saltase la nuez, que luego se pusiese otra, y que siempre tirasen a terrero y viesen a qué pasos llegaba la fuga de sus ballestas, y para ello se les dio mucho hilo de Valencia para las cuerdas; porque en el navío que he dicho que vino pocos días había de Castilla, que era de Juan de Burgos, trajo mucho hilo y gran cantidad de pólvora y ballestas y otras muchas armas, y herrajes y escopetas. Y también mandó Cortés a los de a caballo que tuviesen sus caballos herrados y las lanzas puestas a punto, y que cada día cabalgasen y corriesen y les mostrasen muy bien a revolver y escaramuzar; y hecho esto, envió mensajeros y cartas a nuestro amigo Xicotencatl «el viejo», que como ya he dicho otras veces, era vuelto cristiano y se llamaba don Lorenzo de Vargas, y su hijo Xicotencatl «el mozo», y a sus hermanos y al Chichimecatecle, haciéndoles saber que en pasando el día de Corpus Christi habíamos de partir de aquella ciudad para ir sobre México a ponerle cerco, y que le enviase veinte mil guerreros de los suyos de Tlaxcala y los de Guaxocingo y Cholula, pues todos eran amigos y hermanos en armas; y ya lo sabían los tlaxcaltecas de sus mismos indios el plazo y concierto, como siempre iban de nuestro real cargados de despojos de las entradas que hacíamos. También apercibió a los de Chalco y Tamanalco y sus sujetos que se apercibiesen para cuando los enviásemos a llamar; y se les hizo saber cómo era para poner cerco a México, y en qué tiempo habíamos de ir; y también se les dijo a don Hernando, señor de Texcoco, y a sus principales y a todos sus sujetos, y a todos los demás pueblos nuestros amigos; y todos a una respondieron que lo harían muy cumplidamente lo que Cortés les enviaba a mandar, y que vendrían, y los de Tlaxcala vinieron pasada la pascua del Espíritu Santo. Hecho esto, se acordó de hacer alarde un día de pascua; lo cual diré adelante el concierto que se dio.

Capítulo CXLVIII. Cómo se hizo alarde en la ciudad de Texcoco en los patios mayores de aquella ciudad, y los de a

caballo, ballesteros y escopeteros y soldados que se hallaron, y las ordenanzas que se pregonaron, y otras cosas que se hicieron

Después que se dio la orden, así como antes he dicho, y se enviaron mensajeros y cartas a nuestros amigos los de Tlaxcala y los de Chalco, y se dio aviso a los demás pueblos, acordó Cortés con nuestros capitanes y soldados que para el segundo día del Espíritu Santo, que fue el año de 1521 años, se hiciese alarde; el cual alarde se hizo en los patios mayores de Texcoco, y halláronse ochenta y cuatro de a caballo y seiscientos cincuenta soldados de espada y de rodela; y muchos de lanzas, y ciento y noventa y cuatro ballesteros y escopeteros; y destos se sacaron para los trece bergantines los que ahora diré: para cada bergantín doce ballesteros y escopeteros, estos no habían de remar; y demás desto, también se sacaron otros doce remeros para cada bergantín, a seis por banda, que son los doce que he dicho, y además desto, un capitán por cada bergantín. Por manera que sale a cada bergantín a veinticinco soldados con el capitán, y trece bergantines que eran, a veinticinco soldados, son doscientos y ochenta y ocho, y con los artilleros que les dieron, demás de los veinte soldados, fueron en todos los bergantines trescientos soldados por la cuenta que he dicho; y también les repartió los tiros de fuslera y falconetes que teníamos y la pólvora que les parecía que habían menester; y esto hecho, mandó pregonar las ordenanzas que todos habíamos de guardar.

Lo primero, que ninguna persona fuese osada de blasfemar de nuestro señor Jesucristo ni de nuestra señora su bendita madre, ni de los santos apóstoles ni otros santos, so graves penas.

Lo segundo, que ningún soldado tratase mal a nuestros amigos, pues iban para nos ayudar, ni les tomasen cosa ninguna, aunque fuesen de las cosas que ellos habían adquirido en la guerra, ni plata ni chalchiuites.

Lo tercero, que ningún soldado fuese osado de salir ni de día ni de noche de nuestro real para ir a ningún pueblo de nuestros amigos ni a otra parte a traer de comer ni a otra cualquier cosa, so graves penas.

Lo cuarto, que todos los soldados llevasen muy buenas armas y bien colchadas, y gorjal y papahigos y antiparas y rodela; que, como sabíamos, que era tanta la multitud de vara y piedra y flecha y lanza, para todo era menester llevar las armas que decía el pregón.

Lo quinto, que ninguna persona jugase caballo ni armas por vía ninguna, con gran pena que se les puso.

Lo sexto y último, que ningún soldado ni hombre de a caballo ni ballestero ni escopetero duerma sin estar con todas sus armas vestidas y con alpargates calzados, excepto si no fuese con gran necesidad de heridas o estar doliente, porque estuviésemos muy bien aparejados para cualquier tiempo que los mexicanos viniesen a nos dar guerra. Y demás desto, se pregonaron las leyes que se mandan guardar en lo militar, que es al que se duerme en la vela o se va del puesto que le ponen, pena de muerte; y se pregonó que ningún soldado vaya de un real a otro sin licencia de su capitán, so pena de muerte. Más se pregonó, que el soldado que dejare su capitán en la guerra o batalla y se huya, pena de muerte. Esto pregonado, diré en lo que más se entendió.

Capítulo CXLIX. Cómo Cortés buscó a los marineros que eran menester para remar en los bergantines, y se les señaló capitanes que habían de ir en ellos, y de otras cosas que se hicieron

Después de hecho el alarde ya otras veces dicho, como vio Cortés que para remar los bergantines no hallaban tantos hombres del mar que supiesen remar, puesto que bien se conocían los que habíamos traído en nuestros navíos que dimos a través con ellos cuando venimos con Cortés, y asimismo se conocían los marineros de los navíos que dimos a través con ellos cuando venimos con puestos por memoria y los habían apercibido porque habían de remar, y aun con todos ellos no había recaudo para todos trece bergantines, y muchos dellos rehusaban y aun decían que no habían de remar; y Cortés hizo pesquisa para saber los que eran marineros o habían visto que iban a pescar, o si eran de Palos o Moguer o del Puerto o de otro cualquier puerto o parte donde hay marineros, les mandaba, so graves penas, que entrasen en los bergantines, y aunque más hidalgos dijesen que eran, les hizo ir a remar, y desta manera juntó ciento y cincuenta hombres para remar; y ellos fueron los mejor librados que nosotros los que estábamos en las calzadas batallando, y quedaron ricos de despojos, como adelante diré y desque Cortés les hubo mandado que anduviesen en los bergantines, y les repartió los ballesteros y escopeteros y pólvora y tiros y saetas y todo lo demás que era menester, y les mandó poner en cada bergantín las banderas reales y otras banderas del nombre que se decía ser el bergantín, y otras cosas que convenían; nombró por capitanes para cada uno dellos a los que ahora aquí diré: a Garci Holguin, Pedro Barba, Juan de Limpias Carvajal, «el sordo», Juan Jaramillo, Jerónimo Ruiz de la Mota, Carvajal, su compañero, que ahora es muy viejo y vive en la calle de San Francisco; y a un Portillo, que entonces vino de Castilla, buen soldado, que tenía una mujer hermosa; y a un Zamora, que fue maestre de navíos, que vivía ahora en Guaxaca; y a un Colmenero, que era marinero, buen soldado; y a, un Lerma y a Ginés Nortes y a Briones, natural de Salamanca; el otro capitán no me acuerdo su nombre; y Miguel Díaz de Auz; y cuando los hubo nombrado, mandó a todos los ballesteros y escopeteros y a los demás soldados que habían de remar, que obedeciesen a los capitanes que les ponía y no saliesen de su mandado, so graves penas; y les dio las instrucciones que cada capitán había de hacer y en qué puesto habían de ir de las calzadas y con qué capitanes de los de tierra. Acabado de poner en concierto todo lo que he dicho, viniéronle a decir a Cortés que venían los capitanes de Tlaxcala con gran copia de guerreros, y venía en ellos por capitán general Xicotencatl, «el mozo», el que fue capitán cuando las guerras de Tlaxcala, y este fue el que nos trataba la traición en Tlaxcala cuando salimos huyendo de México, según otras muchas veces lo he referido; y que traía en su compañía otros dos hermanos, hijos del buen viejo don Lorenzo de Vargas, y que traía gran copia de tlaxcaltecas y de Guaxocingo, y otro capitán de cholultecas; y aunque eran pocos, porque, a lo que siempre vi, después que en Cholula se les hizo el castigo, ya otra vez por mí dicho en el capítulo que dello habla, después acá jamás fueron con los mexicanos ni aun con nosotros, sino que se estaban a la mira, que aun cuando nos echaron de México no se hallaron ser nuestros contrarios. Dejemos esto, y volvamos a nuestra relación: que como Cortés supo que venía Xicotencatl y sus hermanos y otros capitanes, y vinieron un día primero del plazo que les enviaron a decir que viniesen, salió a les recibir Cortés un cuarto de legua de Texcoco, con Pedro de Alvarado y otros nuestros capitanes; y como encontraron con el Xicotencatl y sus hermanos, les hizo Cortés mucho acato y les abrazó, y a todos los demás capitanes, y venían en gran ordenanza y todos muy lucidos, con grandes divisas cada capitanía por sí, y sus banderas tendidas, y el ave blanca que tienen por armas, que parece águila con sus alas tendidas; traían sus alféreces revolando sus banderas y estandartes, y todos con sus arcos y flechas y espadas de a dos manos y varas con tiraderas, y otros macanas y lanzas grandes y otras chicas y sus penachos, y puestos en concierto y dando voces y gritos y silbos, diciendo: «¡Viva el emperador, nuestro señor, y Castilla, Castilla, Tlaxcala, Tlaxcala!». Y tardaron en entrar en Texcoco mas de tres horas, y Cortés los mandó aposentar en unos buenos aposentos, y los mandó dar de comer de todo lo que en nuestro real había; y después de muchos abrazos y ofrecimientos que los haría ricos, se despidió dellos y les dijo que otro día les diría lo que habían de hacer, y que ahora venían cansados, que reposasen; y en aquel instante que llegaron aquellos caciques de Tlaxcala que dicho tengo, entraron en nuestro real cartas que enviaba un soldado que se decía Hernando de Barrientos, desde un pueblo que se dice Chinanta, que estará de México obra de noventa leguas; y lo que en ella se contenía era que habían muerto los mexicanos en el tiempo que nos echaron de México a tres compañeros suyos cuando estaban en las estancias y minas donde los dejó el capitán Pizarro, que así se llamaba, para que buscasen y descubriesen todas aquellas comarcas si había minas ricas de oro, según dicho tengo en el capítulo que dello habla y que el Barrientos que se acogió a aquel pueblo de Chinanta, adonde estaba, y que son enemigos de mexicanos. Este pueblo fue donde trajeron las picas cuando fuimos sobre Narváez. Y porque no hacen al caso a nuestra relación otras particularidades que decía en la carta, se dejará de decir; y Cortés sobre ella le escribió en respuesta dándole relación de la manera que íbamos de camino para poner cerco a México, y que a todos los caciques de aquellas provincias les diese sus encomiendas, y que mirase que no se viniese de aquella tierra hasta tener carta suya, porque en el camino no le matasen los mexicanos. Dejemos esto, y digamos cómo Cortés ordenó de la manera que habíamos de ir a poner cerco a México, y quiénes fueron los capitanes, y lo que más en el cerco sucedió.

Capítulo CL. Cómo Cortés mandó que fuesen tres guarniciones de soldados y de a caballo y ballesteros y escopeteros por tierra a poner cerco a la gran ciudad de México, y los capitanes que nombró para cada guarnición, y los soldados y de a caballo y ballesteros y escopeteros que les repartió, y los sitios y ciudades donde habíamos de asentar nuestros reales

Mandó que Pedro de Alvarado fuese por capitán de ciento y cincuenta soldados de espada y rodela, y muchos llevaban lanzas, y les dio treinta de a caballo y dieciocho escopeteros y ballesteros, y nombró que fuesen juntamente con él a Jorge de Alvarado, su hermano, y a Gutierre de Badajoz y a Andrés de Monjaraz, y estos mandó que fuesen capitanes de cada cincuenta soldados, y que repartiesen entre todos tres los escopeteros y ballesteros, tanto a una capitanía como a otra; y que el Pedro de Alvarado fuese capitán de los de a caballo y general de las tres capitanías, y le dio ocho mil tlaxcaltecas con sus capitanes, y a mí me señaló y mandó que fuese con el Pedro de Alvarado, y que fuésemos a poner sitio en la ciudad de Tacuba; y mandó que las armas que llevásemos fuesen muy buenas, y papahigos y gorjales y antiparas, porque era mucha la vara y piedra como granizo, y flechas y lanzas y macanas y otras armas de espada de a dos manos con que los mexicanos peleaban con nosotros, y para tener defensa con ir bien armados; y aun con todo esto, cada día que batallábamos había muertos y heridos, según adelante diré. Pasemos a otra capitanía.

Dio a Cristóbal de Olí, que era maestre de campo, otros treinta de a caballo y ciento y setenta y cinco soldados y veinte escopeteros y ballesteros, y todos con sus armas según y de la manera que los dio a Pedro de Alvarado; y le nombró otros tres capitanes, que fueron Andrés de Tapia y Francisco Verdugo y Francisco de Lugo, y entre todos tres capitanes repartiesen los soldados y escopeteros y ballesteros; y que el Cristóbal de Olí fuese capitán general de las tres capitanías y de los de a caballo, y le dio otros ocho mil tlaxcaltecas, y le mandó que fuese a asentar su real en la ciudad de Cuyoacoan, que estará de Tacuba dos leguas.

De otra guarnición de soldados hizo capitán a Gonzalo de Sandoval, que era alguacil mayor, y le dio veinticuatro de a caballo y catorce escopeteros y ballesteros y ciento y cincuenta soldados de espada y rodela y lanza, y más de ocho mil indios de guerra de los de Chalco y Guaxocingo y de otros pueblos por donde el Sandoval había de ir, que eran nuestros amigos, y le dio por compañeros y capitanes a Luis Marín y a Pedro de Ircio, que eran amigos de Sandoval; y les mandó que entre los dos capitanes repartiesen los soldados y ballesteros y escopeteros, y que el Sandoval tuviese a su cargo los de a caballo y que fuese general de todos, y que sentase su real junto a Iztapalapa, y que le diese guerra y le hiciese todo el mal que pudiese hasta que otra cosa le fuese mandado; y no partió Sandoval de Texcoco hasta que Cortés, que era capitán de los bergantines, estaba muy a punto para salir con los trece bergantines por la laguna; en los cuales llevaba trescientos soldados, con ballesteros y escopeteros, porque así estaba ordenado. Por manera que Pedro de Alvarado y Cristóbal de Olí habíamos de ir por una parte y Sandoval por otra. Digamos ahora que los unos a mano derecha y los otros desviados por otro camino; y esto es así, porque los que no saben aquellas ciudades y la laguna lo entiendan, porque se tornaban casi que a juntar. Dejemos de hablar más en ello, y digamos que a cada capitán se le dio las instrucciones de lo que les era mandado; y como nos habíamos de partir para otro día por la mañana, y porque no tuviésemos tantos embarazos en el camino, enviamos adelante todas las capitanías de Tlaxcala hasta llegar a tierra de mexicanos. Y yendo que iban los tlaxcaltecas descuidados con su capitán Chichimecatecle, y otros capitanes con sus gentes, no vieron que iba Xicotencatl «el mozo», que era el capitán general dellos; y preguntando y pesquisando el Chichimecatecle qué se había hecho o adónde se había quedado, alcanzaron a saber que se había vuelto aquella noche encubiertamente para Tlaxcala, y que iba a tomar por fuerza el cacicazgo y vasallos y tierra del mismo Chichimecatecle; y las causas que para ello decían los tlaxcaltecas eran, que como el Xicotencatl «el mozo» vio ir los capitanes de Tlaxcala a la guerra, especialmente a Chichimecatecle, que no tendría contradictores, porque no tenía temor de su padre Xicotencatl «el ciego», que como padre le ayudaría, y nuestro amigo Mase Escaci, que ya era muerto; y a quien temía era el Chichimecatecle. Y también dijeron que siempre conocieron del Xicotencatl no tener voluntad de ir a la guerra de México, porque le oían decir muchas veces que todos nosotros y ellos habían de morir en ella. Pues después que aquello vio y entendió el Chichimecatecle, cuyas eran las tierras y vasallos que iba a tomar, vuelve del camino más que de paso, y viene a Texcoco a hacérselo saber a Cortés; y como Cortés lo supo, mandó que con brevedad fuesen cinco principales de Texcoco y otros dos de Tlaxcala, amigos del Xicotencatl, a hacerle volver del camino, y le dijesen que Cortés les rogaba que luego se volviese para ir contra sus enemigos los mexicanos, y que mire que su padre don Lorenzo de Vargas, si no fuera viejo y ciego, como estaba, viniera sobre México; y que pues toda Tlaxcala fueron y son muy leales servidores de su majestad, que no quiera él infamarlos con lo que ahora hace, y le envió a hacer muchos prometimientos y promesas, y que le daría oro y mantas porque volviese. Y la respuesta que le envió a decir fue, que si el viejo de su padre y Mase Escaci le hubieran creído, que no se hubieran señoreado tanto dellos, que les hace hacer todo lo que quiere; y por no gastar más palabras, dijo que no quería venir. Y como Cortés supo aquella respuesta, de presto dio un mandamiento a un alguacil, y con cuatro de a caballo y cinco indios principales de Texcoco que fuesen muy en posta, y donde quiera que le alcanzasen le ahorcasen; y dijo: «Ya en este cacique no hay enmienda, sino que siempre nos ha de ser traidor y malo y de malos consejos»; y que no era tiempo para más le sufrir, que bastaba lo pasado y presente. Y como Pedro de Alvarado lo supo rogó mucho por él, y Cortés o le dio buena respuesta o secretamente mandó al alguacil y a los de a caballo que no le dejasen con la vida; y así se hizo, que en un pueblo sujeto a Texcoco le ahorcaron, y en esto le hubieron de parar sus traiciones. Algunos tlaxcaltecas hubo que dijeron que su padre don Lorenzo de Vargas envió a decir a Cortés que aquel su hijo era malo y que no se confiase dél, y que procurase de le matar. Dejemos esta plática así, y diré que por esta causa nos detuvimos aquel día sin salir de Texcoco; y otro día, que fueron 13 de mayo de 1521 años, salimos entrambas capitanías juntas; porque así Cristóbal de Olí como Pedro de Alvarado habíamos de llevar un camino, y fuimos a dormir a un pueblo sujeto de Texcoco, que se dice Aculma; y pareció ser que el Cristóbal de Olí envió adelante a aquel pueblo a tomar posada, y tenía puesto en cada casa por señal ramos verdes encima de las azoteas; y cuando llegamos con Pedro de Alvarado no hallamos donde posar, y sobre ello ya habíamos echado mano a las armas los de nuestra capitanía contra los de Cristóbal de

Olí, y aun los capitanes desafiados, y no faltaron caballeros de entrambas partes que se metieron entre nosotros, y se pacificó algo el ruido, y no tanto, que todavía estábamos todos resabiados; y desde allí lo hicieron saber a Cortés, y luego envió en posta a fray Pedro Melgarejo y el capitán Luis Marín, y escribió a los capitanes y a todos nosotros, reprendiéndonos por la cuestión y persuadiéndonos la paz; y como llegaron nos hicieron amigos; mas desde allí adelante no se llevaron bien los capitanes, que fue Pedro de Alvarado y el Cristóbal de Olí; y otro día fuimos caminando entrambas las capitanías juntas, y fuímonos a dormir a un gran pueblo que estaba despoblado, porque ya era tierra de mexicanos; y otro día fuimos nuestro camino también a dormir a otro gran pueblo que se decía Gualtitan, que otras veces he nombrado, y también estaba sin gente; y otro día pasamos por otros dos pueblos, que se decían Tenayuca y Escapuzalco, y también estaban despoblados; y llegamos a hora de vísperas a Tacuba, y luego nos aposentamos en unas grandes casas y aposentos, porque también estaba despoblado y asimismo se aposentaron todos nuestros amigos los tlaxcaltecas, y aun aquella tarde fueron por las estancias de aquellas poblaciones y trajeron de comer, y con buenas velas y escuchas y corredores del campo, como siempre teníamos para que no nos cogiesen desapercibidos, dormimos aquella noche; porque ya he dicho otras, veces que la ciudad de México está junto a Tacuba; y ya que anochecía oímos grandes gritas que nos daban desde la laguna, diciéndonos muchos vituperios y que no éramos hombres para salir a pelear con ellos; y tenían tantas de las canoas llenas de gente de guerra, y las calzadas así mismo llenas de guerreros, y aquellas palabras que nos decían eran con pensamiento de nos indignar para que saliésemos aquella noche a guerrear, y herirnos más a su salvo; y como estábamos escarmentados de las calzadas y puentes, muchas veces por mí nombradas, no quisimos salir hasta otro día, que fue domingo, después de haber oído misa, que nos la dijo el padre Juan Díaz; y después de nos encomendar a Dios, acordamos que entrambas capitanías juntas fuésemos a quebrar el agua de Chapultepec, de que se proveía la ciudad, que estaba desde allí de Tacuba aun no media legua. Y lendo a les quebrar los caños, topamos muchos guerreros, que nos esperaban en el camino; porque bien entendido tenían que aquello había de ser lo primero en que los podríamos dañar; y así como nos encontraron cerca de unos pasos malos, comenzaron a nos flechar y tirar vara y piedra con hondas, y nos hirieron a tres soldados; mas de presto les hicimos volver las espaldas, y nuestros amigos los de Tlaxcala los siguieron, de manera que mataron veinte y prendieron siete u ocho dellos; y como aquellos grandes escuadrones estuvieron puestos en huida, les quebramos los caños por donde iba el agua a su ciudad, y desde entonces nunca fue a México entre tanto que duró la guerra. Y como aquello hubimos hecho, acordaron nuestros capitanes que luego fuésemos a dar una vista y entrar por la calzada de Tacuba y hacer lo que pudiésemos para les ganar una puente; y llegados que fuimos a la calzada, eran tantas las canoas que en la laguna estaban llenas de guerreros y en las mismas canoas y calzadas, que nos admirábamos dello; y tiraron tanta de vara y piedra con hondas que en la primera refriega hirieron treinta de nuestros soldados y murieron tres; y anque nos hacían tanto daño, todavía les fuimos entrando por la calzada adelante hasta una puente, y a lo que yo entendí, ellos nos daban lugar a ello, por meternos de la parte de la puente; y como allí nos tuvieron, digo que cargaron tanta multitud de guerreros sobre nosotros que no nos podíamos valer; porque por la calzada dicha, que son ocho pasos de ancho, ¿qué podíamos hacer a tan gran poderío que estaban de la una parte y de la otra de la calzada y daban en nosotros como a terrero? Porque ya que nuestros escopeteros y ballesteros no hacían sino armar y tirar a las canoas, no les hacíamos daño, sino muy poco, porque las traían muy bien armadas de talabardones de madera. Pues cuando arremetíamos a los escuadrones que peleaban en la misma calzada luego se echaban al agua, y había tantos dellos, que no nos podíamos valer, pues los de a caballo no aprovechaban cosa ninguna, porque les herían los caballos de la una parte y de la otra desde el agua; y ya que arremetían tras los escuadrones, echábanse al agua, y tenían hechos unos mamparos, donde estaban otros guerreros aguardando con unas lanzas largas que habían hecho con las armas que nos tomaron cuando nos echaron de México y salimos huyendo; y desta manera estuvimos peleando con ellos obra de una hora, y tanta prisa nos daban, que no nos podíamos sustentar contra ellos; y aun vimos que venía por otras partes una gran flota de canoas a atajamos los pasos para tomarnos las espaldas; y conociendo esto nuestros capitanes y todos nuestros soldados, apercibimos que los amigos tlaxcaltecas que llevábamos, nos embarazaban mucho la calzada, que se saliesen fuera, porque en el agua vista cosa es que no pueden pelear; y acordamos que con buen concierto retraernos y no pasar más adelante. Pues cuando los mexicanos nos vieron retraer y echar fuera los tlaxcaltecas, ¡qué grita y alaridos nos daban! Y como se venían a juntar con nosotros pie con pie, digo que yo no lo sé escribir, porque toda la calzada hincheron de vara y flecha y piedra de las que nos tiraban, pues las que caían en el agua muchas más serían; y como nos vimos en tierra firme, dimos gracias a Dios por nos haber librado de aquella batalla, y ocho de nuestros soldados quedaron aquella vez muertos y más de cincuenta heridos; y aun con todo esto nos daban grita y decían vituperios desde las canoas, y nuestros amigos los tlaxcaltecas les decían que saliesen a tierra y que fuesen doblados los contrarios, y pelearían con ellos. Esta fue la primera cosa que hicimos, quitarles el agua y darle vista a la laguna, aunque no ganamos honra con ellos; y aquella noche nos estuvimos en nuestro real y se curaron los heridos, y aun se murió un caballo, y pusimos buen cobro de velas y escuchas; y otro día de mañana dijo el capitán Cristóbal de Olí que se quería ir a su puesto, que era a Coyoacan, que estaba de allí legua y media; y por más que le rogó Pedro de Alvarado y otros caballeros que no se apartasen aquellas dos capitanías, sino que se estuviesen juntas, jamás quiso; porque como era el Cristóbal muy esforzado, y en la vista que el día antes dimos a la laguna no nos sucedió bien, decía el Cristóbal de Olí que por culpa de Pedro de Alvarado habíamos entrado inconsideradamente; por manera que jamás quiso quedar, y se fue adonde Cortés le mandó, que es Coyoacan, y nosotros nos quedamos en nuestro real; y no fue bien apartarse una capitanía de otra en aquella sazón, porque si los mexicanos tuvieran aviso que éramos pocos soldados, en cuatro o cinco días que allí estuvimos apartados antes que los bergantines viniesen, y dieran sobre nosotros y en los de Cristóbal de Olí, corriéramos harto trabajo o hicieran grande daño. Y de aquesta manera estuvimos en Tacuba, y el Cristóbal de Olí en su real, sin osar dar más vista ni entrar por las calzadas, y cada día teníamos en tierra rebatos de muchos mexicanos que salían a tierra firme a pelear con nosotros, y aun nos desafiaban para meternos en parte donde fuesen señores de nosotros y no les pudiésemos hacer ningún daño. Y dejarlo he aquí, y diré cómo Gonzalo de Sandoval salió de Texcoco cuatro días después de la fiesta de Corpus Christi, y se vino a Iztapalapa, que casi todo el camino era de amigos y sujetos de Texcoco; y como llegó a la población de Iztapalapa, luego les comenzó a dar guerra y a quemar muchas casas de las que estaban en tierra firme, porque las demás casas todas estaban en la laguna; mas no tardó muchas horas, que luego vinieron en socorro de aquella ciudad grandes escuadrones de mexicanos, y tuvo Sandoval con ellos una buena batalla y grandes reencuentros cuando peleaban en tierra; y después de acogidos a las canoas, les tiraban mucha vara y flecha y piedra, y herían algunos soldados. Y estando desta manera peleando, vieron que en una sierrezuela que está allí junto a Iztapalapa en tierra firme hacían grandes ahumadas, y que les respondían con otras ahumadas de otros pueblos que están poblados en la laguna, y era señal que se apellidaban todas las canoas de México y de todos los pueblos de alrededor de la laguna, porque vieron a Cortés que ya había salido de Texcoco con los trece bergantines, porque luego que se vino el Sandoval de Texcoco no aguardó allí más Cortés; y la primera cosa que hizo en entrando en la laguna fue combatir a un peñol que estaba en una isleta junto a México, donde estaban recogidos muchos mexicanos, así de los naturales de aquella ciudad como de los forasteros que se habían ido a hacer fuertes; y salió a la laguna contra Cortés todo el número de canoas que había en todo México y en todos los pueblos que están poblados en el agua o cerca della, que son Xochimilco, Coyoacan, Iztapalapa y Huichilobusco y Mexicalcingo, y otros pueblos que por no me detener no nombro, y todos juntamente fueron contra Cortés, y a esta causa aflojaron algo los que daban guerra en Iztapalapa a Sandoval; y como todos los más de aquella ciudad en aquel tiempo estaban poblados en el agua, no les podía hacer mal ninguno, puesto que a los principios mató muchos de los contrarios; y como llevaba muy gran copia de amigos, con ellos cautivó y prendió mucha gente de aquellas poblaciones. Dejemos al Sandoval, que quedó aislado en Iztapalapa, que no podía venir con su gente a Coyoacan, si no era por una calzada que atravesaba por mitad de la laguna, y si por ella viniera, no hubiera bien entrado cuando le desbarataran los contrarios, por causa que por entrambas a dos partes del agua le habían de guerrear; y él no había de ser señor de poderse defender, y a esta causa se estuvo quedo. Dejemos al Sandoval, y digamos que como

Cortés vio que se juntaban tantas flotas de canoas contra sus trece bergantines, las temió en gran manera, y eran de temer, porque eran más de cuatro mil canoas; y dejó el combate del peñol y se puso en parte de la laguna, para si se viese en aprieto poder salir con sus bergantines a lo largo y correr a la parte que quisiese, y mandó a sus capitanes que en ellos venían que no curasen de embestir ni apretar contra canoas ningunas hasta que refrescase más el viento de tierra, porque en aquel instante comenzaba a ventear; y como las canoas vieron que los bergantines reparaban, creían que de temor dellos lo hacían, y era verdad como lo pensaron, y entonces les daban mucha prisa los capitanes mexicanos, y mandaban a todas sus gentes que luego fuesen a embestir con nuestros bergantines; y en aquel instante vino un viento muy recio y muy bueno, y con buena prisa que se dieron nuestros remeros y el tiempo aparejado, mandó Cortés embestir con la flota de canoas, y trastornaron muchas dellas y prendieron y mataron muchos indios, y las demás canoas se fueron a recoger entre las casas que están en la laguna, en parte que no podían llegar a ellas nuestros bergantines; por manera que este fue el primer combate que se hubo por la laguna, y Cortés tuvo victoria, gracias a Dios por todo, amen. Y como aquello fue hecho, se fue con los bergantines hacia Coyoacan, adonde estaba asentado el real de Cristóbal de Olí, y peleó con muchos escuadrones mexicanos que le esperaban en partes peligrosas creyendo de tomarle los bergantines; y como le daban mucha guerra desde las canoas que estaban en la laguna y desde unas torres de ídolos, mandó sacar de los bergantines cuatro tiros, y con ellos daba guerra, y mataba y hería muchos indios; y tanta prisa tenían los artilleros, que por descuido se les quemó la pólvora, y aun se chamuscaron algunos dellos las caras y manos; y luego despachó Cortés un bergantín muy ligero a Iztapalapa la real de Sandoval para que trajesen toda la pólvora que tenía, y le escribió que desde allí donde estaba no se mudase. Dejemos a Cortés, que siempre tenía rebatos de mexicanos, hasta que se juntó en el real de Cristóbal de Olí, y en dos días que allí estuvo siempre le combatían muchos contrarios; y porque yo en aquella sazón estaba en lo de Tacuba con Pedro de Alvarado, diré lo que hicimos en nuestro real; y es que, como sentimos que Cortés andaba por la laguna, entramos por nuestra calzada adelante y con gran concierto, y no como la primera vez, y les llegamos a la puente, y los ballesteros y escopeteros con mucho concierto, tirando unos y armando otros, y a los de a caballo les mandó Pedro de Alvarado que no entrasen con nosotros sino que se quedasen en tierra firme haciendo espaldas por temor de los pueblos, por mí memorados, por donde vinimos, no nos diesen entre las calzadas; y desta manera estuvimos, unas veces peleando y otras poniendo resistencia no entrasen por tierra, porque cada día teníamos refriegas, y en ellas nos mataron tres soldados; y también entendíamos en adobar los malos pasos. Dejemos esto, y digamos cómo Gonzalo de Sandoval, que estaba en Iztapalapa, viendo que no les podía hacer mal a los de Iztapalapa, porque estaban en el agua, y ellos a él le herían sus soldados, acordó de se venir a unas casas y población que estaban en el agua, que podían entrar en ellas, y les comenzó a combatir; y estándoles dando guerra, envió Guatemuz, gran señor de México, a muchos guerreros a les ayudar y deshacer y abrir la calzada por donde había entrado el Sandoval, para tomarles dentro y que no tuviesen por donde salir; y envió por otra parte mucha más gente de guerra; como Cortés estaba con Cristóbal de Olí, y vieron salir gran copia de canoas hacia Iztapalapa, acordó de ir con los bergantines y con toda la capitanía de Cristóbal de Olí hacia Iztapalapa en busca de Sandoval; y yendo por la laguna con los bergantines y el Cristóbal de Olí por la calzada, vieron que estaban abriendo la calzada muchos mexicanos y tuvieron por cierto que estaba allí en aquellas casas el Sandoval, y fueron con los bergantines y le hallaron peleando con el escuadrón de guerreros que envió el Guatemuz, y cesó algo la pelea; y luego mandó Cortés a Gonzalo de Sandoval que dejase aquello de Iztapalapa y fuese por tierra a poner cerco a otra calzada que va desde México a un pueblo que se dice Tepeaquilla, adonde ahora llaman Nuestra Señora de Guadalupe, donde hace y ha hecho muchos y admirables milagros. Y digamos cómo Cortés repartió los bergantines, y lo que más se hizo.

Capítulo CLI. Cómo Cortés mandó repartir los doce bergantines, y mandó que se sacase la gente del más pequeño bergantín, que se decía Busca Ruido, y de lo demás que pasó

Como Cortés y todos nuestros capitanes y soldados entendimos que sin los bergantines no podríamos entrar por las calzadas para combatir a México, envió cuatro dellos a Pedro de Alvarado, y en su real, que era el de Cristóbal de Olí, dejó seis bergantines, y a Gonzalo de Sandoval, en la calzada de Tepeaquilla, envió dos; y mandó que el bergantín más pequeño que no anduviese más en el agua, porque no le trastornasen las canoas, que no era de sustento, y la gente y marineros que en él andaban mandó repartir en esotros doce, porque ya estaban muy mal heridos veinte hombres de los que en ellos andaban. Pues desque nos vimos en nuestro real de Tacuba con aquella ayuda de los bergantines, mandó Pedro de Alvarado que los dos dellos anduviesen por la una parte de la calzada y los otros dos de la otra parte, y comenzamos a pelear muy de hecho, porque las canoas que nos solían dar guerra desde el agua, los bergantines las desabarataban; y así, teníamos lugar de les ganar algunas puentes y albarradas; y cuando con ellos estábamos peleando, era tanta la piedra con hondas y vara y flecha que nos tiraban, que por bien que íbamos armados, todos los más soldados nos descalabraban, y quedábamos heridos, y hasta que la noche nos despartía no dejábamos la pelea y combate. Pues quiero decir el mudarse de escuadrones con sus divisas e insignias de las armas, que de los mexicanos se remudaban de rato en rato, pues a los bergantines cuál los paraban de las azoteas, que los cargaban de vara y flecha y piedra, porque era más que granizo, y no lo sé aquí decir ni habrá quien lo pueda comprender, sino los que en ello nos hallamos, que venía tanta multitud dellas más que granizo; y de presto cubrían la calzada; pues ya que con tantos trabajos les ganábamos alguna puente o albarrada y la dejábamos sin guarda, aquella misma noche la habían de tornar a ahondar, y ponían muy mejores defensas, y aun hacían hoyos encubiertos en el agua, para que otro día cuando peleásemos, al tiempo de retraer, nos embarazásemos y cayésemos en los hoyos, y pudiesen en sus canoas desbaratarnos; porque asimismo tenían aparejadas muchas canoas para ello, puestas en partes que no las viesen nuestros bergantines, para cuando nos tuviesen en aprieto en los hoyos, los unos por tierra y los otros por agua dar en nosotros; y para que nuestros bergantines no nos pudiesen venir a ayudar tenían hechas muchas estacadas en el agua, encubiertas en partes que en ellas zabordasen, y desta manera peleábamos cada día. Ya he dicho otras veces que los caballos muy poco aprovechaban en las calzadas, porque si arremetían o daban alcance a los escuadrones que con nosotros peleaban, luego se les arrojaban en el agua, y a unos mamparos que tenían hechos en las calzadas, donde estaban otros escuadrones de guerreros aguardando con lanzas largas de las nuestras, o dalles que habían hecho, muy más largas de las armas que tomaron cuando el gran desbarate que nos dieron en México; y con aquellas lanzas y grandes rociadas de flecha y de vara y piedra que tiraban de la laguna, herían y mataban los caballos antes que se les hiciese a los contrarios daño; y además desto, los caballeros cuyos eran no los querían aventurar, porque costaba en aquella sazón un caballo 800 pesos, y aun algunos costaban a más de mil, y no los había, especialmente pudiendo alancear por las calzadas sino muy pocos contrarios. Dejemos esto, y digamos que cuando la noche nos departía curábamos nuestros heridos con aceite, y un soldado que se decía Juan Catalán, que nos las santiguaba y ensalmaba, y verdaderamente digo que hallábamos que nuestro señor Jesucristo era servido de darnos esfuerzo, demás de las muchas mercedes que cada día nos hacía, y de presto sanaban; y así heridos y entrapajados habíamos de pelear desde la mañana hasta la noche, que si los heridos se quedaran en el real sin salir a los combates, no hubiera de cada capitanía veinte hombres sanos para salir. Pues nuestros amigos los de Tlaxcala, como veían que aquel hombre que dicho tengo nos santiguaba, todos los heridos y descalabrados venían a él, y eran tantos, que en todo el día harto tenía que curar. Pues quiero decir de nuestros capitanes y alféreces y compañeros de bandera, que salíamos llenos de heridas y las banderas rotas, y digo que cada día habíamos menester un alférez, porque salíamos tales, que no podían tornar a entrar a pelear y llevar las banderas; pues con todo esto, ¡por ventura teníamos que comer, no digo de falta de tortillas de maíz, que hartas teníamos, sino algún refrigerio para los heridos, maldito aquel! Lo que nos daba la vida era unos quilites, que son unas yerbas que comen los indios, y cerezas de la tierra mientras las había, y después tunas, que en aquella sazón vino el tiempo dellas; y otro tanto como hacíamos en nuestro real, hacían en el real donde estaba Cortés y en el de Sandoval, que jamás día alguno faltaban capitanías de mexicanos, que siempre les iban a dar guerra, ya he dicho otras veces que desde que amanecía hasta la noche;

porque para ello tenía Guatemuz señalados los capitanes y escuadrones que a cada calzada habían de acudir, y el Taltelulco y los pueblos de la laguna, ya otra vez por mí nombrados, tenían señaladas, para que en viendo una señal en el cu mayor de Taltelulco, acudiesen unos en canoas y otros por tierra, y para ello tenían los capitanes mexicanos señalados y con gran concierto cómo y cuándo y a qué partes habían de acudir. Dejemos esto, y digamos cómo nosotros mudamos otra orden y manera de pelear, y es esta que diré: que, como veíamos que cuantas obras de agua ganábamos de día, y sobre lo ganar mataban de nuestros soldados, y todos los más estábamos heridos, lo tornaban a cegar los mexicanos, acordamos que todos nos fuésemos a meter en la calzada, en una placeta donde estaban unas torres de ídolos que las habíamos ya ganado, y había espacio para hacer nuestros ranchos, aunque eran muy malos, que en lloviendo todos nos mojábamos, y no eran para más de cubrirnos del sereno y del Sol; y dejamos en Tacuba las indias que nos hacían pan, y quedaron en su guarda todos los de a caballo y nuestros amigos los de Tlaxcala, para que mirasen y guardasen los pasos, no viniesen de los pueblos comarcanos a darnos en la rezaga en las calzadas mientras que estábamos peleando; y desque hubimos asentado nuestros ranchos adonde dicho tengo, desde allí adelante procuramos que luego las casas o barrios o aberturas de agua que les ganásemos, que luego lo cegásemos, y que las casas diésemos con ellas en tierra y las deshiciésemos, porque ponerlas fuego, tardaban mucho en se quemar, y desde unas casas a otras no se podían encender, porque, como ya otras veces he dicho, cada casa estaba en el agua, y sin pasar en puentes o en canoas no pueden ir de una parte a otra; porque si queríamos ir por el agua nadando, desde las azoteas que tenían nos hacían mucho mal, y derrocándose las casas estábamos muy más seguros, y cuando les ganábamos alguna albarrada o puente o paso malo donde ponían mucha resistencia, procurábamos de la guardar de día y de noche, y es desta manera: que todas nuestras capitanías velábamos las noches juntas, y el concierto que para ello se dio fue: que tomaba la vela desde que anochecía hasta media noche la primera capitanía, y eran sobre cuarenta soldados, y dende media noche hasta dos horas antes que amaneciese tomaba la vela otra capitanía de otros cuarenta hombres, y no se iban del puesto los primeros, que allí en el suelo dormíamos, y este cuarto es el de la modorra; y luego venían otros cuarenta y tantos soldados, y velaban el alba, que eran aquellas dos horas que había hasta el día, y tampoco se habían de ir los que velaban la modorra, que allí habían de estar; por manera que cuando amanecía nos hallábamos velando sobre ciento y veinte soldados todos juntos, y aun algunas noches, cuando sentíamos mucho peligro, desde que anochecía hasta que amanecía todos los del real estábamos juntos aguardando el gran ímpetu de los mexicanos, por temor no nos rompiesen, porque teníamos aviso de unos capitanes mexicanos que en las batallas prendimos, que el Guatemuz tenía pensamiento y puesto en plática con sus capitanes que procurasen en una noche o de día romper por nosotros en nuestra calzada, y que venciéndonos por aquella nuestra parte, que luego eran vencidas y desbaratadas las dos calzadas, donde estaba Cortés, y en la donde estaba Gonzalo de Sandoval; y también tenía concertado que los nueve pueblos de la laguna, y el mismo Tacuba y Escapuzalco y Tenayuca, que se juntasen, que para el día que ellos quisiesen, romper y dar en nosotros, que se diese en las espaldas en la calzada, y que las indias que nos hacían pan, que teníamos en Tacuba, y fardaje, que las llevasen de vuelo una noche. Y como esto alcanzamos a saber, apercibimos a los de a caballo, que estaban en Tacuba, que toda la noche velasen y estuviesen alerta, y también a nuestros amigos los tlaxcaltecas; y así como el Guatemuz lo tenía concertado lo puso por obra, que vinieron muy grandes escuadrones, y unas noches nos venían a romper y dar guerra a media noche, y otras a la modorra, y otras al cuarto del alba, y venían algunas veces sin hacer rumor, y otras con grandes alaridos, de suerte que no nos daban un punto de quietud; y cuando llegaban a donde estábamos velando, la vara, piedra y flecha que tiraban, y otros muchos con lanzas, era cosa de ver; y puesto que herían algunos de nosotros, como los resistíamos, volvían muchos heridos, y otros muchos guerreros vinieron a dar en nuestro fardaje, y los de a caballo y tlaxcaltecas los desbarataron diferentes veces; porque, como era de noche, no aguardaban mucho; y desta manera que he dicho velábamos, que ni porque lloviese, ni vientos ni fríos, y aunque estábamos metidos en medio de grandes lodos, y heridos, allí habíamos de estar; y aun esta miseria de tortillas y yerbas que habíamos de comer, o tunas: sobre la obra del batallar, como dicen los oficiales, había de ser; pues con todos estos recaudos que poníamos con tanto trabajo, heridas y muertes de los nuestros, nos tornaban abrir la puente o calzada que les habíamos ganado, que no se les podía defender de noche que no lo hiciesen, y otro día se la tornábamos a ganar y a cegar, y ellos a la tornar a abrir y hacer más fuerte con mamparos, hasta que los mexicanos mudaron otra manera de pelear, la cual diré en su coyuntura. Y dejemos de hablar de tantas batallas como cada día teníamos, y otro tanto en el real de Cortés y en el de Sandoval, y digamos que qué aprovechaba haberles quitado el agua de Chapultepec, ni menos aprovechaba haberles vedado que por las tres calzadas no les entrase bastimento ni agua. Ni tampoco aprovechaban nuestros bergantines estándose en nuestros reales, no sirviendo de más de cuando peleábamos poder hacernos espaldas de los guerreros de las canoas y de los que peleaban de las azoteas; porque los mexicanos metían mucha agua y bastimentos de los nueve pueblos que estaban poblados en el agua; porque en canoas les proveían de noche, o de otros pueblos sus amigos, de maíz y gallinas y todo lo que querían. Y para otro día evitar que no les entrase aquesto, fue acordado por todos los tres reales que dos bergantines anduviesen de noche por la laguna a dar caza a las canoas que venían cargadas con bastimentos y agua, y todas las canoas que se les pudiesen quebrar o traer a nuestros reales, que se las tomasen; y hecho este concierto, fue bueno, puesto que para pelear y guardarnos hacían falta de noche los dos bergantines, mas hicieron mucho provecho en quitar que no les entrasen bastimentos y agua; y aun con todo esto no dejaban de ir muchas canoas cargadas de lleno; y como los mexicanos andaban descuidados en sus canoas metiendo bastimentos, no había día que no traían los bergantines que andaban en su busca presa de canoas y muchos indios colgados de las entenas. Dejemos esto, y digamos el ardid que los mexicanos tuvieron para tomar nuestros bergantines y matar los que en ellos andaban, y es desta manera, que como he dicho, cada noche y en las mañanas, iban a buscar por la laguna sus canoas y las trastornaban con los bergantines, y prendían muchas dellas, acordaron de armar treinta piraguas, que son canoas muy grandes, con muy buenos remeros y guerreros; y de noche se metieron todas treinta entre unos carrizales en parte que los bergantines no las pudiesen ver, y cubiertas de ramas echaban de antenoche dos o tres canoas, como que llevaban bastimentos o metían agua, y con buenos remeros, y en parte que les parecía a los mexicanos que los bergantines habían de correr cuando con ellos peleasen, habían hincado muchos maderos gruesos, hechos estacadas, para que en ellos zabordasen; pues como iban las canoas por la laguna mostrando señal de temerosas, arrimadas algo a los carrizales, salen dos de nuestros bergantines tras ellas, y las dos canoas hacen que se van retrayendo a tierra a la parte que estaban las treinta piraguas en celada, y los bergantines siguiéndolas, y ya que llegaban a la celada salen todas las piraguas juntas y dan tras nuestros bergantines, y de presto hirieron a todos los soldados y remeros y capitanes, y no podían ir a una parte ni a otra, por las estacadas que les tenían puestas; por manera que mataron al un capitán, que se decía fulano de Portillo, gentil soldado que había sido en Italia, e hirieron a Pedro Barba, que fue otro muy buen capitán, y desde a tres días murió de las heridas; y tomaron el bergantín. Estos dos bergantines eran del real de Cortés, de lo cual recibió muy gran pesar; mas dende a pocos días se lo pagaron muy bien con otras celadas que echaron; lo cual diré a su tiempo. Y dejemos ahora de hablar dellos, y digamos cómo en el real de Cortés y en el de Gonzalo de Sandoval siempre tenían muy grandes combates, y muy mayores en el de Cortés, porque mandaba quemar y derrocar casas y cegar puentes, y todo lo que ganaba cada día lo cegaba, y enviaba a mandar a Pedro de Alvarado que mirase que no pasásemos puente ni abertura de la calzada sin que primero la tuviésemos ciega, y que no quedase casa que no se derrocase y se pusiese fuego; y con los adobes y madera de las casas que derrocábamos, cegábamos los pasos y aberturas de las puentes; y nuestros amigos los de Tlaxcala nos ayudaban en toda la guerra muy como varones. Dejemos desto, y digamos, cómo los mexicanos vieron que todas las casas las allanábamos por el suelo, y que las puentes y aberturas las cegábamos, acordaron de pelear de otra manera, y fue, que abrieron una puente y zanja muy ancha y honda, que cuando la pasábamos en partes no hallábamos pie, y tenían en ellas hechos muchos hoyos, que no los podíamos ver dentro en el agua, y unos mamparos y albarradas, así de la una parte como de la otra de aquella abertura, y tenían hechas muchas estacadas con maderos gruesos en partes que nuestros bergantines zabordasen si nos viniesen a socorrer cuando estuviésemos peleando sobre tomarles aquella fuerza; porque bien entendían que la primera cosa que habíamos de hacer era deshacerles el albarrada y pasar aquella abertura de agua para entrarles en la ciudad; y asimismo tenían aparejados en partes escondidas muchas canoas, bien armadas de guerreros, y buenos remeros; y un domingo de mañana comenzaron a venir por tres partes grandes escuadrones de guerreros, y nos acometen de tal manera, que tuvimos bien que hacer en sustentarnos, no nos desbaratasen; y ya en aquella sazón había mandado Pedro de Alvarado que la mitad de los de a caballo, que solían estar en Tacuba, durmiese en la calzada, porque no tenían tanto riesgo como al principio, porque ya no había azoteas, y todas las más casas estaban derrocadas, y podían correr por algunas partes de las calzadas sin que de las canoas ni azoteas les pudiesen herir los caballos. Y volvamos a. nuestro propósito, y es, que de aquellos tres escuadrones que vinieron muy bravosos, los unos por una parte donde estaba la gran abertura en el agua, y los otros por unas casas de las que les habíamos derrocado, y el otro escuadrón nos había tomado las espaldas de la parte de Tacuba, y estábamos como cercados; los de a caballo, con nuestros amigos los de Tlaxcala, rompieron por los escuadrones que nos habían tomado las espaldas, y todos nosotros estuvimos peleando muy valerosamente con los otros dos escuadrones hasta les hacer retraer; mas era fingida aquella muestra que hacían que huían, y les ganamos la primera albarrada, y la otra albarrada donde se hicieron fuertes también la desampararon; y nosotros, creyendo que llevábamos victoria, pasamos aquella agua a vuelapié, y por donde la pasamos no había ningunos hoyos, y vamos siguiendo el alcance entre unas grandes casas y torres de adoratorios, y los contrarios hacían que todavía huían y se retraían, y no dejaban de tirar vara y piedra con hondas, y muchas flechas; y cuando no nos catamos, tenían encubiertos en partes que no los podíamos ver tanta multitud de guerreros que nos salen al encuentro, y otros muchos desde las azoteas y desde las casas; y los que primero hacían que se iban retrayendo, vuelven sobre nosotros todos a una, y nos dan tal mano, que no les podíamos sustentar; y acordamos de nos volver retrayendo con gran concierto; tenían aparejadas en el agua y abertura que les teníamos ganada, tanta flota de canoas en la parte por donde primero habíamos pasado, donde no había hoyos, porque no pudiésemos pasar por aquel paso, que nos hicieron ir a pasar por otra parte adonde he dicho que estaba muy más honda el agua y tenían hechos muchos hoyos; y como venían contra nosotros tanta multitud de guerreros y nos veníamos retrayendo, pasábamos el agua a nado y a vuelapié, y caíamos todos los más soldados en los hoyos, entonces acudieron todas las canoas sobre nosotros, y allí apañaron los mexicanos cinco de nuestros soldados y los llevaron a Guatemuz, e hirieron a todos los más, pues los bergantines que aguardábamos para nuestra ayuda no podían venir, porque todos estaban zabordados en las estacadas que les tenían puestas, y con las canoas y azoteas les dieron buena mano de vara y flecha, y mataron dos soldados remeros e hirieron a muchos de los nuestros. Y volvamos a los hoyos y aberturas: digo que fue maravilla cómo no nos mataron a todos en ellos; de mí digo que ya me habían echado mano muchos indios, y tuve manera para desembarazar el brazo, y nuestro señor Jesucristo me dio esfuerzo para que a buenas estocadas que les di, me salvase, y bien herido en un brazo; y como me vi fuera de aquella agua en parte segura, me quedé sin sentido, sin me poder sostener en mis pies y sin huelgo ninguno; y esto causó la gran fuerza que puse para me descabullir de aquella gentecilla, y de la mucha sangre que me salió; y digo que cuando me tenían engarrafado, que en el pensamiento yo me encomendaba a nuestro señor Dios y a nuestra señora su bendita madre, y ponía la fuerza que he dicho, por donde me salvé; gracias a Dios por las mercedes que me hace. Otra cosa quiero decir, que Pedro de Alvarado y los de a caballo, como tuvieron harto en romper los escuadrones que nos venían por las espaldas de la parte de Tacuba, no pasó ninguno dellos aquella agua ni albarradas, sino fue uno solo de a caballo que había venido poco había de Castilla, y allí le mataron a él y al caballo; y como vio el Pedro de Alvarado que nos veníamos retrayendo, nos iba ya a socorrer con otros de a caballo, y si allá pasara, por fuerza habíamos de volver sobre los indios; y si volviera, no quedara ninguno dellos ni de los caballos ni de nosotros a vida, porque la cosa estaba de arte que cayeran en los hoyos, y había tantos guerreros, que les mataran los caballos con lanzas que para ello tenían largas, y dende las muchas azoteas que había, porque esto que pasó era en el cuerpo de la ciudad; y con aquella victoria que tenían los mexicanos, todo aquel día, que era domingo, como dicho tengo, tornaron a venir a nuestro real otra tanta multitud de guerreros, que no nos dejaban ni nos podíamos valer, que ciertamente creyeron de nos desbaratar; y nosotros con unos tiros de bronce y buen pelear nos sostuvimos contra ellos, y con velar todas las capitanías juntas cada noche. Dejemos desto, y digamos, como Cortés lo supo, del gran enojo que tenía, escribió luego en un bergantín a Pedro de Alvarado que mirase que en bueno ni en malo dejase un paso por cegar, y que todos los de a caballo durmiesen en las calzadas, y en toda la noche estuviesen ensillados y enfrenados, y que no curásemos de pasar más adelante hasta haber cegado con adobes y madera aquella gran abertura, y que tuviesen buen recaudo en el real. Pues como vimos que por nosotros había acaecido aquel desmán, desde allí adelante procurábamos de tapar y cegar aquella abertura; y aunque fue con harto trabajo y heridas que sobre ella nos daban los contrarios, y muerte de seis soldados, en cuatro días la tuvimos cegada, y en las noches sobre ella misma velábamos todas las tres capitanías, según la orden que dicho tengo y quiero decir que entonces, como los mexicanos estaban junto a nosotros cuando velábamos, que también ellos tenían sus velas, y por cuartos se mudaban, y era desta manera: que hacían grande lumbre, que ardía toda la noche, y los que velaban estaban apartados de la lumbre, y desde lejos no les podíamos ver, porque con la claridad de la leña, que siempre ardía, no podíamos ver los indios que velaban; mas bien sentíamos cuando se remudaban y cuando venían a atizar su leña; y muchas noches había que, como llovía aquella sazón mucho, les apagaba la lumbre, y la tornaban a encender, y sin hacer rumor ni hablar entre ellos palabra, se entendían con unos silbos, que daban. También quiero decir que nuestros escopeteros y ballesteros, muchas veces cuando sentíamos que se venían a trocar las velas, les tiraban a bulto, y piedras y saetas perdidas, y no les hacíamos mal, porque estaban en parte que, aunque de noche quisiéramos ir a ellos, no podíamos, con otra gran abertura de zanja bien honda que habían abierto a mano, y albarradas y mamparos que tenían; y también ellos nos tiraban a bulto mucha piedra y vara y flecha. Dejemos de hablar destas velas, y digamos cómo cada día íbamos por nuestra calzada adelante, peleando con muy buen concierto, y les ganamos la abertura que he dicho donde velaban; y era tanta la multitud de los contrarios que contra nosotros cada día venían, y la vara, flecha y piedra que tiraban, que nos herían a todos, aunque íbamos con gran concierto y bien armados. Pues ya que se había pasado todo el día batallando, y se venía la tarde, y no era coyuntura para pasar más adelante, sino volvernos retrayendo, en aquel tiempo tenían ellos muchos escuadrones aparejados, creyendo que con la gran prisa que nos diesen al tiempo del retraer nos desbaratarían, porque venían tan bravosos como tigres, y pie con pie se juntaban con nosotros; y como aquello conocíamos dellos, la manera que teníamos para retraer era esta: que la primera cosa que hacíamos era echar de la calzada a nuestros amigos los tlaxcaltecas: porque, como eran muchos, con nuestro favor querían llegar a pelear con los mexicanos; y como los mexicanos eran mañosos, que no deseaban otra cosa sino vernos embarazados con los amigos, y con grandes arremetidas que hacían por todas tres partes para nos poder tomar en medio o atajar algunos de nosotros. y con los muchos tlaxcaltecas que embarazaban, no podíamos pelear a todas partes, y por esta causa los echábamos fuera de la calzada, en parte que los poníamos en salvo; y cuando nos veíamos que no teníamos embarazo dellos, nos retraíamos al real, no vueltas las espaldas, sino haciéndoles rostro, unos ballesteros y escopeteros soltando y otros armando; y nuestros cuatro bergantines cada dos de los dos lados de las calzadas por la laguna, defendiéndonos por las flotas de las canoas, y de las muchas piedras de las azoteas y casas que estaban por derrocar; y aun con todo este concierto teníamos harto riesgo de nuestras personas hasta volvernos a los ranchos, y luego nos quemábamos con aceite nuestras heridas y apretarlas con mantas de la tierra, y cenar de las tortillas que nos traían de Tacuba, y yerbas y tunas quien lo tenía; y luego íbamos a velar a la abertura del agua, como dicho tengo, y luego a otro día por la mañana: sus ia pelear! porque no podíamos hacer otra cosa, . porque por muy de mañana que fuese, ya estaban sobre nosotros los batallones contrarios, y aun llegaban a nuestro real y nos decían vituperios; y desta manera pasábamos nuestros trabajos. Dejemos por ahora de contar de nuestro real, que es de Pedro de Alvarado, y volvamos al de Cortés, que siempre de noche y de día le daban combates, y le mataban y herían muchos soldados, y era de la manera que a nosotros los del real de Tacuba; y siempre traía dos bergantines a dar caza de noche a las canoas que entraban en México con bastimentos y agua; y parece ser que el un bergantín prendió a dos principales que venían en una de las muchas canoas que venían con bastimento, y dellos supo Cortés que tenían en celada entre unos matorrales cuarenta piraguas y otras tantas canoas para tomar a alguno de nuestros bergantines, como hicieron la otra vez; y aquellos dos principales que se prendieron, Cortés les halagó y dio mantas, y con muchos prometimientos que en ganando a México les daría tierras, y con nuestras lenguas doña Marina y Aguilar les preguntó que a qué parte estaban las piraguas (porque no se pusieron donde la otra vez) y ellos señalaron en el puesto y paraje que estaban, y aun avisaron que habían hincado muchas estacas de maderos gruesos en partes, para que si los bergantines fuesen huyendo de sus piraguas, zabordasen, y allí los apañasen y matasen a los que iban en ellos. Y como Cortés tuvo aquel aviso, apercibió seis bergantines que aquella noche se fuesen a meter a unos carrizales apartados obra de un cuarto de legua, donde estaban las piraguas, y que se cubriesen con mucha rama; y fueron a remo callado, y estuvieron toda la noche aguardando, y otro día muy de mañana mandó Cortés que fuese un bergantín como que iba a dar caza a las canoas que entraban con bastimentos, y mandó que fuesen los dos indios principales que se prendieron dentro del bergantín, porque mostrasen en qué parte estaban las piraguas, porque el bergantín fuese hacia allá; y asimismo los mexicanos nuestros contrarios concertaron de echar dos canoas echadizas, como la otra vez, adonde estaba su celada, como que traían bastimento, para que se cebase el bergantín en ir tras ellas; por manera que ellos tenían un pensamiento y nosotros otro como el suyo de la misma manera; y como el bergantín que echó Cortés vio a las canoas que echaron los indios para cebarle, iba tras ellas, y las dos canoas hacían que se iban huyendo a tierra adonde estaba su celada de sus piraguas, y luego nuestro bergantín hizo semblante que no osaba llegar a tierra, y que se volvía retrayendo; y cuando las piraguas y otras muchas canoas le vieron que se volvía, salen tras él con gran furia y remar todo lo que podían, y le iban siguiendo; y el bergantín se iba como huyendo donde estaban los otros seis bergantines en celada, y todavía las piraguas siguiéndole; y en aquel instante soltaron unas escopetas, que era la señal de cuando habían de salir nuestros bergantines; y cuando oyeron la señal, salen con grande ímpetu y dieron sobre las piraguas y canoas, que trastornaron, y mataron y prendieron muchos guerreros, y también el bergantín que echaron para en celada, que iba ya a lo largo, vuelve a ayudar a sus compañeros; por manera que se llevó buena presa de prisioneros y canoas; y dende allí adelante no osaban los mexicanos echar más celadas, ni se atrevían a meter bastimentos ni agua tan a ojos vistas como solían; y desta manera pasaba la guerra de los bergantines en la laguna y nuestras batallas en las calzadas. Y digamos ahora, como vieron los pueblos que estaban en la laguna poblados, que ya los he nombrado otras veces, que cada día teníamos victoria, así por el agua como por tierra, y vieron venir a nuestra amistad muchos amigos, así los de Chalco como los de Texcoco y Tlaxcala y otras poblaciones, y con todos les hacían mucho mal y daño en sus pueblos, y les cautivaban muchos indios e indias; parece ser se juntaron todos, y acordaron de venir de paz ante Cortés, y con mucha humildad le demandaron perdón si en algo nos habían enojado, y dijeron que eran mandados, que no podían hacer otra cosa; y Cortés holgó mucho de los ver venir de paz de aquella manera, y aun cuando lo supimos en nuestro real de Pedro de Alvarado y en el de Gonzalo de Sandoval, nos alegramos todos los soldados. Y volviendo a nuestra plática: Cortés con buen semblante y con muchos halagos les perdonó, y les dijo que eran dignos de gran castigo por haber ayudado a los mexicanos; y los pueblos que vinieron fueron Iztapalapa, Huichilobusco y Coyoacan y Mezquique, y todos los de la laguna y agua dulce; y les dijo Cortés que no habíamos de alzar real hasta que los mexicanos viniesen de paz, o por guerra los acabase; y les mandó que en todo nos ayudasen con todas las canoas que tuviesen para combatir a México, y que viniesen a hacer sus ranchos y trajesen comida, lo cual dijeron que así lo harían; e hicieron los ranchos de Cortés, y no traían comida, sino muy poca y de mala gana. Nuestros ranchos, donde estaba Pedro de Alvarado nunca se hicieron, que así nos estábamos al agua, porque ya saben los que en esta tierra han estado que por junio, julio y agosto son en estas partes cotidianamente las aguas. Dejemos esto, y volvamos a nuestra calzada y a los combates que cada día dábamos a los mexicanos, y cómo les íbamos ganando muchas torres de ídolos y casas y otras aberturas de zanjas y puentes que de casa a casa tenían hechas, y todo lo cegábamos con adobes y la madera de las casas que deshacíamos y derrocábamos, y aun sobre ellas velábamos; y aun con toda esta diligencia que poníamos, lo tornaban a hondar y ensanchar, y ponían más albarradas, y porque entre todas tres nuestras capitanías teníamos por deshonra que unos batallásemos e hiciésemos rostro a los escuadrones mexicanos, y otros estuviesen cegando los pasos y aberturas y puentes; y por excusar diferencias sobre los que habíamos de batallar o cegar aberturas, mandó Pedro de Alvarado que una capitanía tuviese cargo de cegar y entender en la obra un día, y las dos capitanías batallasen e hiciesen rostro contra los enemigos, y esto había de ser por rueda, un día una y luego otro día otra capitanía, hasta que por todas tres volviese la andana y rueda; y con esta orden no quedaba cosa que les ganábamos que no dábamos con ella en el suelo, y nuestros amigos los tlaxcaltecas, que nos ayudaban; y así les íbamos entrando en su ciudad; mas al tiempo de retraer todas tres capitanías habíamos de pelear juntos, porque entonces era donde corríamos mucho peligro; y como otra vez he dicho, primero hacíamos salir de las calzadas todos los tlaxcaltecas, porque cierto era demasiado embarazo para cuando peleábamos. Dejemos de hablar de nuestro real, y volvamos al de Cortés y al de Gonzalo de Sandoval, que a la continua, así de día como de noche, tenían sobre sí muchos contrarios por tierra y flotas de canoas por la laguna, y siempre les daban guerra, y no les podían apartar de sí. Pues en lo de Cortés, por les ganar una puente y obra muy honda, que era mala de ganar, en ella tenían los mexicanos muchos mamparos y albarradas, que no se podían pasar sino a nado, y ya que se pusiesen a pasarla, estábanles aguardando muchos guerreros con flechas y piedras con honda, y vara y macanas y espadas de a dos manos, y lanzas como dalles, y engastadas las espadas que nos tomaron, acudiendo siempre gran multitud de guerreros, y la laguna llena de canoas de guerra; y había junto a las albarradas muchas azoteas, y dellas les tiraban muchas piedras, de que con gran dificultad se podían defender; y los herían muchos, y algunos mataban, y los bergantines no les podían ayudar, por las estacadas que tenían puestas, en que se embarazaban los bergantines; y sobre ganarles esta fuerza y puente y abertura pasaron los de Cortés mucho trabajo, y estuvieron muchas veces a punto de perderse, y le mataron cuatro soldados en el combate y le hirieron sobre treinta; y como era ya tarde cuando la acabaron de ganar, no tuvieron tiempo de la cegar, y se volvieron retrayendo con muy grande trabajo y peligro, y con más de treinta soldados heridos y muchos tlaxcaltecas descalabrados, aunque peleaban bravosamente. Dejemos esto, y digamos otra manera con que Guatemuz mandó pelear a sus capitanes, haciendo apercibir todos sus poderes para que nos diesen guerra continuamente; y es que, como para otro día era fiesta de señor San Juan de junio, que entonces se cumplía un año puntualmente que habíamos entrado en México, cuando el socorro del capitán Pedro de Alvarado, y nos desbarataron, según dicho tengo en el capítulo que dello habla, parece ser tenía cuenta en ello el Guatemuz, y mandó que en todos tres reales nos diesen toda la guerra y con la mayor fuerza que pudiesen con todos sus poderes, así por tierra como con las canoas por el agua, para acabarnos de una vez, como decían se lo tenía mandado su Huichilobos, y mandó que fuese de noche al cuarto de la modorra; y porque los bergantines no nos pudiesen ayudar, en todas las más partes de la laguna tenían hechas unas estacadas para que en ellas zabordasen; y vinieron con esta furia y ímpetu, que si no fuera por los que velábamos juntos, que éramos sobre ciento y veinte soldados, y todos muy acostumbrados a pelear, nos entraran en el real y corríamos harto peligro, y con muy grande concierto les resistimos, y allí hirieron a quince de los nuestros, y dos murieron de ahí a ocho días de las heridas. Pues en el real de Cortés también les pusieron en grande aprieto y trabajo, y hubo muchos muertos y heridos, y en lo de Sandoval por el consiguiente, y desta manera vinieron dos noches arreo; y también en aquellos reencuentros quedaron muchos mexicanos muertos y muchos heridos; y como Guatemuz y sus capitanes y papas vieron que no aprovechaba nada la guerra que dieron aquellas noches, acordaron que con todos sus poderes juntos viniesen al cuarto del alba y diesen en nuestro real, que se dice el de Tacuba; y vinieron tan bravosos, que nos cercaron por todas partes, y aun nos tenían medio desbaratados y atajados; y quiso Dios darnos esfuerzo, que nos tornamos a hacer un cuerpo y nos amparamos algo con los bergantines, y a buenas estocadas y cuchilladas, que andábamos pie con pie, los apartamos algo de nosotros, y los de a caballo no estaban holgando; pues los ballesteros y escopeteros hacían lo que podían, que harto tuvieron que romper en otros escuadrones que nos tenían tomadas las espaldas; y en aquella batalla mataron a ocho e hirieron a muchos de nuestros soldados, y a Pedro de Alvarado le descalabraron, y si nuestros amigos les tlaxcaltecas durmieran aquella noche en la calzada, corríamos gran riesgo con el embarazo que ellos nos pusieran, como eran muchos; mas la experiencia de lo pasado nos hacía que luego los echásemos fuera de la calzada y se fuesen a Tacuba, y quedábamos sin cuidado. Tornemos a nuestra batalla, que matamos muchos mexicanos, y se prendieron cuatro personas principales. Bien tengo entendido que los curiosos lectores se hartarán ya de ver cada día combates, y no se puede hacer menos, porque noventa y tres días estuvimos sobre esta tan fuerte ciudad, cada día y de noche teníamos guerras, y combates, y por esta causa los hemos de decir muchas veces, de cómo y cuándo y de qué manera y arte pasaba; y no lo pongo aquí por capítulos lo que cada día hacíamos, porque me parece que sería gran prolijidad o sería cosa para nunca acabar, y parecería a los libros de Amadís y de otros de caballería; y porque de aquí adelante no me quiero detener en contar tantas batallas y reencuentros que cada día y de noche teníamos, si posible fuere, lo diré lo más breve que pueda, hasta el día de San Hipólito, que, gracias a nuestro señor Jesucristo, nos apoderamos desta tan gran ciudad y prendimos al rey della, que se decía Guatemuz, y a sus capitanes; puesto que antes que le prendiésemos tuvimos muy grandes desmanes, y casi que estuvimos en gran ventura de nos perder en todos nuestros reales, especialmente en el real de Cortés por descuido de sus capitanes, como adelante verán.

Capítulo CLII. Cómo desbarataron los indios mexicanos a Cortés, y le llevaron vivos para sacrificar sesenta y dos soldados, y le hirieron en una pierna, y el gran peligro en que nos vimos por su causa

Como Cortés vio que no se podían cegar todas las aberturas y puentes y zanjas de agua que ganábamos cada día, porque de noche las tornaban a abrir los mexicanos y hacían más fuertes albarradas que de antes tenían hechas, y que era gran trabajo pelear y cegar puentes y velar todos juntos; en demás como estábamos heridos y le habían muerto veinte, acordó de poner en pláticas con los capitanes y soldados que tenía en su real, que se decían Cristóbal de Olí y Francisco Verdugo y Andrés de Tapia, y el alférez Corral y Francisco de Lugo, y también nos escribió al real de Pedro de Alvarado y al de Gonzalo de Sandoval, para tomar parecer de todos los capitanes y soldados; y el caso que propuso fue, que si nos parecía que fuésemos entrando de golpe en la ciudad hasta entrar y llegar al Taltelulco, que es la plaza mayor de México, que es muy más ancha y grande que no la de Salamanca; y que llegados que llegásemos, que sería bien asentar en él todos tres reales, que desde allí podíamos batallar por las calles de México, y sin tener tantos trabajos y riesgo al retraer, ni tener tanto que cegar ni velar las puentes. Y como en tales pláticas y consejos suele acaecer, hubo en ellas muchos pareceres, porque tos unos decían que no era buen consejo ni acuerdo meternos tan de hecho en el cuerpo de la ciudad, sino que nos estuviésemos como estábamos batallando y derrocando y abrasando casas; y las causas más evidentes que dimos los que éramos en este parecer fue, que sí nos metíamos en el Taltelulco y dejábamos todas las calzadas y puentes sin guarda y desamparadas, que como los mexicanos son muchos y guerreros, y con las muchas canoas que tienen nos tornarían a abrir las puentes y calzadas, y no seríamos señores dellas, y que con sus grandes poderes nos darían guerra de noche y de día; y que, como siempre tienen hechas muchas estacadas, nuestros bergantines no nos podrían ayudar, y de aquella manera que Cortés decía, seríamos nosotros los cercados, y ellos tendrían por sí la tierra, campo y laguna; y le escribimos sobre el caso, para que no nos aconteciese como la pasada que dicen en el refrán de Mazagatos, cuando salimos huyendo de México; y cuando Cortés hubo visto el parecer de todos, y vio las buenas razones que sobre ello le dábamos, en lo que se resumió en todo lo platicado fue, que para otro día saliésemos de todos tres reales con toda la mayor pujanza, así los de a caballo como los ballesteros, escopeteros y soldados, y que los fuésemos ganando hasta la plaza mayor, que es el Taltelulco, apercibidos los tres reales y los tlaxcaltecas y de Texcoco y los pueblos de la laguna que nuevamente habían dado la obediencia a su majestad, para que con todas sus canoas se viniesen a ayudar a todos nuestros bergantines. Una mañana, después de haber oído misa y nos encomendar a Dios, salimos de nuestro real con el capitán Pedro de Alvarado, y también salió Cortés del suyo, y Gonzalo de Sandoval con todos sus capitanes, y con grande pujanza iba ganando puentes y albarradas, y los contrarios peleaban como fuertes guerreros, y Cortés por su parte llevaba victoria, y asimismo Gonzalo de Sandoval por la suya, pues por nuestro real ya les habíamos ganado otra albarrada y una puente, y esto fue con mucho trabajo, porque había muy grandísimos poderes del Guatemuz, y la estaban guardando, y salimos della muchos de nuestros soldados muy mal heridos, y uno murió luego de las heridas, y nuestros amigos los tlaxcaltecas salieron más de mil dellos maltratados y descalabrados, y todavía íbamos siguiendo la victoria muy ufanos. Volvamos a decir de Cortés y de todo su ejército, que ganaron una abertura de agua muy honda, y estaba en ella una calzadilla muy angosta, que los mexicanos con maña y ardid la habían hecho de aquella manera, porque tenían pensado entre sí lo que ahora a nuestro general Cortés le aconteció; y es que, como llevaba victoria él y todos sus capitanes y soldados, y la calzada llena de nuestros amigos, e iban siguiendo a los contrarios, y puesto que decían que huían, no dejaban de tirarnos piedra, vara y flecha, y hacían algunas paradillas como que resistían a Cortés, hasta que le fueron cebando para que fuese tras ellos, y desque vieron que de hecho iba tras ellos siguiendo la victoria, hacían que iban huyendo dél. Por manera que la adversa fortuna vuelve su rueda, y a las mayores prosperidades acuden muchas tristezas. Y como nuestro Cortés iba victorioso y en el alcance de los contrarios, por su descuido y porque nuestro señor Jesucristo lo permitió, él y sus capitanes y soldados dejaron de cegar el abertura de agua que habían ganado; y como la calzadilla por donde iban con maña la habían hecho angosta, y aun entraba en ella agua por algunas partes, y había mucho lodo y cieno, como los mexicanos le vieron pasar aquel paso sin cegar, que no deseaban otra cosa, y aun para aquel, efecto tenían apercibidos muchos escuadrones de guerreros mexicanos con esforzados capitanes, y muchas canoas en la laguna, en parte que nuestros bergantines no les podían hacer daño ninguno con las grandes estacadas que les tenían puestas en que zabordasen, vuelven sobre nuestro Cortés y contra todos sus soldados con tan grande furia de escuadrones y con tales alaridos y gritos, que los nuestros no les pudieron defender su gran ímpetu y fortaleza con que vinieron a pelear, y acordaron todos los soldados con sus capitanes y banderas de se volver retrayendo con gran concierto; más, como venían contra ellos tan rabiosos contrarios, hasta que les metieron en aquel mal paso se desconcertaron de suerte, que vuelven huyendo sin hacer resistencia; y nuestro Cortés, desde que así los vio venir desbaratados, los esforzaba y decía: «Tened, tened, señores, tened recio; ¿qué es esto, que así habéis de volver las espaldas?». Y no les pudo detener ni resistir; y en aquel paso que dejaron de cegar, y en la calzadilla, que era angosta y mala, y con las canoas le desbarataron e hirieron en una pierna y le llevaron vivo sobre sesenta y tantos soldados, y le mataron seis caballos y yeguas; y a Cortés ya le tenían muy engarrafado seis o siete capitanes mexicanos, y quiso Dios nuestro señor ponerle esfuerzo para que se defendiese y se librase dellos, puesto que estaba herido en una pierna; porque en aquel instante luego llegó allí un muy esforzado soldado, que se decía Cristóbal de Olea, natural de Castilla la Vieja; no lo digo por Cristóbal de Olí; y desque allí le vio asido de tantos indios, peleo luego tan bravosamente, que mató a estocadas cuatro de aquellos capitanes que tenían engarrafado a Cortés, y también le ayudó otro muy valiente soldado que se decía Lerma, y les hicieron que dejasen a Cortés, y por le defender allí perdió la vida el Olea, y el Lerma estuvo a punto de muerte, y luego acudieron allí muchos soldados, aunque bien heridos, y echan mano a Cortés y le ayudan a salir de aquel peligro; y entonces también vino con mucha presteza su capitán de la guardia, que se decía Antonio de Quiñones, natural de Zamora, y le tomaron por los brazos y le ayudaron a salir del agua, y luego le trajeron caballo, en que se escapó de la muerte; y en aquel instante también venía un su camarero o mayordomo que se decía Cristóbal de Guzmán, y le traía otro caballo; y desde las azoteas los guerreros mexicanos, que andaban muy bravos y victoriosos, prendieron al Cristóbal de Guzmán, y vivo le llevaron a Guatemuz; y todavía los mexicanos iban siguiendo a Cortés y a todos sus soldados hasta que llegaron a su real. Pues ya aquel desastre acaecido, y se hallaron en salvo los españoles, los escuadrones mexicanos no dejaban de seguirles, dándoles caza y grita y diciéndoles vituperios y llamándoles de cobardes. Dejemos de hablar de Cortés y de su desbarate, y volvamos a nuestro ejército, que es el de Pedro de Alvarado: como íbamos muy victoriosos, y cuando no nos catamos vimos venir contra nosotros tantos escuadrones de mexicanos, y con grandes gritas y hermosas divisas y penacho, y nos echaron delante de nosotros cinco cabezas que entonces habían cortado de los que habían tomado a Cortés, y venían corriendo sangre, y decían: «Así os mataremos, como hemos muerto a Malinche y a Sandoval y a los que consigo traían, y esas son sus cabezas; por eso conocedlas bien»; y diciéndonos estas palabras se venían a cerrar con nosotros hasta nos echar mano; que no aprovechaban cuchilladas ni estocadas, ni ballesteros ni escopeteros, y no hacían sino dar en nosotros como a terrero; y con todo eso, no perdíamos punto en nuestra ordenanza al retraer, porque luego mandamos a nuestros amigos los tlaxcaltecas que prestamente nos desembarazasen las calzadas y pasos malos; y en este tiempo ellos se lo tuvieron bien en cargo, que como vieron las cinco cabezas corriendo sangre, y decían que habían muerto a Malinche y a Sandoval y a todos los teules que consigo traían, y que así habían de hacer a nosotros, y a los tlaxcaltecas, temieron en gran manera, porque creyeron que era verdad; y por esto digo que desembarazaron la calzada muy de veras. Volvamos a decir, como nos íbamos retrayendo oímos tañer del cu mayor, donde estaban sus ídolos Huichilobos y Tezcatepuca, que señorea, el altor de él a toda la gran ciudad, tañían un atambor de muy triste sonido, en fin como instrumento de demonios, y retumbaba tanto, que se oía dos o tres leguas, y juntamente con él muchos atabalejos; entonces, según después supimos, estaban ofreciendo diez corazones y mucha sangre a los ídolos, que dicho tengo, de nuestros compañeros. Dejemos el sacrificio, y volvamos al retraer que nos retraíamos, y a la gran guerra que nos daban, así de la calzada como de las azoteas y lagunas con las canoas; y en aquel instante vienen mas escuadrones a nosotros, que de nuevo enviaba Guatemuz, y manda tocar su corneta, que era una señal que cuando aquella se tocase era que habían de pelear sus capitanes de manera que hiciesen presa o morir sobre ello, y retumbaba el sonido que se metía en los oídos; y de que lo oyeron aquellos sus escuadrones y capitanes, saber yo aquí decir ahora con qué rabia y esfuerzo se metían entre nosotros a nos echar mano, es cosa de espanto, porque yo no lo sé aquí escribir; que ahora que me pongo a pensar en ello, es como si visiblemente lo viese; mas vuelvo a decir, y así es verdad, que si Dios no nos diera esfuerzo, según estábamos todos heridos, él nos salvó, que de otra manera no nos podíamos llegar a nuestros ranchos; y le doy muchas gracias y loores por ello, que me escapó aquella vez y otras muchas de poder de los mexicanos. Y volviendo a nuestra plática: allí los de a caballo hacían arremetidas; y con dos tiros gruesos que pusimos junto a nuestros ranchos, unos tirando y otros cebando, nos␣sosteníamos, porque la calzada estaba llena de bote en bote de contrarios y nos venían hasta las casas, como cosa vencida, a echarnos vara y piedra; y como he dicho, con aquellos tiros matábamos muchos dellos; y quien bien ayudó aquel día fue un hidalgo que se dice Pedro Moreno Medrano, que vive ahora en la Puebla, porque él fue el artillero, que los artilleros que solíamos tener se habían muerto, y dellos estaban muy malamente heridos. Volvamos al Pedro Moreno Medrano, que, además de siempre haber sido un muy esforzado soldado, aquel día fue de muy grandísima ayuda para nosotros; y estando que estábamos de aquella manera, bien angustiados y heridos, y no sabíamos de Cortés ni de Sandoval ni de sus ejércitos si les habían muerto o desbaratado, como los mexicanos nos decían cuando nos arrojaron las cinco cabezas que tenían asidas por los cabellos y de las barbas, y decían que ya habían muerto a Malinche y también a Sandoval y a todos los teules, que así nos habían de matar a nosotros aquel mismo día; y no podíamos saber dellos, porque batallábamos los unos de los otros cerca de media legua, y adonde desbarataron a Cortés era mas lejos; y a esta causa estábamos muy penosos, así heridos como sanos, y hechos un cuerpo estuvimos sosteniendo el gran ímpetu de los mexicanos que sobre nosotros estaban, creyendo que en aquel día no quedara roso ni velloso de nosotros, según la guerra que nos daban. Pues de nuestros bergantines ya habían tomado uno y muerto tres soldados y herido el capitán y todos los más soldados que en ellos venían, y fue socorrido de otro bergantín, donde andaba por capitán Juan Jaramillo, y también tenían zalabordado en otra parte otro que no podía salir, de que era capitán Juan de Limpias Carvajal, que en aquella sazón ensordeció de coraje, que ahora vive en la Puebla; y peleó por su persona tan valerosamente, y esforzó a todos los soldados que en el bergantín remaban, que rompieron las estacadas, y salieron todos muy mal heridos, y salvó su bergantín: aqueste fue el primero que rompió estacadas. Volvamos a Cortés, que, como estaba él y toda su gente los más muertos, y otras heridos, se iban todos los escuadrones mexicanos hasta su real a darle guerra, y aun le echaron delante de sus soldados, que resistían a los mexicanos cuando peleaban, otras cuatro cabezas corriendo sangre de aquellos soldados que habían llevado vivos a Cortés, y les decían que eran del Tonatio, que es Pedro de Alvarado, y de Gonzalo de Sandoval y de otros teules, y que ya nos habían muerto a todos. Entonces dicen que desmayó Cortés mucho más de lo que antes estaba él y los que consigo traía, mas no de manera que sintiesen en él mucha flaqueza; y luego mandó al maestre de campo Cristóbal de

Olí y a sus capitanes que mirasen no les rompiesen los muchos mexicanos que estaban sobre ellos, y que todos juntos hiciesen cuerpo, así heridos como sanos; y mandó a Andrés de Tapia que con tres de a caballo viniese a Tacuba por tierra, que es nuestro real, que mirase qué había sido de nosotros, y que si no éramos desbaratados, que nos contase lo por él pasado, y que nos dijese que tuviésemos muy buen recaudo en el real, que todos juntos hiciésemos cuerpo, así de día como de noche, en la vela; y esto que nos enviaba a mandar, ya lo teníamos todos por costumbre. Y el capitán Andrés de Tapia y los tres de a caballo que con él venían se dieron muy buena prisa, aunque tuvieron en el camino una refriega de vara y flecha que les dieron en un paso los mexicanos que ya había puesto Guatemuz en los caminos muchos indios guerreros porque no supiésemos los unos de los otros los desmanes, y aun venía herido el Andrés de Tapia, y dos de los que traía en su compañía que se decían Guillén de la Loa, y el otro se decía Valde Nebro, y a un Juan de Cuellar, hombres muy esforzados; y de que llegaron a nuestro real y nos hallaron batallando con el poder de México, que todo estaba junto contra nosotros, se holgaron en el alma, y nos contaron lo acaecido del desbarate de Cortés, y lo que nos enviaba a decir, y no nos quisieron declarar qué tantos eran los muertos, y decían que hasta veinticinco, y que todos los demás estaban buenos. Dejemos de hablar ahora en esto, y volvamos al Gonzalo de Sandoval, y a sus capitanes y soldados, que andaban victoriosos en la parte y calles de su conquista; y cuando los mexicanos hubieron desbaratado a Cortés, cargaron sobre el Gonzalo de Sandoval y su ejército y capitanes, de arte que no se pudo valer, y le mataron dos soldados y le hirieron a todos los que traía, y a él le dieron tres heridas, la una en el muslo y la otra en la cabeza y la otra en un brazo; y estando batallando con los contrarios le ponen delante seis cabezas de los de Cortés, y le dicen que aquellas cabezas eran de Malinche y del Tonatio y de otros capitanes, y que así habían de hacer al Gonzalo de Sandoval y a los que con él estaban, y le dieron muy fuertes combates; y de que aquello vio el buen capitán Sandoval, mandó a sus capitanes y soldados que todos tuviesen mucho ánimo, más que de antes, y que no desmayasen, y que mirasen al retraer no hubiese algún desmán o desconcierto en la calzada, porque es angosta; y lo primero que hizo fue mandar salir de la calzada a los amigos tlaxcaltecas, que tenía muchos, y porque no les estorbasen al retraer; y con sus dos bergantines y sus ballesteros y escopeteros con mucho trabajo se retrajo a su estancia, y con toda su gente bien herida y aun desmayada, y dos soldados menos; y como se vio fuera de la calzada, puesto que estaban cercados de mexicanos, esforzó su gente y capitanes, y les encomendó mucho que todos juntos hiciesen cuerpo, así de día como de noche, y que guardasen el real no le desbaratasen; y como conocía del capitán Luis Marín que lo haría bien, así herido y entrapajado como estaba el Sandoval, tomó consigo otros de a caballo, y aun en el camino tuvo su salmorejo de piedra y vara y flecha; porque, como ya otra vez he dicho, en todos los caminos tenía Guatemuz indios mexicanos guerreros para no dejar pasar de un real a otro con nuevas ningunas, para que así nos vencieran más fácilmente; y cuando el Sandoval vio a Cortés, le dijo: «Oh señor capitán, y ¿qué es esto? ¿Aquestos son los grandes consejos y ardides de guerra que siempre nos daba? ¿Cómo ha sido este desmán?». Y Cortés le respondió, saltándoseles las lágrimas de los ojos: «Oh hijo Sandoval, que mis pecados lo han permitido, que no soy tan culpante en el negocio como me hacen, sino es el tesorero Julián de Alderete, a quien te encargué que cegase aquel mal paso donde nos desbarataron, y no lo hizo, como no es acostumbrado a guerras ni a ser mandado de capitanes»; y entonces respondió el mismo tesorero, que se halló junto a Cortés, que vino a ver y hablar al Sandoval y a saber de su ejército si eran muertos o desbaratados, y dijo que el mismo Cortés tenía la culpa, y no él; y la causa que dio fue que, como Cortés iba con victoria, por seguirla muy mejor decía: «Adelante, caballeros»; y que no les mandó cegar puentes ni pasos malos, y que si se lo mandara, que con su capitanía y con sus amigos lo hiciera»; y también culpaban mucho a Cortés en no haber mandado con tiempo salir de las calzadas a los muchos amigos que llevaba; y porque hubo otras muchas pláticas y respuestas al tesorero, que iban dichas con enojo, se dejarán de decir; y diré cómo en aquel instante llegaron dos bergantines de los que antes tenía Cortés en su compañía y calzada, que no sabían dellos después del desbarate, y según pareció, habían estado detenidos, porque estuvieron zabordados en unas estacadas, y según dijeron los capitanes, habían estado cercados de unas canoas que les daban guerra, y venían todos heridos, y dijeron que Dios primeramente les ayudó, y con su viento y con grandes fuerzas que pusieron al remar rompieron las estacadas y se salvaron; de lo cual hubo mucho placer Cortés, porque hasta entonces, aunque no lo publicaba por no desmayar a los soldados, como no sabían dellos, les tenían por perdidos. Dejemos esto, y volvamos a Cortés, que luego encomendó a Sandoval mucho que fuese en posta a nuestro real, que se dice Tacuba, y mirase si éramos desbaratados o de qué manera estábamos, y que si éramos vivos, que nos ayudase a poner resistencia en el real, no nos rompiesen; y dijo a Francisco de Lugo que fuese en compañía de Sandoval, porque bien entendido tenía que había escuadrones de guerreros mexicanos en el camino, y le dijo que ya había enviado a saber de nosotros a Andrés de Tapia con tres de a caballo, y temía no le hubiesen muerto en el camino; y cuando se lo dijo y se despidió fue a abrazar a Gonzalo de Sandoval, y le dijo: «Mirad, pues veis que yo no puedo ir a todas partes, a vos os encomiendo estos trabajos, pues veis que estoy herido y cojo; ruégoos pongáis cobro en estos tres reales: bien sé que Pedro de Alvarado y sus capitanes y soldados habrán batallado y hecho como caballeros, mas temo el gran poder destos perros, no les hayan desbaratado; pues de mí y de mi ejército ya veis de la manera que estoy»; y en posta vino el Sandoval y el Francisco de Lugo donde estábamos, y cuando llegó sería hora de vísperas, y porque, según pareció, y supimos, el desbarate de Cortés fue antes de misa mayor; y cuando llegó Sandoval nos halló batallando con los mexicanos, que nos querían entrar en el real por unas casas que habíamos derrocado, y otros por la calzada, y otros en canoas por la laguna, y tenían ya un bergantín zabordado en unas estacadas, y de los soldados que en ellos iban, habían muerto los dos, y los demás heridos; y como Sandoval nos vio a mí y a otros soldados en el agua metidos a más de la cinta, ayudando al bergantín a echarle en lo hondo, y estaban sobre nosotros muchos indios con espadas de las nuestras que habían tomado en el desbarate de Cortés, y otros con montantes de navajas dándonos cuchilladas, y a mí me dieron un flechazo, y ya le querían llevar con sus canoas, según la fuerza que ponían, y le tenían atadas muchas sogas para llevársele y meterle dentro de la ciudad; y como el Sandoval nos vio de aquella manera, dijo: «Oh hermanos, poned fuerza en que no lleven el bergantín»; y tomamos tanto esfuerzo. que luego le sacamos en salvo, puesto que, como he dicho, todos los marineros salieron heridos y dos soldados muertos. En aquella sazón vinieron a la calzada muchas capitanías de mexicanos, y nos herían así a los de a caballo y a todos nosotros, y aun al Sandoval le dieron una buena pedrada en la cara; y entonces Pedro de Alvarado le socorrió con otros de a caballo, y como venían tantos escuadrones, y yo y otros soldados les hacíamos cara, Sandoval nos mandó que poco a poco nos retrajésemos porque no les matasen los caballos; y porque no nos retraíamos de presto como quisiera, dijo: «¿Queréis que por amor de vosotros me maten a mí y a todos aquestos caballeros? Por amor de Dios, hermanos, que os retraigáis»; y entonces le tornaron a herir a él y a su caballo; y en aquella sazón echamos a los amigos fuera de la calzada, y poco a poco, haciendo cara, y no vueltas las espaldas, como quien va haciendo represas, unos ballesteros y escopeteros tirando y otros armando y otros cebando sus escopetas, y no soltaban todos a la par; y los de a caballo que hacían algunas arremetidas, y el Pedro Moreno Medrano con sus tiros en armar y tirar; y por más mexicanos que llevaban las pelotas, no les podían apartar, sino que todavía nos iban siguiendo, con pensamiento que aquella noche nos habían de llevar a sacrificar. Pues ya que estábamos en salvo cerca de nuestros aposentos, pasada ya una grande abra donde había mucha agua y muy honda, y no nos podían alcanzar las piedras ni varas ni flecha, y estando el Sandoval y el Francisco de Lugo y Andrés de Tapia con Pedro de Alvarado, contando cada uno lo que le había acaecido y lo que Cortés mandaba, tornó a sonar el atambor de Huichilobos y otros muchos atabalejos, y caracoles y cornetas y otras como trompas, y todo el sonido dellas espantable y triste; y miramos arriba al alto cu, donde los tañían, y vimos que llevaban por fuerza las gradas arriba a rempujones y bofetadas y palos a nuestros compañeros que habían tomado en la derrota que dieron a Cortés, que los llevaban a sacrificar; y de que ya los tenían arriba en una placeta que se hacía en el adoratorio, donde estaban sus malditos ídolos, vimos que a muchos dellos les ponían plumajes en las cabezas, y con unos como aventadores les hacían bailar delante de Huichilobos, y cuando habían bailado, luego les ponían de espaldas encima de unas piedras que tenían hechas para sacrificar, y con unos navajones de perdernal les aserraban por los pechos y les sacaban los corazones bullendo, y se los ofrecían a sus ídolos que allí presentes tenían, y a los cuerpos dábanles con los pies por las gradas abajo; y estaban aguardando otros indios carniceros, que les cortaban brazos y pies, y las caras desollaban y las adobaban como cueros de guantes, y, con sus barbas, las guardaban para hacer fiestas con ellas cuando hacían borracheras, y se comían las carnes con chilmole; y desta manera sacrificaron a todos los demás, y les comieron piernas y brazos, y los corazones y sangre ofrecían a sus ídolos, como dicho tengo, y los cuerpos, que eran las barrigas y tripas, echaban a los tigres y leones y sierpes y culebras que tenían en la casa de las alimañas, como dicho tengo en el capítulo que dello habla, que atrás dello he platicado. Pues desque aquellas crueldades vimos todos los de nuestro real y Pedro de Alvarado y Gonzalo de Sandoval y todos los demás capitanes: ¡miren los curiosos lectores que esto leyeren, qué lástima tendríamos dellos! Y decíamos entre nosotros: «¡Oh gracias a Dios, que no me llevaron a mí hoy a sacrificar!». Y también tengan atención que no estábamos lejos dellos y no les podíamos remediar, y antes rogábamos a Dios que fuese servido de nos guardar de tan cruelísima muerte. Pues en aquel instante que hacían aquel sacrificio, vinieron sobre nosotros grandes escuadrones de guerreros, y nos daban por todas partes bien que hacer, que ni nos podíamos valer, de una manera ni de otra, contra ellos, y nos decían: «Mirad que desta manera habéis de morir todos, que nuestros dioses nos lo han prometido muchas veces». Pues las palabras de amenazas que decían a nuestros amigos los tlaxcaltecas eran tan lastimosas y malas, que los hacían desmayar, y les echaban piernas de indios asadas y brazos de nuestros soldados, y les decían: «Comed de las carnes destos teules y de vuestros hermanos, que ya bien hartos estamos dellos, y desto que nos sobra bien os podéis hartar; y mirad que las casas que habéis derrocado, que os hemos de traer para que las tornéis a hacer muy mejores, y con piedras blancas y cal y canto, y labradas; por eso ayudad muy bien a estos teules, que a todos los veréis sacrificados». Pues otra cosa mandó hacer Guatemuz, que, como hubo aquella victoria de Cortés, envió a todos los pueblos nuestros confederados y amigos, y a sus parientes, pies y manos de nuestros soldados, y caras desolladas con sus barbas, y las cabezas de los caballos que mataron; y les envió a decir que éramos muertos más de la mitad de nosotros y que presto nos acabarían, y que dejasen nuestra amistad y se viniesen a México, y que si luego no la dejaban, que les enviaría a destruir; y les envió a decir otras muchas cosas para que se fuesen de nuestro real y nos dejasen, pues habíamos de ser presto muertos de su mano; y a la continua dándonos guerra, así de día como de noche; y como velábamos todos los del real juntos, y Gonzalo de Sandoval y Pedro de Alvarado y los demás capitanes haciéndonos compañía de guerreros, los resistíamos. Pues los de a caballo todo el día y la noche estaban la mitad dellos en lo de Tacuba y la otra mitad en las calzadas. Pues otro mayor mal nos hicieron, que cuanto habíamos cegado desde que en la calzada entramos, todo lo tornaron a abrir, e hicieron albarradas muy más fuertes que de antes, pues los amigos de las ciudades de la laguna que nuevamente habían tomado nuestra amistad y nos vinieron a ayudar con las canoas, creyeron llevar lana y volvieron trasquilados, porque perdieron muchos las vidas y más de la mitad de las canoas que traían, y otros muchos volvieron heridos; y aun con todo esto, desde allí adelante no ayudaron a los mexicanos, porque estaban mal con ellos; salvo estarse a la mira. Dejemos de hablar más en contar lástimas, volvamos a decir el recaudo y manera que teníamos, y cómo Sandoval y Francisco de Lugo, y Andrés de Tapia y los demás caballeros que habían venido a nuestro real, les pareció que era bien volverse a sus puestos y dar relación a Cortés cómo y de qué manera estábamos. Y se fueron en posta, y dijeron a Cortés cómo Pedro de Alvarado y todos sus soldados teníamos muy buen recaudo, así en el batallar como en el velar; y aun el Sandoval, como me tenía por amigo, dijo a Cortés cómo me halló a mí y a otros soldados batallando en el agua a más de la cinta defendiendo un bergantín que estaba zabordado en unas estacadas, y que si por nuestras personas no fuera, que mataran a todos los soldados y al capitán que dentro venía; y porque dijo de mi persona otras loas que yo aquí no tengo de decir, porque otras personas lo dijeron y se supo en todo el real, no quiero aquí recitarlo. Y cuando Cortés lo hubo bien entendido del buen recaudo que teníamos en nuestro real, con ello descansó su corazón, y desde allí adelante mandó a todos tres reales que no batallásemos poco ni mucho con los mexicanos; entiéndase que no curásemos de tomar ninguna puente ni albarrada, salvo defender nuestros reales no nos los rompiesen: y que de batallar con ellos, no había bien esclarecido el día, cuando estaban sobre nuestro real tirando muchas piedras con hondas, y varas y flechas, y diciéndonos muchos vituperios feos; y como teníamos junto a nuestro real una abra de agua muy ancha y honda, estuvimos cuatro días arreo que no la pasamos, y otro tanto se estuvo Cortés en el suyo, y Sandoval en el suyo; y esto de no salir a batallar y procurar de ganar las albarradas que habían tornado a abrir y hacer fuertes, era por causa que todos estábamos muy heridos y trabajados, así de velas como de las armas, y sin comer cosa de sustancia; y como faltaban del día antes sobre sesenta y tantos soldados de todos tres reales, y siete caballos, porque recibiéramos algún alivio, y para tomar maduro consejo de lo que habíamos de hacer de allí adelante, mandó Cortés que estuviésemos quedos, como dicho tengo. Y dejarlo he aquí, y diré cómo y de qué manera peleábamos, y todo lo que en nuestro real pasó.

Capítulo CLIII. De la manera que peleábamos y se nos fueron todos los amigos a sus pueblos

La manera que teníamos en todos tres reales de pelear es ésta: que velábamos de noche todos los soldados juntos en las calzadas, y nuestros bergantines a nuestras lados, también en las calzadas, y los de a caballo rondando la mitad dellos en lo de. Tacuba, adonde nos hacían pan y teníamos nuestro fardaje, y la otra mitad en las puentes y calzadas, y muy de mañana aparejábamos los puños para pelear y batallar con los contrarios, que nos venían a entrar en nuestro real y procuraban de nos desbaratar; y otro tanto hacían en el real de Cortés y en el de Sandoval, y esto no fue sino cinco días, porque luego tomamos otra orden, lo cual diré adelante; y digamos cómo los mexicanos hacían cada día grandes sacrificios y fiestas en el cu mayor de Tatelulco, y tañían su maldito atambor y otras trompas y atabales y caracoles, y daban muchos gritos y alaridos, y tenían cada noche grandes luminarias de mucha leña encendida, y entonces sacrificaban de nuestros compañeros a sus malditos ídolos Huichilobos y Tezcatepuca, y hablaban con ellos; y según ellos decían, que en la mañana o en aquella misma noche nos habían de matar. Parece ser que, como sus ídolos son perversos y malos, por engañarlos para que no viniesen de paz, les hacían en creyente que a todos nosotros nos habían de matar, y a los tlaxcaltecas y a todos los demás que fuesen en nuestra ayuda; y como nuestros amigos lo oían, teníanlo por muy cierto, porque nos veían desbaratados. Dejemos destas pláticas, que eran de sus malos ídolos, y digamos cómo en la mañana venían muchas capitanías juntas a nos cercar y dar guerra, y se remudaban de rato en rato, unos de unas divisas y señales, y venían otros de otras libreas; y entonces cuando estábamos peleando con ellos nos decían muchas palabras, diciéndonos de apocados y que no éramos buenos para cosa ninguna, ni para hacer casas ni maizales, y que no éramos sino para venirles a robar su ciudad, como gente mala que habíamos venido huyendo de nuestra tierra y de nuestro rey y señor; y esto decían por lo que Narváez les había enviado a decir, que veníamos sin licencia de nuestro rey, como dicho tengo; y nos decían que de allí a ocho días no había de quedar ninguno de nosotros a vida, porque así lo habían prometido la noche antes sus dioses; y desta manera nos decían otras cosas malas, y a la postre decían: «Mirad cuán malos y bellacos sois, que aun vuestras carnes son malas para comer, que amargan como las hieles, que no las podemos tragar de amargor», y parece ser, como aquellos días se habían hartado de nuestros soldados y compañeros, quiso nuestro señor que les amargasen las carnes: Pues a nuestros amigos los tlaxcaltecas, si muchos vituperios nos de, cían a nosotros, más les decían a ellos, y que les tendrían por esclavos para sacrificar y hacer sus sementeras, y tornar a edificar las casas que les habíamos derrocado, y que las habían de hacer de cal y canto labradas, que su Huichilobos se lo había prometido; y diciendo esto, luego el bravoso pelear, y se venían por unas casas derrocadas, y con las muchas canoas que tenían nos tomaban las espaldas, y aun nos tenían algunas veces atajados en las calzadas; y nuestro señor Jesucristo nos sustentaba cada día, que nuestras fuerzas no bastaban; mas todavía les hacíamos volver muchos dellos heridos, y muchos quedaban muertos. Dejemos de hablar de los grandes combates que nos daban, y digamos cómo nuestros amigos los de Tlaxcala y de Cholula y Guaxocingo, y aun los de Texcoco, acordaron de se ir a sus tierras, y sin lo saber Cortés ni Pedro de Alvarado ni Sandoval, se fueron todos los más; que no quedó en el real de Cortés sino Estesuchel, que después que se bautizó se llamó don Carlos, y era hermano de don Fernando, señor de Texcoco, y era muy esforzado hombre; y quedaron con él otros sus parientes y amigos, que serían hasta cuarenta; y en el real de Sandoval quedó otro cacique de Guaxocingo con obra de cincuenta hombres; y en nuestro real quedaron dos hijos de nuestro amigo don Lorenzo de Vargas, y el esforzado de Chichimecatecle con obra de ochenta tlaxcaltecas, parientes y vasallos; por manera que de más de veinticuatro mil amigos que traíamos no quedaron en todos tres reales, sino obra de doscientos amigos, que todos se fueron a sus pueblos; y como nos hallamos solos y con tan pocos amigos, recibimos pena; y Cortés y Sandoval y cada uno en su real preguntaban a los amigos que les quedaban que por qué se habían ido de aquella manera los demás sus hermanos, y decían que, como veían que los mexicanos hablaban de noche con sus ídolos, y prometían que nos habían de matar a nosotros y a ellos, que creían que debía de ser verdad, y del miedo se iban; y lo que les daba más crédito a ello era vernos a todos heridos y nos habían muerto a muchos de nosotros, y que dellos mismos faltaban más de mil y doscientos, y que temieron no matasen a todos; y también porque Xicotencatl «el mozo», que mandó ahorcar Cortés en Texcoco, siempre les decía que sabía por sus adivinanzas que a todos nos habían de matar, y que no había de quedar ninguno de nosotros a vida; y por esta causa se fueron. Y puesto que Cortés en lo secreto sintió pesar della, mas con rostro alegre les dijo que no tuviesen miedo, y que lo que aquellos mexicanos les decían que era mentira y por desmayarlos; y tantas palabras de prometimientos les dijo, y con palabras amorosas los esforzó a estar con él, y otro tanto dijimos al Chichimecatecle y a los dos Xicotencatls. Y en aquellas pláticas que en aquella sazón decía Cortés a Estesuchel, que ya he dicho que se dijo don Carlos, como era de suyo señor y esforzado, dijo a Cortés: «Señor Malinche, no recibas penas por no batallar cada día con los mexicanos: sana de tu pierna; toma mi consejo y es que te estés algunos días en tu real, y otro tanto manda al Tonatio, que era Pedro de Alvarado, que así lo llamaban, que se esté en el suyo, y Sandoval en Tepeaquilla, y con los bergantines anden cada día a quitar y defender que no les entren bastimentos ni agua, porque están aquí dentro en esta gran ciudad tantos mil xiquipiles de guerreros, que por fuerza, siendo tantos, se les ha de acabar el bastimento que tienen, y el agua que ahora beben es medio salobre, que toman de unos hoyos que tienen hechos, y como llueve de día y de noche, recogen el agua para beber y dello se sustentan; mas ¿qué pueden hacer si les quitas la comida y el agua, sino que es más que guerra la que tendrán con la hambre y sed? Como Cortés aquello entendió, le echó los brazos encima y le dio gracias por ello, con prometimientos que le daría pueblos; y aqueste consejo le habíamos puesto en plática muchos soldados a Cortés; mas somos de tal calidad, que no quisiéramos aguardar tanto tiempo, sino entrarles luego la ciudad. Y cuando Cortés hubo bien considerado lo que nosotros también le habíamos dicho, y sus capitanes y soldados se lo decían, mandó a dos bergantines que fuesen a nuestro real y al de Sandoval a nos decir que estuviésemos otros tres días sin les ir entrando en la ciudad; y como en aquella sazón los mexicanos estaban victoriosos, no osábamos enviar un bergantín solo, y por esta causa envió dos; y una cosa nos ayudó mucho, y es que ya osaban nuestros bergantines romper las estacadas que los mexicanos les habían hecho en la laguna para que zabordasen; y es desta manera: que remaban con gran fuerza, y para que más furia trajesen tomaban de algo atrás, y si hacía algún viento, a todas velas, y con los remos muy mejor; y así, eran señores de la laguna y aun de muchas partes de las casas que estaban apartadas de la ciudad; y los mexicanos, como aquello vieron, se les quebró algo su braveza. Dejemos esto, y volvamos a nuestras batallas; y es que, aunque no teníamos amigos, comenzamos a cegar y a tapar la gran abertura que he dicho otras veces que estaba junto a nuestro real; con la primera capitanía, que venía la rueda de acarrear adobes y madera y cegar, lo poníamos muy por la obra y con grandes trabajos, y las otras dos capitanías batallábamos. Ya he dicho otras veces que así lo teníamos concertado, y había de andar por rueda; y en cuatro días que todos trabajábamos en ella la teníamos cegada y allanada; y otro tanto hacía Cortés en su real con el mismo concierto, y aun él en persona llevaba adobes y madera hasta que quedaban seguras las puentes y calzadas y aberturas, por tenerlo seguro al retraer; y Sandoval ni más ni menos en el suyo, y en nuestros bergantines junto a nosotros, sin temer estacadas; y desta manera les fuimos entrando poco a poco. Volvamos a los grandes escuadrones que a la continua nos daban guerra, que muy bravosos y victoriosos se venían a juntar pie con pie con nosotros, y de cuando en cuando, como se mudaban unos escuadrones, venían otros. Pues digamos el ruido y alarido que traían, y en aquel instante el resonido de la corneta de Guatemuz, y entonces apechugaban de tal arte con nosotros, que no nos aprovechaban cuchilladas ni estocadas que les dábamos, y nos venían a echar mano; y como, después de Dios, nuestro buen pelear nos había de valer, teníamos muy reciamente contra ellos, hasta, que con las escopetas y ballestas y arremetidas de los de a caballo, que estaban a la continua con nosotros la mitad dellos, y con nuestros bergantines, que no temían ya las estacadas, les hacíamos estar a raya, y poco a poco les fuimos entrando; y desta manera batallábamos hasta cerca de la noche, que era hora de retraer. Pues ya que nos retraíamos, ya he dicho otras veces que había de ser con gran concierto, porque entonces procuraban de nos atajar en la calzada y pasos malos; y si de antes lo procuraban, en estos días, con la victoria que habían alcanzado, lo ponían muy por la obra; y digo que por tres partes nos tenían tomados en medio en este día; mas quiso nuestro señor Dios que, puesto que hirieron muchos de nosotros, nos tornamos a juntar, y matamos y prendimos muchos contrarios; y como no teníamos amigos que echar fuera de las calzadas, y los de a caballo nos ayudaban valientemente, puesto que en aquella refriega y combate les hirieron dos caballos, y volvimos a nuestro real bien heridos, donde nos curamos con aceite y apretar nuestras heridas con mantas, y comer nuestras tortillas con ají y yerbas y tunas, y luego puestos todos en la vela. Digamos ahora lo que los mexicanos hacían de noche en sus grandes y altos cues, y es que tañían su maldito atambor, que dije otra vez que era el de más maldito sonido y más triste que se podían inventar, y sonaba muy lejos, y tañían otros peores instrumentos. En fin, cosas diabólicas, y tenían grandes lumbres y daban grandísimos gritos y silbos, y en aquel instante estaban sacrificando de nuestros compañeros de los que tomaron a Cortés, que supimos que sacrificaron diez días arreo hasta que los acabaron, y el postrero dejaron a Cristóbal de Guzmán, que vivo le tuvieron dieciocho días, según dijeron tres capitanes mexicanos que prendimos; y cuando les sacrificaban, entonces hablaba su Huichilobos con ellos y les prometía victoria y que habíamos de ser muertos a sus manos antes de ocho días, y que nos diesen buenas guerras aunque en ellas muriesen muchos; y desta manera les traían engañados. Dejemos ahora de sus sacrificios, y volvamos a decir que cuando otro día amanecía ya estaban sobre nosotros todos los mayores poderes que Guatemuz podía juntar, y como teníamos cegada la abertura y calzada y puentes, y la podían pasar en seco ¡mi fe! ellos tenían atrevimiento a nos venir a nuestros ranchos y tirar vara y piedra y flechas, si no fuera por los tiros con que siempre les hacíamos apartar, porque Pedro Moreno Medrano, que tenía cargo dellos, les hacía mucho daño; y quiero decir que nos tiraban saetas de las nuestras con ballestas, cuando tenían vivos a cinco ballesteros, y al Cristóbal de Guzmán con ellos, y les hacían que les armasen las ballestas y les mostrasen cómo habían de tirar, y ellos y los mexicanos tiraban aquellos tiros como cosa pensada, y no nos hacían mal; y también batallaban reciamente Cortés y Sandoval, y les tiraban saetas con ballestas; y esto sabíamoslo por Sandoval y los bergantines que iban de nuestro real al de Cortés y del de Cortés al nuestro y al de Sandoval, y siempre nos escribía de la manera que habíamos de batallar y todo lo que habíamos de hacer, y encomendándonos la vela, y que siempre estuviesen la mitad de los de a caballo en Tacuba guardando el fardaje y las indias que nos hacían pan, y que parásemos mientes no rompiesen por nosotros una noche, porque unos prisioneros que en aquel real de Cortés se prendieron le dijeron que Guatemuz decía muchas veces que diesen en nuestro real de noche, pues no había tlaxcaltecas que nos ayudasen; porque bien sabían que se nos habían ido ya todos los amigos. Ya he dicho otra vez que poníamos gran diligencia en velar. Dejemos esto, y digamos que cada día teníamos muy recios rebatos, y no dejábamos de les ir ganando albarradas y puentes y aberturas de agua; y como nuestros bergantines osaban ir por do quiera de la laguna y no temían a las estacadas, ayudábannos muy bien. Y digamos como siempre andaban dos bergantines de los que tenía Cortés en su real a dar caza a las canoas que metían agua y bastimentos, y cogían en la laguna uno como medio lama, que después de seco tenía un sabor como de queso, y traían en los bergantines muchos indios presos. Tornemos al real de Cortés y de Gonzalo de Sandoval, que cada día iba conquistando y ganando albarradas y puentes y aberturas de agua; y en aquestos trances y batallas se habían pasado, desde el desbarate de Cortés, doce o trece días y como Estesuchel, hermano de don Hernando, señor de Texcoco, vio que volvíamos muy de hecho en nosotros, y no era verdad lo que los mexicanos decían, que dentro de diez días nos habían de matar, porque así se lo había prometido su Huichilobos, envió a decir a su hermano don Hernando que luego enviase a Cortés todo el poder de guerreros que pudiese sacar de Texcoco, y vinieron dentro en dos días que él se lo envió a decir más de dos mil hombres. Acuérdome que vinieron con ellos Pedro Sánchez Farfán y Antonio de Villarroel, marido que fue de la Ojeda, porque aquestos dos soldados había dejado Cortés en aquella ciudad, y el

Pedro Sánchez Farfán era capitán y el Antonio Villarroel era ayo de don Fernando; y cuando Cortés vido tan buen socorro se holgó mucho y le dijo palabras halagüeñas, y asimismo en aquella sazón volvieron muchos tlaxcaltecas con sus capitanes, y venía por capitán dellos un cacique de Topeyanco que se decía Tecapaneca, y también vinieron otros muchos indios de Guaxocingo y pocos de Cholula; y como Cortés supo que habían vuelto, mandó que todos fuesen a su real para les hablar, y primero que viniesen les mandó poner guardas en el camino para defenderlos por si saliesen mexicanos; y cuando parecieron delante, Cortés les hizo un parlamento con doña Marina y Jerónimo de Aguilar, y les dijo que bien habían creído y tenido por cierto la buena voluntad que siempre les ha tenido y tiene, así por haber servido a su majestad como por las buenas obras que dellos hemos recibido, y que si les mandó desde que vinimos a aquella ciudad venir con nosotros a destruir a los mexicanos, que su intento fue porque se aprovechasen y volviesen ricos a sus tierras y se vengasen de sus enemigos; que no para que por su sola mano hubiésemos de ganar aquella gran ciudad; y puesto que siempre les ha hallado buenos y en todo nos han ayudado, que bien habrán visto que cada día les mandábamos salir de las calzadas, porque nosotros estuviésemos más desembarazados sin ellos para pelear, y que ya les habían dicho y amonestado otras veces que el que nos da victoria y en todo nos ayuda es nuestro señor Jesucristo, en quien creemos y adoramos; y porque se fueron al mejor tiempo de la guerra eran dignos de muerte, por dejar sus capitanes peleando y desampararlos, y que porque ellos no saben nuestras leyes y ordenanzas que es de perdonar; y que porque mejor lo entiendan, que mirasen que estando sin ellos íbamos derrocando y ganando albarradas; y que desde allí adelante les mandaba que no maten a ningunos mexicanos, porque les quiere tomar de paz. Y después que les hubo dicho este razonamiento, abrazó a Chichimecatecle y a los dos mancebos Xicotencatls y a Estesuchel hermano de don Hernando, y les prometió que les daría tierras y vasallos más de los que tenían, teniéndoles en mucho a los que quedaron en nuestro real; y asimismo habló muy bien a Tecapaneca, señor de Topeyanco, y a los caciques de Guaxocingo y Cholula, que estaban en el real de Sandoval. Y como les hubo platicado lo que dicho tengo, cada uno se fue a su real. Dejemos desto, y volvamos a nuestras grandes guerras y combates que siempre teníamos y nos daban, y porque siempre de día y de noche no hacíamos sino batallar, y a las tardes al retraer siempre herían a muchos de nuestros soldados, dejaré de contar muy por extenso lo que pasaba; y quiero decir, como en aquellos días llovía en las tardes, que nos holgábamos que viniese el aguacero temprano, porque, como se mojaban los contrarios, no peleaban tan bravosamente y nos dejaban re. traer en salvo, y desta manera teníamos algún descanso. Y porque ya estoy harto de escribir batallas, y más cansado y herido estaba de me hallar en ellas, y a los lectores les parecerá prolijidad recitarlas tantas veces: ya he dicho que no puede ser menos, porque en noventa y tres días siempre batallábamos a la continua; mas desde aquí adelante, si lo pudiese excusar, no lo traería tanto a la memoria en esta relación. Volvamos a nuestro cuento: y como en todos tres reales les íbamos entrando en su ciudad, Cortés por la suya, y Sandoval también por su parte, y Pedro de Alvarado por la nuestra, llegamos a donde tenían la fuente, que ya he dicho otra vez que bebían agua salobre; la cual quebramos y deshicimos porque no se aprovechasen della, y estaban guardándola algunos mexicanos, y tuvimos buena refriega de vara y piedra y flecha, y muchas lanzas largas con que aguardaban a los de a caballo, porque por todas partes de las calles que les habíamos ganado andaban ya, porque ya estaba llano y sin agua y podían correr muy gentilmente. Dejemos de hablar en esto, y digamos cómo Cortés envió a Guatemuz mensajeros rogándole con la paz, y fue de la manera que diré adelante.

Capítulo CLIV. Cómo Cortés envió a Guatemuz a rogarle que tengamos paz

Después que Cortés vio que íbamos en la ciudad ganando muchos puentes y calzadas y albarradas y derrocando casas, como teníamos presos tres principales personas que eran capitanes de México, les mandó que fuesen a hablar a Guatemuz para que tuviesen paces con nosotros; y los principales dijeron que no osaban ir con tal mensaje, porque su señor Guatemuz les mandaría matar. En fin de pláticas, tanto se lo rogó Cortés y con promesas que les hizo y mantas que les dio, que fueron: y lo que les mandó que dijesen al Guatemuz es, que porque los quiere bien, por ser deudo tan cercano del gran Moctezuma, su amigo, y casado con su hija, y porque ha mancilla que aquella gran ciudad no se acabe de destruir, y por excusar la gran matanza que cada día hacíamos en sus vecinos y forasteros, que le ruega que venga de paz, y en nombre de su majestad les perdonará todas las muertes y daños que nos han hecho, y les hará muchas mercedes; y que tenga consideración que se lo ha enviado a decir tres o cuatro veces, y que él por ser mancebo o por sus consejeros, y la principal causa por sus malditos ídolos o papas, que le aconsejan mal, no ha querido venir, sino darnos guerra; y pues que ya ha visto tantas muertes como en las batallas que nos dan les han sucedido, y que tenemos de nuestra parte todas las ciudades y pueblos de toda aquella comarca, y cada día nuevamente vienen más contra ellos, que se compadezca de tal perdimiento de sus vasallos y ciudad. También les envió a decir que se les habían acabado los mantenimientos, y que ya Cortés lo sabía, y que también agua no la tenían; y les envió a decir otras palabras bien dichas, que los tres principales las entendieron muy bien por nuestras lenguas, y demandaron a Cortés una carta, y ésta no porque la entendían, sino porque sabían claramente que cuando enviábamos alguna mensajería o cosas que les mandábamos, era un papel de aquellos que llaman amales, señal como mandamiento. Y cuando los tres mensajeros parecieron ante su señor Guatemuz, con grandes lágrimas y sollozando le dijeron lo que Cortés les mandó; y el Guatemuz desque lo oyó, y sus capitanes que juntamente con él estaban, pareció ser que al principio recibió pasión de que fuesen atrevidos aquellos capitanes de irles con tales embajadas; mas, como el Guatemuz era mancebo y muy gentil hombre de buena disposición y rostro alegre, y aun la color tenía algo más que tiraba a blanco que a matiz de indios, que era de obra de veintitrés años y era casado con una muy hermosa mujer, hija del gran Moctezuma, su tío; y según después alcanzamos a saber, tenía voluntad de hacer paces, y para platicarlo mandó juntar todos sus capitanes y principales y papas de los ídolos, y les dijo que tenía voluntad de no tener guerra con Malinche ni todos nosotros; y la plática que sobre ellos les puso fue, que ya habían probado todo lo que se puede hacer sobre la guerra y mudado muchas maneras de pelear, y que somos de tal manera, que cuando pensaban que nos tenían vencidos, que entonces volvíamos muy más reciamente sobre ellos; y que al presente sabía los grandes poderes de amigos que nuevamente nos habían venido, y que todas las ciudades eran contra ellos, que ya los bergantines les habían rompido sus estacadas y que los caballos corrían a rienda suelta por las calles de su ciudad; y les puso por delante otras muchas desventuras que tenían sobre los mantenimientos y agua; que les rogaba y mandaba que cada uno dellos diese sobre ello su parecer, y los papas también dijesen el suyo y lo que a sus dioses Huichilobos y Tezcatepuca les han oído hablar, y que ninguno tuviese temor de hablar y decir la verdad de lo que sentía. Y según pareció, le dijeron: «Señor y nuestro gran señor, ya tenemos a ti por nuestro rey y señor, y es muy bien empleado en ti el reinado pues en todas tus cosas te has mostrado varón y te viene de derecho el reino. Las paces que dices, buenas son; mas mira y piensa en ello, que cuando estos teules entraron en estas tierras y en esta ciudad, cuál nos ha ido de mal en peor; mirad los servicios y dádivas que les hizo y dio nuestro señor, vuestro tío, el gran Moctezuma, en qué paró. Pues vuestro primo Cacamatzin, rey de Texcoco, por el consiguiente. Pues vuestros parientes los señores de Iztapalapa y Coyoacan y Tacuba y de Talatzingo, ¿qué se hicieron? Pues los hijos de nuestro gran señor Moctezuma todos murieron. Pues oro y riquezas desta ciudad, todo se ha consumido. Pues ya ves que a todos tus súbditos y vasallos de Tepeaca y Chalco, y aun de Texcoco, y aun de todas estas vuestras ciudades y pueblos, les ha hecho esclavos y señalado las caras. Mira primero lo que nuestros dioses te han prometido: toma buen consejo sobre ello y no te fíes de Malinche ni de sus palabras; que más vale que todos muramos en esta ciudad peleando, que no vernos en poder de quienes nos harían esclavos y nos atormentarán». Y los papas en aquel tiempo le dijeron que sus dioses les habían prometido victoria tres noches arreo cuando les sacrificaban; y entonces el Guatemuz, medio enojado, les dijo: «Pues así queréis que sea, guardad mucho el maíz y bastimentos que tenemos, y muramos todos peleando; y desde aquí adelante ninguno sea osado a me demandar paces, si no, yo le mataré»; y allí todos prometieron de pelear noches y días y morir en la defensa de su ciudad. Pues ya esto acabado, tuvieron trato con los de Xochimilco y otros pueblos que les metiesen agua en canoas de noche, y abrieron otras fuentes en partes que tenían agua, aunque salobre. Dejemos ya de hablar en este su concierto y digamos de Cortés y de todos nosotros, que estuvimos dos días sin entrarles en su ciudad esperando la respuesta, y cuando no nos catamos, vienen tantos escuadrones de guerreros mexicanos en todos tres reales y nos dan tan recia guerra, que como leones muy bravosos venían a encontrar con nosotros, que en todo su seso creyeron de llevarnos de vencida. Esto que digo fue por nuestra parte del real de Pedro de Alvarado, que en lo de Cortés y Sandoval también dijeron que les habían llegado a sus reales, que no les podían defender, aunque más les mataban y herían; y cuando peleaban tocaban la corneta de Guatemuz, y entonces habíamos de tener orden que no nos desbaratasen, porque ya he dicho otras veces que entonces se metían por las espadas y lanzas para nos echar mano; y como ya estábamos acostumbrados a los reencuentros, puesto que cada día harían y mataban de nosotros, teníamos con ellos pie con pie, y desta manera pelearon seis o siete días arreo, y nosotros les matábamos y heríamos muchos dellos, y con todo esto no se les daba nada por morir. Acuérdome que decían: «¿En qué se anda Malinche con nosotros, cada día demandándonos paces? Que nuestros ídolos nos han prometido victoria, y tenemos hartos bastimentos y agua, y a ninguno de vosotros hemos de dejar a vida; por eso no tornen a hablar sobre las paces, pues las palabras son para las mujeres y las armas para los hombres»; y diciendo esto, se vienen a nosotros como perros dañados y hablando y peleando todo era uno, y hasta que la noche nos despartía estábamos peleando, y luego, como dicho tengo, al retraer con gran concierto, porque nos venían siguiendo con grandes capitanías y escuadrones dellos, y echábamos a los amigos fuera de la calzada, porque ya habían venido muchos más que de antes, y nos volvíamos a nuestras chozas, y luego ir y velar todos juntos, y en la vela cenábamos nuestra mala ventura, como dicho tengo otras veces; y bien de madrugada, pelear, porque no nos daban más espacio; y desta manera estuvimos muchos días; y estando desta manera tuvimos otro combate, y es que se juntaban de tres provincias, que se dicen Mataltzingo y Malinalco, y otros pueblos que no se me acuerda de sus nombres, que estaban obra de ocho leguas de México, para venir sobre nosotros, y mientras estuviésemos batallando con los mexicanos darnos en las espaldas y en nuestros reales, y que entonces saldrían los poderes mexicanos, y los unos por una parte y los otros por otra, tenían pensamientos de nos desbaratar; y porque hubo otras pláticas, lo que sobre ello se hizo diré adelante.

Capítulo CLV. Cómo fue Gonzalo de Sandoval contra las provincias que venían a ayudar a Guatemuz

Y para que esto se entienda bien, es menester volver algo atrás a decir, desde que a Cortés desbarataron y se llevaron a sacrificar sesenta y tantos soldados, y aun puedo decir sesenta y dos, porque tantos fueron, después que bien se contaron. Y también he dicho que Guatemuz envió las cabezas de los caballos y caras que habían desollado, y pies y manos de nuestros soldados que habían sacrificado, a muchos pueblos y a Mataltzingo y Malinalco, y les envió a hacer saber que ya había muerto la mitad de nuestras gentes, y que les rogaba que para que nos acabasen de matar, que le viniesen a ayudar, y que darían guerra en nuestros reales de día y de noche, y que por fuerza habíamos de pelear con ellos por defenderse; y que cuando estuviésemos peleando, saldrían ellos de México y nos darían guerra por otra parte, de manera que nos vencerían, y tenían que sacrificar muchos de nosotros a sus ídolos, y harían hartazga con nuestros cuerpos. De tal manera se lo envió a decir, que lo creyeron y tuvieron por cierto; y demás desto, en Mataltzingo, tenía el Guatemuz muchos parientes por parte de la madre, y como vieron las caras y cabezas que dicho tengo, y lo que les envió a decir, luego pusieron por la obra de se juntar con todos sus poderes que tenían, y de venir en socorro de México y de su pariente Guatemuz, y venían ya de hecho contra nosotros, y por el camino por donde pasaron estaban tres pueblos, y les comenzaron a dar guerra y robaron las estancias, y robaron niños para sacrificar; los cuales pueblos enviaron a se lo hacer saber a Cortés para que les enviase ayuda y socorro; y como lo supo, de presto mandó a Andrés de Tapia, y con veinte de a caballo y cien soldados y muchos amigos les socorrió muy bien y les hizo retraer a sus pueblos, con mucho daño que les hizo, y se volvió al real; de que Cortés hubo mucho placer y contentamiento; y después desto, en aquel instante vinieron mensajeros de los pueblos de Cuernavaca a demandar socorro, que los mismos de Mataltzingo, de Malinalco, y otras provincias venían sobre ellos, y que enviase socorro; y para ello envió a Gonzalo de Sandoval con veinte de a caballo y ochenta soldados, los más sanos que había en todos tres reales, y muchos amigos; y sabe Dios cuáles quedábamos con gran riesgo de nuestras personas, porque todos los más estábamos heridos muy malamente y no teníamos refrigerio ninguno. Y porque hay mucho que decir en lo que Sandoval hizo en el desbarate de los contrarios, se dejará de decir, mas de que se vino muy de presto por socorrer a su real, y trajo dos principales de Mataltzingo consigo, y los dejó más de paz que de guerra; y fue muy provechosa aquella entrada que hizo, lo uno por evitar que a nuestros amigos no se les hiciese ni recibiesen más daño, y lo otro porque no viniesen a nuestros reales, como venían de hecho, y porque viese Guatemuz y sus capitanes que no tenían ya ayuda ni favor de aquellas provincias; y también cuando con ellos estábamos peleando nos decían que nos habían de matar con ayuda de Mataltzingo y de otras provincias, y que sus dioses se lo habían prometido así. Dejemos ya de decir de la ida y socorro que hizo Sandoval, y volvamos a decir de cómo Cortés envió a rogar a Guatemuz que viniese de paz y que le perdonaría todo lo pasado; y le envió a decir que el rey nuestro señor le envió a decir ahora nuevamente que no le destruyese más aquella ciudad y tierras, y que por esta causa los cinco días pasados no le había dado guerra ni entrado batallando; y que mire que ya no tienen bastimentos ni agua, y más de las dos partes de su ciudad por el suelo, y que de los socorros que esperaba de Mataltzingo, que se informe de aquellos dos principales que entonces les envió, y digan cómo les ha ido en su venida; y le envió a decir otras cosas de muchos ofrecimientos, que fueron con estos mensajeros los dos indios de Mataltzingo, y le dijeron lo que había pasado; y no les quiso responder cosa ninguna, sino solamente les mandó que se volviesen a sus pueblos, y luego les mandó salir de México. Dejemos a los mensajeros, que luego salieron los mexicanos por tres partes con la mayor furia que hasta allí habíamos visto, y se vienen a nosotros, y en todos tres reales nos dieron muy recia guerra; y puesto que les heríamos y matábamos muchos dellos, paréceme que deseaban morir peleando, y entonces cuando más recios andaban con nosotros pie con pie peleando, nos decían: «lenticoa rey Castilla, lenticoa»; que quiere decir en su lengua: «¿Qué dirá el rey de Castilla? ¿qué dirá ahora?». Y con estas palabras tirar vara y piedra y flecha, que cubrían el suelo y calzada. Dejemos esto, que ya les íbamos ganando gran parte de la ciudad, y en ellos sentíamos que, puesto que peleaban muy como varones, no se remudaban ya tantos escuadrones como solían, ni abrían zanjas ni calzadas; mas otra cosa tenían muy cierta, que al tiempo que nos retraíamos nos venían siguiendo hasta nos echar mano. Y también se nos había acabado ya la pólvora en todos tres reales, y en aquel instante había venido a la Villarrica un navío que era de una armada de un licenciado Lucas Vázquez de Ayllón, que se perdió y desbarataron en las islas de la Florida, y el navío aportó a aquel puerto, como dicho tengo, y venían en él ciertos soldados y pólvora y ballestas y otras cosas; y el teniente que estaba en la Villarrica, que se decía Rodrigo Rangel, que tenía en guarda a Narváez, envió luego a Cortés pólvora y ballestas y soldados. Y volvamos a nuestra conquista, por abreviar: que mandó y acordó Cortés con todos los demás capitanes y soldados que les entrásemos todo cuanto pudiésemos hasta llegarles al Tatelulco, que es la plaza mayor, adonde estaban sus altos cues y adoratorios; y Cortés por su parte y Sandoval por la suya, y nosotros por la nuestra, les íbamos ganando puentes y albarradas, y Cortés les entró hasta una plazuela donde tenían otros adoratorios. En aquellos cues estaban unas vigas, y en ellas muchas cabezas de nuestros soldados que habían muerto y desbaratado en las batallas pasadas, y tenían los cabellos y barbas muy crecidas, más que cuando eran vivos; y no lo había yo creído si no lo viera dende a tres días, que como fuimos ganando por nuestra parte dos aberturas y puentes, tuvimos lugar de las ver, y yo conocía tres soldados mis compañeros; y cuando las vimos de aquella manera se nos saltaron las lágrimas de los ojos; y en aquella sazón se quedaron allí donde estaban, mas desde a doce días se quitaron, y las pusimos aquellas y otras cabezas que tenían ofrecidas a otros ídolos, y las enterramos en una iglesia que se dice ahora los Mártires, que nosotros hicimos. Dejemos desto, y digamos cómo fuimos batallando por la parte de Pedro de Alvarado y llegamos al Tatelulco, y había tantos mexicanos en guarda de sus ídolos y altos cues, y tenían tantas albarradas, que estuvimos bien dos horas que no se lo pudimos tomar; y como podían ya correr caballos, puesto que les hirieron a los más; mas nos ayudaron muy bien y alancearon muchos mexicanos; y como había tantos contrarios en tres partes, fuimos las tres capitanías a batallar con ellos; y a la una capitanía, que era de un Gutierre de Badajoz, mandó Pedro de Alvarado que subiese en el alto cu de Huichilobos, y peleó muy bien con los contrarios y muchos papas que en las casas de los adoratorios estaban, y de tal manera le daban guerra los contrarios, que le hacían venir las gradas abajo; y luego Pedro de Alvarado nos mandó que le fuésemos a socorrer y dejásemos el combate en que estábamos; y yendo que íbamos, nos siguieron los escuadrones con quienes peleábamos, y todavía les subíamos sus gradas arriba. Aquí había bien que decir en qué trabajo nos vimos los unos y los otros en ganarles aquellas fortalezas, que ya he dicho otras veces que eran muy altas; y en aquellas batallas nos tornaron a herir a todos muy malamente, y todavía les pusimos fuego a los ídolos, y levantamos nuestras banderas, y estuvimos batallando en lo llano, después de le haber puesto fuego, hasta la noche, que no nos podíamos valer con tanto guerrero. Dejemos de hablar en ello, y digamos que como Cortés y sus capitanes vinieron en aquella sazón desde sus barrios y calles donde andavan peleando en sus partes lejos del alto cu, y las llamaradas en que el cu mayor ardía, y nuestras banderas encima, se holgó, y se quisieran hallar en él; mas no podían, porque había un cuarto de legua de la una parte a la otra, y tenían muchas puentes y aberturas de agua por ganar, y por donde andaba le daban recia guerra, y no podían entrar tan presto como quisieran, en el cuerpo de la ciudad; mas dende a cuatro días se juntó con nosotros, así Cortés como Sandoval, y podíamos ir desde un real a otro por las calles y casas derrocadas y puentes y albarradas deshechas y aberturas de agua, todo ciego; y en este instante se iban retrayendo Guatemuz con todos sus guerreros en una parte de la ciudad dentro de la laguna, porque las casas y palacios en que vivía ya estaban por el suelo; y con todo esto, no dejaban cada día de salir a nos dar guerra, y al tiempo de retraer nos iban siguiendo muy mejor que de antes; y viendo esto Cortés, que se pasaban muchos días, y no venían de paz ni tal pensamiento tenían, acordó con todos nuestros capitanes que les echásemos celadas; y fue desta manera: que de todos tres reales se juntaron hasta treinta de a caballo y cien soldados los más sueltos y guerreros que conocía Cortés, y envió llamar de todos tres reales mil tlaxcaltecas, y los metieron en unas casas grandes que habían sido de un señor de México, y esto fue muy de mañana, y Cortés iba entrando con los demás de a caballo que le quedaban y sus soldados y ballesteros y escopeteros por las calles y calzadas como solía; y ya llegaba Cortés a una abertura y puente de agua, y entonces estaban peleando con él los escuadrones de mexicanos que para ello estaban aparejados, y aun muchos más que Guatemuz enviaba para guardar la puente; y como Cortés vio que había gran número de contrarios, hizo que se retraían y mandaba echar los amigos fuera de la calzada, porque creyesen que de hecho se iban retrayendo; y le iban siguiendo al principio poco a poco, y cuando vieron que de hecho hacía que iba huyendo, van tras él todos los poderes que en aquella calzada le daban guerra; y como Cortés vio que había pasado algo adelante de las casas adonde estaba la celada, tiraron dos tiros juntos, que era señal de cuándo habíamos de salir de la celada, y salen los de a caballo primero, y salimos todos los soldados y dimos en ellos a placer; pues luego volvió Cortés con los suyos y nuestros amigos los tlaxcaltecas, e hicieron gran matanza. Por manera que se hirieron y mataron muchos, y desde allí adelante no nos seguían al tiempo del retraer; y también en el real de Pedro de Alvarado les echó una celada, mas no tan buena como esta; y en aquel día no me hallé yo en nuestro real con Pedro de Alvarado por causa que Cortés me mandó que para la celada quedase con él. Dejemos desto, y digamos cómo estábamos ya en el Tatelulco, y Cortés nos mandó que pasásemos todas las capitanías a estar en él, y que allí velásemos, por causa que veníamos más de media legua desde el real a batallar con los mexicanos; y estuvimos allí tres días sin hacer cosa que de contar sea, porque nos mandó que no les entrásemos más en la ciudad ni les derrocásemos más casas, porque les quería tornar a requerir con las paces; y en aquellos días que allí estuvimos en el Tatelulco envió Cortés a Guatemuz rogándole que se diese y no hubiese miedo, y con grandes ofrecimientos: que le prometía que su persona sería muy acatada y honrada de él, y que mandaría a México y a todas sus tierras y ciudades como solía; y les envió bastimentos y regalos, que eran tortillas y gallinas y cerezas y tunas y caza, que no tenía otra cosa; y el Guatemuz entró en consejo con sus capitanes, y lo que le aconsejaron fue, que dijese que quería paz, y que aguardarían tres días, y que al cabo de los tres días se verían el Guatemuz y Cortés, y se darían los conciertos de las paces; y en aquellos tres días tenían tiempo de aderezar puentes y abrir calzadas y adobar piedra y vara y flecha y hacer albarradas: y envió Guatemuz cuatro mexicanos principales con aquella respuesta; y creíamos que eran verdaderas las paces, y Cortés les mandó dar muy bien de comer y beber, y les tornó a enviar a Guatemuz, y con ellos les envió más refresco como de antes; y el Guatemuz tornó a enviar a Cortés otros mensajeros, y con ellos dos mantas ricas, y dijeron que Guatemuz vendría para cuando estaba acordado; y por no gastar más razones sobre el caso, él nunca quiso venir, porque le aconsejaron que no creyese a Cortés, y poniéndole por delante el fin de su tío el gran Moctezuma y sus parientes y la destrucción de todo el linaje noble de los mexicanos, y que dijese que estaba malo, y que saliesen todos de guerra, y que placería a sus dioses, que les darían victoria contra nosotros, pues tantas veces se la había prometido. Pues como estábamos aguardando al Guatemuz, y no venía, vimos luego la burla que de nosotros hacía; y en aquel instante salían tantos batallones de mexicanos con sus divisas, y dan a Cortés tanta guerra, que no se podía valer; y otro tanto fue por nuestra parte de nuestro real; pues en el de Sandoval lo mismo; y era de tal manera, que parecía que entonces comenzaban de nuevo a batallar; y como estábamos algo descuidados, creyendo que estaban ya de paz, hirieron a muchos de nuestros soldados, y tres fueron heridos muy malamente, y el uno dellos murió, y mataron dos caballos e hirieron otros más; y ellos no se fueron mucho alabando, que muy bien lo pagaron. Y como esto vio Cortés, mandó que luego les tornásemos a dar guerra y les entrásemos en su ciudad a la parte donde se habían recogido; y cómo vieron que les íbamos ganando toda la ciudad, envió Guatemuz a decir a Cortés que quería hablar con él desde una gran abertura de agua, y había de ser Cortés de la una parte y el Guatemuz de la otra, y señalaron el tiempo para otro día de mañana; y fue Cortés para hablar con él, y no quiso Guatemuz venir al puesto, sino envió a muchos principales, los cuales dijeron que su señor Guatemuz no osaba venir por temor que cuando estuviese hablando le tirarían escopetas y ballestas y le matarían; y entonces Cortés les prometió con juramento que no les enojaría en cosa ninguna, y no aprovechó, que no le creyeron. En aquella sazón dos principales de los que hablaban con Cortés sacaron de un fardalejo que traían tortillas y una pierna de gallina y cerezas, y sentáronse muy de espacio a comer, porque Cortés los viese y entendiese que no tenían hambre; y desde allí le envió a decir a Guatemuz, que pues no quería venir, que no se le daba nada y que presto les entraría en todas sus casas, y vería si tenía maíz, cuanto más gallinas; y desta manera se estuvieron otros cuatro o cinco días que no les dábamos guerra; y en este instante se salían de noche muchos pobres indios que no tenían qué comer, y se venían al real de Cortés y al nuestro, como aburridos de hambre; y cuando aquello vio Cortés, mandó que en bueno ni en malo no les diésemos guerra, y que quizá se les mudaría la voluntad para venir de paz, y no venían. Y en el real de Cortés estaba un soldado que decía él mismo que él había estado en Italia en compañía del Gran Capitán, y se halló en la chirinola de Garellano y en otras grandes batallas, y se decía muchas cosas de ingenios de la guerra, y que haría un trabuco en el Tatelulco, con que en dos días que con él tirase a la parte y casas de la ciudad adonde el Guatemuz se había retraído, que les haría que luego se diesen de paz; y tantas cosas dijo a Cortés sobre ello, que luego puso en obra hacer el trabuco, y trajeron piedra, cal y madera de la que él demandó, y carpinteros y clavazón, y todo lo perteneciente para hacer el trabuco, e hicieron dos hondas de recias sogas, y trajeron grandes piedras, y mayores que botijas de arroba; y ya que estaba armado el trabuco según y de la manera que el soldado dio la orden, y dijo que estaba bueno para tirar, y pusieron en la honda una piedra hechiza, lo que con ella se hizo es, que no pasó adelante del trabuco, porque fue por alto y luego cayó allí donde estaba armado. Y desque aquello vio Cortés hubo mucho enojo del soldado que le dio la orden para que lo hiciese, y tenía pesar en sí mismo, porque él creído tenía que no era para en la guerra ni para en cosa de afrenta, y no era más de hablar que se había hallado de la manera que he dicho; y según el mismo soldado decía: que se decía fulano de Sotelo, natural de Sevilla; y luego Cortés mandó deshacer el trabuco. Dejemos desto, y digamos que como vio que el trabuco era cosa de burla, acordó que con todos doce bergantines fuese en ellos Gonzalo de Sandoval por capitán general y entrase en el rincón de la ciudad adonde se había retraído Guatemuz, el cual estaba en parte que no podían entrar en sus palacios y casas sino por el agua; y luego Sandoval apercibió a todos los capitanes de los bergantines; y lo que hizo diré adelante cómo y de qué manera pasó.

Capítulo CLVI. Cómo se prendió Guatemuz

Pues como Cortés vio que el trabuco no aprovechó cosa ninguna, antes hubo enojo con el soldado que le aconsejó que lo hiciese, y viendo que no quería paces ningunas Guatemuz y sus capitanes, mandó a Gonzalo de Sandoval que entrase con los bergantines en el sitio y rincón de la ciudad adonde estaban retraídos el Guatemuz con toda la flor de sus capitanes y personas más nobles que en México había, y le mandó que no matase ni hiriese a ningunos indios, salvo si no le diesen guerra, y que aunque se la diesen, que solamente se defendiese, y no les hiciese otro mal, y que les derrocase las casas y muchas barbacanas que habían hecho en la laguna; y Cortés se subió luego en el cu mayor del Tatelulco para ver cómo entraba Sandoval con los bergantines, y le fueron acompañando Pedro de Alvarado y Luis Marín, y Francisco de Lugo y otros soldados; y como el Sandoval entró con los bergantines en aquel paraje donde estaban las casas del Guatemuz, cuando se vio cercado el Guatemuz, tuvo temor no le prendiesen o le matasen, y tenía aparejadas cincuenta grandes piraguas para si se viese en aprieto salvarse en ellas y meterse en unos carrizales, e ir desde allí a tierra, y esconderse en unos pueblos de sus amigos; y asimismo tenía mandado a los príncipes y gente de más cuenta que allí en aquel rincón tenía, y a sus capitanes, que hiciesen lo mismo; y como vieron que les entraban en las casas, se embarcaban en las canoas, y ya tenían metida su hacienda de oro y joyas y toda su familia, y se mete en ellas, y tira la laguna adelante, acompañado de muchos capitanes y como en aquel instante iba la laguna llena de canoas, y Sandoval luego tuvo noticia que Guatemuz con toda la gente principal se iba huyendo, mandó a los bergantines que dejasen de derrocar casas y siguiesen el alcance de las canoas, y que mirasen que tuviesen tino y ojo a qué parte iba el Guatemuz, y que no le ofendiesen ni le hiciesen enojo ninguno, sino que buenamente procurasen de le prender; y como un Garci Holguín, que era capitán de un bergantín, amigo del Sandoval, y era muy gran velero su bergantín, y llevaba buenos remeros, le mandó que siguiese hacia la parte que le habían dicho que iba el Guatemuz y sus principales y las grandes piraguas, y le mandó que si le alcanzase, que no le hiciese mal ninguno más de prenderle, y el Sandoval siguió por otra parte con otros bergantines que le acompañaban; y quiso Dios nuestro señor que el Garci Holguín alcanzó a las canoas y grandes piraguas en que iba el Guatemuz, y en el arte de él y de los toldos y piraguas, y aderezo de la canoa, le conoció el Holguín, y supo que era el grande señor de México, y dijo por señas que aguardasen, y no querían, y él hizo como que les quería tirar con las escopetas y ballestas, y hubo el Guatemuz miedo de ver aquello, y dijo: «No me tiren, que yo soy el rey de México y desta tierra, y lo que te ruego es, que no me llegues a mi mujer ni a mis hijos, ni a ninguna mujer ni a ninguna cosa de lo que aquí traigo, sino que me tomes a mí y me lleves a Malinche». Y como el Holguín le oyó, se gozó en gran manera y le abrazó, y le metió en el bergantín con mucho acato, a él, a su mujer y a veinte principales que con él iban, y les hizo asentar en la popa en unos petates y mantas, y les dio de lo que traía para comer, y a las canoas en que iba su hacienda no les tocó en cosa ninguna, sino que juntamente las llevó con su bergantín; y en aquella sazón el Gonzalo de Sandoval se puso a una parte para ver los bergantines, y mandó que todos se recogiesen a él, y luego supo que Garci Holguín había prendido al Guatemuz, y que llevaba a Cortés; y como el Sandoval lo supo, mandó a los remeros que llevaba en su bergantín que remasen a la mayor prisa que pudiesen, y cuando alcanzó a Holguín le dijo que le diese el prisionero, y el Holguín no se lo quiso dar, porque dijo que él lo había prendido, y no el Sandoval; y el Sandoval dijo que así era verdad, y que él era general de los bergantines, y que el Holguín venía debajo de su dominio y mando, y que por ser su amigo se lo había mandado, y también porque era su bergantín muy ligero, más que los otros; y mandó que le siguiese y le prendiesen: y que al Sandoval, como a su general, le había de dar el prisionero; y el Holguín todavía porfiaba que no quería. Y en aquel instante fue otro bergantín a gran prisa a Cortés a demandarle albricias, que, como dicho tengo, estaba muy cerca, en el Tatelulco, mirando desde el cu mayor cómo entraba el Sandoval; y entonces le contaron la diferencia que traía Sandoval con el Holguín sobre tomarle el prisionero; y cuando Cortés lo supo, luego despachó al capitán Luis Martín y a Francisco de Lugo para que luego hiciesen venir al Gonzalo de Sandoval y al Holguín, sin mas debatir, y que trajese al Guatemuz y a la mujer y familia con mucho acato, porque él determinaría cúyo era el prisionero y a quién se había de dar la honra dello; y entre tanto que le fueron a llamar, hizo aderezar Cortés un estrado lo mejor que pudo con petates y mantas y otros asientos, y mucha comida de lo que Cortés tenía para sí, y luego vino el Sandoval y Holguín con el Guatemuz, y le llevaron ante Cortés; y cuando se vio delante de él le hizo mucho acato, y Cortés con alegría le abrazó y le mostró mucho amor a él y a sus capitanes; y entonces el Guatemuz dijo a Cortés: «Señor Malinche, ya yo he hecho lo que estaba obligado en defensa de mi ciudad y vasallos, y no puedo más; y pues vengo por fuerza y preso ante tu persona y poder, toma luego ese puñal que traes en la cintura y mátame luego con él». Y esto cuando se lo decía lloraba muchas lágrimas con sollozos, y también lloraban otros grandes señores que consigo traía; y Cortés le respondió con doña Marina y Aguilar, nuestras lenguas, y dijo muy amorosamente que por haber sido tan valiente y haber vuelto por su ciudad se lo tenía en mucho y tenía en más a su persona, y que no es digno de culpa, y que antes se lo ha de tener a bien que a mal; y que lo que Cortés quisiera, fue que, cuando iban de vencida, que porque no hubiera más destrucción ni muerte en sus mexicanos, que vinieran de paz y de su voluntad; y que pues ya es pasado lo uno y lo otro, y no hay remedio ni enmienda en ello, que descanse su corazón y de sus capitanes, y que mandará a México y a sus provincias como de antes lo solían hacer; y Guatemuz y sus capitanes dijeron que se lo tenían en merced; y Cortés preguntó por la mujer y por otras grandes señoras mujeres de otros capitanes, que le habían dicho que venían con Guatemuz; y el mismo Guatemuz respondió y dijo que había rogado a Gonzalo de Sandoval y a Garci Holguín que les dejase estar en las canoas en que estaban, hasta ver lo que el Malinche ordenaba; y luego Cortés envió por ellas, y les mandó dar de comer de lo que había lo mejor que pudo en aquella sazón; y luego, porque era tarde y quería llover, mandó Cortés a Gonzalo de Sandoval que se fuese a Coyoacan, y llevase consigo a Guatemuz y a su mujer y familia y a los principales que con él estaban; y luego mandó a Pedro de Alvarado y a Cristóbal de Olí que cada uno se fuese a sus estancias y reales, y luego nosotros nos fuimos a Tacuba, y Sandoval dejó a Guatemuz en poder de Cortés en Coyoacan, y se volvió a Tepeaquilla, que era su puesto y real. Prendióse Guatemuz y sus capitanes en 13 de agosto, a hora de vísperas, día de señor San Hipólito, año de 1521, gracias a nuestro señor Jesucristo y a nuestra señora la virgen santa María, su bendita madre, amén. Llovió y tronó y relampagueó aquella noche, y hasta media noche mucho más que otras veces. Y como se hubo preso Guatemuz, quedamos tan sordos todos los soldados, como si de antes estuviera uno puesto encima de un campanario y tañesen muchas campanas, y en aquel instante que las tañían cesasen de las tañer; y esto digo al propósito, porque todos los noventa y tres días que sobre esta ciudad estuvimos, de noche y de día daban tantos gritos y voces y silbos unos capitanes mexicanos apercibiendo los escuadrones y guerreros que habían de batallar en la calzada, y otros llamando las canoas que habían de guerrear con los bergantines y con nosotros en las puentes, y otros apercibiendo a los que habían de hincar palizadas y abrir y ahondar las calzadas y aberturas y puentes, y en hacer albarradas, y otros en aderezar piedra y vara y flecha, y las mujeres en hacer piedra rolliza para tirar con las hondas; pues desde los adoratorios y casas malditas de aquellos malditos ídolos, los atambores y cornetas, y el atambor grande y otras bocinas dolorosas, que de continuo no dejaban de se tocar; y desta manera, de noche y de día no dejábamos de tener gran ruido, y tal, que no nos oíamos los unos a los otros; y después de preso el Guatemuz cesaron las voces y el ruido, y por esta causa he dicho cómo si de antes estuviéramos en campanario. Dejemos desto, y digamos cómo Guatemuz era de muy gentil disposición, así de cuerpo como de facciones, y la cara algo larga y alegre, y los ojos más parecían que cuando miraba que eran con gravedad y halagüeños, y no había falta en ellos, y era de edad de veintitrés o veinticuatro años, y el color tiraba más a blanco que al color y matiz de esotros indios morenos, y decían que su mujer era sobrina de Moctezuma, su tío, muy hermosa mujer y moza. Y antes que más pasemos adelante, digamos en que paró el pleito del Sandoval y del Garci Holguín sobre la prisión de Guatemuz; y es, que Cortés le dijo que los romanos tuvieron otra contienda de la misma manera que esta, entre Mario y Lucio Cornelio Sila, y esto fue cuando Sila trajo preso a Yugurta, que estaba con su suegro el ree ibocos; y cuando entraba en Roma triunfando de los hechos y hazañas heroicos, pareció ser que Sila metió en su triunfo a Yugurta con una cadena de hierro al pescuezo, y Mario dijo que no le había de meter Sila, sino él; y ya que le metía, que había de declarar que el Mario le dio aquella facultad y le envió por él para que en su nombre le llevase preso; y se le dio el ree ibocos: pues que el Mario era capitán general y debajo de su mano y bandera militaba, y el Sila, como era de los patricios de Roma, tenía mucho favor; y como Mario era de una villa cerca de Roma, que se decía Arpino, y advenedizo, puesto que había sido siete veces cónsul, no tuvo el favor que el Sila, y sobre ello hubo las guerras civiles entre Mario y el Sila, y nunca se determinó a quien se había de dar la honra de la prisión de Yugurta. Volvamos a nuestro propósito, y es, que Cortés dijo que haría relación dello a su majestad, y a quien fuese servido de hacer merced se le daría por armas, que de Castilla traerían sobre ello la determinación; y desde a dos años vino mandado por su majestad que Cortés tuviese por armas en sus reposteros ciertos reyes, que fueron Moctezuma, gran señor de México; Cacamatzin, señor de Texcoco, y los señores de Iztapalapa y de Coyoacan y Tacuba, y otro gran señor que decían que era pariente muy cercano del gran Moctezuma, a quien decían que de derecho le venía el reino y señoría de México, que era señor de Mataltzingo y de otras provincias; y a este Guatemuz, sobre que fue este pleito. Dejemos desto, y digamos de los cuerpos muertos y cabezas que estaban en aquellas casas adonde se había retraído Guatemuz; y es verdad, y juro iamén!, que toda la laguna y casas y barbacoas estaban llenas de cuerpos y cabezas de hombres muertos, que yo no sé de qué manera lo escriba. Pues en las calles y en los mismos patios del Tatelulco no había otras cosas, y no podíamos andar, sino entre cuerpos y cabezas de indios muertos. Yo he leído la destrucción de Jerusalén; mas si en ella hubo tanta mortandad como esta yo no lo sé; porque faltaron en esta ciudad gran multitud de indios guerreros, y de todas las provincias y pueblos sujetos a México que allí se habían acogido, todos los más murieron; que, como he dicho, así, el suelo y la laguna y barbacoas, todo estaba lleno de cuerpos muertos, y hedía tanto, que no había hombre sufrirlo pudiese; y a esta causa, así como se prendió Guatemuz, cada uno de los capitanes se fueron a sus reales, como dicho tengo, y aun Cortés estuvo malo del hedor que se le entró por las narices en aquellos días que estuvo allí en el Tatelulco. Dejemos desto, y pasemos adelante, y digamos cómo los soldados que andaban en los bergantines fueron los mejor librados y hubieron buen despojo, a causa que podían ir a ciertas casas que estaban en los barrios de la laguna, que sentían que habría oro, ropa y otras riquezas, y también lo iban a buscar a los carrizales, donde lo iban a esconder los indios mexicanos cuando les ganábamos algún barrio y casa; y también porque, so color que iban a dar caza a las canoas que metían bastimentos y agua, si topaban algunas en que iban algunos principales huyendo a tierra firme para se ir entre los otomíes, que estaban comarcanos, les despojaban de lo que llevaban. Quiero decir que nosotros los soldados que militábamos en las calzadas y por tierra firme no podíamos haber provecho ninguno, sino muchos flechazos y lanzadas y heridas de vara y piedra, a causa que cuando íbamos ganando alguna casa o casas, ya los moradores dellas habían salido y sacado toda la hacienda que tenían, y no podíamos ir por agua sin que primero cegásemos las aberturas y puentes; y a esta causa he dicho en el capítulo que dello habla, que cuando Cortés buscaba los marineros que habían de andar en los bergantines, que fueron mejor librados que no los que batallábamos por tierra; y así pareció claro, porque los capitanes mexicanos, y aun el Guatemuz, dijeron a Cortés, cuando les demandaba el tesoro del gran Moctezuma, que los que andaban en los bergantines habían robado mucha parte dello. Dejemos de hablar más en esto hasta más adelante, y digamos que, como había tanta hedentina en aquella ciudad, que Guatemuz le rogó a Cortés que diese licencia para que se saliese todo el poder de México a aquellos pueblos comarcanos, y luego les mandó que así lo hiciesen. Digo que en tres días con sus noches iban todas tres calzadas llenas de indios e indias y muchachos, llenos de bote en bote, que nunca dejaban de salir, y tan flacos y sucios y amarillos y hediondos, que era lástima de los ver; y después que la hubieron desembarazado, envió Cortés a ver la ciudad, y estaba, como dicho tengo, todas las casas llenas de indios muertos, y aun algunos pobres mexicanos entre ellos, que no podían salir, y lo que purgaban de sus cuerpos era una suciedad como echan los puercos muy flacos que no comen sino yerba; y hallóse toda la ciudad arada, y sacadas las raíces de las yerbas que habían comido cocidas: hasta las cortezas de los árboles también las habían comido. De manera que agua dulce no les hallamos ninguna, sino salada. También quiero decir que no comían las carnes de sus mexicanos, sino eran de los enemigos tlaxcaltecas y las nuestras que apañaban; y no se ha hallado generación en el mundo que tanto sufriese la hambre y sed y continuas guerras como ésta. Dejemos de hablar en esto, y pasemos adelante: que mandó Cortés que todos los bergantines se juntasen en unas atarazanas que después se hicieron. Volvamos a nuestras pláticas: que después que se ganó esta grande y populosa ciudad, y tan nombrada en el universo, después de haber dado muchas gracias a nuestro señor y a su bendita madre, ofreciendo ciertas promesas a Dios nuestro señor, Cortés mandó hacer un banquete en Coyoacan, en señal de alegrías de la haber ganado, y para ello tenían ya mucho vino de un navío que había venido al puerto de la Villarrica, y tenía puercos que le trajeron de Cuba; y para hacer la fiesta mandó convidar a todos los capitanes y soldados que le pareció que era bien tener cuenta con ellos en todos tres reales; y cuando fuimos al banquete no había mesas puestas, ni aun asientos, para la tercia parte de los capitanes y soldados que fuimos, y hubo mucho desconcierto, y valiera más que no se hiciera, por muchas cosas no muy buenas que en él acaecieron, y también porque esta planta de Noé hizo a algunos hacer desatinos, y hombres hubo en él que no acertaban a salir al patio; otros decían que habían de comprar caballos con sillas de oro, y ballesteros hubo que decían que todas las saetas que tuviesen en su aliaba que habían de ser de oro, de las partes que les habían de dar; y otros iban por las gradas abajo rodando. Pues ya que habían alzado las mesas, salieron a danzar las damas que había, con los galanes cargados con sus armas, que era para reír, y fueron las damas que aquí nombraré, que no había otras en todos los reales ni en la Nueva España; primeramente la vieja María de Estrada, que después casó con Pedro Sánchez Farfán, y Francisca de Ordaz, que se casó con un hidalgo que se decía Juan González de León; la Bermuda, que se casó con Olmos de Portillo, el de México; otra señora mujer del capitán Portillo, que murió en los bergantines, y ésta por estar viuda, no la sacaron a la fiesta; y una fulana Gómez, mujer que fue de Benito de Vegel; y otra señora hermosa que se casó con un Hernán Martín, que vino a vivir a Oaxaca; y otra vieja que se decía Isabel Rodríguez, mujer que en aquella sazón era de un fulano de Guadalupe; y otra mujer algo anciana que se decía Mari Hernández, mujer que fue de Juan de Cáceres, el rico; de otras ya no me acuerdo que las hubiese en la Nueva España. Dejemos el banquete y bailes y danzas, que para otro día hubo sátira, y asimismo valiera más que no la hubiera, sino que todo se empleara en cosas santas y buenas. Y dejemos de más hablar en esto, y quiero decir otras cosas que pasaron que se me olvidaba, y aunque no vengan ahora dichas sino algo atrás, sin propósito; y es, que nuestros amigos Chichimecatecle y los dos mancebos Xicotencatls, hijos de don Lorenzo de Vargas, que se solía llamar Xicotencatl «el viejo y ciego» guerrearon muy valientemente contra el poder de México, y nos ayudaron muy esforzada y extraordinariamente de bien; y asimismo un hermano del señor de Texcoco don Hernando, que se decía Estesuchel, que después se llamó don Carlos; este hizo cosas de muy esforzado y valiente varón; y otro capitán natural de una ciudad de la laguna, que no se me acuerda su propio nombre; también hacían maravillas, y otros muchos capitanes de pueblos que nos ayudaban, todos guerreaban muy poderosamente; y Cortés les habló y les dio muchas gracias y loores porque nos habían ayudado, con muchas buenas palabras y promesas de que el tiempo andando les daría tierras y vasallos y les haría grandes señores, y les despidió; y como estaban ricos de ropa de algodón y oro, otras muchas cosas ricas de despojos, se fueron alegres a sus tierras, y aun llevaron hartas cargas de tasajos cecinados de indios mexicanos, que repartieron entre sus parientes y amigos, y como cosas de sus enemigos, la comieron por fiestas. Ahora, que estoy fuera de los recios combates y batallas de los mexicanos, que con nosotros, y nosotros con ellos teníamos de noche y de día, porque doy muchas gracias a Dios, que dellas me libro; quiero contar una cosa muy temeraria que me acaeció, y es, que después que vi abrir por los pechos y sacar los corazones y sacrificar a aquellos sesenta y dos soldados que dicho tengo que llevaron vivos de los de Cortés y ofrecerles los corazones a los ídolos, y esto que ahora diré, les parece a algunas personas que es por falta de no tener muy grande ánimo; y si bien lo consideran, es por el demasiado ánimo con que en aquellos días habla de poner mi persona en lo más recio de las batallas, porque en aquella sazón presumía de buen soldado y era tenido en esta reputación, y había de hacer lo que los más osados y atrevidos soldados suelen hacer, y en aquella sazón yo hacía delante de mis capitanes; y como de cada día veía llevar a nuestros compañeros a sacrificar, y había visto, como dicho tengo, que les aserraban por los pechos y sacarles los corazones bullendo, y cortarles pies y brazos y se los comieron a los sesenta y dos que dicho tengo; temía yo que un día que otro habían de hacer de mí lo mismo, porque ya me habían llevado asido dos veces, y quiso Dios que me escapé; y acordóseme de aquellas feísimas muertes, y como dice el refrán que «cantarillo que muchas veces va a la fuente», etc.; y a este efecto siempre desde entonces temía la muerte más que nunca. Y, esto he dicho porque antes de entrar en las batallas se me ponía una como grima y tristeza en el corazón, y orinaba una vez o dos, y encomendábame a Dios y a su bendita madre nuestra señora, y entrar en las batallas, todo era uno, y luego se me quitaba aquel temor. Y también quiero decir qué cosa tan nueva era ahora tener yo aquel temor no acostumbrado, habiéndome hallado en muchos reencuentros muy peligrosos, ya había de estar curtido el corazón y esfuerzo y ánimo en mi persona ahora a la postre más arraigado que nunca; porque, si bien lo sé contar y traer a la memoria, desde que vine a descubrir con Francisco Hernández de Córdoba y con Grijalva, y volví con Cortés, y me hallé en lo de la punta de Cotoche y en lo de Lázaro, que por otro nombre se dice Campeche, y en Potonchan y en la Florida, según que más largamente lo tengo escrito cuando vine a descubrir con Francisco Hernández de Córdoba. Dejemos desto, y volvamos a hablar en lo de Grijalva y en la misma de Potonchan, y con Cortés en lo de Tabasco y la de Cingapacinga, y en todas las guerras y reencuentros de Tlaxcala y en lo de Cholula, y cuando desbaratamos a Narváez me señalaron para que les fuésemos a tomar la artillería, que eran dieciocho tiros que tenían cebados y cargados con sus pelotas de piedra, los cuales les tomamos, y este trance fue de mucho peligro; y me hallé en el primer desbarate cuando los mexicanos nos echaron de México, o por mejor decir, salimos huyendo: cuando nos mataron en obra de ocho días ochocientos y cincuenta soldados; y me hallé en las entradas de Tepeaca y Cachula y sus rededores, y en otros reencuentros que tuvimos con los mexicanos cuando estábamos en Texcoco sobre coger las milpas de maíz, y en lo de Iztapalapa cuando nos quisieron anegar, y me hallé cuando subimos en los peñoles, y ahora los llaman «las fuerzas o fortaleza que ganó Cortés»; y en lo de Xochimilco, y otros muchos reencuentros; y entré con Pedro de Alvarado con los primeros a poner cerco a México, y les quebramos el agua de Chapultepec, y en la primera entrada que entramos en la calzada con el mismo Pedro de Alvarado; y después desto, cuando desbaratamos por la misma nuestra parte y llevaron seis soldados vivos, y a mí me llevaban, y ya se hacía cuenta que eran siete conmigo, según me llevaban engarrafado a sacrificar; y me hallé en todas las demás batallas ya por mí memoradas, que cada día y de noche teníamos, hasta que vi, como dicho tengo, las crueles muertes que dieron delante de mis ojos a aquellos sesenta y dos soldados nuestros compañeros; ya he dicho que ahora que por mí habían pasado todas estas batallas y peligros de muerte, que no lo había de temer como lo temía ahora a la postre. Digan ahora todos aquellos caballeros que desto del militar entienden, y se han hallado en trances peligrosos de muerte, a qué fin echarán mi temor, si es a mucha flaqueza de ánimo o a mucho esfuerzo; porque, como he dicho, sentía yo en mi pensamiento que habla de poner mi persona, batallando, en parte que por fuerza había temer la muerte más que otras veces, y por esto me temblaba el corazón y temía la muerte; y todas aquestas batallas que aquí he dicho donde me había hallado, verán en mi relación en qué tiempo y cómo y cuándo y dónde y de qué manera. Otras muchas entradas y reencuentros tuvo Cortés y muchos de nuestros capitanes, sin estos que aquí tengo dichos que no me hallé yo en ellos, porque eran de cada día tantos, que aunque fuera de hierro mi cuerpo, no lo pudiera sufrir, en especial que siempre andaba herido y pocas veces estaba sano, por esta causa no podía ir a todas las entradas; pues aun no han sido nada los trabajos y peligros y reencuentros de muerte que de mi persona he recontado, que después que ganamos esta fuerte y gran ciudad pasé otros muchos, como adelante verán cuando venga a coyuntura. Y dejemos ya, y diré y declararé por qué he dicho en todas estas guerras mexicanas cuando nos mataron nuestros compañeros, digo «lleváronlos», y no digo «matáronlos», y la causa es esta: porque los guerreros que con nosotros peleaban, aunque pudieran matar luego a los que llevaban vivos de nuestros soldados, no los mataban luego, sino dábanles heridas peligrosas porque no se defendiesen, y vivos los llevaban a sacrificar a sus ídolos, y aun primero les hacían bailar delante de Huichilobos que era su ídolo de la guerra; y esta es la causa por qué he dicho: «los llevaron». Y dejemos esta materia, y digamos lo que Cortés hizo después de ganado México.

Capítulo CLVII. Cómo mandó Cortés adobar los caños de Chapultepec, y otras muchas cosas

La primera cosa que mandó Cortés a Guatemuz fue que adobasen los caños del agua de Chapultepec, según y de la manera que solían estar antes de la guerra, y que luego fuese el agua por sus caños a entrar en aquella ciudad de México, y que luego con mucha diligencia limpiasen todas las calles de México de todas aquellas cabezas y cuerpos de muertos, que todas las enterrasen, para que quedasen limpias y sin que hubiese hedor ninguno en toda aquella ciudad; y que todas las calzadas y puentes que las tuviesen tan bien aderezadas como de antes estaban, y que los palacios y casas que las hiciesen nuevamente, y que dentro de dos meses se volviesen a vivir en ellas; y luego les señaló Cortés en qué parte habían de poblar, y la parte que habían de dejar desembarazada para en que poblásemos nosotros. Dejémonos ahora destos mandados y de otros que ya no me acuerdo, y digamos cómo el Guatemuz y todos sus capitanes dijeron a nuestro capitán Cortés que muchos capitanes y soldados que andaban en los bergantines, y de los que andábamos en las calzadas batallando, les habíamos tomado muchas hijas y mujeres de algunos principales; que. les pedían por merced que se las hiciese volver; y Cortés les respondió que serían muy malas de las haber de poder de los compañeros que las tenían, y puso alguna dificultad en ello; pero que las buscasen y trajesen ante él, y que vería si eran cristianas o si querían volver a casa de sus padres y de sus maridos, y que luego se las mandaría dar; y dióles licencia para que las buscasen en todos tres reales, y un mandamiento para que el soldado que las tuviese luego se las diese si las indias se querían volver de buena voluntad con ellos; y andaban muchos principales en busca dellas de casa en casa, y eran tan solícitos, que las hallaron, y las más dellas no quisieron ir con sus padres ni madres ni maridos, sino estarse con los soldados con quienes estaban, y otras se escondían, y otras decían que no querían volver a idolatrar, y aun algunas dellas estaban ya preñadas; y desta manera, no llevaron sino tres, que Cortés mandó expresamente que las diesen. Dejemos desto, y digamos que luego mandó hacer unas atarazanas y fortaleza en que estuviesen los bergantines, y nombró alcaide que estuviese en ellas, y paréceme que fue a Pedro de Alvarado, hasta que vino de Castilla un Salazar, que se decía de la Pedrada, Digamos de otra materia: como se recogió todo el oro y plata y joyas que se hubieron en México, y fue muy poco, según pareció, porque todo lo demás hubo fama que lo mandó echar Guatemuz en la laguna cuatro días antes que se prendiese; y que demás desto, que lo habían robado los tlaxcaltecas y los de Texcoco y Guaxocingo y Cholula, y todos los demás de nuestros amigos que estaban en la guerra; y demás desto, que los que andaban en los bergantines robaron su parte; por manera que los oficiales del rey decían y publicaban que Guatemuz lo tenía escondido, y Cortés holgaba dello de que no lo diese, por haberlo él todo para sí; y por estas causas acordaron de dar tormento a Guatemuz y al señor de Tacuba, que era su primo y gran privado;

y ciertamente le pesó mucho a Cortés, porque a un señor como Guatemuz, rey de tal tierra, que es tres veces más que Castilla, le atormentasen por codicia del oro, que ya habían hecho pesquisas sobre ello, y todos los mayordomos de Guatemuz decían que no había más de lo que los oficiales del rey tenían en su poder, y eran hasta 380.000 pesos de oro, porque ya lo habían fundido y hecho barras; y de allí se sacó el real quinto, y otro quinto para Cortés; y como los conquistadores que no estaban bien con Cortés vieron tan poco oro, y al tesorero Julián de Alderete le decían algunos dellos que tenían sospecha que por quedarse Cortés con el oro no quería que prendiesen al Guatemuz ni le diesen tormento; y porque no le echasen a Cortés algo sobre ello, y no lo pudo excusar, le atormentaron, en que le quemaron los pies con aceite, y al señor de Tacuba; y lo que confesaron fue, que cuatro días antes que le prendiesen lo echaron en la laguna, así el oro como los tiros y escopetas y ballestas y otras muchas cosas de guerra que de nosotros tenían de cuando nos echaron de México y cuando desbarataron ahora a la postre a Cortés; y fueron a donde Guatemuz había señalado, y entraron buenos nadadores y no hallaron cosa ninguna; y lo que yo vi, que fuimos con el Guatemuz a las casas donde solía vivir, y estaba una como alberca grande de agua honda, y de aquella alberca sacamos un Sol de oro como el que nos hubo dado el gran Moctezuma, y muchas joyas y piezas de poco valor, que eran del mismo Guatemuz; y el señor de Tacuba dijo que él tenía en unas casas suyas grandes, que estaban de Tacuba obra de cuatro leguas, ciertas cosas de oro, y que le llevasen allá y diría adonde estaba enterrado, y lo diría; y fue Pedro de Alvarado y seis soldados con él, y yo fui en su compañía; y cuando allegamos dijo que por morirse en el camino había dicho aquello, y que le matasen, que no tenía oro ni joyas ningunas; y así, nos volvimos sin ello, y así se quedó, que no hubimos más oro que fundir; verdad es que a la recámara del Moctezuma, que después poseyó el Guatemuz, no se había allegado a muchas joyas y piezas de oro, que todo ello se tomó para que con ello sirviéramos a su majestad; y porque había muchas joyas de diversas hechuras y primas labores, y si me parase a escribir cada cosa y hechura dello por sí, sería y es gran prolijidad, lo dejaré de decir en esta relación; mas dijeron allí muchas personas, y yo digo de verdad, que valía dos veces más, que la que había sacado para repartir, el real quinto de su majestad; todo lo cual enviamos al emperador nuestro señor con Alonso de Ávila, que en aquel tiempo vino de la isla a Santo Domingo, y con Antonio de Quiñones; lo cual diré adelante cómo y dónde, en qué manera y cuándo fueron. Y dejemos de hablar dello, y volvamos a decir que en la laguna, donde decía Guatemuz que había echado el oro, entré yo y otros soldados a zambullidas, y siempre sacábamos pecezuelos de poco precio, lo cual luego nos lo demandó Cortés y el tesorero Julián de Alderete; y ellos mismos fueron con nosotros a donde lo habíamos sacado, y llevaron consigo buenos nadadores, y sacaron obra de 90 o 100 pesos de sartalejos de cuentas y ánades y perrillos y pinjantes y collarejos y otras cosas de nonada, que así se puede decir, según había la fama en la laguna del oro que de antes había echado. Dejemos de hablar desto, y digamos cómo todos los capitanes y soldados estaban algo pensativos de ver el poco oro que parecía y las partecillas que dello nos daban; y el fraile de la Merced, y Alonso de Ávila, que entonces había vuelto de la isla de Santo Domingo de cuando le enviaron por procurador, y Pedro de Alvarado y otros caballeros y capitanes dijeron a Cortés que, pues que había poco oro, que las partes que habían de caber a todos que las diesen y repartiesen a los que quedaron mancos y cojos y ciegos y tuertos y sordos, y a otros que se habían quemado con pólvora, y a otros que estaban dolientes de dolor de costado; que aquellos les diese todo el oro, y que para aquellos sería bien dárselo, y que todos los demás que estábamos sanos lo habríamos por bien; y si esto le dijeron a Cortés, fue sobre cosa pensada, creyendo que nos darían más que las partes que nos venían, porque había mucha sorpresa que lo tenía escondido todo, y lo que respondió fue, que vería las partes que cabían, y que visto, en todo pondría remedio; y como todos los capitanes y soldados queríamos ver lo que nos cabía de parte, dábamos prisa para que se echase la cuenta y se declarase a qué tantos pesos salíamos; y después que lo hubieron tanteado, dijeron que cabían los de a caballo a 100 pesos, y a los ballesteros y escopeteros y rodeleros qué no se me acuerda bien; y de que aquellas partes que nos señalaron, ningún soldado lo quiso tomar; y entonces murmuramos de Cortés y del tesorero Alderete, y el tesorero por descargarse decía que no podía haber más, porque Cortés sacaba otro quinto del montón, como el de su majestad, para él, y se pagaban muchas costas de los caballos que se habían muerto, y también dejaban de meter en el montón otras muchas piezas que habíamos de enviar a su majestad; y que riñésemos con Cortés, y no con él; y como en todos tres reales había soldados que habían sido amigos y paniaguados del Diego Velázquez, gobernador de Cuba, de los que habían pasado con Narváez, que no estaban bien con Cortés, como vieron que no les daban las partes del oro que ellos quisieran, no lo quisieron recibir lo que les daban; y como Cortés estaba en Coyoacan y posaba en unos grandes palacios que estaban blanqueados y encaladas las paredes, donde buenamente se podía escribir con carbón y con otras tintas, amanecían cada mañana escritos motes, unos en prosa y otros en versos, algo maliciosos, a manera como mase-pasquines y libelos; y unos decían que el Sol y la Luna y el cielo y estrellas y la mar y la tierra tienen sus cursos, y que si algunas veces salen más de la inclinación para que fueron criados más de sus medidas, que vuelven a su ser, y que así había de ser la ambición de Cortés en el mandar; y otros decían que más conquistados nos traía que la misma conquista que dimos a México, y que no nos nombrásemos conquistadores de Nueva España, sino conquistados de Hernando Cortés; y otros decían que no bastaba tomar buena parte del oro como general, sino tomar parte de quinto como rey, sin otros aprovechamientos que tenía; y otros decían: «¡Oh, qué triste está el anima mea hasta que la parte vea!». Otros decían que Diego Velázquez gastó su hacienda y descubrió toda la costa hasta Pánuco, y la vino Cortés a gozar; y decían otras cosas como estas, y aun decían palabras que no son para decir en esta relación. Y como Cortés salía cada mañana y lo leía, y como estaban unas chanzonetas en prosa y otras en metro, y por muy gentil estilo y consonancia cada mote y copla a lo que iba inclinada y a fin que tiraba su dicho, y no como yo aquí lo digo; y como Cortés era algo poeta, y se preciaba de dar res, puestas inclinadas a loas de sus heroicos hechos, y deshaciendo los del Diego Velázquez y Grijalva y Narváez, respondía también por buenos consonantes y muy a propósito en todo lo que escribía; y de cada día iban más desvergonzados los metros, hasta que Cortés escribió: «Pared blanca, papel de necios». Y amanecía más adelante: «Y aun de sabios y verdades». Y aun bien supo Cortés quién lo escribía, y fue un fulano Tirado, amigo de Diego Velázquez, yerno que fue de Ramírez «el viejo» que vivía en la Puebla, y un Villalobos, que fue a Castilla, y otro que se decía Mansilla, y otros que ayudaban de buena para que Cortés sintiese a los puntos que le tiraban. Y Cortés se enojó y dijo públicamente que no pusiesen malicias, que castigaría a los ruines desvergonzados. Dejemos desto, y digamos que, como había muchas deudas entre nosotros, que debíamos de ballestas a 40 y a 50 pesos, y de una escopeta 100, y de un caballo 800, y 1.000, y a veces más, y una espada 50, y desta manera eran tan caras las cosas que hablamos comprado; pues un cirujano que se llamaba maestre Juan, que curaba algunas malas heridas y se igualaba por la cura a excesivos precios, y también un médico que se decía Murcia, que era boticario y barbero, también curaba; y otras treinta trampas y zarrabusterías que debíamos, demandaban que les pagásemos de las partes que nos daban; y el remedio que Cortés dio fue, que puso dos personas de buena conciencia, y que sabían de mercaderías, que apreciasen qué podrían valer las mercaderías y cosas de las que habíamos tomado fiado, y que lo apreciasen; llamábanse los apreciadores el uno Santa Clara, persona muy honrada, y el otro se decía fulano de Llerena; y se mandó que todo aquello que aquellos apreciadores dijesen que valía cada cosa de las que nos habían vendido, y las curas que nos habían hecho los cirujanos que pasasen por ello; y que si no teníamos dineros, que aguardasen por ello tiempo de dos años. Otra cosa también se hizo: que todo el oro que se fundió echaron tres quilates más de lo que tenía de ley, porque ayudasen a las pagas, y también porque en aquel tiempo habían venido mercaderes y navíos a la Villarrica y creyendo, que en echarle los tres quilates más, que ayudasen a la tierra y a los conquistadores; y no nos ayudó en cosa alguna, antes fue en nuestro perjuicio; porque los mercaderes, porque aquellos tres quilates saliesen a la cabal de sus ganancias, cargaban en las mercaderías y cosas que vendían cinco quilates, y así anduvo el oro de tres quilates más, cinco o seis años, y a este respecto se nombraba el oro de quilates tepuzque, que quiere decir en la lengua de indios cobre; y así ahora tenemos aquel modo de hablar, que nombramos a algunas personas que son preeminentes y de merecimiento el señor don fulano de tal nombre, Juan o Martín o Alonso, y otras personas que no son de tanta calidad les decimos no más de su nombre; y por haber diferencia de los unos a los otros, decimos a fulano de tal nombre «tepuzque». Volvamos a nuestra plática: que viendo que no era justo que el oro anduviese de aquella manera, se envió a hacer saber a su majestad para que se quitase y no anduviese en la Nueva España, y su majestad fue servido mandar que no anduviese más, y que todo lo que se le hubiese de pagar en almojarifazgo y penas de cámara que se le pagase de aquel oro malo hasta que se acabase y no hubiese memoria dello, y desta manera se llevó todo a Castilla. Y quiero decir que en aquella sazón que esto pasó ahorcaron dos plateros que falseaban las marcas y las echaban a cobre puro. Mucho me he detenido en contar cosas viejas y salir fuera de mi relación. Volvamos a ella, y diré que, como Cortés vio que muchos soldados se le desvergonzaban y le pedían más partes, y le decían que se lo tomaba todo para sí, y le pedían prestados dineros, acordó de quitar de sobre sí aquel dominio y de enviar a poblar a todas las provincias que le pareció que convenía que se poblasen. A Gonzalo de Sandoval mandó que fuese a poblar a Tuxtepec, y que castigase unas guarniciones mexicanas que mataron cuando salimos de México sesenta personas, y entre ellas seis mujeres de Castilla que allí habían quedado de los de Narváez, y que poblase Medellín; y que pasase a Guazacualco y que poblase aquel puerto; y también mandó que fuesen a conquistar la provincia de Pánuco; y a Rodrigo Rangel que se estuviese en la Villarrica, y en su compañía Pedro de Ircio; y Juan Velázquez Chico mandó que fuese a Colima, y a un Villa Fuerte a Zacatula, y a Cristóbal de Olí que fuese a Michoacán: ya en este tiempo se había casado Cristóbal de Olí con una señora portuguesa, que se decía doña Filipa de Araujo; y envió a Francisco de Horozco a poblar a Guaxaca. Porque en aquellos días que habíamos ganado a México, como lo supieron en todas estas provincias, que he nombrado, que México estaba destruida, no lo podían creer los caciques y señores dellas, como estaban lejos, y enviaban principales a dar a Cortés el parabién de las victorias, y a darse y ofrecerse por vasallos de su majestad, y a ver cosa tan temida como dellos fue México si era verdad que estaba por el suelo; y todos traían consigo a sus hijos pequeños, y les mostraban a México, y como solemos decir: «Aquí fue Troya»; y se lo declaraban. Dejemos desto, y digamos una plática que es bien que se declare; porque me dicen muchos curiosos lectores que ¿qué es la causa que los verdaderos conquistadores que ganamos la Nueva España y la grande y fuerte ciudad de México, por qué no nos quedamos en ella a poblar y nos veníamos a otras provincias? Tienen razón de lo preguntar;

quiero decir la causa por qué, y es esto que diré. En los libros de la renta de Moctezuma mirábamos de qué parte le traían el oro, y dónde había minas y cacao y ropa de mantas; y de aquellas partes que veíamos en los libros que traían los tributos del oro para el gran Moctezuma, queríamos ir allá, en especial viendo que salían de México un capitán principal y amigo de Cortés, como era Sandoval; y también como veíamos que en todos los pueblos de la redonda de México no tenían minas de oro ni algodón ni cacao, sino mucho maíz y magüeyales, de donde sacaban el vino, y a esta causa la teníamos por tierra pobre, y nos fuimos a otras provincias a poblar, y en todas fuimos muy engañados. Acuérdome que fui a hablar a Cortés que me diese licencia para que fuese con Sandoval, y me dijo: «En mi conciencia, hermano Bernal Díaz del Castillo, que vivís engañado; que yo quisiera que quedárais aquí conmigo; mas si es vuestra voluntad ir con vuestro amigo Gonzalo de Sandoval, id en buena hora, y yo tendré siempre cuidado de lo que se ofreciere; mas bien sé que os arrepentiréis por me dejar». Volvamos a decir de las partes del oro, que todo se quedó en poder de los oficiales del rey, por las esclavas que habíamos sacado en las almonedas. No quiero poner aquí por memoria qué tantos de a caballo ni ballesteros, ni escopeteros, ni soldados, ni en cuántos días de tal mes despachó Cortés a los capitanes para que fuesen a poblar las provincias por mí arriba dichas, porque sería larga relación; basta que diga pocos días después de ganado México y preso Guatemuz, y de ahí a otros dos meses envió a otro capitán a otras provincias. Dejemos ahora de hablar de Cortés, y diré que en aquel instante vino al puerto de la Villarrica, con dos navíos, un Cristóbal de Tapia, veedor de las fundiciones que se hacían en Santo Domingo, y otros decían que era alcaide de aquella fortaleza que está en la isla de Santo Domingo, y traía provisiones y cartas misivas de don Juan Rodríguez de Fonseca, obispo de Burgos, y se nombraba arzobispo de Rosano, para que le diésemos la gobernación de Nueva España al Tapia; y lo que sobre ello pasó diré adelante.

Capítulo CLVIII. Cómo llegó al puerto de la Villarrica un Cristóbal de Tapia que venía para ser gobernador

Pues como Cortés hubo despachado los capitanes y soldados por mí ya dichos a pacificar y poblar provincias, en aquella sazón vino un Cristóbal de

Tapia, veedor de la isla de Santo Domingo, con provisiones de su majestad, guiadas y encaminadas por don Juan Rodríguez de Fonseca, obispo de Burgos y arzobispo de Rosano, porque así se llamaba, para que le admitiesen a la gobernación de la Nueva España; y demás de las provisiones, traía muchas cartas misivas del mismo obispo para Cortés y para otros muchos conquistadores y capitanes de los que habían venido con Narváez, para que favoreciesen al Cristóbal de Tapia; y demás de las cartas que traía cerradas y selladas del obispo, traía otras en blanco para que el Tapia en la Nueva España pusiese todo lo que quisiese y le pareciese, y en todas ellas traía grandes prometimientos que nos haría muchas mercedes si dábamos la gobernación al Tapia, y por otra parte muchas amenazas, y decía que su majestad nos enviaría a castigar. Dejemos desto; que Tapia presentó sus provisiones en la Villarrica de la Veracruz delante de Gonzalo de Alvarado, hermano de Pedro de Alvarado, que estaba en aquella sazón por teniente de Cortés, porque un Rodrigo Rangel, que solía estar allí por alcalde mayor, no sé qué desatinos había hecho cuando allí estaba, y le quitó Cortés el cargo; y presentadas las provisiones, el Gonzalo de Alvarado las obedeció y puso sobre su cabeza como provisiones y mando de su rey y señor; y que en cuanto al cumplimiento, que se juntarían los alcaldes y regidores de aquella villa y que platicarían y verían cómo y de qué manera eran ganadas y habidas aquellas provisiones, y que todos juntos las obedecerían, porque él solo era una persona, y también porque querían ver si su majestad era sabidor que tales provisiones se enviasen; y esta respuesta no le cuadró bien al Tapia, y aconsejáronle que se fuese luego a México, adonde estaban Cortés con todos los demás capitanes y soldados, y que allí las obedecerían; y demás de presentar las provisiones, como dicho tengo, escribió a Cortés de la manera que venía por gobernador; y como Cortés era muy avisado, si muy buenas cartas le escribió el Tapia, y vio las ofertas y ofrecimientos del obispo de Burgos, y por otra parte las amenazas; si muy buenas palabras y muy llenas de cumplimientos venían ellas, él le escribió otras muy mejores y más halagüeñas, y blandosamente, y amorosas y llenas de cumplimientos le escribió Cortés en respuesta; y luego Cortés rogó y mandó a ciertos de nuestros capitanes que se fuesen a ver con el Tapia, los cuales fueron Pedro de Alvarado y Gonzalo de Sandoval y Diego de Soto el de Toro y un Valdenebro y el capitán Andrés de Tapia, a los cuales envió a llamar por la posta que dejasen de poblar por entonces las provincias en que estaban y que fuesen a la Villarrica, donde estaba el Cristóbal de Tapia, y con ellos mandó que fuese un fraile que se decía Pedro Melgarejo de Urrea. Ya que el Tapia iba camino de México a se ver con Cortés, encontró con nuestros capitanes y con el fraile por mí nombrado, y con palabras y ofrecimientos que le hicieron, volvió del camino para un pueblo que se decía Cempoal, y allí le demandaron que mostrase otra vez las provisiones, y que verían cómo y de qué manera lo mandaba su majestad, y si venía en ellas su real firma o era sabidor dello, y que los pechos por tierra las obedecerían en nombre de Hernando Cortés y de toda la Nueva España, porque traían poder para ello; y el Tapia les tornó a notificar y mostrar las provisiones, y todos aquellos capitanes a una las obedecieron y pusieron sobre sus cabezas como provisiones de nuestro rey y señor, y que en cuanto al cumplimiento, que suplicaban dellas para ante el emperador nuestro señor; y dijeron que no era sabidor dellas ni de cosa ninguna, y que el Cristóbal de Tapia no era suficiente para ser gobernador, y que el obispo de Burgos era contra todos los conquistadores que servíamos a su majestad, y andaba ordenando aquellas cosas sin dar verdadera relación a su majestad, y por favorecer al Diego Velázquez, y al Tapia: por casar con uno dellos a una doña fulana de Fonseca, sobrina del mismo obispo; y luego que el Tapia vio que no aprovechaban palabras ni provisiones ni cartas de ofertas ni otros cumplimientos, adoleció de enojo; y aquellos nuestros capitanes le escribían a Cortés todo lo que pasaba, y le avisaron que enviase tejuelos de oro y barras, y que con ellos amansaría la furia del Tapia; lo cual luego vino en posta, y le compraron unos negros y tres caballos y el un navío, y se volvió a embarcar en el otro navío y se fue a la isla de Santo Domingo, de donde había salido; y cuando allá llegó, la audiencia real que en ella residía y los frailes jerónimos que estaban por gobernadores notaron muy bien su vuelta de aquella manera, y se enojaron con él porque antes que saliese de la isla para ir a la Nueva España le habían mandado expresamente que en aquella sazón no curase de venir, porque sería causa de quebrar el hilo y conquistas de México, y no les quiso obedecer; antes, con favor del obispo de Burgos don Juan Rodríguez de Fonseca, se resolvió; que no osaban hacer otra cosa los oidores sino lo que el obispo de Burgos mandaba, porque era presidente de Indias, porque su majestad estaba en aquella sazón en Flandes, que no había venido a Castilla. Dejemos esto del Tapia, y digamos cómo luego envió Cortés a Pedro de Alvarado a poblar a Tututepeque, que era tierra rica de oro. Y para que bien lo entiendan los que no saben los nombres destos pueblos, uno es Tutepeque, adonde fue Gonzalo de Sandoval, y otro es Tututepeque, adonde en esta sazón va Pedro de Alvarado; y esto declaro porque no me culpen que digo que dos capitanes fueron a poblar una provincia de un nombre, y son dos provincias; y también había enviado a poblar el río de Pánuco, porque Cortés tuvo noticia de un Francisco de Garay hacía grande armada para venirla a poblar; porque, según pareció, se lo había dado su majestad al Garay por gobernación y conquista, según más largamente lo he dicho y declarado en los capítulos pasados cuando hablaba de todos los navíos que envió adelante Garay, que desbarataron los indios de la misma provincia de Pánuco; y hízolo Cortés porque si viniese el Garay la hallase por Cortés poblada. Dejemos desto, y digamos cómo Cortés envió otra vez a Rodrigo Rangel por teniente de Villarrica, y quitó al Gonzalo de Alvarado, y le mandó que luego le enviase a Pánfilo de Narváez donde estaba poblando Cortés en Coyoacan, que aun no había entrado a poblar a México hasta que se edificasen todas las casas y palacios adonde había de vivir; y envió por el Pánfilo de Narváez porque, según le dijeron, que cuando el Cristóbal de Tapia llegó a la Villarrica con las provisiones que dicho tengo, el Narváez habló con él, y en pocas palabras le dijo: «Señor Tapia, paréceme que tan buen recaudo traéis y tal le llevaréis como yo; mirad en lo que yo he parado trayendo tan buena armada, y mirad por vuestra persona, no os maten, y no os curéis de perder tiempo; que la ventura d Cortés y sus soldados no es acabada; entended en que os den algún oro por esas cosas que traéis; e idos a Castilla ante su majestad, que allá no faltará quien os ayude, y diréis lo que pasa, en especial teniendo, como tenéis, al señor obispo de Burgos; y esto es mejor consejo». Dejémonos desta plática, y diré cómo Narváez fue su camino a México, y vio aquellas grandes ciudades y poblaciones; y cuando llegó a Texcoco se admiró, y cuando vio a Coyoacan mucho más, y desque vio la gran laguna y ciudades que en ella están pobladas, y después la gran ciudad de México; y como Cortés supo que venía, le mandó hacer mucha honra; y llegado ante él, se hincó de rodillas y le fue a besar las manos, y Cortés no lo consintió y le hizo levantar, y le abrazó y le mostró mucho amor, y le hizo asentar cabe sí, y entonces el Narváez le habló y le dijo: «Señor capitán, ahora digo de verdad que la menor cosa que hizo vuestra merced y sus valerosos soldados en esta Nueva España fue desbaratarme a mí y prenderme, y aunque trajera mayor poder del que traje, pues he visto tantas ciudades y tierras que ha domado y sujetado al servicio de Dios nuestro señor y del emperador Carlos V; y puédese vuestra merced alabar y tener en tanta estima, que yo así lo digo, y dirán todos los capitanes muy nombrados que el día de hoy son vivos, que en el universo se puede anteponer a los muy afamados e ilustres varones que ha habido; y otra tan fuerte ciudad como México no la hay; y vuestra merced y sus muy esforzados soldados son dignos que su majestad les haga muy crecidas mercedes», y le dijo otras muchas alabanzas; y Cortés le respondió que nosotros no éramos bastante para hacer lo que estaba hecho, sino la gran misericordia de Dios nuestro señor, que siempre nos ayudaba, y la buena ventura de nuestro gran César. Dejémonos desta plática y de las ofertas que hizo Narváez a Cortés que le sería servidor, y diré cómo en aquella sazón se pasó Cortés a poblar la insigne y gran ciudad de México, y repartió solares para las iglesias y monasterios y casas reales y plazas, y a todos los vecinos les dio solares; y por no gastar más tiempo en escribir: según y de la manera que ahora está poblada, que, según dicen muchas personas que se han hallado en muchas partes de la cristiandad, otra más populosa y mayor ciudad y de mejores casas y muy bien pobladas de caballeros no se ha visto. Pues estando dando la orden que dicho tengo, al mejor tiempo que estaba Cortés algo descansando, le vinieron cartas del Pánuco que toda la provincia estaba levantada y puesta en armas, y que era gente muy belicosa y de muchos guerreros, porque habían muerto muchos soldados que había enviado Cortés a poblar, y que con brevedad enviase el mayor socorro que pudiese; y luego acordó Cortés de ir él mismo en persona, porque todos los capitanes habían ido a sus conquistas; y llevó todos los más soldados que pudo y hombres de a caballo y ballesteros y escopeteros, porque ya habían llegado a México muchas personas de las que el veedor Tapia traía consigo, y otros que allí estaban de los de Lucas Vázquez de Ayllón, que habían ido con él a la Florida, y otros que habían venido de las islas en aquel tiempo; y dejando en México buen recaudo, y por capitán de él a Diego de Soto, natural de Toro, salió Cortés de México; y en aquella sazón no había herraje, sino muy poco, para los muchos caballos que llevaba, porque pasaban de ciento y treinta de a caballo y doscientos y cincuenta soldados, y contados entre ellos ballesteros y escopeteros y de a caballo, y también llevó diez mil mexicanos; y en aquella sazón ya había vuelto de Michoacan Cristóbal de Olí, porque dejó aquella provincia de paz y trajo consigo muchos caciques y al hijo del cacique Cazonci, que así se llamaba, y era el mayor señor de todas aquellas provincias, y trajo mucho oro bajo, que lo tenían revuelto con plata y cobre; y gastó Cortés en aquella ida que fue a Pánuco mucha cantidad de pesos de oro, que después demandaba a su majestad que le pagase aquella costa; y los oficiales de la real hacienda no se los quisieron recibir en cuenta ni le quisieron pagar cosa dello, porque respondieron que si había hecho aquel gasto en la conquista de aquella provincia, que lo hizo por se apoderar della, porque Francisco de Garay, que venía por gobernador, no la hubiese, porque ya tenía noticia que venía de la isla de Jamaica con gran pujanza y armada. Volvamos a nuestra relación, y diré cómo Cortés llegó con todo su ejército a la provincia de Pánuco y los halló de guerra, y los envió a llamar de paz muchas veces, mas no quisieron venir; y tuvo con ellos en algunos días muchos reencuentros de guerra, y en dos batallas que le aguardaron le mataron tres soldados y le hirieron más de treinta, y mataron cuatro caballos y hubo muchos heridos, y murieron de los mexixanos sobre ciento, sin otros más de doscientos que quedaron heridos; porque fueron los guastecas, que así se llaman en aquellas provincias, sobre más de sesenta mil hombres guerreros cuando aguardaron a nuestro capitán Cortés; mas quiso nuestro señor que fueron desbaratados, y todo el campo adonde fueron estas batallas quedó lleno de muertos y heridos de los guastecas naturales de aquellas provincias; por manera que no se tornaron más a juntar por entonces para dar guerra; y Cortés estuvo ocho días en un pueblo que estaba allí cerca, donde habían sido aquellas reñidas batallas, por causa de que se curasen los heridos y se enterrasen los muertos, y había muchos bastimentos; y para tornarles a llamar de paz envió diez caciques, personas principales, de los que se habían prendido en aquellas batallas, y doña Marina y Jerónimo de Aguilar, que siempre Cortés los llevaba consigo, les hizo un parlamento muy discreto, y les dijo que «¿cómo se podían defender todos los de aquellas provincias de no se dar por vasallos de su majestad, pues han visto y tenido nueva que con el poder de México, siendo tan fuertes guerreros, estaba asolada la ciudad y puesta por el suelo? Y que vengan luego de paz y no hayan miedo, y que lo pasado de las muertes, que Cortés, en nombre de su majestad, se lo perdonaría»; y tales palabras les dijo con amor, y otras llenas de amenazas, que, como estaban hostigados y habían visto muertos muchos de los suyos, y abrasados y asolados todos sus pueblos, vinieron de paz, y todos trajeron joyas de oro, aunque no de mucho precio, que presentaron a Cortés, y él con halagos y mucho amor les recibió de paz; y desde allí se fue Cortés con la mitad de sus soldados a un río que se dice Chila, que está de la mar obra de cinco leguas, y volvió a enviar mensajeros a todos los pueblos de la otra parte del río a llamarles de paz, y no quisieron venir; porque, como estaban encarnizados de los muchos soldados que habían muerto, en obra de dos años que habían pasado de los capitanes que Garay envió a poblar aquel río, como dicho tengo en el capítulo que dello habla, así creyeron que harían a nuestro Cortés; y como estaban entre grandes lagunas y ríos y ciénagas, que es muy grande fortaleza para ellos; y la respuesta que dieron fue matar a los mensajeros que Cortés les había enviado a hablar sobre las paces, y a estos de ahora tuvieron presos ciertos días, y estuvo Cortés aguardando para ver si podría acabar con ellos que mudasen su mal propósito; y como no vinieron, mandó buscar todas las canoas que en el río pudo haber, y con ellas y unas barcas que se hicieron de madera de navíos viejos de los de Garay, y pasaron de noche de la otra parte del río ciento y cincuenta soldados, y los más dellos ballesteros y escopeteros, y cincuenta de a caballo; y como los principales de aquellas provincias velaban sus pasos y ríos, como los vieron, dejáronlos pasar, y estaban aguardando de la otra parte; y si muchos guastecas se habían juntado en las primeras batallas que dieron a Cortés, muchos mas estaban juntos esta vez, y vienen como leones rabiosos a se encontrar con los nuestros; y a los primeros encuentros mataron dos soldados e hirieron sobre treinta, y también mataron tres caballos e hirieron otros quince, y muchos mexicanos; mas tal prisa les dieron los nuestros, que no pararon en el campo, y luego se fueron huyendo, y quedaron dellos muertos y heridos gran cantidad; y después que pasó aquella batalla, los nuestros se fueron a dormir a un pueblo que estaba despoblado, que se habían huido los moradores de él, y con buenas velas y escuchas y rondas y corredores del campo estuvieron, y de cenar no les faltó; y cuando amaneció, andando por el pueblo, vieron estar en un cu y adoratorio de ídolos, colgados muchos vestidos y caras desolladas y adobadas como cueros de guantes, y con sus barbas y cabellos, que eran de los soldados que habían muerto a los capitanes que había enviado Garay a poblar el río de Pánuco, y muchas dellas fueron conocidas de otros soldados, que decían que eran sus amigos, y a todos se les quebró los corazones de lástima de las ver de aquella manera, y luego las quitaron de donde estaban y las llevaron para enterrar; y desde aquel pueblo se pasaron a otro lugar, y como conocían que toda la gente de aquella provincia era muy belicosa, siempre iban muy recatados y puestos en ordenanza para pelear, no les tomasen descuidados y desaparecidos; y los descubridores de todo aquel campo dieron con unos grandes escuadrones de indios que estaban en celada, para que cuando estuviesen los nuestros en las casas apeados dar en los caballos y en ellos; y como fueron sentidos, no tuvieron lugar de hacer lo que querían; mas todavía salieron muy denodadamente y pelearon con los nuestros como valientes guerreros, y estuvieron más de media hora que los de a caballo y los escopeteros no les podían hacer retraer ni apartar de sí, y mataron dos caballos e hirieron otros siete, y también hirieron quince soldados y murieron tres de las heridas. Una cosa tenían estos indios: que ya que los llevaban de vencida, se tornaban a rehacer, y aguardaron tres veces en la pelea, lo cual pocas veces se ha visto acaecer entre estas gentes; y viendo que los nuestros les herían y mataban, se acogieron a un río caudaloso y corriente, y los de a caballo y peones sueltos fueron en pos dellos e hirieron muchos; y otro día acordaron de correrles el campo e ir a otros pueblos que estaban despoblados, y en ellos hallaron muchas tinajas de vino de la tierra puertas en unos soterranos a manera de bodegas; y estuvieron en estas poblaciones cinco días corriéndoles las tierras, y como todo estaba sin gentes y despoblados, se volvieron al río de Chila; y Cortés tornó luego a enviar a llamar de paz a todos los mismos pueblos que estaban de guerra de aquella parte del río, y como les habían muerto mucha gente, temieron que volverían otra vez sobre ellos, y a esta causa enviaron a decir que vendrían de ahí a cuatro días, que buscaban joyas de oro para le presentar; y Cortés aguardó todos los cuatro días que habían dicho que vendrían, y no vinieron por entonces; y luego mandó a un pueblo muy grande que estaba cabe una laguna, que era muy fuerte por sus ciénagas y ríos, que de noche oscuro y medio lloviznando, que en muchas canoas que luego mandó buscar, atadas de dos en dos, y otras sueltas, y en las balsas bien hechas, pasasen aquella laguna a una parte del pueblo en parte y paraje que no fuesen vistos ni sentidos de los de aquella población, y pasaron muchos amigos mexicanos, y sin ser vistos, dan en el pueblo, el cual pueblo destruyeron, y hubo muy gran despojo y estrago en él; allí cargaron los amigos de todas las haciendas que los naturales de él tenían; y desque aquello vieron, todos los más pueblos comarcados dende a cinco días acordaron de venir de paz, excepto otras poblaciones que estaban muy a trasmano, que los nuestros no pudieron ir a ellos en aquella sazón; y por no me detener en gastar más palabras en esta relación de muchas cosas que pasaron, las dejaré de decir, sino que entonces pobló Cortés una villa con ciento y treinta vecinos, y entre ellos dejó veintisiete de a caballo y treinta y seis escopeteros y ballesteros, por manera que todos fueron los ciento y treinta; llamábase esta villa San Esteban del Puerto, y está obra de una legua de Chila; y en los vecinos que en aquella villa poblaron repartió y dio por encomienda todos los pueblos que habían venido de paz, y dejó por capitán dellos y por su teniente a un Pedro Vallejo; y estando en aquella villa de partida para México, supo por cosa muy cierta que tres pueblos que fueron cabeceras para la rebelión de aquella provincia, y fueron en la muerte de muchos españoles, andaban de nuevo, después de haber ya dado la obediencia a su majestad y haber venido de paz, convocando y atrayendo a los demás pueblos sus comarcanos, y decían que después que Cortés se fuese a México con los de a caballo y soldados, que a los que quedaban poblados que diesen un día o noche en ellos y que tendrían buenas hartazgas con ellos; y sabida por Cortés la verdad muy de raíz, les mandó quemar las casas; mas luego se tornaron a poblar. Digamos que Cortés había mandado antes que partiese de México para ir a aquella entrada, que desde la Veracruz le enviase un barco cargado con Vino y vituallas y conservas y bizcochos y herraje, porque en aquella sazón no había trigo en México para hacer pan; y yendo que iba el barco su viaje a la derrota de Pánuco, cargado de lo que fue mandado, parece ser que hubo muy recios nortes y dio con él en parte que se perdió, que no se salvaron sino tres personas, que aportaron en unas tablas a una isleta donde había unos muy grandes arenales, sería tres o cuatro leguas de tierra, donde había muchos lobos marinos, que salían de noche a dormir a los arenales, y mataron de los lobos, y con lumbre que sacaron con unos palillos como la sacan en todas las Indias las personas que saben cómo se ha de sacar, tuvieron lugar de asar la carne de los lobos, y cavaron en mitad de la isla e hicieron unos como pozos y sacaron agua algo salobre, y también había una fruta que parecían higos, y con la carne de los lobos marinos y la fruta y agua salobre se mantuvieron más de dos meses; y como aguardaban en la villa de San Esteban el refresco y bastimento y herraje, escribió Cortés a sus mayordomos a México que cómo no enviaban el refresco; y cuando vieron la carta de Cortés, tuvieron por muy cierto que se había perdido el barco, y enviaron luego los mayordomos de Cortés un navío chico de poco porte en busca del barco que se perdió, y quiso Dios que se toparon en la isleta donde estaban los tres españoles de los que se perdieron, con ahumadas que hacían de noche y de día; y desque vieron el barco, se alegraron, y embarcados, vinieron a la villa, y llamábase el uno dellos fulano Ceciliano, vecino que fue de México. Dejémonos desto, y digamos, cómo en aquella sazón nuestro capitán Cortés se venía ya para México, tuvo noticia que en unos pueblos que estaban en unas sierras que eran muy agrias se habían rebelado y hacían grande guerra a otros pueblos que estaban de paz, y acordó de ir allá antes que entrase en México; y yendo por su camino, los de aquella provincia lo supieron y aguardaron en un paso malo, y dieron en la rezaga del fardaje y le mataron ciertos tamemes y robaron lo que llevaban; y como era el camino malo, por defender el fardaje los de a caballo que los iban a socorrer reventaron dos caballos; y llegados a las poblaciones, muy bien se lo pagaron; que, como iban muchos mexicanos nuestros amigos, por se vengar de lo que les robaron en el puerto y camino malo, como dicho tengo, mataron y cautivaron muchos indios, y aun el cacique y su capitán murieron ahorcados después que hubieron vuelto lo que habían robado; y esto hecho, Cortés mandó a los mexicanos que no hiciesen más daño, y luego envió a llamar de paz a todos los principales y papas de aquella población, los cuales vinieron y dieron la obediencia a su majestad; y el cacicazgo mandó que lo tuviese un hermano del cacique que habían ahorcado y los dejó en sus casas pacíficos y muy bien castigados: y entonces se volvió a México. Y antes que pase adelante, quiero decir que en todas las provincias de la Nueva España otra gente más sucia y mala y de peores costumbres no la hubo como esta de la provincia de Pánuco porque todos eran sométicos y se embudaban por las partes traseras, torpedad nunca en el mundo oída y sacrificadores y crueles en demasía, y borrachos y sucios y malos, y tenían otras treinta torpezas; y si miramos en ello, fueron castigados a fuego y a sangre dos o tres veces, y otros mayores males les vino en tener por gobernador a Nuño de Guzmán, que desque le dieron la gobernación, los hizo casi a todos esclavos y los envió a vender a, las islas, según más largamente lo diré en su tiempo y lugar. Volvamos a nuestra relación, y diré, después que Cortés volvió a México, en lo que entendió e hizo.

Capítulo CLIX. Cómo Cortés, y todos los oficiales del rey acordaron de enviar a su majestad todo el oro que le había cabido de su real quinto de todos los despojos de México, y cómo se envió de por sí la recámara del oro y todas las joyas que fueron de Moctezuma y de Guatemuz, y lo que sobre ello acaeció

Como Cortés volvió a México de la entrada de Pánuco, anduvo entendiendo en la población y edificación de aquella ciudad; y viendo que Alonso de Ávila, ya otra vez por mí nombrado en los capítulos pasados, había vuelto en aquella sazón de la isla de Santo Domingo, y trajo recaudo de lo que le habían enviado a negociar con la audiencia real y frailes jerónimos que estaban por gobernadores de todas las islas: y los recaudos que entonces trajo fue, que nos daban licencia para poder conquistar toda la Nueva España y herrar los esclavos, según y de la manera que llevaron en una relación, y repartir y encomendar los indios como en las islas Española y Cuba y Jamaica se tenía por costumbre; y esta licencia que dieron fue hasta en tanto que su majestad fuese sabidor dello o fuese servido mandar otra cosa; de lo cual luego le hicieron relación los mismos frailes jerónimos, y enviaron un navío por la posta a Castilla, y entonces su majestad estaba en Flandes, que era mancebo, y allá supo los recaudos que los frailes jerónimos le enviaban; porque al obispo de Burgos, puesto que estaba por presidente de Indias, como conocían de él que nos era muy contrario, no le daban cuenta dello ni trataban con él otras muchas cosas de importancia, porque estaban muy mal con sus cosas. Dejemos esto del obispo, y volvamos a decir que, como Cortés tenía a Alonso de Ávila por hombre atrevido y no estaba muy bien con él, siempre le quería tener muy lejos de sí, porque verdaderamente si cuando vino el Cristóbal de Tapia con las provisiones el Alonso de Ávila se hallara en México, porque entonces estaba en la isla de Santo Domingo, y como el Alonso de Ávila era servidor del obispo de Burgos y había sido su criado, y le traían cartas para él, fuera gran contradictor de Cortés y de sus cosas, y a esta causa siempre procuraba Cortés de tenerlo apartado de su persona; y cuando vino deste viaje que dicho tengo, por le contentar y agradar, le encomendó en aquella sazón el pueblo de Gualtitlán, y le dio ciertos pesos de oro, y con palabras y ofrecimientos y con el depósito del pueblo por mí nombrado, que es muy bueno y de mucha renta, le hizo tan su amigo y servidor, que le envió después a Castilla, y juntamente con él a su capitán de la guarda, que se decía Antonio de Quiñones, los cuales fueron por procuradores de Nueva España y de Cortés, y llevaron dos navíos, y en ellos 88.000 castellanos en barras de oro; y llevaron la recámara que llamábamos del Gran Moctezuma, que tenía en su poder Guatemuz: y fue un gran presente, en fin para nuestro gran César, porque fueron muchas joyas muy ricas y perlas tamañas algunas dellas como avellanas, y muchos chalchiuites, que son piedras finas como esmeraldas, y aun una de ellas era tan ancha como la palma de la mano, y otras muchas joyas que por ser tantas y no me detener en escribirlas, lo dejaré de decir y traer a la memoria; y también enviamos unos pedazos de huesos de gigantes que se hallaron en un cu y adoratorio en Coyoacan, que eran según y de la manera de otros grandes zancarrones que nos dieron en Tlaxcala, los cuales habíamos enviado la primera vez, y eran muy grandes en demasía; y le llevaron tres tigres, y otras cosas que ya no me acuerdo; y con estos procuradores escribió el cabildo de México a su majestad, y asimismo todos los más conquistadores escribimos juntamente con Cortés y fray Pedro Melgarejo y el tesorero Julián de Alderete; y todos a una decíamos de los muchos y buenos y leales servicios que Cortés y todos nosotros los conquistadores le habíamos hecho y a la continua hacíamos, y todo lo por nosotros sucedido desde que entramos a ganar la ciudad de México, y cómo estaba descubierta la mar del Sur y se tenía por cierto que era cosa muy rica; y suplicamos a su majestad que nos enviase obispos y religiosos de todas órdenes, que fuesen de buena vida y doctrina, para que nos ayudasen a plantar más por entero en estas partes nuestra santa fe católica; y le suplicamos todos a una que la gobernación desta Nueva España que le hiciese merced della a Cortés, pues tan bueno y leal servidor le era, y a todos nosotros los conquistadores nos hiciese merced para nosotros y para nuestros hijos que todos los oficios reales, así de tesorero, contador y factor, y escribanías públicas y fieles ejecutores y alcaidías de fortalezas, que no hiciese merced dellas a otras personas, sino que entre nosotros se nos quedase; le suplicamos que no enviase letrados, porque en entrando en la tierra la pondrían en revuelta con sus libros, y habría pleitos y disensiones; y se le hizo saber lo de Cristóbal de Tapia, cómo venía guiado por don Juan Rodríguez de Fonseca, obispo de Burgos, y que no era suficiente para gobernar, y que se perdiera esta Nueva España si él quedara por gobernador; y que tuviese por bien de saber claramente qué se habían hecho las cartas y relaciones que le habíamos escrito dando cuenta de todo lo que había acaecido en esta Nueva España, porque teníamos por muy cierto que el mismo obispo no se las enviaba, y antes le escribía al contrario de lo que pasaba, en favor de Diego Velázquez, su amigo, y de Cristóbal de Tapia, por casarle con una parienta suya que se decía doña Petronila de Fonseca; y cómo presentó ciertas provisiones que venían firmadas y guiadas por el dicho obispo de Burgos, y que todos estábamos los pechos por tierra para las obedecer, como se obedecieron; mas viendo que el Tapia no era hombre para guerra, ni tenía aquel ser ni cordura para ser gobernador, que suplicaron de todas las provisiones hasta informar a su real persona de todo lo acaecido, como ahora le informamos y le hacíamos sabidor, como sus leales vasallos, que somos, obligados a nuestro rey y señor; y que ahora, que de lo que más fuere servido mandar, que aquí estamos los pechos por tierra para cumplir su real mando; y también le suplicamos que fuese servido de enviar a mandar al obispo de Burgos que no se entremetiese en cosas ningunas de Cortés ni de todos nosotros, porque sería quebrar el hilo a muchas cosas de conquistas que en esta Nueva España nosotros entendíamos, y en pacificar provincias, porque había mandado el mismo obispo de Burgos a los oficiales que estaban en la casa de la contratación de Sevilla, que se decían Pedro de Isasaga y Juan López de Recalde, que no dejasen pasar ningún recaudo de armas ni soldados ni favor para Cortés ni para los soldados que con él estaban; y también se le hizo relación cómo Cortés había ido a pacificar la provincia de Pánuco y la dejó de paz, y las muy recias y fuertes batallas que con los naturales della tuvo, y cómo era gente muy belicosa y guerrera, y cómo habían muerto los de aquella provincia a los capitanes que había enviado Francisco de Garay, y a todos sus soldados, por no se saber dar maña en las guerras; y que había gastado Cortés en la entrada sobre 60.000 pesos, y que los demandaba a los oficiales de su real hacienda y no se los quisieron pagar. También se le hizo sabidor cómo ahora hacía el Garay una armada en la isla de Jamaica, y que venían a poblar el río del Pánuco; y porque no le acaeciese como a sus capitanes, que se los mataron, que suplicábamos a su majestad que le enviase a mandar que no salga de la isla hasta que esté muy de paz aquella provincia, porque nosotros se la conquistaremos y se la entregaremos; porque si en aquella sazón viniese, viendo los naturales de aquestas tierras dos capitanes que manden, tendrán divisiones y levantamientos, especial los mexicanos; y escribiósele otras muchas cosas. Pues Cortés por su parte no se le quedó nada en el tintero, y aun de manera hizo relación en su carta de todo lo acaecido, que fueron veintiuna plana; y porque yo las leí todas, y lo entendí muy bien, lo declaro aquí como dicho tengo. Y demás desto, enviaba Cortés a suplicar a su majestad que le diese licencia para ir a la isla de Cuba a prender al gobernador della, que se decía Diego Velázquez, para enviársele a Castilla, para que allá su majestad le mandase castigar, porque no le desbaratase más ni revolviese la Nueva España, porque enviaba desde la isla de Cuba a mandar que matasen a Cortés. Dejémonos de las cartas, y digamos de su buen viaje que llevaron nuestros procuradores después que partieron del puerto de la Veracruz, que fue en 20 días del mes de diciembre de 1552 años, y con buen viaje desembarcaron por la canal de Bahama, y en el camino se les soltaron dos tigres de los tres que llevaban, e hirieron a unos marineros; y acordaron de matar al que quedaba, porque era muy bravo y no se podían valer con él; y fueron su viaje hasta la isla que llaman de la Tercera; y como el Antonio de Quiñones era capitán y se preciaba de muy valiente y enamorado, parece ser que se revolvió en aquella isla con una mujer y hubo sobre ella cierta cuestión, y diéronle una cuchillada en la cabeza, de que al cabo de algunos días murió, y quedó solo Alonso de Ávila por capitán. Y ya que iba el Alonso de Ávila con los dos navíos camino de España, no muy lejos de aquella isla topa con ellos Juan Florín, francés corsario, y toma todo el oro y navíos, y prende al Alonso de Ávila y llévanle preso a Francia. Y también en aquella sazón robó el Juan Florín otro navío que venía de la isla de Santo Domingo, y le tomó sobre 20.000 pesos de oro y muy gran cantidad de perlas y azúcar y cueros de vacas, y con todo esto se volvió a Francia muy rico, e hizo grandes presentes a su rey y al almirante de Francia de las cosas y piezas de oro que llevaba de la Nueva España que toda Francia estaba maravillada de las riquezas que enviábamos a nuestro gran emperador, y aun al mismo rey de Francia le tomaba codicia de tener parte en las islas de la Nueva España; y entonces es cuando dijo que solamente con el oro que le iba a nuestro César destas tierras le podía dar guerra a su Francia; y aun en aquella sazón no era ganado ni había nueva del Perú, sino, como dicho tengo, lo de la Nueva España y las islas de Santo Domingo y San Juan y Cuba y Jamaica; y entonces dice que dijo el rey de Francia, o se lo envió a decir a nuestro gran emperador, que ¿cómo habían partido entre él y el rey de Portugal el mundo, sin darle parte a él? Que mostrasen el testamento de nuestro padre Adán, si les dejó a ellos solamente por herederos y señores de aquellas tierras que habían tomado entre ellos dos, sin darle a él ninguna dellas, y que por esta causa era lícito robar y tomar todo lo que pudiese por la mar; y luego tornó a mandar a Juan Florín que volviese con otra armada a buscar la vida por la mar; y de aquel viaje que volvió, ya que llevaba otra gran presa de todas ropas entre Castilla y las islas de Canaria, dio con tres o cuatro navíos recios y de armada, vizcaínos, y los unos por una parte y los otros por otra embisten con el Juan Florín, y le rompen y desbaratan, y préndenle a él y a otros muchos franceses, y les tomaron sus navíos y ropa, y a Juan Florín y a otros capitanes llevaron presos a Sevilla a la casa de la contratación, y los enviaron presos a su majestad; y después que lo supo, mandó que en el camino hiciesen justicia dellos, y en el puerto del Pico los ahorcaron; y en esto paró nuestro oro y capitanes que lo llevaban, y el Juan Florín que lo robó. Pires volvamos a nuestra relación, y es, que llevaron a Francia preso a Alonso de Ávila, y le metieron en una fortaleza, creyendo haber de él gran rescate, porque, como llevaba tanto oro a su cargo, guardábanle bien; y el Alonso de Ávila tuvo tales maneras y concierto con el caballero francés que lo tenía a su cargo o le tenía por prisionero, que para que en Castilla supiesen de la manera que estaba preso y le viniesen a rescatar, dijo que fuesen en posta todas las cartas y poderes que llevaba de la Nueva España, y que todas se diesen en la corte de su majestad al licenciado Núñez, primo de Cortés, que era relator del real consejo, o a Martín Cortés, padre del mismo Cortés, que vivía en Medellín, o a Diego de Ordás, que estaba en la corte; y fueron a todo buen recaudo, que las hubieron a su poder, y luego las despacharon para Flandes a su majestad, porque al obispo de Burgos no le dieron cuenta ni relación dello, y todavía lo alcanzó a saber el obispo de Burgos, y dijo que se holgaba que se hubiese perdido y robado todo el oro; y dijeron que había dicho: «en esto habían de parar las cosas deste traidor de Cortés»; y dijo otras palabras muy feas. Dejemos al obispo, y vamos a su majestad, que, como luego lo supo, dijeron, quien lo vio y entendió, que hubo algún sentimiento de la pérdida del oro, y de otra parte se alegró viendo que tanta riqueza le enviaban, y que sintiese el rey de Francia que con aquellos presentes que le enviábamos que le podría dar guerra; y luego envió a mandar al obispo de Burgos que en lo que tocaba a Cortés y a la Nueva España, que en todo le diese favor y ayuda, y que presto vendría a Castilla y entendería en ver la justicia de los pleitos y contiendas de Diego Velázquez y Cortés. Y dejemos esto, y digamos cómo luego supimos en la Nueva España la pérdida del oro y riquezas de la recámara, y prisión de Alonso de Ávila, y todo lo demás aquí por mí memorado, y tuvimos dello gran sentimiento; y luego Cortés con brevedad procuró de haber y llegar todo el más oro que pudo recoger, y de hacer un tiro de oro bajo y de plata de lo que habían traído de Michoacan, para enviar a su majestad, y llamóse el tiro «Fénix». Y también quiero decir que siempre estuvo el pueblo de Gualtitlán, que dio Cortés a Alonso de Ávila, por el mismo Alonso de Ávila, porque en aquella sazón no le tuvo su hermano Gil González de Benavides, hasta más de tres años adelante, que el Gil González vino de la isla de Cuba, y ya el Alonso de Ávila estaba suelto de la prisión de Francia y había venido a Yucatán por contador; y entonces dio poder al hermano para que se sirviese dél, porque jamás se le quiso traspasar. Dejémonos de cuentos viejos, que no hacen a nuestra relación, y digamos todo lo que acaeció a Gonzalo de Sandoval, y a los demás capitanes que Cortés había enviado a poblar las provincias por mí ya nombradas, y entre tanto acabó Cortés de mandar forjar el tiro y allegar el otro para enviar a su majestad. Bien sé que dirán algunos curiosos lectores que por qué, cuando envió Cortés a Pedro de Alvarado y a Gonzalo de Sandoval y los demás capitanes a las conquistas y pacificaciones ya por mí nombradas, no concluí con ellos, en esta mi relación, lo que habían hecho en ellas, y en lo que en las jornadas a cada uno ha acaecido, y lo vuelvo ahora a recitar, que es volver muy atrás de nuestra relación. Y las causas que ahora doy a ello es que, como iban camino de sus provincias a las conquistas, y en aquel instante llegó al puerto de la Villarrica el Cristóbal de Tapia, otras muchas veces por mí nombrado, que venía para ser gobernador de la Nueva España; y para consultar Cortés lo que sobre el caso se podría hacer, y tener ayuda y favor dellos, como Pedro de Alvarado y Gonzalo de Sandoval eran tan experimentados capitanes y de buenos consejos, envió por la posta a los llamar, y dejaron sus conquistas y pacificaciones suspensas, y como he dicho, vinieron al negocio de Cristóbal de Tapia, que era más importante para el servicio de su majestad, porque se tuvo por cierto que si el Tapia se quedara para gobernar, que la Nueva España y México se levantaran otra vez; y en aquel instante también vino Cristóbal de Olí de Michoacan, como era cerca de México, y las halló de paz, y le dieron mucho oro y plata; y como era recién casado, y la mujer moza y hermosa, apresuró su venida. Y luego, tras esto de Tapia, aconteció el levantamiento de Pánuco, y fue Cortés a lo pacificar, como dicho tengo en el capítulo que dello habla, y también para escribir a su majestad, como escribimos, y enviar el oro y dar poder a nuestros capitanes y procuradores por mi ya nombrados; y por estos estorbos, que fueron los unos tras los otros, lo torno aquí a traer a la memoria, y es desta manera que diré.

Capítulo CLX. Cómo Gonzalo de Sandoval llegó con su ejército a un pueblo que se dice Tuxtepec, y lo que allí hizo, y después pasó a Guazacualco, y todo lo más que le avino

Llegado Gonzalo de Sandoval a un pueblo que se dice Tuxtepec, toda la provincia le vino de paz, excepto unos capitanes mexicanos que fueron en la muerte de sesenta españoles y mujeres de Castilla que se habían quedado malos en aquel pueblo cuando vino Narváez, y era en el tiempo que en México nos desbarataron; entonces los mataron en el mismo pueblo; y dende obra de dos meses que hubieron muerto los por mí dichos, porque entonces fui con Sandoval, yo pasé en una como torrecilla, que era adoratorio de ídolos, adonde se habían hecho fuertes cuando les daban guerra, y allí los cercaron, y de hambre y de sed y de heridas les acabaron las vidas; y digo que posé en aquella torrecilla a causa que había en aquel pueblo de Tuxtepec muchos mosquitos de día, y como está muy alto y con el aire no había tantos mosquitos como abajo, y también por estar cerca del aposento donde posaba el Sandoval. Y volviendo a nuestra plática, procuró el Sandoval de prender a los capitanes mexicanos que les dieron la guerra y les mataron los sesenta soldados que dicho tengo, y prendió el más principal dellos e hizo justicia, y por justicia lo mandó quemar; otros muchos había juntamente con él que merecían pena de muerte, y disimuló con ellos, y aquel pagó por todos. Y cuando fue hecho envió a llamar de paz unos pueblos zapotecas, que es otra provincia que estará obra de diez leguas de aquel pueblo de Tuxtepec, y no quisieron venir, y envió a ellos para los traer de paz a un capitán que se decía Briones (otras muchas veces ya lo he nombrado), que fue capitán de bergantines y había sido buen soldado en Italia, según él decía, y le dio sobre cien soldados, y entre ellos treinta ballesteros y escopeteros y más de cien amigos de los pueblos que habían venido de paz; y yendo que iba el Briones con sus soldados y con buen concierto, pareció ser los zapotecas supieron que iba a sus pueblos, y échanle una celada en el camino, que le hicieron volver más que de paso rodando unas cuestas y laderas abajo, y le hirieron más de la tercia parte de los soldados que llevaba, y murió uno de las heridas, porque aquellas sierras donde están poblados aquellos zapotecas son tan agrias y malas, que no pueden ir por ellas caballos, y los soldados habían de ir a pie por unas sendas muy angostas, por contadero uno a uno y siempre hay neblinas y rocíos y resbalaban en los caminos; y tienen por armas unas lanzas muy largas, mayores que las nuestras, con una braza de cuchilla de navajas de pedernal, que cortan más que nuestras espadas, y unas pavesinas, que se cubren con ellas todo el cuerpo, y mucha flecha y varas y piedra, y los naturales muy sueltos y cenceños a maravilla, y con un silbo o voz que dan entre aquellas sierras resuena y retumba la voz por un buen rato, digamos ahora como ecos. Por manera que se volvió el capitán Briones con su gente herida, y aun él también trajo un flechazo; llámase aquel pueblo que le desbarató Tiltepeque; y después que vino de paz, el mismo pueblo se dio en encomienda a un soldado que se dice Ojeda, el tuerto, que ahora vive en la villa de San Ildefonso. Pues cuando el Briones volvió a dar cuenta al Sandoval de lo que le había acaecido, y se lo contaba cómo eran grandes guerreros, y el Sandoval, como era de buena condición, y el Briones se tenía por muy valiente, y solía decir que en Italia había muerto y herido y hendido cabezas y cuerpos de hombres, le decía el Sandoval: «¿Parécele, señor Capitán, que son estas tierras otras que las donde anduvo militando?». Y el Briones respondió medio enojado, y dijo que juraba a tal que más quisiera batallar contra tiros y grandes ejércitos de contrarios, así de turcos como de moros, que no con aquellos zapotecas, y daba razones para ello que parecía que cuadraban; y todavía el Sandoval le dijo que no quisiera haberle enviado, pues así fue desbaratado, que creyó que pusiera otras fuerzas: como él se alababa que había hecho en Italia, porque este Briones había poco tiempo que vino de Castilla; y le dijo el Sandoval: «Qué dirán ahora los zapotecas, que no somos tan varones como creían que éramos?». Dejemos desta entrada, pues no aprovechó, antes dañó, y digamos Cómo el mismo Gonzalo de Sandoval envió a llamar de paz a otra provincia que se dice Xaltepec, que también eran zapotecas, que confinan con otras provincias y pueblos, que se decían los minxes, gentes muy sueltas y guerreros, que tenían diferencias con los de Xaltepec, que ahora, como digo, son los que enviaba a llamar: y vinieron de paz obra de veinte caciques y principales, y trajeron un presente de oro en grano, que entonces habían sacado de las minas en diez cañutillos, y joyas de muchas hechuras, y traían vestidas aquellos principales unas ropas de algodón muy largas que les daban hasta los pies, con muchas labores en ellas labradas, y eran digamos ahora a la manera de albornoces moriscos; y como vinieron delante el Sandoval, con mucho acato se lo presentaron, y lo recibió con alegría, y les mandó dar cuentas de Castilla, y les hizo honra y halagos, y demandaron al Sandoval que les diese algunos teules, que en su lengua así nos llamaban a los españoles, para ir juntamente con ellos contra los pueblos de los minxes, sus contrarios, que les daban guerra; y el Sandoval, como no tenía soldados en aquella sazón para les dar ayuda, como la demandaban, porque los que llevó el Briones estaban todos heridos, y otros habían adolecido, y cuatro muertos, por ser la tierra muy calurosa y doliente, con buenas palabras le dijo que él enviaría a México a decir a Malinche, que así decían a Cortés, que les enviase muchos teules, y que se reportasen hasta que viniesen, y que entre tanto, que irían con ellos diez de sus compañeros para ver los pasos y tierra, para ir a dar guerra a sus contrarios los minxes; y esto no lo decía el Sandoval sino para que viésemos los pueblos y minas donde sacaban el oro que trajeron; y desta manera los despidió, excepto a tres dellos, que mandó que quedasen para ir con nosotros; y luego despachó para ir a ver los pueblos y minas, como he dicho, a un soldado que se decía Alonso del Castillo, «el de lo pensado»; y me mandó el Sandoval que yo fuese con él, y otros seis soldados, y que mirásemos muy bien las minas y la manera de los pueblos. Quiero decir por qué se llamaba, aquel capitán que iba con nosotros por caudillo, Castillo «el de lo pensado», y es por esta causa que diré: en la Capitanía del Sandoval había tres soldados que tenían por renombre Castillos: el uno dellos era muy galán, y preciábase dello en aquella sazón, que era yo, y a esta su causa me llamaban Castillo, el galán; los otros dos Castillos, el uno dellos era de tal calidad, que siempre estaba pensativo, y cuando hablaban con él se paraba mucho más a pensar lo que había de decir, y cuando respondía o hablaba era una necedad o cosas que teníamos que reír, y por esto le llamábamos Castillo «de los pensamientos»; y el otro era Alonso del Castillo, que ahora iba con nosotros, que de repente decía cualquiera cosa, y respondía muy a propósito de lo que preguntaban, y se decía Castillo, «el de lo pensado». Dejemos de contar donaires, y volvamos a decir cómo fuimos a aquella provincia a ver las minas, y llevamos muchos indios de los de aquellos pueblos, y con unas como hechuras de bateas lavaron en tres ríos delante de nosotros, y en todos tres sacaron oro, e hincheron cuatro cañutillos dello, que era cada uno del tamaño de un dedo de la mano (el de en medio), y eran poco menos que cañones de patos de Castilla: y con aquella muestra de oro volvimos donde estaba el Gonzalo de Sandoval, y se holgó, creyendo que la tierra era rica; y luego entendió en hacer los repartimientos de aquellos pueblos y provincias a los vecinos que habían de quedar allí poblados; y tomó para sí unos pueblos que se dicen Huaspaltepec, que en aquel tiempo era la mejor cosa que había en aquella provincia muy cerca de las minas, y aun le dieron luego sobre 15.000 pesos de oro, creyendo que tomaba una muy buena cosa; y la provincia de Xaltepec, donde trajimos el oro, depositó en el capitán Luis Marín, pensaba que le daba un condado, y todos salieron muy malos repartimientos, así de lo que tomó el Sandoval como lo que dio a Luis Marín; y aun a mí me mandaba quedar en aquella provincia, y me daba muy buenos indios y de mucha renta, que pluguiera a Dios que los tomara, que se dice Matlatan y Orizaba, donde está ahora el ingenio «del virrey», y otro pueblo que se dize Ozotequipa, y no los quise, por parecerme que si no iba en compañía del Sandoval, teniéndole por amigo, que no hacía lo que convenía a la calidad de mi persona (y el Sandoval verdaderamente conoció mi voluntad); y por hallarme con él en las guerras, si las hubiese adelante, lo hice. Dejemos desto, y digamos que nombró a la villa que pobló Medellín, porque así le fue mandado por Cortés, porque el Cortés nació en Medellín de Extremadura; y era en aquella sazón el puerto un río que se dice Chalchocueca, que es el que hubimos puesto por nombre río de Banderas, donde se rescataron los 16.000 pesos; y por aquel río venían las barcas con la mercancía que venía de Castilla hasta que se mudó a la Veracruz. Dejemos desto, y vamos camino de Guazacualco, que será de la villa de la Veracruz, que dejamos poblada, obra de sesenta leguas, y entramos en la provincia que se dice Citla, la más fresca y llena de bastimentos y bien poblada que habíamos visto, y luego vino de paz; y es aquella provincia que he dicho de doce leguas de largo y otras tantas de ancho, muy poblado todo. Y llegamos al gran río de Guazacualco, y enviamos a llamar los caciques de aquellos pueblos, que era cabecera de aquellas provincias, y estuvieron tres días que no vinieron ni enviaban respuesta; por lo cual creímos que estaban de guerra, y aun así lo tenían consultado, que no nos dejasen pasar el río; y después tomaron acuerdo de venir de ahí a cinco días, y trajeron de comer y unas joyas de oro muy fino, y dijeron que cuando quisiésemos pasar, que ellos traerían muchas canoas grandes; y Sandoval se lo agradeció mucho, y tomó consejo con algunos de nosotros si nos atreveríamos a pasar todos juntos de una vez en todas las canoas; y lo que nos pareció y aconsejamos, que primero pasasen cuatro soldados y viesen la manera que había en un pueblezuelo que estaba junto al río, y que mirasen y procurasen de inquirir y saber si estaban de guerra, y antes que pasásemos tuviésemos con nosotros el cacique mayor, que se dice Tochel; y así, fueron los cuatro soldados y vieron todo a lo que les enviábamos, y se volvieron con relación a Sandoval cómo todo estaba de paz, y aun vino con ellos el hijo del mismo cacique Tochel, que así se decía, y trajo otro presente de oro, aunque no de mucha valía. Entonces le halagó el Sandoval, y le mandó que trajesen cien canoas atadas de dos en dos, y pasamos los caballos un día después de pascua de Espíritu Santo; y por acortar de palabras, poblamos en el pueblo que estaba junto al río, y era muy bueno para el trato de la mar, porque está el puerto de allí cuatro leguas y pusimos aquel sublimado nombre, lo uno, que en pascua de Espíritu Santo desbaratamos a Narváez, y lo otro, porque aquel santo nombre fue nuestro apellido cuando le prendimos y desbaratamos; lo otro por pasar aquel río mismo mismo día, y porque todas aquellas tierras vinieron de paz sin dar guerra; y allí poblamos toda la flor de los caballeros y soldados que habíamos salido de México a poblar con el Sandoval, y el mismo Sandoval, y Luis Marín, y un Diego de Godoy, y el capitán Francisco de Medina, y Francisco Marmolejo, y Francisco de Lugo, y Juan López de Aguirre, y Hernando de Montes de Oca, y Juan de Salamanca, y Diego de Azamar, y un Mantilla, y otro soldado que se decía Mejía «rapapelo», y Alonso de Grado, y el licenciado Ledesma, y Luis de Bustamante, y Pedro Castellar, y el capitán Briones, y yo y otros muchos caballeros y personas de calidad, que si los hubiese aquí de nombrar a todos, es no acabar tan presto; mas tengo por cierto que solíamos salir a la plaza a un regocijo y alarde sobre ochenta de a caballo, que eran más entonces aquellos ochenta que ahora quinientos; y la causa es esta, que no habían caballos en la Nueva España, sino pocos y caros, y no los alcanzaban a comprar sino cual o cual. Dejemos desto, y diré cómo repartió Sandoval aquellas provincias y pueblos en nosotros, después de las haber enviado a visitar y hacer la división de la tierra y ver las calidades de todas las poblaciones; y fueron las provincias que repartió lo que ahora diré. Primeramente a Guazacualco, Huaspaltepec y Tepeca y Chinanta y los zapotecas; y de la otra parte del río la provincia de Copilco y Cimatan y Tabasco y las sierras de Cachula, todos los zoques hasta Chiapas y Cinacatan y todos los quilenes, y Papanaguasta: y estos pueblos que he dicho teníamos todos los vecinos que en aquella villa quedamos poblados en repartimiento; que valiera más que allí yo no me quedara, según después sucedió, la tierra pobre y muchos pleitos que trajimos con tres villas que después se poblaron: la una fue la Villarrica de la Veracruz, sobre Huaspaltepec y Chinanta y Tepeca; la otra con la villa de Tabasco, sobre Cimatan y Copilco; la otra con Chiapas, sobre los quilenes y zoques; la otra con Santo Ildefonso, sobre los zapotecas; porque todas estas villas se poblaron después que nosotros poblamos a Guazacualco, y a nos dejar todos los términos que teníamos, fuéramos ricos; y la causa por que se poblaron estas villas que he dicho fue, que envió a mandar su majestad que todos los pueblos de indios más cercanos y en comarca de cada villa le señaló por términos; por manera que de todas partes nos cortaron las aldas, y nos quedamos en blanco, y a esta causa el tiempo andando, se fue despoblando Guazacualco y con haber sido la mejor población y de generosos conquistadores que hubo en la Nueva España, es ahora una villa de pocos vecinos. Volvamos a nuestra relación; y es, que estando Sandoval entendiendo en la población de aquella villa y llamando otras provincias de paz, le vinieron con cartas cómo había entrado un navío en el río de Ayahualulco, que es puerto, aunque no bueno, que estaba de allí quince leguas, y en él venía de la isla de Cuba la señora doña Catalina Juárez «la Marcaida», que así tenía el sobrenombre, mujer que fue de Cortés, y la traía un su hermano Juan Juárez, el vecino que fue, el tiempo andando, de México, y venía otra señora, su hermana, y Villegas el de México, y su mujer la Zambrana, y sus hijas, y aun la abuela, y otras muchas señoras casadas; y aun me parece que entonces vino Elvira López «la Larga», mujer que entonces era de Juan de Palma; el cual Palma vino con nosotros, que murió ahorcado, que después esta Elvira fue mujer de un Argueta; y también vino Antonio Diosdado, el vecino que fue de Guatemala, y vinieron otros muchos que ya no se me acuerdan sus nombres. Y como el Gonzalo de Sandoval lo alcanzó a saber, él en persona, con todos los más capitanes y soldados, fuimos por aquellas señoras y por todas las más que traía en su compañía. Y acuérdome que en aquella sazón llovió tanto, que no podíamos ir por los caminos ni pasar ríos ni arroyos, porque venían muy crecidos, que salieron de madre; y había hecho grandes nortes, y con el mal tiempo, por no andar a través, entraron con el navío en aquel puerto de Ayahualulco, y la señora doña Catalina Juárez «la

Marcaida» y toda su compañía se holgaron con nosotros; luego las trajimos a todas aquellas señoras y su compañía a nuestra villa de Guazacualco, y lo hizo saber el Sandoval muy en posta a Cortés de su venida, y las llevó luego camino de México, y fueron acompañándolas el mismo Sandoval y Briones y Francisco de Lugo y otros caballeros. Y cuando Cortés lo supo, dijeron que le habla pesado mucho de su venida, puesto que no lo demostró y les mandó salir a recibir; y en todos los pueblos les hacían mucha honra hasta que llegaron a México, y en aquella ciudad hubo regocijos y juegos de cañas; y dende a obra de tres meses que hubieron llegado olmos decir que esta señora murió de asma; y que habían tenido un banquete el día antes, y en la noche, y muy gran fiesta; y porque yo no sé más desto que he dicho no tocaré más en esta tecla. Dejemos hablar desto, pues ya pasó. Y digamos de lo que le acaeció a Villafuerte, el que fue a poblar a Zacatula, y a un Juan Álvarez Chico, que también fue a Colima; y al Villafuerte le dieron mucha guerra y le mataron ciertos soldados, y estaba la tierra levantada, que no les quería obedecer ni dar tributos, y al Juan Álvarez Chico ni más ni menos; y como lo supo Cortés, le pesó dello; y como Cristóbal de Olí había venido de lo de Michoacan, y venía rico y la había dejado de paz, y le pareció a Cortés que tenía buena mano para ir a asegurar y pacificar aquellas dos provincias de Zacatula y Colima, acordó de le enviar por capitán, y le dio quince de a caballo y treinta escopeteros y ballesteros; y yendo por su camino, ya que llegaba cabe Zacatula, le aguardaron los naturales de aquella provincia muy gentilmente a un mal paso, y le mataron dos soldados y le hirieron quince, y todavía les venció, y fue a la villa donde estaba Villafuerte con los vecinos que en ella estaban poblados, que no osaban ir a los pueblos que tenían en encomienda, porque no los acapillasen; y le hablan muerto cuatro vecinos en sus mismos pueblos. Porque comúnmente en todas las provincias y villas que se pueblan, a los principios les dan encomenderos, y cuando les piden tributos se alzan y matan los españoles que pueden; pues cuando el Cristóbal de Olí vio que ya tenía apaciguada aquella provincia y le habían venido de paz, fue desde Zacatula a Colima, y hallóla de guerra, y tuvo con los naturales della ciertos reencuentros y le hirieron muchos soldados, y al fin los desbarató y quedaron de paz. El Juan Álvarez Chico, que había ido por capitán no sé qué se hizo de él; paréceme que murió en aquella guerra. Pues como el

Cristóbal de Olí hubo pacificado a Colima y le pareció que estaba de paz, como era casado con una portuguesa hermosa, que ya he dicho que se decía doña Felipa de Araujo, dio la vuelta para México, y no se hubo bien vuelto, cuando se tornó a levantar lo de Colima y Zacatula; y en aquel instante había llegado a México Gonzalo de Sandoval con la señora doña Catalina Juárez «Marcaida» y con el Juan Juárez y todas sus compañías, como ya otra vez dicho tengo en el capítulo que dello habla; acordó Cortés de enviarle por capitán para apaciguar aquellas provincias, y con muy pocos de a caballo que entonces le dio y obra de quince ballesteros y escopeteros, conquistadores viejos, fue a Colima y castigó a dos caciques, y tal maña se dio, que toda la tierra dejó muy de paz y nunca más se levantó, y se volvió a México. Y volvamos a Guazacualco, y digamos cómo luego que se partió Gonzalo de Sandoval para México con la señora doña Catalina Juárez se nos rebelaron todas las más provincias de las que estaban encomendadas a los vecinos, y tuvieron muy gran trabajo en las tornar a pacificar; y la primera que se levantó fue Xaltepec: zapotecas que estaban poblados en altas y malas sierras; y tras esto se levantó lo de Cimatán y Copilco, que estaban entre grandes ríos y ciénagas, y se levantaron otras provincias, y aun hasta doce leguas de la villa hubo pueblos que mataron a su encomendero, y lo andábamos pacificando con muy grandes trabajos. Y estando que estábamos en una entrada con el capitán Luis Marín y un alcalde ordinario y todos los regidores de nuestra villa, viniéronnos cartas que había venido al puerto un navío, y que en él venía Juan Bono de Quexo, vizcaíno, y que había subido el río arriba con el navío, que era pequeño, hasta la villa, y que decía que traía cartas y provisiones de su majestad para nos notificar, que luego fuésemos a la villa y dejásemos la pacificación de la provincia; y como aquella nueva supimos, y estábamos con el teniente Luis Marín, así alcaldes y regidores fuimos a ver qué quería. Y después de nos abrazar y dar el para-bien-venidos los unos a los otros, porque el Juan Bono era muy conocido de cuando vino con Narváez, dijo que nos pedía por merced que nos juntásemos en cabildo, que nos quería notificar ciertas provisiones de su majestad y de don Juan Rodríguez de Fonseca, obispo de Burgos; que traía muchas cartas para todos. Y según pareció, traía el Juan Bono cartas en blanco con la firma del obispo; y entre tanto que nos fueron a llamar en la pacificación donde estábamos, se informó el Juan Bono quienes éramos los regidores, y las cartas que traía en blanco escribió en ellas palabras de ofrecimientos que el obispo nos enviaba si dábamos la tierra a Cristóbal de Tapia, que el Juan Bono no creyó que era vuelto para la isla de Santo Domingo; y el obispo tenía por cierto que no le recibiríamos, y a aquel efecto envió a Juan Bono con aquellos recaudos; y traía para mí, como regidor, una carta del mismo obispo, que escribió el Juan Bono. Pues ya que habíamos entrado en cabildo y vimos sus despachos y provisiones, que nunca nos había querido decir lo que era hasta entonces, de presto le despachamos con decir que ya el Tapia era vuelto a Castilla, y que fuese a México, adonde estaba Cortés, y allá le diría lo que le conviniese; y cuando aquello oyó el Juan Bono, que el Tapia no estaba en la tierra, se puso muy triste, y otro día se embarcó, y fue a la Villarrica, y desde allí a México, y lo que allá pasó yo no lo sé; salvo que oí decir que Cortés le ayudó para la costa y se volvió a Castilla. Y dejemos de contar más cosas, que había bien que decir como siempre que en aquella villa estuvimos nunca nos faltaron trabajos y conquistas de las provincias que se habían levantado; y volvamos a decir de Pedro de Alvarado cómo le fue en lo de Tutepeque y en su población.

Capítulo CLXI. Cómo Pedro de Alvarado fue a Tutepeque a poblar una villa, y lo que en la pacificación de aquella provincia y poblar la villa le acaeció

Es menester que volvamos algo atrás para dar relación desta ida que fue Pedro de Alvarado a poblar a Tutepeque; y es así: que como se ganó la ciudad de México, y se supo en todas las comarcas y provincias que una ciudad tan fuerte estaba por el suelo, enviaban a dar el parabien de la victoria a Cortés, y a ofrecerse por vasallos de su majestad; y entre muchos grandes pueblos que en aquel tiempo vinieron, fue uno que se dice Tehuantepec, zapotecas, y trajeron un presente de oro a Cortés, y dijéronle que estaban otros pueblos algo apartados que se decían Tutepeque, muy enemigos suyos, y que les venían a dar guerra porque habían enviado los de Tehuantepec a dar la obediencia a su majestad, y que estaban en la costa del sur, y que era gente muy rica, así de oro que tenían en joyas, como de minas; y le demandaron Cortés con mucha importunación les diesen hombres de caballo y escopeteros y ballesteros para ir contra sus enemigos; y Cortés les habló muy amorosamente, y les dijo que quería enviar con ellos al Tonatio, que así le llamaban al Pedro Alvarado; y luego le dio sobre ciento y ochenta soldados y entre ellos treinta y cinco de a caballo y le mandó que en la provincia de Guaxaca, donde estaba un Francisco de Orozco por capitán, pues estaba de paz aquella provincia, que le demandase otros veinte soldados, y los más dellos ballesteros; y así como le fue mandado, ordenó su partida, y salió de México en el año de 22; y mandóle Cortés que luego fuese y viese ciertos peñoles que decían que estaban alzados, y entonces todo lo halló de paz y de buena voluntad, y tardó más de cuarenta días en llegar a Tutepeque; y el señor de él y todos los principales, desque supieron que estaban ya cerca de su pueblo, le salieron a recibir de paz, y les llevaron a aposentar en lo más poblado del pueblo, adonde el cacique tenía sus adoratorios y sus grandes aposentos, y estaban las casas muy juntas unas de otras y son de paja; porque en aquella provincia no tenían azoteas, porque es tierra muy caliente; aconsejóse el Alvarado, con sus capitanes y soldados, que no era bien aposentarse en aquellas casas tan juntas unas de otras, porque si ponían fuego no se podrían valer; y parecióle bien el consejo a Alvarado, y fue acordado que se fuesen en cabo del pueblo: y como fue aposentado, el cacique le llevó muy grandes presentes de oro y bien de comer, y cada día que allí estuvieron le llevó presentes muy ricos de oro; y como el Alvarado vio que tanto oro tenían, le mandó hacer unas estriberas de oro fino, de la manera de otras que le dio para que por ellas las hiciese, y se las trajeron hechas; y dende a pocos días echó preso al cacique porque le dijeron los de Tehuantepec al Pedro de Alvarado que le querían dar guerra toda aquella provincia, y que cuando le aposentaron entre aquellas casas donde estaban los ídolos y aposentos, que era por les quemar y que allí muriesen todos; y a esta causa le echó preso. Otros españoles de fe y de creer dijeron que por sacarle mucho oro, y sin justicia murió en las prisiones; ahora sea lo uno o lo otro, aquel cacique dio a Pedro de Alvarado más de 30.000 pesos, y murió de enojo y de la prisión; y quedó a un su hijo el cacicazgo, y le sacó Alvarado mucho más oro que al padre; y luego envió a visitar los pueblos de la comarca, y los repartió entre los vecinos, y pobló una villa que se puso por nombre Segura, porque los más vecinos que allí poblaron habían sido de antes vecinos de Segura de la Frontera, que era Tepeaca. Y como esto tuvo hecho, y tenía ya allegada buena suma de pesos de oro, y se lo llevaba a México para dar a Cortés; y también dijeron que Cortés le escribió que todo el oro que pudiese haber, que lo trajese consigo para enviar a su majestad, por causa que habían robado los franceses lo que habían enviado con Alonso de Ávila y Quiñones, y que no diese parte ninguna dello a ningún soldado de los que tenía en su compañía; y ya que el Alvarado quería partir para México tenían hecha ciertos soldados una conjuración, y los más dellos ballesteros y escopeteros, de matar otro día a Pedro de Alvarado y a sus hermanos porque les llevaban el oro sin dar partes, y aunque se las pedían muchas veces, no se lo quiso dar, y porque no les daba buenos repartimientos de indios; y esta conjuración, si no se lo descubriera un soldado que se decía Trebejo, que era en la misma trama, aquella noche que venía habían de dar en ellos; y como el Alvarado lo supo, que se lo dijeron a hora de vísperas, yendo a caballo a caza por unas sabanas, e iban en su compañía a caballo de los que entraban en la conjuración, para disimular con ellos dijo: «Señores, a mí me ha dado dolor de costado; volvamos a los aposentos, y llámenme un barbero que me sangre». Y como volvió, envió llamar a sus hermanos Jorge y Gonzalo y Gómez, todos Alvarados, y a los alcaldes y alguaciles; y prenden los que eran en la conjuración, y por justicia ahorcaron a dos dellos, que se decía el uno fulano de Salamanca, natural del Condado, que había sido piloto, y a otro que se decía Bernardo levantisco, y con estos dos apaciguó los demás; y luego se fue para México con todo el oro, y dejó poblada la villa; y cuando los vecinos que en ella quedaban vieron que los repartimientos que les daban no eran buenos, y la tierra doliente y muy calurosa, y habían adolecido muchos dellos, y las naborías y esclavos que llevaban se les habían muerto, y aun muchos murciélagos y mosquitos y aun chinches; y sobre todo, que el oro no lo repartió el Alvarado entre ellos y se lo llevó, acordaron de quitarse del mal ruido y despoblar la villa, y muchos dellos se vinieron a México y otros a Guaxaca y a Guatemala, y se derramaron por otras partes; y cuando Cortés lo supo, envió a hacer pesquisa sobre ello, y hallóse que por los alcaldes y regidores en el cabildo se concertó que se despoblasen y sentenciaron a los que fueron en ello a pena de muerte; y apelaron, y fue la pena en destierro, y desta manera sucedió en lo de Tutepeque, que jamás nunca se pobló, y aunque era tierra rica, por ser doliente; y como los naturales de aquella tierra vieron esto, y que se habían despoblado y la crueldad que Pedro de Alvarado había hecho sin causa ni justicia ninguna, se tornó a rebelar, y volvió a ellos el Pedro de Alvarado. Y los llamó de paz, y sin darles guerra volvieron a estar de paz. Dejemos esto, y digamos que, como Cortés tenía ya allegado sobre 80.000 pesos de oro para enviar a su majestad, y el tiro Fénix forjado; vino en aquella sazón nueva como había venido a Pánuco Francisco de Garay con grande armada: y lo que sobre ello se hizo diré adelante.

Capítulo CLXII. Cómo vino Francisco de Garay de Jamaica con grande armada para Pánuco, y lo que te aconteció, y muchas cosas que pasaron

Como he dicho en otro capítulo que habla de Francisco Garay: como era gobernador en la isla de Jamaica y rico, y tuvo nueva que habíamos descubierto muy ricas tierras cuando lo de Francisco Hernández de Córdoba y Juan de Grijalva, y habíamos llevado a la isla de Cuba 20.000 pesos de oro y los hubo Diego Velázquez, gobernador que era de aquella isla; y que venía en aquel instante Hernando Cortés a la Nueva España con otra armada, tomóle gran codicia a Garay de venir a conquistar algunas tierras, pues tenía mejor caudal que otros ningunos; y tuvo nueva y plática de un Antón de Alaminos, que fue el piloto mayor que habíamos traído cuando lo descubrimos, cómo estaban muy ricas tierras y muy pobladas desde el río de Pánuco adelante, y que aquello podía enviar a suplicar a su majestad que le hiciese merced. Y después de bien informado el mismo Garay del piloto Alaminos y de otros pilotos que se habían hallado juntamente con el Alaminos en el descubrimiento, acordó de enviar a un su mayordomo, que se decía Juan de Torralba, a la corte con cartas y dineros, a suplicar a los caballeros que en aquella sazón estaban por presidente y oidores de su majestad que le hiciesen merced de la gobernación del río de Pánuco, con todo lo demás que descubriese y estuviese por poblar; y como su majestad en aquella sazón estaba en Flandes, y estaba por presidente de Indias don Juan Rodríguez de Fonseca, obispo de Burgos y arzobispo de Rosano, que lo mandaba todo, y el licenciado Zapata y el licenciado Vargas y el secretario Lope de Conchillos, le trajeron provisiones que fuese adelantado y gobernador del río de

San Pedro y San Pablo, con todo lo que descubriese; y con aquellas provisiones envió luego tres navíos con hasta doscientos y cuarenta soldados, con muchos caballos y escopeteros y ballesteros y bastimentos, y por capitán dellos a un Alonso Álvarez Pineda o Pinedo, otras veces por mí ya nombrado. Pues como hubo enviado aquella armada, ya he dicho otras veces que los indios de Pánuco se la desbarataron, y mataron al capitán Pineda y a todos los soldados y caballos que tenía, excepto obra de sesenta soldados que vinieron al puerto de la Villarrica con un navío, y por capitán dellos un Camargo, que se acogieron a nosotros; y tras aquellos tres navíos viendo el Garay que no tenía nuevas dellos, envió otros dos navíos con muchos soldados y caballos y bastimentos, y por capitán dellos a Miguel Díaz de Auz y a un Ramírez, los cuales se vinieron también a nuestro puerto; y como vieron que no hallaron en el río de Pánuco pelo ni hueso de los soldados que había enviado Garay, salvo los navíos quebrados; todo lo cual tengo ya dicho otra vez en mi relación, mas es necesario que se torne a decir desde el principio para que bien se entienda. Pues volviendo a nuestro propósito y relación; viendo el Francisco de Garay que ya había gastado muchos pesos de oro, y oyó decir de la buena ventura de Cortés, y de las grandes ciudades que había descubierto, y del mucho oro y joyas que había en la tierra, tuvo envidia y codicia, y le vino más la voluntad de venir él en persona y traer la mayor armada que pudiese; buscó once navíos y dos bergantines, que fueron trece velas, y allegó ciento y treinta y seis de a caballo, y ochocientos y cuarenta soldados, los más ballesteros y escopeteros, y bastecióles muy bien de todo lo que hubieron menester, que era pan casabe y tocinos y tasajos de vacas, que ya había harto ganado vacuno; que, como era rico y lo tenía todo de su cosecha, no le dolía el gasto, y para ser hecha aquella armada en la isla de Jamaica, fue demasiada la gente y caballos que allegó. Y en el año de 1523 años salió de Jamaica con toda su armada por San Juan de junio, y vino a la isla de Cuba y a un puerto que se dice Jagua, y allí alcanzó a saber que Cortés tenía pacificada la provincia de Pánuco y poblada una villa, y había gastado en la pacificar más de 60.000 pesos de oro, y que había enviado a suplicar a su majestad le hiciese merced de la gobernación della, juntamente con la Nueva España; y como le decían de las cosas heroicas que Cortés y sus compañeros habíamos hecho, y como tuvo nueva que con doscientos y sesenta y seis soldados habíamos desbaratado a Pánfilo de Narváez, habiendo traído sobre mil y trescientos soldados, con ciento de a caballo y otros tantos escopeteros y ballesteros, y dieciocho tiros, temió la fortuna de Cortés; y en aquella sazón que estaba el Garay en aquel puerto de Jagua le vinieron a ver muchos vecinos de la isla de Cuba, y viniéronse en su compañía del Garay ocho o diez personas principales de aquella isla, y le vino a ver el licenciado Zuazo, que había venido a aquella isla a tomar residencia a Diego Velázquez por mandado de la real audiencia de Santo Domingo; y platicando el Garay con el licenciado sobre la ventura de Cortés, que temía que había de tener diferencias con él sobre la provincia de Pánuco, le rogó que se fuese con el Garay en aquel viaje, para ser intercesor entre él y Cortés; y el licenciado Zuazo respondió que no podía ir por entonces sin dar residencia, mas que presto sería allá en Pánuco. Y luego el Garay mandó dar velas, y va su derrota para Pánuco, y en el camino tuvo un mal tiempo, y los pilotos que llevaba subieron más arriba hacia el río de Palmas, y surgió en el propio río, día de señor Santiago, y luego envió a ver la tierra, y a los capitanes y soldados que envió no les pareció buena, y no tuvieron gana de quedar allí, sino que se viniese al propio río de Pánuco a la población y villa que Cortés había poblado, por estar más cerca de México; y como aquella nueva le trajeron, acordó el Garay de tomar juramento a todos sus soldados que no le desampararían sus banderas, y que le obedecerían como a tal capitán general, y nombró alcaldes y regidores y todo lo perteneciente a una villa; dijo que se habla de nombrar la villa Garayana, y mandó desembarcar todos los caballos y soldados de los navíos; desembarazados, envió los navíos costa a costa con un capitán que se decía Grijalva, y él y todo su ejército se vino por tierra costa a costa cerca de la mar, y anduvo dos días por malos despoblados, que eran ciénagas; pasó un río que venía de unas sierras que vieron desde el camino, que estaban de allí obra de cinco leguas, y pasaron aquel gran río en barcas y en unas canoas que hallaron quebradas. Luego en pasando el río estaba un pueblo despoblado de aquel día, y hallaron muy bien de comer maíz y gallinas, y había muchas guayabas muy buenas. Allí en este pueblo el Garay prendió unos indios que entendían la lengua mexicana, y halagóles y dioles camisas, enviáles por mensajeros a otros pueblos que le decían que estaban cerca, porque le recibiesen de paz; y rodeó una ciénaga, fue a los mismos pueblos, recibiéronle de paz, diéronle muy bien de comer y muchas gallinas de la tierra, y otras aves, como a manera de ansarones, que tomaban en las lagunas; y como muchos de los soldados que llevaba Garay iban cansados, y parece ser no les daban de lo que los indios traían de comer, se amotinaron algunos y se fueron a robar a los indios de aquellos pueblos por donde venían, y estuvieron en este pueblo tres días; otro día fueron su camino con guías, llegaron a un gran río, no le podían pasar sino con canoas que les dieron los de los pueblos de paz donde habían estado; procuraron de pasar cada caballo a nado, y remando con cada canoa un caballo que le llevasen del cabestro; y como eran muchos caballos y no se daban maña, se les ahogaron cinco caballos; salen de aquel río, dan en unas malas ciénagas, y con mucho trabajo llegaron a tierra de Pánuco; y ya que en ellas se hallaron, creyeron tener de comer, y estaban todos los pueblos sin maíz ni bastimentos y muy alterados, y esto fue a causa de las guerras que Cortés con ellos había tenido poco tiempo había; y también si alguna comida tenían, habíanlo alzado y puesto en cobro; porque, como vieron tantos españoles y caballos, tuvieron miedo dellos y despoblaron los pueblos, y adonde pensaba Garay reposar, tenía más trabajo; y demás desto, como estaban despobladas las casas donde posaba, había en ellas muchos murciélagos y chinches y mosquitos, y todo les daba guerra; y luego sucedió otra mala ventura, que los navíos que venían costa a costa no habían llegado al puerto ni sabían dellos, porque en ellos traían mucho bastimento; lo cual supieron de un español que los vino a ver o hallaron en un pueblo, que era de los vecinos que estaban poblados en la villa de San Esteban del Puerto, que estaba huido por temor de la justicia por cierto delito que había hecho; el cual les dijo cómo estaban poblados en una villa muy cerca de allí y cómo México era muy buena tierra, y que estaban los vecinos, que en ella vivían, ricos; y como oyeron los soldados que traía Garay al español, que con él hablaron muchos, que la tierra de México era buena y la de Pánuco no era tan buena, se desmandaron y se fueron por la tierra a robar, y íbanse a México; y en aquella sazón, viendo el Garay que se le amotinaban sus soldados y no los podía haber, envió a un su capitán que se decía Diego de Ocampo a la villa de San Esteban a saber qué voluntad tenía el teniente que estaba por Cortés, que se decía Pedro de Vallejo, y aun le escribió haciéndoles saber cómo traía provisiones y recaudos de su majestad para gobernar y ser adelantado de aquellas provincias, y cómo había aportado con sus navíos al río de Palmas, y del camino y trabajos que había pasado; y el Vallejo hizo mucha honra al Diego de Ocampo y a los que con él iban, y les dió buena respuesta, y les dijo que Cortés holgara de tener buen vecino por gobernador, mas que le había costado muy caro la conquista de aquella tierra, y que su majestad le había hecho merced de la gobernación, y que venga cuando quisiere con sus ejércitos y que se le hará todo servicio, y que le pide por merced que mande a sus soldados que no hagan injusticias ni robos a los indios, porque se le han venido a quejar dos pueblos; y tras esto, muy en posta escribió el Vallejo a Cortés, y aun le envió la carta del Garay, e hizo que escribiese otra al mismo Diego de Ocampo, y le envió a decir que qué mandaba que se hiciese, y que de presto enviasen muchos soldados o viniese Cortés en persona. Y desque Cortés vio la carta, envió a llamar a Pedro de Alvarado, y a Gonzalo de Sandoval y a un Gonzalo de Ocampo, hermano del otro Diego de Ocampo que venía con Garay, y envió con ellos los recaudos que tenía, cómo su majestad le había mandado que todo lo que conquistase tuviese en sí hasta que se averiguase la justicia entre él, y Diego Velázquez, o se lo notificasen al Garay. Dejemos de hablar desto, y digamos que luego como Gonzalo de Ocampo volvió con la respuesta del Vallejo al Garay, y le pareció buena respuesta, se vino con todo su ejército a se juntar más cerca de la villa de San Esteban, y ya el Pedro de Vallejo tenía concertado con los vecinos de la villa, y con aviso que tuvo de cinco soldados que se habían ido de la villa, que eran del mismo Garay, de los amotinados; y como estaban muy descuidados y no se velaban, y como quedaban en un pueblo bueno y grande que se dice Nachapalan, y los del Vallejo sabían bien la tierra, dan en la gente de Garay, y le prenden sobre cuarenta soldados, y se lo llevaron a su villa de San Esteban del Puerto, y ellos tuvieron por buena su prisión; y la causa que dijo el Vallejo por que los prendió, era porque, sin presentar las provisiones y recaudos que traían, andaban robando la tierra; y viendo esto Garay, hubo gran pesar, y tornó a enviar a decir al Vallejo que le diese sus soldados, amenazándole con la justicia de nuestro rey y señor; y el Vallejo respondió que cuando vea los reales provisiones, que las obedecerá y pondrá sobre su cabeza, y que fuera mejor que cuando vino Ocampo las trajera y presentara para las cumplir, y que le pide por merced que mande a sus soldados que no roben ni saqueen los pueblos de su majestad; y en este instante llegaron los capitanes que Cortés enviaba con los recaudos; y vino por capitán un Diego de Ocampo; y como el Diego de Ocampo era en aquella sazón alcalde mayor por Cortés en México, comenzó de hacer requerimientos al Garay que no entrase en la tierra, porque su majestad mandó que la tuviese Cortés, y en demandas y respuestas se pasaron ciertos días, y entre tanto cada día se le iban a Garay muchos soldados, que anochecían y no amanecían en el real; y vio Garay que los capitanes de Cortés traían mucha gente de a caballo y escopeteros, y de cada día le venían más, y supo que de sus navíos que había mandado venir costa a costa, se le habían perdido dos dellos con tormenta de nortes, que es travesía, y los demás navíos que estaban en la boca del puerto, y que el teniente Vallejo les envió a requerir que luego se entrasen dentro en el río, no les viniese algún desmán y tormenta como la pasada; si no, que los tendría por corsarios que andaban a robar; y los capitanes de los navíos respondieron que no tuviese Vallejo que entender ni mandar en ello, que ellos entrarían cuando quisiesen. Y en este instante el Francisco de Garay temió la buena fortuna de Cortés; y como andaban en estos trances el alcalde mayor Diego de Ocampo, y Pedro de Alvarado y Gonzalo de Sandoval, tuvieron pláticas secretas con los de Garay y con los capitanes que estaban en los navíos en el puerto, y se concertaron con ellos que se entrasen en el puerto y se diesen a Cortés; y luego un Martín de San Juan guipuzcoano y un Castromocho, maestres de navíos, se entregaron y dieron, con sus naos, al teniente Vallejo por Cortés; y como los tuvo, fue en ellos el mismo Vallejo a requerir al capitán Juan de Grijalva, que estaba en la boca del puerto, que se entrase dentro a surgir, o se fuese por la mar donde quisiese: y respondióle con tirarle muchos tiros; y luego enviaron en una barca un escribano del rey, que se decía Vicente López, a le requerir que se entrase en el puerto, y aun llevó cartas para el Grijalva, del Pedro de Alvarado y de Sandoval y de Diego de Ocampo, con ofertas y prometimientos que Cortés le haría mercedes. Y como vio las cartas y que todas las naos habían entrado en el río, así hizo el Juan de Grijalva con su nao capitana; y el teniente Vallejo le dijo que fuese preso en nombre del capitán Hernando Cortés; mas luego le soltó a él y a cuantos estaban detenidos. Y desque el Garay vio el mal recaudo que tenía, y sus soldados huidos y amotinados, y los navíos todos a través, y los demás estaban tomados por Cortés, si muy triste estuvo antes que se los tomasen, más lo estuvo después que se vio desbaratado; y luego demandó con grandes protestaciones que hizo a los capitanes de Cortés que le diesen sus naos y todos sus soldados, que se quería volver al río de Palmas, y presentó sus provisiones y recaudos que para ello traía, y que por no tener debates ni cuestiones con Cortés, que se haría volver; y aquellos caballeros le respondieron que fuese mucho en buena hora, y que ellos mandarían a todos los soldados que estaban, en aquella provincia y por los pueblos, amotinados que luego se vengan a su capitán y vayan en los navíos; y le mandarán proveer de todo lo que hubiese menester, así de bastimentos como de armas y tiros y pólvora, y que escribirán a Cortés lo proveyese muy cumplidamente de todo lo que hubiese menester; y el Garay con esta respuesta y ofrecimientos estaba contento; y luego se dieron pregones en aquella villa, y en todos los pueblos enviaron alguaciles a prender los soldados amotinados para los traer al Garay, y por más penas que les ponían, era pregonar en balde, que no aprovechaba cosa ninguna; y algunos soldados que traían presos decían que ya habían llegado a la provincia de Pánuco, y que no eran obligados a más le seguir, ni cumplir el juramento que les había tomado, y ponían otras perentorias, que decían que no era capitán el Garay para saber mandar, ni hombre de guerra. Como vio el Garay que no aprovechaban pregones ni la buena diligencia que le parecía que ponían los capitanes de Cortés en traer sus soldados, estaba desesperado; pues viéndose desamparado de todos, aconsejáronle los que venían por parte de Cortés que le escribiese luego al mismo Cortés, y que ellos serían intercesores con él para que volviese al río de Palmas; y que tenían a Cortés por tan de buena condición, que le ayudaría en todo lo que pudiese, y que el Pedro de Alvarado y el Sandoval serían fiadores dello. Y luego el Garay escribió a Cortés: dándole relación de su viaje y trabajos, que si su merced mandaba, que le iría a ver y comunicar cosas cumplideras al servicio de Dios y de su majestad, encomendándole su honra y estado, y que lo ordenase de manera que no fuese disminuida su honra; y también escribieron Pedro de Alvarado, y el Diego de Ocampo, y Gonzalo de Sandoval, suplicando al Cortés por las cosas del Francisco de Garay, para que en todo fuese ayudado pues en los tiempos pasados habían sido grandes amigos; y Cortés, viendo aquellas cartas, tuvo lástima del Garay, y le respondió con mansedumbre, y que le pesaba de todos sus trabajos, y que se venga a México, que le promete que en todo lo que pudiere ayudar lo hará de muy buena voluntad, y que a la obra se remite; y mandó que por do quiera que viniese le hiciesen honra y le diesen todo lo que hubiese menester, y aun le envió al camino refresco; y cuando llegó a Texcoco le tenían hecho un banquete; y llegado a México, el mismo Cortés y muchos caballeros le salieron a recibir, y el Garay iba espantado de ver tantas ciudades, y más cuando vio la gran ciudad de México; y luego Cortés lo llevó a sus palacios, que entonces nuevamente los hacía. Y después que se hubieron comunicado él y el Garay, el Garay le contó sus desdichas y trabajos, encomendándole que por su mano fuese remediado; y el mismo Cortés se le ofreció muy de voluntad, y aun Pedro de Alvarado y Gonzalo de Sandoval le fueron buenos medianeros. Y de ahí a tres o cuatro días que hubo llegado, porque la amistad suya fuese más duradera y segura, se trató que se casase una hija de Cortés, que se decía doña Catalina Cortés Pizarro, que era niña, con un hijo de Garay, el mayorazgo, que traía consigo en la armada y le dejó por capitán de su armada; y Cortés vino en ello, y le mandó en dote con doña Catalina gran cantidad de pesos de oro, y que Garay fuese a poblar el río de Palmas, y que Cortés le diese lo que hubiese menester para la población y pacificación de aquella provincia, y aun le prometió capitanes y soldados de los suyos, para que con ellos descuidase en las guerras que hubiese; y con estos prometimientos, y con la buena voluntad que Garay halló en Cortés, estaba muy alegre: yo tengo por cierto que así como lo había capitulado y ordenado Cortés, lo cumpliera. Dejemos esto del casamiento y de las promesas, y diré cómo en aquella sazón fue a posar el Garay en casa de un Alonso de Villanueva, porque Cortés hacía sus casas y palacio y eran tamaños y tan grandes y de tantos patios, como suelen decir el laberinto de Creta, y Alonso de Villanueva, según pareció, había estado en llanueva, y se le hacía toda la honra que podía, y todos esto no lo afirmo si era entonces o después; era muy grande amigo de Garay, y por el conocimiento pasado suplicó el Garay a Cortés para pasarse a las casas del Villanueva, y se le hacía toda la honra que podía, y todos los vecinos de México le acompañaban. Quiero decir cómo en aquella sazón estaba en México Pánfilo de Narváez, que es el que hubimos desbaratado, como dicho tengo otras veces, y fue a ver y hablar al Garay; abrazáronse el uno al otro, y se pusieron a platicar cada uno de sus trabajos y desdichas; y como el Narváez era hombre que hablaba muy entonado, de plática en plática, medio riendo, le dijo el Narváez: «Señor adelantado don Francisco de Garay, hanme dicho ciertos soldados de los que le han venido huyendo y amotinados que solía decir vuesamerced a los caballeros que traía en su armada: "Mirad que hagamos como varones, y peleemos muy bien con estos soldados de Cortés, no nos tomen descuidados como tomaron a Narváez"; pues, señor don Francisco de Garay, a mí peleando me quebraron este ojo, y me robaron y me quemaron cuanto tenía, y hasta que me mataron el alférez y muchos soldados y prendieron mis capitanes, nunca me habían vencido tan descuidado como a vuesamerced le han dicho: hágole saber que otro más venturoso en el mundo no ha habido que Cortés; y tiene tales capitanes y soldados, que se podían nombrar tan en ventura, cada uno en lo que tuvo entre manos, como Octaviano, y en el vencer como Julio César, y en el trabajar y ser en las batallas más que Aníbal». Y el Garay respondía que no había necesidad que se lo dijesen; que por las obras se veía lo que decía, y que ¿qué hombre hubo en el mundo que con tan pocos soldados se atreviese a dar con los navíos a través, y meterse en tan recios pueblos y grandes ciudades a les dar guerra? Y respondía Narváez recitando otros grandes hechos y loas de Cortés; y estuvieron el uno y el otro platicando en las conquistas desta Nueva España como a manera de coloquio. Y dejemos estas alabanzas que entre ellos se tuvo, y diré cómo Garay suplicó a Cortés por el Narváez, para que le diese licencia para volver a la isla de Cuba con su mujer, que se decía María de Valenzuela, que estaba rica de las minas y de los buenos indios que tenía el Narváez; y demás de se lo suplicar el Garay a Cortés con muchos ruegos, la misma mujer de Narváez se lo había enviado a suplicar a Cortés por cartas, le dejase ir a su marido; porque, según parece, se conocían cuando Cortés estaba en Cuba, y eran compadres; y Cortés le dio licencia y le ayudó con 2.000 pesos de oro; y cuando el Narváez tuvo licencia se humilló mucho a Cortés, con prometimientos que primero le hizo que en todo le sería servidor, y luego se fue a Cuba. Dejemos de más platicar desto, y digamos en qué paró Garay y su armada; y es, que yendo una noche de Navidad del año de 1523, juntamente con Cortés, a maitines, después de vueltos de la iglesia, almorzaron con mucho regocijo, y desde allí a una hora, con el aire que le dio al Garay, que estaba de antes mal dispuesto, le dio dolor de costado con grandes calenturas; mandáronle los médicos sangrar y purgáronle, y desque vieron que arreciaba el mal, le dijeron que se confesase y que hiciese testamento; lo cual luego lo hizo y dejó por albaceas a Cortés; y luego, dende a cuatro días que le dio el mal, dio el alma a nuestro señor Jesucristo, que la crió; y esto tiene la calidad de la tierra de México, que en tres o cuatro días mueren de aquel mal de dolor de costado, que esto ya lo he dicho otra vez, y lo tenemos bien experimentado de cuando estábamos en Texcoco y en Coyoacan, que se murieron muchos de nuestros soldados. Pues ya muerto Garay ¡perdónele Dios, amén! le hicieron muchas honras al enterramiento, y Cortés y otros caballeros se pusieron luto y como algunos maliciosos estaban mal con Cortés, no faltó quien dijo que le había mandado dar rejalgar en el almuerzo, y fue gran maldad de los que tal le levantaron; porque ciertamente de su muerte natural murió, porque así lo juró el doctor Ojeda y el licenciado Pedro López, médicos que le curaron; y murió el Garay fuera de su tierra, en casa ajena y lejos de su mujer e hijos. Dejemos de contar desto, y volvamos a decir de la provincia del Pánuco: que, como el Garay se vino a México, y sus capitanes y soldados, como no tenían cabeza ni quien les mandase, cada uno de los soldados que aquí nombraré, que el Garay traía en su compañía, se querían hacer capitanes; los cuales se decían, Juan de Grijalva, Gonzalo de Figueroa, Alonso de Mendoza, Lorenzo de Ulloa, Juan de Medina, el tuerto; Juan de Ávila, Antonio de la Cerda y un Taborda; este Taborda fue el más bullicioso de todos los del real de Garay; y sobre todos ellos quedó por capitán un hijo del Garay, que quería casar Cortés con su hija, y no le acataban ni hacían cuenta de él todos los que he nombrado ni ninguno de los de su capitanía; antes se juntaban de quince en quince y de veinte en veinte, y se andaban robando los pueblos y tomando las mujeres por fuerza, y mantas y gallinas, como si estuvieran en tierra de moros, robando lo que hallaban. Y como aquello vieron los indios de aquella provincia, se concertaron todos a una de los matar, y en pocos días sacrificaron y comieron más de quinientos españoles, y todos eran de los de Garay, y en pueblos hubo que sacrificaron más de cien españoles juntos; y por todos los demás pueblos no hacían sino, a los que andaban desmandados, matarlos y comer y sacrificar; y como no había resistencia, ni obedecían a los vecinos de la villa de Santi Esteban, que dejó Cortés poblada, y ya que salían a les dar guerra, era tanta la multitud que salía de guerreros, que no se podían valer con ellos; y a tanto vino la cosa y atrevimiento que tuvieron, que fueron muchos indios sobre la villa, y la combatieron de noche y de día de arte, que estuvo en gran riesgo de se perder. Y si no fuera por siete u ocho conquistadores viejos de los de Cortés, y por el capitán Vallejo, que ponían velas y andaban rondando y esforzando a los demás, ciertamente les entraran en su villa; y aquellos conquistadores dijeron a los demás soldados de Garay que siempre procurasen de estar juntamente con ellos y que allí en el campo estaban muy mejor, y que allí los hallasen los contrarios, y que no se volviesen a la villa; y así se hizo, y pelearon con ellos tres veces, y puesto que mataron al capitán Vallejo e hirieron otros muchos, todavía los desbarataron y mataron muchos indios dellos; y estaban tan furiosos todos los indios naturales de aquella provincia, que quemaron y abrasaron una noche cuarenta españoles, y mataron quince caballos, y muchos de los que mataron eran de los de Cortés, en un pueblo, y todos los demás fueron de los de Garay. Y como Cortés alcanzó a saber estos destrozos que hicieron en esta provincia, tomó tanto enojo, que quiso volver en persona contra ellos, y como estaba muy malo de un brazo que se le había quebrado, no pudo venir; y de presto mandó a Gonzalo de Sandoval que viniese con cien soldados y cincuenta de a caballo y dos tiros y quince arcabuceros y ballesteros, y le dio ocho mil tlaxcaltecas y mexicanos, y le mandó que no viniese sin que les dejase muy bien castigados, de manera que no se tornasen a alzar. Pues como el Sandoval era muy ardidoso, y cuando le mandaban cosa de importancia no dormía de noche, no se tardó mucho en el camino, que con gran concierto da orden cómo habían de entrar y salir los de a caballo en los contrarios, porque tuvo aviso que le estaban esperando en dos malos pasos todas las capitanías de los guerreros de aquellas provincias; y acordó enviar la mitad de todo su ejército al un mal paso, y él se estuvo con la otra mitad de su compañía a la otra parte; y mandó a los escopeteros y ballesteros no hiciesen sino armar unos y soltar otros y dar con ellos y hasta ver si los podían hacer poner en huida; y los contrarios tiraban mucha vara y flecha y piedra, e hirieron a muchos soldados y de nuestros amigos. Viendo Sandoval que no les podía entrar, estuvieron en aquel mal paso hasta la noche, y envió a mandar a los demás que estaban en aquel otro mal paso que hiciesen lo mismo, y los contrarios nunca desampararon sus puestos; y otro día por la mañana, viendo Sandoval que no aprovechaba cosa estarse allí como había dicho, mandó enviar a llamar a las demás capitanías que había enviado al otro mal paso, e hizo que levantaba su real, y que se volvía camino de México como amedrentado; y como los naturales de aquellas provincias que estaban juntos les pareció que de miedo se iban retrayendo, salen al camino, e iban siguiéndole dándole grita y diciéndole vituperios; y todavía el Sandoval, aunque más indios salían tras él, no volvía sobre ellos, y esto fue por descuidarles, para, como habían ya estado aguardando tres días, volver aquella noche y pasar de presto con todo su ejército los malos pasos; y así lo hizo, que a media noche volvió y tomóles algo descuidados, y pasó con los de a caballo; y no fue tan sin grande peligro, que le mataron tres caballos e hirieron muchos soldados; y cuando se vio en buena tierra y fuera del mal paso con sus ejércitos, él por una parte y los demás de su capitanía por otra dan en grandes escuadrones que aquella misma noche se habían juntado, desque supieron que volvió: y eran tantos, que el Sandoval tuvo recelo no le rompiesen y desbaratasen; y mandó a sus soldados que se tornasen a juntar con él para que peleasen juntos, porque vio y entendió de aquellos contrarios que como tigres rabiosos se venían a meter por las puntas de las espadas, y habían tomado seis lanzas a los de a caballo, como no eran hombres acostumbrados a la guerra: de lo cual Sandoval estaba tan enojado, que decía que valiera más que trajera pocos soldados de los que él conocía, y no los que trajo; y allí les mandó a los de a caballo de la manera que habían de pelear, que eran nuevamente venidos; y es, que las lanzas algo terciadas, y no se parasen a dar lanzadas, sino por los rostros y pasar adelante hasta que les hayan puesto en huida; y les dijo que vista cosa es que si se parasen a alancear, que la primera cosa que el indio hace desque está herido es echar mano de la lanza, y como les vean volver las espaldas, que entonces a media rienda les han de seguir, y las lanzas todavía terciadas, y si les echaren mano de las lanzas, porque aun con todo esto no dejan de asir dellas, que para se las sacar de presto de sus manos, poner piernas al caballo, y la lanza bien apretada con la mano asida y debajo del brazo para mejor se ayudar y sacarla del poder del contrario, y si no la quisiere soltar, traerle arrastrando con la fuerza del caballo. Pues ya que les estuvo dando orden cómo habían de batallar, y vio a todos sus soldados y de a caballo juntos, se fue a dormir aquella noche a orilla de un río, y allí puso buenas velas y escuchas y corredores del campo, y mandó que toda la noche tuviesen los caballos ensillados, y asimismo ballesteros y escopeteros y soldados muy apercibidos; mandó a los amigos tlaxcaltecas y mexicanos que estuviesen sus capitanías algo apartadas de los nuestros, porque ya tenía experiencia de lo México: porque si de noche viniesen los contrarios a dar en los reales, que no hubiese estorbo ninguno en los amigos; y esto fue porque el Sandoval temió que vendrían, porque vio muchas capitanías de contrarios que se juntaban muy cerca de sus reales, y tuvo por cierto que aquella noche les habían de venir a combatir, y oía muchos gritos y cornetas y tambores muy cerca de allí; y según entendían habíanle dicho nuestros amigos a Sandoval que decían los contrarios que para aquel día cuando amaneciese habían de matar a Sandoval y a toda su compañía; y los corredores del campo vinieron dos veces a dar aviso que sentían que, se apellidaban de muchas partes y se juntaban. Y cuando fue día claro Sandoval mandó salir a todas sus compañías con gran ordenanza, a los de a caballo les tornó a traer a la memoria como otras veces les había dicho. Íbanse por el camino adelante por unas caserías, adonde oían los atambores y cornetas; y no hubo bien andado medio cuarto de legua, cuando le salen al encuentro tres escuadrones de guerreros y le comenzaron a cercar; y como aquello vio, manda arremeter la mitad de los de a caballo por una parte y la otra mitad por la otra, y puesto que le mataron dos soldados de los nuevamente venidos de Castilla, y tres caballos, todavía les rompió de tal manera, que fue desde allí adelante matando e hiriendo en ellos, que no se juntaban como de antes. Pues nuestros amigos los mexicanos y tlaxcaltecas hacían mucho daño en todos aquellos pueblos, y prendieron mucha gente, y abrasaron todos los pueblos que por delante hallaban, hasta que el Sandoval tuvo lugar de llegar a la villa de San Esteban del Puerto, y halló los vecinos tales y tan debilitados, unos muy heridos y otros muy dolientes, y lo peor, que no tenían maíz que comer ellos y veintiocho caballos; y esto a causa que de noche y de día les daban guerra, y no tenían lugar de traer maíz ni otra cosa ninguna, y hasta aquel mismo día que llegó Sandoval no habían dejado de los combates, porque entonces se apartaron del combate; y después de haber ido todos los vecinos de aquella villa a ver y hablar al capitán Sandoval, y darle gracias y loores por los haber venido en tal tiempo a socorrer, le contaron los de Garay que si no fuera por siete u ocho conquistadores viejos de los de Cortés, que les ayudaron mucho, que corrían mucho riesgo sus vidas, porque aquellos ocho salían cada día al campo y hacían salir los demás soldados, y resistían que los contrarios no les entrasen en la villa; y también porque, como lo capitaneaban y por su acuerdo se hacía todo, y habían mandado que los dolientes y heridos se estuviesen dentro en la villa, y que todos los demás aguardasen en el campo, y que de aquella manera se sostenían con los contrarios; y Sandoval los abrazó a todos, y mandó a los mismos conquistadores, que bien los conocía, y aun eran sus amigos, en especial fulano Navarrete y Carrascosa, y un fulano de Alamilla y otros cinco, que todos eran de los de Cortés, que repartiesen entre ellos de los de a caballo y ballesteros y escopeteros que el Sandoval traía, y que por dos partes fuesen y enviasen maíz y bastimento, e hiciesen guerra y prendiesen todas las más gentes que pudiesen, en especial caciques; y esto mandó el Sandoval porque él no podía ir, que estaba mal herido en un muslo, y en la cara tenía una pedrada, y asimismo entre los de su compañía traía otros muchos soldados heridos, y porque se curasen estuvo en la villa tres días que no salió a dar guerra; porque, como había enviado los capitanes ya nombrados, y conoció dellos que lo harían bien, y vio que de presto enviaron maíz y bastimento, con esto estuvo los tres días; y también le enviaron muchas indias y gente menuda que habían preso, y cinco principales de los que habían sido capitanes en las guerras; y Sandoval les mandó soltar a todas las gentes menudas, excepto a los principales, y les envió a decir que desde allí adelante que no prendiesen si no fuese a los que fueron en la muerte de los españoles, y no mujeres ni muchachos, y que buenamente les enviasen a llamar, y así lo hicieron. Y ciertos soldados de los que habían venido con Garay, que eran personas principales, que el Sandoval halló en aquella villa, los cuales eran por quien se había revuelto aquella provincia, que ya los he nombrado a todos los más dellos en el capítulo pasado, vieron que Sandoval no les encomendaba cosa ninguna para ir por capitanes con soldados, como mandó a los siete conquistadores viejos de los de Cortés, comenzaron a murmurar de él entre ellos, y aun convocaban a otros soldados a decir mal del Sandoval y de sus cosas, y aun ponían en pláticas de se levantar con la tierra so color de que estaba allí con ellos el hijo de Francisco de Garay como adelantado della. Y como lo alcanzó a saber el Sandoval, les habló muy bien y les dijo: «Señores, en lugar de me lo tener a bien, cómo, gracias a Dios, os hemos venido a socorrer, me han dicho que decís cosas que para caballeros como sois no son de decir: yo no os quito vuestro ser y honra en enviar los que aquí hallé por caudillos y capitanes; y si hallara a vuesas mercedes que erais caudillos, harto fuera yo de ruin si les quitara el cargo. Querría saber una cosa: por qué no lo fuisteis cuando estabais cercados. Lo que me dijisteis todos a una es, que si no fuera por aquellos siete soldados viejos, que tuvierais más trabajo; y como sabían la tierra mejor que vuesas mercedes, por esta causa los envié: así que, señores, en todas nuestras conquistas de México no mirábamos en estas cosas y puntos, sino en servir lealmente a su majestad: así, os pido por merced que desde aquí adelante lo hagáis, y yo no estaré en esta provincia muchos días, si no me matan en ella, que me iré a México. El que quedare por teniente de Cortés os dará muchos cargos, y a mí me perdonad». Y con esto concluyó con ellos, y todavía no dejaron de tenerle mala voluntad; y esto pasado, luego otro día sale Sandoval con los que trajo en su compañía de México y con los siete que había enviado, y tiene tales modos, que prendió hasta veinte caciques, que todos habían sido en la muerte de más de seiscientos españoles que mataron de los de Garay y de los que quedaron poblados en la villa de los de Cortés, y a todos los demás pueblos envió a llamar de paz, y muchos dellos vinieron, y con otros disimulaba aunque no venían. Y esto hecho, escribió muy en posta a Cortés dándole cuenta de todo lo acaecido, y qué mandaba que hiciese de los presos; porque Pedro de Vallejo, que dejó Cortés por su teniente, era muerto de un flechazo, a quien mandaba que quedase en su lugar; y también le escribió que lo habían hecho muy como varones los soldados ya por mí nombrados; y como Cortés vio la carta, se holgó mucho en que aquella provincia estuviese ya de paz; y en la sazón que le dieron la carta a Cortés estábanle acompañando muchos caballeros conquistadores y otros que habían venido de Castilla; y dijo Cortés delante dellos: «¡Oh Gonzalo de Sandoval! ¡en cuán gran cargo os soy, y cómo me quitáis de muchos trabajos!». Y allí todos le alabaron mucho, diciendo que era un muy extremado capitán, y que se podía nombrar entre los muy afamado!. Dejemos destas loas; y luego Cortés le escribió que, para que más justificadamente castigase por justicia a los que fueron en la muerte de tanto español y robos de hacienda y muertes de caballos, que enviaba al alcalde mayor Diego de Ocampo para que se hiciese información contra ellos, y lo que se sentenciase por justicia que lo ejecutase; y le mandó que en todo lo que pudiese les aplaciese a todos los naturales de aquella provincia, y que no consintiese que los de Garay ni otras personas ningunas los robasen ni les hiciesen malos tratamientos; y como el Sandoval vio la carta, y que venía el Diego de Ocampo, se holgó dello, y desde a dos días que llegó el alcalde mayor Ocampo, y después que le dio el Sandoval relación de lo que había hecho y pasado, hicieron proceso contra los capitanes y caciques que fueron en la muerte de los españoles, y por sus confesiones, por sentencia que contra ellos pronunciaron, quemaron y ahorcaron ciertos dellos, y a otros perdonaron; y los cacicazgos dieron a sus hijos y hermanos, a quien de derecho les convenía. Y esto hecho, el Diego de Ocampo parece ser traía instrucciones y mandamientos de Cortés para que inquiriere quiénes fueron los que entraban a robar la tierra y andaban en bandos y rencillas, y convocando a otros soldados que se alzasen, y mandó que les hiciese embarcar en un navío y los enviase a la isla de Cuba, y aun envió 2.000 pesos para Juan de Grijalva si se quería volver a Cuba; y si quisiese quedar, que le ayudase y diese todo recaudo para venir a México; y en fin de más razones, todos de buena voluntad se quisieron volver a la isla de Cuba, donde tenían indios, y les mandó dar mucho bastimento de maíz y gallinas y de todas las cosas que había en la tierra, y se volvieron a sus casas e isla de Cuba. Y esto hecho, nombraron por capitán a un fulano de Vallecillo, y dieron la vuelta el Sandoval y el Diego de Ocampo para México, y fueron bien recibidos de Cortés y de toda la ciudad, y dende en adelante no se tornó más a levantar aquella provincia. Y dejemos de hablar más en ello, y digamos lo que le aconteció al licenciado Zuazo en el viaje que venía de Cuba a la Nueva España.

Capítulo CLXIII. Cómo el licenciado Alonso de Zuazo venía en una carabela a la Nueva España, y dio en unas isletas que llaman las Víboras, y lo que más le aconteció

Como ya he dicho en el capítulo pasado que hablé de cuando el licenciado Zuazo fue a ver a Francisco de Garay al pueblo de Jagua, que es la isla de Cuba, cabe la villa de la Trinidad; y el Garay le importunó que fuese con él en su armada para ser medianero entre él y Cortés, porque bien entendido tenía que había de tener diferencias sobre la gobernación de Pánuco; y el Alonso de Zuazo le prometió que así lo haría en dando cuenta de la residencia del cargo que tuvo de justicia en aquella isla de Cuba, donde al presente vivía; y en hallándose desembarazado, luego procuró de dar residencia y hacerse a la vela, e ir a la Nueva España, adonde había prometido. Y embarcado en un navío chico, y yendo por su viaje, y salidos de la punta que llaman de San Antonio, y también se dice por otro nombre la tierra de los Guanatabeyes, que son unos salvajes que no sirven a españoles; y navegando en su navío, que era de poco porte, o porque el piloto erró la derrota, o descayó con las corrientes, fue a dar en unas isletas que son entre unos bajos que llaman las Víboras, y no muy lejos destos bajos están otros que llaman los Alacranes, y entre estas isletas se suelen perder navíos grandes, y lo que le dio la vida a Zuazo fue ser su navío de poco porte. Pues volvieron a nuestra relación: porque pudiesen llegar con el navío a una isleta que vieron que estaba cerca, que no bañaba la mar, echaron muchos tocinos al agua, y otras cosas que traían para matalotaje, para aliviar el navío, para poder ir sin tocar en tierra hasta la isleta, y cargaron tantos tiburones a los tocinos, que a unos marineros que se echaron al agua a más de la cinta, los tiburones, encarnizados en los tocinos, apañaron a un marinero dellos y le despedazaron y tragaron, y si de presto no se volviera los demás marineros a la carabela, todos perecieran, según andaban los tiburones encarnizados en la sangre del marinero que mataron; pues lo mejor que pudieron allegaron con su carabela a la isleta, y como había echado a la mar el bastimento y casabe, y no tenían qué comer, y tampoco tenían agua que beber, ni lumbre, ni otra cosa con que pudiesen sustentarse, salvo unos tasajos de vaca que dejaron de arrojar a la mar, fue ventura que traían en la carabela dos indios de Cuba, que sabían sacar lumbre con unos palicos secos que hallaron en la isleta adonde aportaron, y dellos sacaron lumbre, y cavaron en un arenal y sacaron agua salobre, y como la isleta era chica y de arenales, venían a ella a desovar muchas tortugas, y así como salían las trastornaban los indios de Cuba las conchas arriba; y suele poner cada una dellas sobre cien huevos tamaños como de pato; y con aquellas tortugas y muchos huevos tuvieron bien con que se sustentar trece personas que escaparon en aquella isleta; y también mataron lobos marinos que salían de noche al arenal de la isleta, que fueron harto buenos para comer. Pues estando desta manera, como en la carabela acertaran a venir dos carpinteros de ribera, y tenían sus herramientas, que no se les habían perdido, acordaron de hacer una barca para ir con ella a la vela, y con la tablazón y clavos, estopas y jarcias y velas que sacaron del navío que se perdió, hacen una buena barca como batel, en que fueron tres marineros y un indio de Cuba a la Nueva España, y para matalotaje llevaron de las tortugas y de los lobos marinos asados, y con agua salobre, y con la carta y aguja de marcar, después de se encomendar a Dios, fueron su viaje, y unas veces con buen tiempo y otras veces con contrario, llegaron al puerto de Chaldocueca, que es el río de Banderas, adonde en aquella sazón se descaraban las mercaderías que venían de Castilla, y desde allí fueron a Medellín, adonde estaba por teniente de Cortés un Simón de Cuenca; y como los marineros que venían en la barca le dijeron al teniente el gran peligro en que estaba el licenciado Alonso Zuazo, luego sin más dilación el Simón de Cuenca buscó marineros y un navío de poco porte, y con mucho refresco lo despachó a la isleta adonde estaba el Zuazo; y el Simón de Cuenca le escribió al mismo licenciado cómo Cortés se holgaría mucho con su venida, y asimismo le hizo saber a Cortés todo lo acaecido, y cómo le envió el navío abastecido; de lo cual se holgó Cortés del buen aviamiento que el teniente hizo, y mandó que en aportando allí al puerto, que le diesen todo lo que hubiese menester, y vestidos y cabalgaduras, y que le enviasen a México; y partió el navío, y fue con buen viaje a la isleta, con el cual se holgó el Zuazo y su gente; y de presto, con buen tiempo, vino a Medellín, y se le hizo honra, y se fue a México. Y Cortés le mandó salir a recibir y le llevó a sus palacios, y se regocijó con él y le hizo su alcalde mayor. Y en esto paró el viaje del licenciado Alonso de Zuazo. Dejemos de hablar dello, y digo que esta relación que doy, es por una carta que nos escribió a la villa de Guazacualco Cortés al cabildo della, adonde declaraba lo por mí aquí dicho, y porque dentro en dos meses vino al puerto de aquella villa el mismo barco en que vinieron los marineros a dar aviso del Zuazo, y allí hicieron un barco del descargo de la misma barca, y los marineros nos lo contaban según de la manera que aquí lo escribo. Dejemos esto, y diré cómo Cortés envió a Pedro de Alvarado a pacificar la provincia de Guatemala.

Capítulo CLXIV. Cómo Cortés envió a Pedro de Alvarado a la provincia de Guatemala para que poblase una villa y los trajese de paz, y lo que sobre ello se hizo

Pues como Cortés siempre tuvo los pensamientos muy altos y de señorear, quiso en todo remedar a Alejandro Macedonio, y con los muy buenos capitanes y extremados soldados que siempre tuvo, después que se hubo poblado la gran ciudad de México y Guaxaca y Zacatula y Colima y la Veracruz y Pánuco y Guazacualco, y tuvo noticia que en la provincia de Guatemala había recios pueblos de mucha gente y que había minas, acordó de enviar a la conquistar y poblar a Pedro de Alvarado, y aun el mismo Cortés había enviado a rogar a aquella provincia que viniesen de paz, y no quisieron venir; y diole al tal Alvarado para aquel viaje sobre trescientos soldados, y entre ellos ciento y veinte escopeteros y ballesteros; y más le dio cienta y treinta y cinco de a caballo, cuatro tiros y mucha pólvora, y un artillero que se decía fulano de Usagre, y sobre doscientos tlaxcaltecas y cholultecas, y cien mexicanos, que iban sobresalientes. Y después de dadas las instrucciones en que le mandaba a Alvarado que con toda diligencia procurase de los atraer de paz sin darles guerra, y que con ciertas lenguas y clérigos que llevaba les predicase las cosas tocantes a nuestra santa fe, y que no les consintiese sacrificios ni sodomías ni robarse unos a otros, que las cárceles y redes que hallase hechas, adonde suelen tener presos indios a engordar para comer, que las quebrase y que los saquen de las prisiones; y que con amor y buena voluntad los atraiga a que den la obediencia a su majestad, y en todo se les hiciese buenos tratamientos. Pues ya despedido el Pedro de Alvarado de Cortés y de todos los caballeros amigos suyos que en México había, y se despidieron los unos de los otros, partió de aquella ciudad en 13 días del mes de diciembre de 1523 años, y mandóle Cortés que fuese por unos peñoles que cerca del camino estaban alzados en la provincia de Tehuantepec, los cuales peñoles trajo de paz; llámanse el peñol de Güelamo, que era entonces de la encomienda de un soldado que se dice Güelamo; y desde allí fue a Tehuantepec, pueblo grande, y son zapotecas, y le recibieron muy bien, porque estaban de paz, y ya se habían ido de aquel pueblo, como dicho tengo en el capítulo pasado que dello habla, a México, y dado la obediencia a su majestad y a ver a Cortés, y aun le llevaron un presente de oro; y desde Tehuantepec fue a la provincia de Soconusco, que era en aquel tiempo muy poblada de más de quince mil vecinos, y también le recibieron de paz y le dieron un presente de oro y se dieron por vasallos de su majestad; y desde Soconusco llegó cerca de otras poblaciones que dicen Zapotitlán, y en el camino, en una puente de un río que hay allí un mal paso, halló muchos escuadrones de guerreros que le estaban aguardando para no dejarle pasar, y tuvo una batalla con ellos, en que le mataron un caballo e hirieron muchos soldados, y uno murió de las heridas; y eran tantos los indios que se habían juntado contra Alvarado, no solamente los de Zapotitlán, sino de otros pueblos comarcanos, que por muchos dellos que herían, no los podían apartar, y por tres veces tuvieron reencuentros, y quiso nuestro señor Dios que los venció y le vinieron de paz; y desde Zapotitlán iba camino de un recio pueblo que se dice Quetzaltenango, y antes de llegar a él tuvo otros reencuentros con los naturales de aquel pueblo y con otros sus vecinos, que se dice Utatlan, que era cabecera de ciertos pueblos que están en su contorno a la redonda del Quetzaltenango, y en ellos le hirieron ciertos soldados, puesto que el Pedro de Alvarado y su gente mataron e hirieron muchos indios; y luego estaba una mala subida de un puerto que dura legua y media, con ballesteros y escopeteros y todos sus soldados puestos en gran concierto, lo comenzó a subir, y en la cumbre del puerto hallaron una india gorda que era hechicera, y un perro de los que ellos crían, que son buenos para comer, que no saben ladrar, sacrificados, ques es señal de guerra; y más adelante halló tanta multitud de guerreros que le estaban esperando, y le comenzaron a cercar; y como eran los pasos malos y en sierra muy agria, los de a caballo no podían correr, ni revolver ni aprovecharse dellos; mas los ballesteros y escopeteros y soldados de espada y rodela tuvieron reciamente con ellos pie con pie, y fueron peleando las cuestas y puertos abajo, hasta llegar a unas barrancas, donde tuvo otra muy reñida escaramuza con otros muchos escuadrones de guerreros que allí en aquellas barrancas esperaban, y era con un ardid que entre ellos tenían acordados, y fue desta manera: que, como fuese el Pedro de Alvarado peleando, hacían que se iban retrayendo, y como les fuese siguiendo hasta donde le estaban esperando sobre seis mil indios guerreros, y estos eran de los de Utatlan y de otros pueblos sus sujetos, que allí los pensaban matar; y Pedro de Alvarado y todos sus soldados pelearon con ellos con grandes ánimos, y los indios le hirieron tres soldados y dos caballos, mas todavía les venció y puso en huida; y no fueron muy lejos, que luego se tornaron a juntar y rehacer con otros escuadrones, y tornaron a pelear como valiente guerreros, creyendo desbaratar al Pedro de Alvarado Y a su gente; y fue cabe una fuente, adonde le aguardaron de arte, que se venían ya pie con pie con los de Pedro de Alvarado, y muchos indios hubo dellos que aguardaron dos o tres juntos a un caballo, y se ponían a fuerzas para derrotarle, y otros los tomaban de las colas; y aquí se vio el Pedro de Alvarado en gran aprieto, porque como eran muchos los contrarios, no podían sustentar a tantas partes de los escuadrones que les daban guerra a él y todos los suyos y como vieron que habían de vencer o morir sobre ellos; y temiendo los desbaratasen, porque se vieron en gran aprieto; y danles una mano con las escopetas y ballestas, y a buenas cuchilladas les hicieron que se apartasen algo. Pues los de a caballo no estaban de espacio, sino alancear y atropellar y pasar adelante, hasta que los hubieron desbaratado, que no se juntaron en aquellos tres días; y como vio que ya no tenía contrarios con quien pelear, se estuvo en el campo sin ir a poblado, rancheando y buscando de comer; y luego se fue con todo su ejercito al pueblo de Quetzaltenango, y allí supo que en las batallas pasadas les habían muerto dos capitanes señores de Utatlan; y estando reposando y curando los heridos, tuvo aviso que venía otra vez contra él todo el poder de aquellos pueblos comarcanos, y se habían juntado más de dos xiquipiles, que son dieciséis mil indios, que cada xiquipil son ocho mil guerreros, y que venían con determinación de morir todos o vencer; y como el Pedro de Alvarado lo supo, se salió con su ejército en un llano, y como venían tan determinados los contrarios, comenzaron a cercar el ejército de Pedro de Alvarado y tirar vara, flecha y piedra y con lanzas, y como era muy llano y podían muy bien correr a todas partes los caballos, dan en los escuadrones contrarios de tal manera, que de presto les hizo volver las espaldas; aquí le hirieron muchos soldados y un caballo. Y según pareció, murieron ciertos indios principales, así de aquel pueblo como de toda aquella tierra; por manera que desde aquella victoria ya temían aquellos pueblos mucho a Alvarado, y concertaron toda aquella comarca de le enviar a demandar paces, y le trajeron un presente de oro de poca valía porque aceptase las paces; y fue con acuerdo de todos los caciques de aquella provincia, porque otra vez se tornaron a juntar muchos más guerreros que de antes, y les mandaron a sus guerreros que secretamente estuviesen entre las barrancas de aquel pueblo de Utatlan, y que si enviaban a demandar paces, era que, como el Pedro de Alvarado y su ejército estaban en Quetzaltenango haciendo entradas y corredurías, y siempre traían presa de indios e indias, y por llevarle a otro pueblo muy fuerte y cercano de barrancas, que se dice Utatlan, para que cuando le tuviesen dentro y en parte que ellos creían aprovecharse de él y de sus soldados, dar en ellos con los guerreros que ya estaban aparejados y escondidos para ello. Volvamos a decir cómo fueron con el presente delante de Pedro de Alvarado muchos principales; y después de hecha su cortesía a su usanza, le demandaron perdón por las guerras pasadas, ofreciéndose por vasallos de su majestad, y le ruegan que porque su pueblo es grande, está en parte más apacible donde le puedan servir, y junto a otras poblaciones, que se vaya con ellos a él. Y Pedro de Alvarado los recibió con mucho amor, y no entendió las cautelas que traían; y después de les haber respondido el mal que habían hecho en salir de guerra, aceptó sus paces. Y otro día por la mañana fue con su ejército con ellos a Utatlan, que así se dice el pueblo, y desque hubo entrado dentro y vieron una cosa tan fuerte, porque tenía dos puertas, y la una dellas tenía veinticinco escalones antes de entrar en el pueblo, y la otra puerta con una calzada que era muy mala y deshecha por dos partes, y las casas muy juntas y las calles muy angostas, y en todo el pueblo no había mujeres ni gente menuda, cercado de barrancas, y de comer no les proveían sino mal y tarde, y los caciques muy demudados en los parlamentos, avisaron al Pedro de Alvarado unos indios de Quetzaltenango que aquella noche los querían matar a todos en aquel pueblo si allí se quedaban; y que tenían puestos entre las barrancas muchos escuadrones de guerreros para en viendo arder las casas juntarse con los de Utatlan, y dar en nosotros los unos por una parte y los otros por otra, y con el fuego y humo no se podrían valer, y que entonces los quemarían vivos; y como el Pedro de Alvarado entendió el gran peligro en que estaban, de presto mandó a sus capitanes y a todo su ejército que sin más tardar se saliesen al campo, y les dijo el peligro que tenían; y como lo entendieron, no tardaron de se ir a lo llano cerca de unas barrancas, porque en aquel tiempo no tuvieron más lugar de salir a tierra llana de en medio de tan recios pasos; y a todo esto el Pedro de Alvarado mostraba buena voluntad a los caciques y principales de aquel pueblo y de otros comarcanos, y les dijo que porque los caballos eran acostumbrados de andar paciendo en el campo un rato del día, que por esta causa se salió del pueblo, porque estaban muy juntas las casas y calles; y los caciques estaban muy tristes porque así lo vieron salir. Y ya el Pedro de Alvarado no pudo más disimular la traición que tenían urdida, y sobre ello y sobre los escuadrones que tenían juntos en las barrancas mandó prender al cacique de aquel pueblo y por justicia le mandó quemar, y dio el señorío a su hijo, y luego se salió a tierra llana fuera de las barrancas, y tuvo guerra con los escuadrones que tenían aparejados para el efecto que he dicho; y después que hubieron probado sus fuerzas y mala voluntad con los nuestros, fueron desbaratados. Y dejemos de hablar de aquesto, y digamos cómo en aquella sazón en un gran pueblo que se dice Guatemala se supo las batallas que Pedro de Alvarado había habido después que entró en la provincia, y en todas había sido vencedor, y que al presente estaba en tierras de Utatlan, y que desde allí hacía entradas y daba guerras a muchos pueblos; y según pareció, los de Utatlan y sus sujetos eran enemigos de los de Guatemala, y acordaron los de Guatemala de enviar mensajeros con presentes de oro a Pedro de Alvarado, y darse por vasallos de su majestad; y enviaron a decir que si habían menester algún servicio de sus personas para aquellas guerras, que ellos vendrían; y el Pedro de Alvarado los recibió de buena voluntad, y les envió a dar muchas gracias por ello; y para ver si era como se lo decían, y como no sabía la tierra, para que le encaminasen les envió a demandar dos mil guerreros, y esto por causa de muchas barrancas y pasos malos que estaban cortados porque no pudiesen pasar los nuestros, para que si fuesen menester los adobasen, y llevar el fardaje; y los de Guatemala se los enviaron luego con sus capitanes.

Y Pedro de Alvarado estuvo en la provincia de Utatlan siete u ocho días haciendo entradas; y eran de los pueblos rebelados que habían dado la obediencia a su majestad, y después de dada se tornaban a alzar; y herraron muchos esclavos e indias, y pagaron el real quinto, y los demás repartieron entre los soldados; y luego se fue a la ciudad de Guatemala, y fue bien recibido y hospedado. Y los caciques de aquella ciudad le dijeron que muy cerca de allí había unos pueblos junto a una laguna, y que tenían un peñol muy fuerte, y que eran sus enemigos y que les daban guerra, y que bien sabían los de aquel pueblo, que no estaba lejos, cómo estaba allí el Pedro de Alvarado, y que no venían a dar la obediencia como los demás pueblos, y que eran muy malos y de peores condiciones: el cual pueblo se dice Atitlan. Y el Pedro de Alvarado les envió a rogar que viniesen de paz y que serían muy bien tratados, y otras blandas palabras; y la respuesta que enviaron fue, que maltrataron los mensajeros, y viendo que no aprovechaban, tornó a enviar otros embajadores para les traer de paz, porque tres veces les envió a traer de paz, y todas tres les maltrataron de palabras; y fue Pedro de Alvarado en persona a ellos, y llevó sobre ciento y cuarenta soldados, y entre ellos veinte ballesteros y escopeteros y cuarenta de a caballo, y con dos mil guatemaltecos. Y cuando llegó junto al pueblo les tornó a requerir con la paz, y no le respondieron sino con arcos y flechas, que comenzaron a flechar; y cuando aquello vio y que no muy lejos de allí estaba dentro del agua un peñol muy poblado con gente de guerra, fue allá a orilla de la laguna, y sálenle al encuentro dos buenos escuadrones de indios guerreros con grandes lanzas y buenos arcos y flechas, y con otras muchas armas y coseletes, y tañendo sus atabales, y con sus penachos y divisas, y peleó con ellos buen rato, y hubo muchos heridos de los soldados; mas no tardaron mucho en el campo los contrarios, que luego fueron huyendo a acogerse al peñol, y el Pedro de Alvarado con sus soldados tras ellos, y de presto les ganó el peñol, y hubo muchos muertos y heridos; y más hubiera si no se echaran todos al agua, y se pasaron a una isleta, y entonces se saquearon las casas que estaban pobladas junto a la laguna; y se salieron a un llano adonde había muchos maizales, y durmió allí aquella noche. Otro día de mañana fueron al pueblo de Atitlan, que ya he dicho que así se dice, y estaba despoblado; y entonces mandó que corriesen la tierra y las huertas de cacaguatales, que tenían muchos, y trajeron presos dos principales de aquel pueblo, y el Pedro de Alvarado les envió luego aquellos principales, con los que estaban presos del día antes, a rogar a los demás caciques vengan de paz, y que les dará todos los prisioneros, y que serán dél muy bien mirados y honrados, y que si no vienen, que les dará guerra como a los de Quetzaltenango y Utatlan, y les cortará sus árboles de cacaguatales y hará todo el daño que pudiere. En fin de más razones, con estas palabras y amenazas luego vinieron de paz y trajeron un presente de oro, y se dieron por vasallos de su majestad, y luego el Pedro de Alvarado y su ejército se volvió a Guatemala; y estando algunos días sin hacer cosa más de lo por mí memorado, vinieron de paz todos los pueblos de la comarca, y otros de la costa del sur, que se llaman los pipiles; y muchos de aquellos pueblos que vinieron de paz se quejaron que en el camino por donde venía estaba una población que se dice Izcuintepeque, y que eran malos, y que no les dejaban pasar por su tierra y les iban a saquear sus pueblos, y dieron otras muchas quejas dellos; y el Pedro de Alvarado los envió a llamar de paz, y no quisieron venir, antes enviaron a decir muy soberbias palabras; y acordó de ir a ellos con todos los más soldados que tenía, y de a caballo y escopeteros y ballesteros, y muchos amigos de Guatemala, y sin ser sentidos, da una mañana sobre ellos, en que se hizo mucho daño y presa. Y ya que hemos hecho relación de la conquista y pacificación de Guatemala y sus provincias, y muy cumplidamente lo dice en una memoria que dello tiene hecha un vecino de Guatemala, deudo de los Alvarados, que se dice Gonzalo de Alvarado, lo cual verán más por extenso, si yo en algo aquí faltare; y esto digo porque no me hallé en estas conquistas hasta que pasamos por aquestas provincias, estando todo de guerra, en el año de 1524, y fue cuando veníamos de las Higüeras y Honduras con el capitán Luis Marín, que nos volvimos para México; y más digo, que tuvimos en aquella sazón con los de Guatemala algunos reencuentros de guerra, y tenían hechos muchos hoyos y cortados en pasos malos pedazos de sierras para que no pudiésemos pasar con las grandes barrancas; y aun entre un pueblo que se dice Juanagazapa y Petapa, en unas quebradas hondas estuvimos allí detenidos guerreando con los naturales de aquella tierra dos días, que no podíamos pasar un mal paso; y entonces me hirieron de un flechazo, mas fue poca cosa; y pasamos con harto trabajo, porque estaba en el paso muchos guerreros guatemaltecos y de otros pueblos. Y porque hay mucho que decir, y por fuerza tengo de traer a la memoria algunas cosas en su tiempo y lugar, y esto fue en el tiempo que hubo fama que Cortés era muerto y todos los que con él fuimos a las Higüeras, lo dejaré por ahora, y digamos de la armada que Cortés envió a las Higüeras y Honduras. También digo que esta provincia de Guatemala no eran guerreros los indios, porque no esperaban sino en barrancas, y con sus flechas no hacían nada.

Capítulo CLXV. Cómo Cortés envió una armada para que pacificase y conquistase aquellas provincias de Higüeras y Honduras, envió por capitán della a Cristóbal de Olí, y lo que pasó diré adelante

Como Cortés tuvo nueva que había ricas tierras y buenas minas en lo de Higüeras y Honduras, y aun le hicieron creer unos pilotos que habían estado en aquel paraje o bien cerca de él, que habían hallado unos indios pescando en la mar y que les tomaron las redes, y que las plomadas que en ellas traían para pescar que eran de oro revuelto con cobre; y le dijeron que creyeron que había, por aquel paraje, estrecho, y que pasaban por él de la banda del norte a la del sur; y también, según entendimos, su majestad le encargó y mandó a Cortés por cartas, que en todo lo que descubriese mirase e inquiriese con grande diligencia y solicitud de buscar el estrecho o puerto o pasaje para la Especiería, ahora sea por lo del oro o por buscar el estrecho; Cortés acordó de enviar por capitán de aquella jornada a un Cristóbal de Olí, que fue maestre de campo en lo de México, lo uno porque le veía hecho de su mano, y era casado con una portuguesa que se decía doña Filipa de Araujo (ya le he nombrado otras veces), y tenía el Cristóbal de Olí buenos indios de repartimiento cerca de México, creyendo que le sería fiel y haría lo que le encomendase; y porque para ir por tierra tan largo viaje era grande inconveniente y trabajo y gasto, acordó que fuese por la mar, porque no era tan grande estorbo y costa, y diole cinco navíos y un bergantín muy bien artillado, y con mucha pólvora y bien abastecidos, y diole trescientos y sesenta soldados, y en ellos cien ballesteros y escopeteros y veintidós caballos. Y entre estos soldados fueron cinco conquistadores de los nuestros, que pasaron con el mismo Cortés la primera vez, habiendo servido a su majestad muy bien en todas las conquistas, y tenían ya sus casas y reposo; y esto digo así, porque no aprovechaba cosa decir a Cortés: «Señor, déjeme descansar, que harto estoy de servir»; que les hacía ir adonde mandaba por fuerza; y llevó consigo a un Briones, natural de Salamanca, y había sido capitán de bergantines y soldado en Italia, y llevó otros muchos soldados que no estaban bien con Cortés porque no les dio buenos repartimientos de indios ni las partes del oro, y le querían muy mal; y en las instrucciones que Cortés les dio fue, que desde el puerto de la Villarrica fuese su derrota a La Habana, y que allí en La Habana hallaría a un Alonso de Contreras, soldado viejo de Cortés, natural de Orgaz, que llevó 6.000 pesos de oro para que comprase caballos y casabe y puercos y tocinos, y otras cosas pertenecientes para el armada; el cual soldado envió Cortés adelante de Cristóbal de Olí por causa de que si veían ir el armada los vecinos de La Habana, encarecían los caballos y todos los demás bastimentos; y mandó al Cristóbal de Olí que en llegando a La Habana tomase los caballos que estuviesen comprados, y de allí fuese su derrota para Higüeras, que era buena navegación y muy cerca, y le mandó que buenamente, sin haber muertes de indios, cuando hubiese desembarcado procurase poblar una villa en algún buen puerto, y que a los naturales de aquellas provincias los trajese de paz, y buscase oro y plata, y que procurase de saber e inquirir si había estrecho, o qué puertos había por la banda del sur, si allá pasase; y le dio dos clérigos, que el uno dellos sabía la lengua mexicana, y le encargó que con diligencia les predicasen las cosas de nuestra santa fe, y que no consintiesen sodomías ni sacrificios, sino que buena y mansamente se los desarraigasen; y le mandó que todas las casas de madera adonde tenían indios e indias a engordar, encarcelados, para comer, que se las quebrasen, y soltasen los tristes encarcelados; y le mandó que en todas partes pusiese cruces, y le dio muchas imágenes de nuestra señora para que pusiese en los pueblos, y le dijo estas palabras: «Mirad, hijo Cristóbal de Olí, desa manera lo procurad hacer»; y después de abrazados y despedidos con mucho amor y paz, se despidió el Cristóbal de Olí de Cortés y de toda su casa, y fue a la Villarrica, donde estaba toda su armada muy a punto, y en ciertos días del mes y año que no me acuerdo, se embarcó con todos sus soldados, y con buen tiempo llegó a La Habana, y halló los caballos comprados y todo lo demás de bastimentos, y cinco soldados, que eran personas de calidad, de los que había echado de Pánuco Diego de Ocampo, porque eran muy bandoleros y bulliciosos; y a estos soldados ya los he nombrado algunos dellos, cómo se llamaban, en el capítulo pasado cuando la pacificación de Pánuco, y por esta causa los dejaré ahora de nombrar; y estos soldados aconsejaron al Cristóbal de Olí, pues que había fama de tierra rica donde iba, y llevaba buena armada, bien abastecida, y muchos caballos y soldados, que se alzase desde luego a Cortés y que no le conociese desde allí por superior ni le acudiese con cosa ninguna. El Briones, otra vez por mí nombrado, se lo había dicho muchas veces secretamente al Cristóbal de Olí sobre el caso, y al gobernador de aquella isla, que ya he dicho otras muchas veces que se decía Diego Velázquez, enemigo mortal de Cortés; y el Diego Velázquez vino donde estaba la armada, y lo que se concertaron fue que entre él y Cristóbal de Olí tuviesen aquella tierra de Higüeras y Honduras por su majestad, y en su real nombre Cristóbal de Olí; y que el Diego Velázquez le proveería de lo que hubiese menester, y haría sabidor dello en Castilla a su majestad para que le trajesen la gobernación; y desta manera se concertó la compañía del armada. Y quiero decir la condición y presencia de Cristóbal de Olí: era valiente por su persona, así a pie como a caballo; era extremado varón, mas no era para mandar, sino para ser mandado, y era de edad de treinta y seis años, natural de cerca de Baeza o Linares, y su presencia y altor era de buen cuerpo y membrudo y de grande espalda, bien entallado y algo rubio, y tenía muy buena presencia en el rostro, y traía el bezo de bajo siempre como hendido a manera de grieta; en la plática hablaba algo gordo y espantoso, y era de buena conversación, y tenía otras buenas condiciones de ser franco, y era al principio cuando estaba en México gran servidor de Cortés, sino que esta ambición de mandar y no ser mandado le cegó, y con los malos consejeros, y también como fue criado en casa de Diego Velázquez cuando mozo, y fue lengua de la isla de Cuba, reconoció el pan que en su casa había comido, aunque más obligado era a Cortés que no a Diego Velázquez. Pues ya hecho este concierto con Diego Velázquez, vinieron en compañía con el Cristóbal de Olí muchos vecinos de la isla de Cuba, especialmente los que he dicho que fueron en aconsejarle que se alzase. Y de que no tenía más en que entender en aquella isla, en los navíos metido todo su matalotaje, mandó alzar velas a toda su armada, fue a desembarcar con buen tiempo obra de quince leguas adelante, a Puerto de Caballos, en una como bahía, y allegó a 3 de mayo: a esta causa nombró a una villa que luego trazó Triunfo de la Cruz; e hizo nombramientos de alcaldes y regidores a los soldados que Cortés le había mandado cuando estaba en México que honrase y diese cargos, y tomó la posesión de aquellas tierras por su majestad, y de Hernando Cortés en su real nombre, e hizo otros autos que convenían; y todo esto que hacía era porque los amigos de Cortés no entendiesen que iba alzado, para ver si pudiese hacer dellos buenos amigos de que alcanzasen a saber las cosas, y también que no sabía si acudiría la tierra tan rica y de buenas minas como decían; y tiró a dos hitos, como dicho tengo: el uno, que si había buenas minas y la tierra muy poblada, alzarse con ella; y el otro, que si no acudiese tan buena, volver a México a su mujer y repartimientos, y disculparse con Cortés con decirle que la compañía que hizo con Diego Velázquez fue porque le diesen bastimentos y soldados y no acudirle con cosa ninguna; y que bien lo podía ver, pues tomó la posesión por Cortés; y esto tenía en el pensamiento, según muchos de sus amigos dijeron, con quien él había comunicado. Dejémosle ya poblado en el Triunfo de la Cruz, que Cortés nunca supo cosa ninguna hasta más de ocho meses. Y porque por fuerza tengo que volver otra vez a hablar con él, lo dejaré ahora, y diré lo que nos acaeció en Guazacualco, y cómo Cortés me envió con el capitán Luis Marín a pacificar la provincia de Chiapas.

Capítulo CLXVI. Cómo los que quedamos poblados en Guazacualco siempre andábamos pacificando las provincias que se nos alzaban, y cómo Cortés mandó al capitán Luis Marín que fuese a conquistar y a pacificar la provincia de Chiapas, y me mandó que fuese con él, y lo que en la pacificación pasó

Pues como estábamos poblados en aquella villa de Guazacualco muchos conquistadores viejos y personas de calidad, y teníamos grandes términos repartidos entre nosotros, que era la misma provincia de Guazacualco y Citla y lo de Tabasco y Cimatan y Chontalppa, y en las sierras arriba lo de Cachula y Zoque y Quelenes, hasta Cinacatan, y Chamula, y la ciudad de Chiapas de los indios, y Papanaguastla y Pinula, y hacia la banda de México la provincia de Xaltepec y Huaspaltepec y Chinanta y Tepeca, y como al principio todas las provincias que había en la Nueva España las más dellas se alzaban cuando les pedían tributo, y aun mataban a sus encomendadores, y a los españoles que podían tomar a su salvo los acapillaban, así nos aconteció en aquella villa, que casi no quedó provincia que todos no se nos rebelaron; y a esta causa siempre andábamos de pueblo en pueblo con una capitanía, atrayéndolos de paz; y como los Cimatan no querían venir de paz a la villa ni obedecer su mandamiento, acordó el capitán Luis Marín que por no enviar capitanía de muchos soldados contra ellos, que fuésemos cuatro vecinos a los traer de paz; yo fui el uno dellos, y los demás se llamaban Rodrigo de Henao, natural de Ávila, y un Francisco Martín, medio vizcaíno, y el otro se decía Francisco Jiménez, natural del Inguijuela de Extremadura; y lo que nos mandó el capitán fue, que buenamente y con amor los llamásemos de paz, y que no les dijésemos palabras de que se enojasen; y yendo que íbamos a su provincia (que son las poblaciones entre grandes ciénagas y caudalosos ríos), y ya que llegábamos a dos leguas de su pueblo, les enviamos mensajeros a decir como íbamos; y la respuesta que dieron fue, que salen a nosotros tres escuadrones de flecheros y lanceros, que a la primera refriega mataron dos de nuestros compañeros, y a mi me dieron la primera herida de un flechazo en la garganta, que con la sangre que me salía, y en aquel tiempo no podía apretarlo ni tomar la sangre, estuvo mi vida en harto peligro; pues el otro mi compañero que estaba por herir, que era el Francisco Martín, puesto que yo y él siempre hacíamos cara y heríamos algunos contrarios, acordó de tomar las de Villadiego y acogerse a unas canoas que estaban cabe un río que se decía Mazapa; y como yo quedaba solo y mal herido, porque no me acabasen de matar, y sin sentido y poco acuerdo, me metí entre unos matorrales, y volviendo en mí con fuerte corazón dije: «¡Oh, válgame nuestra señora! ¿Si es verdad que tengo que morir hoy en poder destos perros?». Y tomé tal esfuerzo, que salgo de las matas y rompo por los indios, que a buenas cuchilladas y estocadas me dieron lugar que saliese de entre ellos; y aunque me tornaron a herir, fui a las canoas, donde estaba ya mi compañero Francisco Martín con cuatro indios amigos que eran los que habíamos traído con nosotros, que nos llevaban el hato; que estos indios, cuando estábamos peleando con los cimatecas, dejando las cargas, se acogen al río en las canoas; y lo que nos dio la vida a mí y a Francisco Martín fue, que los contrarios se embarazaron en rozar nuestra ropa y petacas. Dejemos de hablar en esto, y digamos que Dios fue servido escaparnos de no morir allí, y en las canoas pasamos aquel río, que es muy grande y hondo, y hay en él muchos lagartos; y porque no nos siguiesen los cimatecas, que así se llaman, estuvimos ocho días por los montes, y dende a pocos días se supo en Guazacualco esta nueva, y dijeron los indios que habíamos traído, que llevaron la misma nueva (que todos los otros cuatro indios quedaron en las canoas, como dicho tengo), que éramos muertos; y éstos, de que nos vieron heridos y los dos muertos, se fueron huyendo y nos dejaron en la pelea, y en pocos días llegaron a Guazacualco; y como no parecíamos ni había nueva de nosotros, creyeron que éramos muertos, como los indios dijeron. Y como era costumbre de Indias y en aquella sazón se usaba, ya había repartido el capitán Luis Marín en otros conquistadores nuestros pueblos, y hecho mensajeros a Cortés para enviar las cédulas de encomienda, y aun vendido nuestras haciendas, y al cabo de veintitrés días aportamos a la villa; y de lo cual se holgaron nuestros amigos, mas a quien les había dado nuestros indios les pesó. Y viendo el capitán Luis Marín que no podíamos apaciguar aquellas provincias, y mataban muchos de nuestros soldados, acordó de ir a México a demandar a Cortés más soldados y socorro y pertrechos de guerra, y mandó que entre tanto que iba no saliésemos de la villa ningunos vecinos a los pueblos lejos, si no fuese a los que estaban cuatro o cinco leguas de allí, para traer comida. Pues llegado a México, dio cuenta a Cortés de todo lo acaecido, y entonces le mandó que volviese a Guazacualco, y envió con él treinta soldados, y entre ellos a un Alonso de Grado, por mí muchas veces nombrado; y le mandó que con todos los vecinos que estábamos en la villa y los soldados que traía consigo fuésemos a la provincia de Chiapas, que estaba de guerra, que la pacificásemos y poblásemos una villa; y como el capitán Luis Marín vino con estos despachos, nos apercibimos todos, así los que estábamos allí poblados como los que traía de nuevo, y comenzamos a abrir caminos, porque eran montes y ciénagas muy malas, y echábamos en ellas maderos y ramos para poder pasar los caballos, y con gran trabajo fuimos a salir a un pueblo que se dice Tepuzuntlan, que hasta entonces por el río arriba solíamos ir en canoas, que no había otro camino abierto; y desde aquel pueblo fuimos a otro pueblo la sierra arriba, que se dice Cachula; y para que bien se entienda, este Cachula es en la provincia de Chiapas; y esto digo porque está otro pueblo del mismo nombre junto a la Puebla de los ángeles; y desde Cachula fuimos a otros pueblezuelos sujetos al mismo Cachula, y fuimos abriendo camino nuevo el río arriba, que venía de la población de Chiapas, porque no había camino ninguno, y todos los rededores que estaban poblados habían grande miedo a los chiapanecas, porque ciertamente eran en aquel tiempo los mayores guerreros que yo había visto en toda la Nueva España, aunque entren en ellos los tlaxcaltecas ni mexicanos ni zapotecas ni minjes: y esto digo, porque jamás México los pudo señorear; porque en aquella sazón era aquella provincia muy poblada, y los naturales della eran en gran manera belicosos y daban guerra a sus comarcanos, que eran los de Cinacantan y a todos los pueblos de la lengua quelene, asimismo a los pueblos que se dicen los zoques, y robaban y cautivaban a la continua a otros pueblezuelos donde podían hacer presa, y con los que dellos mataban hacían sacrificios y hartazgas; y demás desto, en los caminos de Tehuantepec tenían en pasos malos puestos guerreros para saltear a los indios mercaderes que trataban de una provincia a otra; y a esta causa dejaban algunas veces de tratar las unas provincias con Las otras, y aun habían traído por fuerza a otros pueblos, y hécholes poblar y estar junto a Chiapas, y los tenían por esclavos y con ellos hacían sus sementeras. Volvamos a nuestro camino, que fuimos el río arriba hacia su ciudad, y era por cuaresma año de 1524, y esto de los años no me acuerdo bien; y antes de llegar a Chiapas se hizo alarde de todos los de a caballo, escopeteros y ballesteros que íbamos en aquella entrada; y no se pudo hacer hasta entonces, por causa que algunos de nuestra vida y otros forasteros aún no se habían recogido, que andaban en los pueblos de la sierra de Cachula demandando el tributo que les eran obligados a dar; y con el favor de venir capitán con la gente de guerra, como veníamos, se atrevían a ir a ellos, que de antes ni daban tributo ni se les daba nada de nosotros. Volvamos a nuestro alarde, que se hallaron veintisiete de a caballo que podían pelear, y otros cinco que no eran para ello, y quince ballesteros y ocho escopeteros, y un tiro y mucha pólvora, y un soldado por artillero, que decía el mismo soldado que había estado en Italia; esto digo aquí porque no era para cosa ninguna, que era muy cobarde; y llevábamos sesenta soldados de espada y rodela y obra de ochenta mexicanos, y el cacique de Cachula con otros principales suyos; y estos indios de Cachula que he dicho, iban temblando de miedo, y por halagos los llevamos que nos ayudasen a abrir camino y llevar el fardaje. Pues yendo nuestro camino muy en concierto, ya que llegamos cerca de sus poblaciones, siempre íbamos adelante por espías y descubridores del campo cuatro soldados muy sueltos, y yo era uno dellos, y dejaba mi caballo, que no era tierra por donde podían correr, y íbamos siempre media legua adelante de nuestro ejército; y como los chiapanecas son grandes cazadores, estaban entonces a caza de venados, y desque nos sintieron, apellídanse todos con grandes ahumadas, y como llegamos a sus poblaciones, tenían muy anchos caminos y grande sementera de maíz y otras legumbres, y el primer pueblo que topamos se dice Eztapa, que está de la cabecera obra de cuatro leguas, y en aquel instante le habían despoblado, y tenían mucho maíz y gallinas y otros bastimentos, que tuvimos bien que comer y cenar; y estando reposando en el pueblo, puesto que teníamos puestas nuestras velas y escuchas y corredores del campo, vienen dos de a caballo que estaban por corredores a dar mandado y diciendo: «¡Al arma, que vienen muchos guerreros chiapanecas!». Y nosotros, que siempre estábamos muy apercibidos, les salimos al encuentro antes que llegasen al pueblo, y tuvimos una gran batalla con ellos, porque traían muchas varas tostadas, con sus tiraderas y arcos y flechas, y lanzas mayores que las nuestras, con buenas armas de algodón y penachos, y otros traían unas porras como macanas; y allí donde hubimos esta batalla había mucha piedra, y con hondas nos hacían mucho daño, y nos comenzaron a cercar de arte, que de la primera rociada mataron dos de nuestros soldados y cuatro caballos, y se hirieron trece soldados y a muchos de nuestros amigos, y al capitán Luis Marín le dieron dos heridas, y estuvimos en aquella batalla toda la tarde hasta que anocheció; y como hacía oscuro, y habían sentido el cortar de nuestras espadas, y escopetas y ballestas, y las lanzadas, se retiraron, de lo cual nos holgamos; y hallamos quince dellos muertos y otros muchos heridos, que no se pudieron ir; y de dos dellos que nos parecían principales se tomó aviso, y dijeron que estaba toda la tierra apercibida para dar en nosotros otro día; y aquella noche enterramos los muertos y curamos los heridos y al capitán, que estaba malo de las heridas, porque se había desangrado mucho, que por causa de no se apartar de la batalla para se las curar o apretar se le había metido frío en ellas. Pues ya hecho esto, pusimos buenas velas y escuchas y corredores del campo, y teníamos los caballos ensillados y enfrenados, y todos nuestros soldados a punto, porque tuvimos por cierto que vendrían de noche sobre nosotros, y como habíamos visto el tesón que tuvieron en la batalla pasada, que ni por ballestas ni lanzas ni escopetas ni aun estocadas no les podíamos retraer ni apartar un paso atrás, tuvímoslos por buenos guerreros y osados en el pelear; y esa noche se dio orden cómo para otro día los de a caballo habíamos de arremeter de cinco en cinco hermanados, y las lanzas terciadas, y no pararnos a dar lanzadas hasta ponerlos en huida, sino las lanzas altas y por las caras, y atropellar y pasar adelante; y este concierto ya otras veces lo había dicho el Luis Martín, y aun algunos de nosotros de los conquistadores viejos se lo habíamos dado por aviso a los nuevamente venidos de Castilla, y algunos dellos no curaron de guardar la orden, sino que pensaban que en dar una lanzada a los contrarios que hacían algo; y salióles a cuatro dellos al revés, porque les tomaron las lanzas y les hirieron a ellos los caballos con ellas. Quiero decir que se juntaban seis o siete de los contrarios y se abrazaban con los caballos, creyendo de los tomar a manos, y aun derrocaron a un soldado del caballo, y si no le socorriéramos, ya le llevaban a sacrificar, y dende ahí a dos días se murió. Volvamos a nuestra relación, y es que otro día de mañana acordamos de ir por nuestro camino para su ciudad de Chiapas, y verdaderamente se podía decir ciudad, y bien poblada, y las casas y calles muy en concierto, y de más de cuatro mil vecinos, sin otros muchos pueblos sujetos a ella, que estaban poblados a su rededor; y yendo que íbamos con mucho concierto, y el tiro puesto en orden, y el artillero bien apercibido de lo que había de hacer y no habíamos caminado cuarto de legua, cuando nos encontramos con todo el poder de Chiapas, que campos y cuestas venían llenos dellos, con grandes penachos y buenas armas y grandes lanzas, flechas y vara con tiraderas, piedra y hondas, con grandes voces y grita y silbos. Era cosa de espantar cómo se juntaron con nosotros pie con pie y comenzaron a pelear como rabiosos leones; y nuestro negro artillero que llevábamos (que bien negro se podrá llamar), cortado de miedo y temblando, ni supo tirar ni poner fuego al tiro; y ya que a poder de voces que le dábamos pegó fuego, hirió a tres de nuestros soldados, que no aprovechó cosa ninguna; y como el capitán vio de la manera que andábamos, rompimos todos los de a caballo puestos en cuadrillas, según lo habíamos concertado; y los escopeteros y ballesteros y de espada y rodela hechos un cuerpo, porque no les desbaratasen, nos ayudaron muy bien; mas eran tantos los contrarios que sobre nosotros vinieron, que si no fuéramos, de los que en aquellas batallas nos hallamos, cursados a otras afrentas, pusiera a otros gran temor, y aun nosotros nos admiramos de ver cuán fuerte estaban; y como el capitán Luis Marín nos dijo: «Ea, señores, Santiago y a ellos, y tornémosles otra vez a romper con ánimo esforzado». Dímosles tal mano, que a poco rato iban vueltas las espaldas; y cuando había allí donde fue esta batalla muy malos pedregales para poder correr caballos, no les podíamos seguir; y yendo en el alcance, y no muy lejos de donde comenzamos aquella batalla, ya que íbamos algo descuidados, creyendo que por aquel día no se tornarían a juntar, y dábamos gracias a Dios del buen suceso, aquí estaban tras unos cerros otros mayores escuadrones de guerreros que los pasados, con todas sus armas, y muchos dellos traían sogas para echar lazos a los caballos y asir de las sogas para los derrocar, y tenían tendidas en otras muchas partes muchas redes con que suelen tomar venados, para los caballos, y para atar a nosotros muchas sogas; ya todos los escuadrones que he dicho se vienen a encontrar con nosotros, y como muy fuertes y recios guerreros, nos dan tal mano de flecha, vara y piedra que tornaron a herir casi que a todos los nuestros, y tomaron cuatro lanzas a los de a caballo, y mataron dos soldados y cinco caballos; y entonces traían en medio de sus escuadrones una india algo vieja, muy gorda, y según decían, aquella india la tenían por su diosa, y adivinaba; y les había dicho que así como ella llegase adonde estábamos peleando, que luego habíamos de ser vencidos; y traían en un brasero sahumerio, y unos ídolos de piedra, y venía pintada todo el cuerpo, y pegado algodón a las pinturas, y sin miedo ninguno se metió en los indios nuestros amigos, que venían hechos un cuerpo con sus capitanías, y luego fue desplazada la maldita diosa. Volvamos a nuestra batalla: que desque el capitán Luis Marín y todos nosotros vimos tanta multitud de guerreros contrarios, y que tan osadamente peleaban, nos admiramos y encomendándonos a Dios; y arremetiendo a ellos con el concierto pasado, fuimos rompiendo poco a poco y los hicimos huir, y se escondían entre unos pedregales, y otros se echaron al río, que estaba cerca y hondo, y se fueron nadando, que son en gran manera buenos nadadores. Y desque los hubimos desbaratado, descansamos un rato; dimos muchas gracias a Dios; y hallamos muertos donde tuvimos esta batalla muchos dellos, y otros heridos, y acordamos de irnos a un pueblo que estaba junto al río, cerca del pasaje de la ciudad, donde había buenas ciruelas: porque, como era cuaresma, y en este tiempo las hay maduras, y en aquella población son buenas; y allí nos estuvimos todo lo más del día enterrando los muertos en partes donde no los pudiesen ver ni hallar los naturales de aquel pueblo, y curamos los heridos y diez caballos, y acordamos de dormir allí con gran recado de velas y escuchas. A poco más de media noche se pasaron a nuestro real diez indios principales de dos pueblezuelos que estaban poblados junto a la cabecera y ciudad de Chiapas, en cinco canoas del mismo río, que es muy grande y hondo, y venían los indios con las canoas a remo callado, y los que lo remaban eran diez indios, personas principales, naturales de los pueblezuelos que estaban junto al río; y como desembarcaron hacia la parte de nuestro real, en saltando en tierra, luego fueron presos por nuestras velas, y ellos lo tuvieron por bien que los prendiesen; y llevados ante el capitán, dijeron: «Señor, nosotros no somos chiapanecas, sino de otras provincias que se dice Xaltepec, y estos malos chiapanecas con gran guerra que nos dieron nos mataron mucha gente, y a todos los más de nuestros pueblos nos trajeron aquí por fuerza cautivos a poblar con nuestras mujeres e hijos, y nos han tomado cuanta hacienda teníamos y ha doce años que nos tienen por esclavos, y les labramos sus sementeras y maizales, y nos hacen ir a pescar y hacer otros oficios, y nos toman nuestras hijas y mujeres. Venimos a daros aviso, porque nosotros os traeremos esta noche muchas canoas en que paséis este río, que sin ellas no podéis pasar sino con gran trabajo, y también os mostraremos un vado, aunque no va muy bajo; y lo que, señor capitán, os pedimos de merced es, que pues os hacemos esta buena obra, que cuando hayáis vencido y desbaratado estos chiapanecas, que nos deis licencia para que salgamos de su poder e irnos a nuestras tierras; y para que mejor creáis lo que os decimos que es verdad, en las canoas que ahora pasamos dejamos escondidas en el río, con otros nuestros compañeros y hermanos, os traemos presentadas tres joyas de oro (que eran unas como diademas); y también traemos gallinas y ciruelas»; y demandaron licencia para ir por ello, y dijeron que había de ser muy callando, no los sintiesen los chiapanecas, que están velando y guardando los pasos del río; y cuando el capitán entendió lo que los indios le dijeron, y la gran ayuda que era para pasar aquel recio y corriente río, dio gracias a Dios y mostró buena voluntad a los mensajeros, y prometió de hacerlo como lo pedían, y aun de darles ropa y despojos de lo que hubiésemos de aquella ciudad; y se informó dellos cómo en las dos batallas pasadas les habíamos muerto y herido más de ciento veinte chiapanecas, y que tenían aparejados paro otro día otros muchos guerreros, y que a los de los pueblezuelos donde eran estos mensajeros les hacían salir a pelear contra nosotros; y que no temiésemos dellos, que antes nos ayudarían, y que al pasar del río nos habían de aguardar, porque tenían por imposible que tendríamos atrevimiento de pasarle; y que cuando lo estuviésemos pasando, que allí nos desbaratarían; y dado este aviso, se quedaron dos de aquellos indios con nosotros, y lo demás fueron a sus pueblos a dar orden para que muy de mañana trajesen veinte canoas, en lo cual cumplieron muy bien su palabra; y después que se fueron reposamos algo de lo que quedó de la noche, y no sin mucho recado de velas y escuchas y rondas, porque oímos el gran rumor de los guerreros que se juntaban en la ribera del río, y el tañer de las trompetillas y atambores y cornetas; y como amaneció, vimos las canoas, que ya descubiertamente las traían, a pesar de los de Chiapas; porque, según pareció, ya habían sentido los de Chiapas cómo los naturales de aquellos pueblezuelos se les habían levantado y hecho fuertes y eran de nuestra parte, y habían prendido algunos dellos, y los demás se habían hecho fuertes en un gran cu, y a esta causa había revueltas y guerras entre los chiapanecas y los pueblezuelos que dicho tengo; y luego nos fueron a mostrar el vado, y entonces nos daban mucha prisa aquellos amigos que pasásemos presto el río, con temor no sacrificasen a sus compañeros que habían prendido aquella noche; pues de que llegamos al vado que nos mostraron, iba muy hondo; y puestos todos en gran concierto, así los ballesteros como escopeteros y los de a caballo, y los indios de los pueblezuelos nuestros amigos con sus canoas, y aunque nos daba el agua cerca de los pechos, todos hechos un tropel, para soportar el ímpetu y fuerza del agua, quiso Dios que pasamos cerca de la otra parte de tierra; y antes de acabar de pasar, vienen contra nosotros muchos guerreros y nos dan una buena rociada de vara con tiraderas, y flechas y piedra y otras grandes lanzas, que nos hirieron casi que a todos los más, y a algunos a dos y a tres heridas, y mataron dos caballos; y un soldado de a caballo, que se decía fulano Guerrero o Guerra, se ahogó al pasar del río, que se metió con el caballo en un recio raudal, y era natural de Toledo, y el caballo salió a tierra sin el amo. Volvamos a nuestra pelea, que nos detuvieron un buen rato al pasar del río, que no les podíamos hacer retraer ni nosotros podíamos llegar a tierra, y en aquel instante los de los pueblezuelos que se habían hecho fuertes contra los chiapanecas, nos vinieron a ayudar, y dan en las espaldas, a los que estaban al río batallando con nosotros, e hirieron y mataron muchos dellos, porque les tenían grande enemistad, como los habían tenido presos muchos años; y como aquello vimos, salimos a tierra los de a caballo, y luego ballesteros, escopeteros y de espada y rodela, y los amigos mexicanos, y dámosles una tan buena mano, que se van huyendo, que no paró indio con indio; y luego sin más tardar, puestos en buen concierto, con nuestras banderas tendidas, y muchos indios de los dos pueblezuelos con nosotros, entramos en su ciudad; y como llegamos en lo más poblado, donde estaban sus grandes cues y adoratorios, tenían las casas tan juntas, que no osamos asentar real, sino en el campo, y en parte que aunque pusiesen fuego no nos pudiesen hacer daño; y nuestro capitán envió a llamar de paz a los caciques y capitanes de aquel pueblo, y fueron los mensajeros tres indios de los pueblezuelos nuestros amigos, que el uno dellos se decía Xaltepec, y asimismo envió con ellos seis capitanes chiapanecas que habíamos preso en las batallas pasadas, y les envió a decir que vengan luego de paz, y se les perdonará lo pasado, y que si no vienen, que los iremos a buscar y les daremos mayor guerra que la pasada y les quemaremos su ciudad; y con aquellas bravosas palabras luego a la hora vinieron, y aun trajeron un presente de oro, y se disculparon por haber salido de guerra, y dieron la obediencia a su majestad, y rogaron a Luis Marín que no consintiese a nuestros amigos que quemasen ninguna casa, porque ya habían quemado antes de entrar en Chiapas, en un pueblezuelo que estaba poblado antes de llegar al río, muchas casas; y Luis Marín les prometió que así lo haría, y mandó a los mexicanos que traíamos y a los de Cachula que no hiciesen mal ni daño.

Quiero tornar a decir que este Cachula que aquí nombro no es la que está cerca de México, sino un pueblo que se dice como él, que está en las sierras camino de Chiapas, por donde pasamos. Dejemos esto, y digamos como en aquella ciudad hallamos tres cárceles de redes de madera llenas de prisioneros atados con collares a los pescuezos, y estos eran de los que prendían por los caminos, y algunos dellos eran de Tehuantepec, y otros zapotecas y otros quelenes, otros de Soconusco; los cuales prisioneros sacamos de las cárceles y se fue cada uno a su tierra. También hallamos en los cues muy malas figuras de ídolos que adoraban, y muchos indios y muchachos sacrificados, y hallamos muchas cosas malas de sodomías que usaban; y mandóles el capitán que luego fuesen a llamar todos los pueblos comarcanos que vengan de paz a dar la obediencia a su majestad. Los primeros que vinieron fueron los de Cinacatan y Copanaguastlan, y Pinola y Güegüiztlan y Chamula (y otros pueblos que ya no se me acuerda los nombres dellos), quelenes, y otros pueblos que eran de la lengua zoque, y todos dieron la obediencia a su majestad; y aun estaban espantados cómo, tan pocos como éramos, podíamos vencer a los chiapanecas; y ciertamente mostraron todos gran contento, porque estaban mal con ellos. Estuvimos en aquella ciudad cinco días, y en aquel instante un soldado de aquellos que traíamos en nuestro ejército desmandóse del real, y vase sin licencia del capitán a un pueblo que había venido de paz, que ya he dicho que se dice Chamula, y llevó consigo ocho indios mexicanos de los nuestros, y demandó a los de Chamula que le diesen oro, y decía que lo mandaba el capitán, y los de aquel pueblo le dieron unas joyas de oro, y porque no le daban más, echó preso al cacique; y cuando vieron los del pueblo hacer aquella demasía, quisieron matar al atrevido y desconsiderado soldado, y luego se alzaron, y no solamente ellos, hicieron también alzar a los de otro pueblo que se decía Güeyhuiztlan, sus vecinos; y de que aquello alcanzó a saber el capitán Luis Marín, prende al soldado, y luego manda que por la posta le llevasen a México para que Cortés le castigase; y esto hizo el Luis Marín porque era un hombre el soldado que se tenía por principal, que por su honor no nombro su nombre, hasta que venga en coyuntura en parte que hizo otra cosa que aun es muy peor, como era malo y cruel con los indios, dende a obra de un año murió en lo de Xicalango en poder de indios como adelante diré. Y después desto hecho, el capitán Luis

Marín envió a llamar al pueblo de Chamula que venga de paz, y les envió a decir que ya había castigado y enviado a México al español que les iba a demandar oro y les hacía aquellas demasías. La respuesta que dieron fue mala, y la tuvimos por muy peor por causa de que los pueblos comarcanos no se alzasen; y fue acordado que luego fuésemos sobre ellos, y hasta traerles de paz no les dejar; y después de como les habló muy blandamente a los caciques chiapanecas, y se les dijo con buenas lenguas; las cosas tocantes a nuestra santa fe, y que dejasen los ídolos y sacrificios y sodomías y robos, y les puso cruces y una imagen de nuestra señora en un altar que les mandamos hacer, y el capitán Luis Marín les dio a entender cómo éramos vasallos de su majestad cesárea, y otras muchas cosas que convenían, y aun les dejamos poblada más de la mitad de su ciudad. Y los dos pueblos nuestros amigos que nos trajeron las canoas para pasar el río y nos ayudaron en la guerra salieron de poder de los chiapanecas con todas sus haciendas y mujeres e hijos, y se fueron a poblar al río abajo, obra de diez leguas de Chiapas, donde ahora está poblado lo de Xaltepec, y el otro pueblo que se dice Istatlan se fue a su tierra, que era de Tehuantepec. Volvamos a nuestra partida para Chamula, y es que luego enviamos a llamar a los de Cinacatan, que eran gente de razón, y muchos dellos mercaderes, y se les dijo que nos trajesen doscientos indios para llevar el fardaje, y que íbamos a su pueblo porque por allí era el camino de Chamula; y demandó a los de Chiapas otros doscientos indios guerreros con armas para ir en nuestra compañía. y luego los dieron; y salimos de Chiapas una mañana, y fuimos a dormir a unas salinas, donde nos tenían hechos los de Cinacatan buenos ranchos; y otro día a mediodía llegamos a Cinacatan, y allí tuvimos la santa pascua de Resurrección; y tornamos a enviar a llamar de paz a los de Chamula, y no quisieron venir, y hubimos de ir a ellos, que sería entonces, donde estaban poblados, de Cinacatan obra de tres leguas, y tenían entonces las casas y pueblos de Chamula en una fortaleza muy mala de ganar, y muy honda cava por la parte que les habíamos de combatir, y por otras partes muy peor, y más fuerte; y así como llegamos con nuestro ejército, nos tiran tanta piedra de lo alto y vara y flechas, que cubría el suelo; pues las lanzas muy largas con más de dos varas de cuchilla de pedernales, que ya he dicho otras veces que cortaban más que espadas, y unas rodelas hechas a manera de pavesinas, con que se cubren todo el cuerpo cuando pelean, y cuando no las han menester, las arrollan y doblan de manera que no les hacen estorbo ninguno, y con hondas mucha piedra, y tal prisa se daban a tirar flecha y piedra, que hirieron cinco de nuestros soldados y dos caballos, y con muchas voces y gran grita y silbos y alaridos, y atambores y caracoles, que era cosa de poner espanto a quien no los conociera; y como aquello vio Luis Marín, entendió que de los caballos no se podían aprovechar, que era sierra, mandó que se tornasen a bajar a lo llano, porque donde estábamos era gran cuesta y fortaleza, y aquello que les mandó fue porque temíamos que vendrían allí a dar en nosotros los guerreros de otros pueblos que se dicen Quiahuistlan, que estaba alzado, y por que hubiese resistencia en los de a caballo; y luego comenzamos de tirar en los de la fortaleza muchas saetas y escopetas, y no les podíamos hacer daño ninguno, con los grandes mamparos que tenían, y ellos a nosotros sí, que siempre herían muchos de los nuestros; y estuvimos aquel día desta manera peleando, y no se les daba cosa ninguna por nosotros, y si les procurábamos de entrar donde tenían hechos unos mamparos y almenas, estaban sobre dos mil lanceros en los puestos para defensa de los que les probamos a entrar; y ya que quisiéramos entrar y aventurar las personas en arrojarnos dentro de su fortaleza, habíamos de caer de tan alto, que nos habíamos de hacer pedazos, y no era cosa para ponernos en aquella ventura; y después de bien acordado cómo y de qué manera habíamos de pelear, se concertó que trajésemos madera y tablas de un pueblezuelo que allí junto estaba despoblado, e hiciésemos burros o mantas, que así se llaman, y en cada uno dellos cabían veinte personas, y con azadones y picos de hierro que traíamos, y con otros azadones de la tierra, de palo, que allí había, les cavábamos y deshacíamos su fortaleza, y deshicimos un portillo para poderles entrar, porque de otra manera era excusado; porque por otras dos partes, que todo lo miramos más de una legua de allí alrededor, estaba otra muy mala entrada y peor de ganar que adonde estábamos, por causa que era una bajada tan agria, que a manera de decir, era entrar en los abismos. Volvamos a nuestros mamparos y mantas, que con ellas les estábamos deshaciendo sus fortalezas, y nos echaban de arriba mucha pez y resina ardiendo, y agua y sangre toda revuelta y muy caliente, y otras veces lumbre y recoldo, y nos hacían mala obra, y luego tras esto mucha multitud de piedras muy grandes que nos desbarataron nuestros ingenios, que nos hubimos de retirar y tornarlos a adobar; y luego volvimos sobre ellos, y cuando vieron que les hacíamos mayores portillos, se ponen cuatro papas y otras personas principales sobre una de sus almenas, y vienen cubiertos con sus pavesinas y otros talabardones de madera, y dicen: «Pues que deseáis y queréis oro, entrad, dentro, que aquí tenemos mucho»; y nos echaron desde las almenas siete diademas de oro fino, y muchas cuentas vaciadizas y otras joyas, como caracoles y ánades, todo de oro, y tras ello mucha flecha y vara y piedra, y ya les teníamos hechas dos grandes entradas; y como era ya de noche y en aquel instante comenzó a llover, dejamos el combate para otro día, y allí dormimos aquella noche con buen recaudo; y mandó el capitán a ciertos de a caballo que estaban en tierra llana, que no se quitasen de sus puestos y tuviesen los caballos ensillados y enfrenados. Volvamos a los chamultecas, que toda la noche estuvieron tañendo atabales y trompetillas y dando voces y gritos, y decían que otro día nos habían de matar, que así se lo había prometido su ídolo; y cuando amaneció volvimos con nuestros ingenios y mantas a hacer mayores entradas, y los contrarios con grande ánimo defendiendo su fortaleza y aun hirieron este día a cinco de los nuestros, y a mí me dieron un buen bote de lanza, que me pasaron las armas, y si no fuera por el mucho algodón y bien colchadas que eran, me mataran, porque con ser buenas las pasaron y echaron buen pelote de algodón fuera, me dieron una chica herida; y en aquella sazón era más de mediodía, y vino muy grande agua y luego una muy oscura neblina; porque, como eran sierras altas, siempre hay neblinas y aguaceros; y nuestro capitán, como llovía mucho, se apartó del combate, y como yo era acostumbrado a las guerras pasadas de México, bien entendí que en aquella sazón que vino la neblina no daban los contrarios tantas voces ni gritos como de antes; y veía que estaban arrimadas a los adarves y fortalezas y barbacanas muchas lanzas, y que no las veía menear, sino hasta doscientas dellas, sospeché lo que fue, que se querían ir o se iban entonces, y de presto les entramos por un portillo yo y otro mi compañero, y estaban obra de doscientos guerreros, los cuales arremetieron a nosotros y nos dan muchos botes de lanza; y si de presto no fuéramos socorridos de unos indios de Cinacatan, que dieron voces a nuestros soldados, que entraron luego con nosotros en su fortaleza, allí perdiéramos las vidas; y como estaban aquellos chamultecas con sus lanzas haciendo cara y vieron el socorro, se van huyendo, porque los demás guerreros ya se habían huido con la neblina; y nuestro capitán con todos los soldados y amigos entraron dentro, y estaba ya alzado todo el hato, y la gente menuda y mujeres ya se habían ido por el paso muy malo, que he dicho que era muy hondo y de mala subida y peor bajada; y fuimos en el alcance, y se prendieron muchas mujeres y muchachos y niños y sobre treinta hombres, y no se halló despojo en el pueblo, salvo bastimento; y esto hecho, nos volvimos con la presa camino de Cinacatan, y fue acordado que asentásemos nuestro real junto a un río adonde está ahora poblada la Ciudad Real, que por otro nombre llaman Chiapas de los Españoles; y desde allí soltó el capitán Luis Marín seis indios con sus mujeres, de los presos de Chamula, para que fuesen a llamar los de Chamula, y se les dijo que no hubiesen miedo, y se les darían todos los prisioneros; y fueron los mensajeros, y otro día vinieron de paz y llevaron toda su gente, que no quedó ninguna; y después de haber dado la obediencia a su majestad, me depositó aquel pueblo el capitán Luis Marín, porque desde México se lo había escrito Cortés, que me diese una buena cosa de lo que se conquistase, y también porque era yo mucho su amigo del Luis Marín, y porque fue el primer soldado que les entró dentro; y Cortés me envió cédula de encomienda dellos, y hasta hoy tengo la cédula de encomienda guardada, y me tributaron más de ocho años. En aquella sazón no estaba poblada la Ciudad Real, que después se pobló, y se dio mi pueblo para la población. Dejemos esto y volvamos a nuestra relación: que, como ya Chamula estaba de paz, y Güeyhuistlan, que estaba alzado, no quisieron venir de paz aunque les enviamos a llamar, acordó nuestro capitán que fuésemos a los buscar a sus pueblos; y digo aquí pueblos, porque entonces eran tres pueblezuelos, y todos puestos en fortaleza; y dejamos allí adonde estaban nuestros ranchos los heridos y fardaje, y fuimos con el capitán los más sueltos y sanos soldados, y los de Cinacatan nos dieron sobre trescientos indios de guerra, que fueron con nosotros, y sería de allí a los pueblos de Güeyhuistlan obra de cuatro leguas; y como íbamos a sus pueblos hallamos todos los caminos cerrados, llenos de maderos y árboles cortados y muy embarazados, que no podían pasar caballos, y con los amigos que llevábamos los desembarazamos y quitaron los maderos; y fuimos a un pueblo de los tres, que ya he dicho que era fortaleza, y hallámosle lleno de guerreros, y comenzaron a nos dar grita y voces y a tirar vara y flecha, y tenían grandes lanzas y pavesinas y espadas de a dos manos de pedernal, que cortan como navajas, según y de la manera de los de Chamula; y nuestro capitán con todos nosotros les íbamos subiendo la fortaleza, que era muy más mala y recia de tomar que no la de Chamula; acordaron de se ir huyendo y dejar el pueblo despoblado y sin cosa ninguna de bastimentos; y los cinacantecas prendieron dos indios dellos, que luego trajeron al capitán, los cuales mandó soltar, para que llamasen de paz y a todos los demás sus vecinos, y aguardamos allí un día que volviesen con la respuesta, y todos vinieron de paz, y trajeron un presente de oro de poca valía y plumaje de quetzales, que son unas plumas que se tienen entre ellos en mucho, y nos volvimos a nuestros ranchos; y porque pasaron otras cosas que no hacen a nuestra relación, se dejarán de decir, y diremos cómo cuando hubimos vuelto a los ranchos pusimos en plática que sería bien poblar allí adonde estábamos una villa, según que Cortés nos mandó que poblásemos, y muchos soldados de los que allí estábamos decíamos que era bien, y otros que tenían buenos indios en lo de Guazacualco eran contrarios, y pusieron por achaque que no teníamos herraje para los caballos, y que éramos pocos, y todos los más heridos, y la tierra muy poblada, y los más pueblos estaban en fortaleza y en grandes sierras, y que no nos podríamos valer ni aprovechar de los caballos, y decían por ahí otras cosas; y lo peor de todo, que el capitán Luis Marín y un Diego de Godoy, que era escribano del rey, persona muy entremetida, no tenían voluntad de poblar, sino volver a nuestros ranchos y villa. Y un Alonso de Grado, que ya le he nombrado otras veces en el capítulo pasado, el cual era más bullicioso que hombre de guerra, parece ser traía secretamente una cédula de encomienda firmada de Cortés, en que le daba la mitad del pueblo de Chiapas cuando estuviese pacificado, y por virtud de aquella cédula demandó al capitán Luis Marín que le diese el oro que hubo en Chiapas que dieron los indios, y otro que se tomó en los templos de los ídolos del mismo Chiapas, que serían 1.500 pesos, y Luis Marín decía que aquello era para ayudar a pagar los caballos que habían muerto en la guerra en aquella jornada; y sobre ello y sobre otras diferencias estaban muy mal el uno con el otro, y tuvieron tantas palabras, que el Alonso de Grado, como era mal condicionado, se desconcertó en hablar; y quien se metía en medio y lo revolvía todo era el escribano Diego de Godoy. Por manera que Luis Marín los echó presos al uno, y al otro, y con grillos, y cadenas los tuvo seis o siete días presos, y acordó de enviar a Alonso de Grado a México preso, y al Godoy con ofertas y prometimientos y buenos intercesores le soltó; y fue peor, que se concertaron luego el Grado y el Godoy de escribir desde allí a Cortés muy en posta, diciendo muchos males de Luis Marín, y aun Alonso de Grado me rogó a mí que de mi parte escribiese a Cortés, y en la carta le disculpase al Grado, porque le decía el Godoy al Grado que Cortés en viendo mi carta le daría crédito, y no dijese bien del Marín; y yo escribí lo que me pareció que era verdad, y no culpando al capitán Marín; y luego envió preso a México al Alonso de Grado, con juramento que le tomó que se presentaría ante Cortés dentro de ochenta días, porque desde Cinacatan había por la vía y camino que venimos sobre ciento y noventa leguas hasta México. Dejemos de hablar de todas estas revueltas y embarazos; y ya partido el Alonso de Grado, acordamos de ir a castigar a los de Cimatan, que fueron en matar los dos soldados cuando me escapé yo y Francisco Martín, vizcaíno, de sus manos; y yendo que íbamos caminando para unos pueblos que se dicen Tapelola, y antes de llegar a ellos había unas sierras y pasos tan malos, así de subir como de bajar, que tuvimos por cosa dificultosa el poder pasar por aquel puerto; y Luis Marín envió a rogar a los caciques de aquellos pueblos que los adobasen de manera que pudiésemos pasar e ir por ellos, y así lo hicieron, y con mucho trabajo pasaron los caballos, y luego fuimos por otros pueblos que se dicen Silosuchiapa y Coyumelapa, y desde allí fuimos a este Panguaxoya; y llegados que fuimos a otros pueblos que se dicen Tecomayacatal y Ateapan, que en aquella sazón todo era un pueblo y estaban juntas casas con casas, y era una población de las grandes que había en aquella provincia, y estaba en mí encomendada por Cortés; y como entonces era mucha población, y con otros pueblos que con ellos se juntaron, salieron de guerra al pasar de un río muy hondo que pasa por el pueblo, e hirieron seis soldados y mataron tres caballos, y estuvimos buen rato peleando con ellos; y al fin pasamos el río y se huyeron, y ellos mismos pusieron fuego a las casas y se fueron al monte; estuvimos cinco días curando los heridos y haciendo entradas, donde se tomaron muy buenas indias, y se les envió a llamar de paz, y que se les daría la gente que habíamos preso y que se les perdonaría lo de la guerra pasada; y vinieron todos los más indios y poblaron su pueblo, y demandaban sus mujeres e hijos, como les habían prometido. El escribano Diego de Godoy aconsejaba al capitán Luis Marín que no las diese, sino que se echase el hierro del rey, que se echaba a los que una vez habían dado la obediencia a su majestad y se tornaban a levantar sin causa ninguna; y porque aquellos pueblos salieron de guerra y nos flecharon y nos mataron los tres caballos, decía el Godoy que se pagasen los tres caballos con aquellas piezas de indios que estaban presos; y yo repliqué que no se herrasen, y que no era justo, pues vinieron de paz; y sobre ello yo y el Godoy tuvimos grandes debates y palabras y aun cuchilladas, que entrambos salimos heridos, hasta que nos despartieron y nos hicieron amigos, y el capitán Luis Marín era muy bueno y no era malicioso, y vio que no era justo hacer más de lo que pedí por merced, mandó que diesen todas las mujeres y toda la demás gente que estaba presa a los caciques de aquellos pueblos, y los dejamos en sus casas muy de paz; y desde allí atravesamos al pueblo de Cimatlan y a otros pueblos que se dicen Talatupan, y antes de entrar en el pueblo tenían hechas unas saeteras, y andamios junto a un monte, y luego estaban unas ciénagas; y así como llegamos nos dan de repente una tan buena rociada de flecha con muy buen concierto y ánimo, e hirieron sobre veinte soldados y mataron dos caballos, y si de presto no les desbaratáramos y deshiciéramos sus cercados y saeteras, mataran e hirieran muchos más, y luego se acogieron a las ciénagas; y estos indios destas provincias son grandes flecheros, que pasan con sus flechas y arcos dos dobleces de armas de algodón bien colchadas, que es mucha cosa; y estuvimos en su pueblo dos días, y los enviamos a llamar de paz y no quisieron venir; y como estábamos cansados, y había allí muchas ciénagas que tiemblan, que no pueden entrar en ellas los caballos ni aun ninguna persona sin que se atolle en ellas, y han de salir arrastrando y a gatas, y aun si salen es maravilla, tanto son malas. Y por no ser yo más largo sobre este caso, por todos nosotros fue acordado que volviésemos a nuestra villa de Guazacualco, y volvimos por unos pueblos de la Chontalpa, que se dicen Guimango y Nacaxuixuica y Teotitan Copilco, y pasamos otros pueblos, y a Ulapa, y el río de Ayahualulco y al de Tonalá, y luego a la villa de Guazacualco; y del oro que se hubo en Chiapas y en Chamula, sueldo por libre: se pagaron los caballos que mataron en las guerras. Dejemos esto, y digamos que como el Alonso de Grado llegó a México delante de Cortés, y cuando supo de la manera que iba, le dijo muy enojado: «¿Cómo, señor Alonso de Grado, que no podéis caber ni en una parte ni en otra? ¡pésame de ello! Lo que os ruego es que mudéis esa mala condición; si no, en verdad que os enviaré a la isla de Cuba, aunque sepa daros 3.000 pesos con que allá viváis, porque ya no os puedo sufrir»; y el Alonso de Grado se le humilló de manera, que tornó a estar bien con el Cortés, y el Luis Marín escribió a Cortés todo lo acaecido. Y dejarlo he aquí, y diré lo que pasó en la corte sobre el obispo de Burgos y arzobispo de Rosano.

Capítulo CLXVII. Cómo estando en Castilla nuestros procuradores, recusaron al obispo de Burgos, y lo que más pasó

Ya he dicho en los capítulos pasados que don Juan Rodríguez de Fonseca, obispo de Burgos y arzobispo de Rosano, que así se nombraba, hacía mucho por las cosas de Diego Velázquez, y era contrario de las de Cortés y a todas las nuestras; y quiso nuestro señor Jesucristo que en el año de 1521 fue elegido en Roma por sumo pontífice nuestro muy santo padre el papa Adriano de Lovaina y en aquella sazón estaba en Castilla por gobernador della y residía en la ciudad de Vitoria, y nuestros procuradores fueron a besar sus santos pies; y un gran señor alemán, que era de la cámara de su majestad, que se decía mosiur de Lasao, le vino a dar el parabién del pontificado por parte del emperador nuestro señor a su santidad; y el mosiur de Lasao tenía noticia de los heroicos hechos y grandes hazañas que Cortés y todos nosotros habíamos hecho en la conquista desta Nueva España, y los grandes, muchos, buenos y notables servicios que siempre hacíamos a su majestad, y de la conversión de tantos millares de indios que se convertían a nuestra santa fe; y parece ser aquel caballero alemán suplicó al santo padre Adriano que fuese servido entender muy de hecho en las cosas entre Cortés y el obispo de Burgos; y su santidad lo tomó también muy a pecho; porque, allende de las quejas que nuestros procuradores propusieron ante nuestro santo padre, le habían ido otras muchas personas de calidad a se quejar del mismo obispo de muchos agravios e injusticias que decían que hacían; porque, como su majestad estaba en Flandes, y el obispo era presidente de Indias, todo se lo mandaba, y era malquisto; y según entendimos, nuestros procuradores hallaron calor para le osar recusar. Por manera que se juntaron en la corte Francisco de Montejo y Diego de Ordás, y el licenciado Francisco Núñez, primo de Cortés, y Martín Cortés, padre del mismo Cortés, y con favor de otros caballeros y grandes señores que les favorecieron, y uno dellos, y el que más metió la mano, fue el duque de Béjar; y con estos favores le recusaron con gran osadía y atrevimiento al obispo ya por mí dicho, y las causas que dieron muy bien probadas. Lo primero fue que el Diego Velázquez dio al obispo un muy buen pueblo en la isla de Cuba, y que con los indios del pueblo le sacaban oro de las minas y se lo enviaba a Castilla; y que a su majestad no le dio ningún pueblo, siendo más obligado a ello que al obispo. Y lo otro, que en el año de 1517 años, que nos juntamos ciento y diez soldados con un capitán que se decía Francisco Hernández de Córdoba, y que a nuestra costa compramos navíos y matalotaje y todo lo demás, y salimos a descubrir la Nueva España; y que el obispo de Burgos hizo relación a su majestad que Diego Velázquez la descubrió, y no fue así. Y lo otro, que envió el mismo Diego Velázquez a lo que habíamos descubierto a un sobrino suyo que se decía Juan de Grijalva, y que descubrió más adelante, y que hubo en aquella jornada sobre 20.000 pesos de oro de rescate, y que todo lo más envió el Diego Velázquez al mismo obispo, y que no dio parte dello a su majestad; y que cuando vino Cortés a conquistar la Nueva España, que envió un presente a su majestad, que fue la Luna de oro y el Sol de plata y mucho oro en grano sacado de las minas, y gran cantidad de joyas y tejuelos de oro de diversas maneras, y escribimos a su majestad el Cortés y todos nosotros sus soldados dándole cuenta y razón de lo que pasaba, y envió con ello a Francisco de Montejo y a otro caballero que se decía Alonso Hernández Portocarrero, primo del conde de Medellín, que no los quiso oír, y les tomó todo el presente de oro que iba para su majestad, y les trató mal de palabras, llamándolos de traidores, y que venían a procurar por otro traidor; y que las cartas que venían para su majestad las encubrió, y escribió otras muy al contrario dellas, diciendo que su amigo Diego Velázquez envía aquel presente; y que no le envió todo lo que traían, que el obispo se quedó con la mitad y mayor parte dello; y porque el Alonso Hernández Portocarrero, que era uno de los dos procuradores que enviaba Cortés, le suplicó al obispo que le diese licencia para ir a Flandes, adonde estaba su majestad, le mandó echar preso, y que murió en las cárceles; y que envió a mandar en la casa de la contratación de Sevilla al contador Pedro de Isasaga y Juan López de Recalde, que no diesen ayuda ninguna para Cortés, así de soldados como de armas ni otra cosa; y que proveía los oficiales y cargos, sin consultarlo con su majestad, a hombres que no lo merecían ni tenían habilidad ni saber para mandar, como fue al Cristóbal de Tapia, y que por casar a su sobrina doña Petronila de Fonseca con Tapia o con el Diego Velázquez le prometió la gobernación de la Nueva España; y que aprobaba por buenas las falsas relaciones y procesos que hacían los procuradores de Diego Velázquez, los cuales eran Andrés de Duero y Manuel de Rojas y el padre Benito Martín, y aquellas enviaba a su majestad por buenas, y las de Cortés y de todos los que estábamos sirviendo a su majestad, siendo muy verdaderas, encubría y torcía y las condenaba por malas; y le pusieron otros muchos cargos, y todo muy bien probado, que no se pudo encubrir cosa ninguna, por más que alegaban por su parte. Y luego que esto fue hecho y sacado en limpio, fue llevado a Zaragoza, adonde su santidad estaba en aquella sazón que le recusé, y como vio los despachos y causas que se dieron en la recusación, y que las partes del Diego Velázquez, por más que alegaban que había gastado en navíos y costas, fueron rechazados sus dichos; que, pues no acudió a nuestro rey y señor, sino solamente al obispo de Burgos, su amigo, y Cortés hizo lo que era obligado, como leal servidor, mandó su santidad, como gobernador que era de Castilla, demás de ser papa, al obispo de Burgos que luego dejase el cargo de entender en las cosas y pleitos de Cortés y que no entendiese en cosa ninguna de las Indias, y declaró por gobernador desta Nueva España a Hernando Cortés, y que si algo había gastado Diego Velázquez, que se lo pagásemos; y aun envió a la Nueva España bulas, con muchas indulgencias para los hospitales e iglesias, y escribió una carta encomendando a Cortés y a todos nosotros los conquistadores que estábamos en su compañía que siempre tuviésemos mucha diligencia en la santa conversión de los naturales, y fuese de manera que no hubiese muertes ni robos, sino con paz y cuanto mejor se pudiese hacer, y que les vedásemos y quitásemos sacrificios y sodomías y otras torpedades; y decía en la carta que, demás del gran servicio que hacíamos a Dios nuestro señor y a su majestad, que su santidad, como nuestro padre y pastor, tendría cargo de rogar a Dios por nuestras ánimas, pues tanto bien por nuestra mano ha venido a toda la cristiandad; y aun nos envió otras santas bulas para nuestras absoluciones. Y viendo nuestros procuradores lo que mandaba el santo padre, así como pontífice y gobernador de Castilla, enviaron luego correos muy en posta adonde su majestad estaba, que ya había venido de Flandes y estaba en Castilla, y aun llevaron cartas de su santidad para nuestro monarca; y después de muy bien informado de lo de atrás por mí dicho, confirmó lo que el sumo pontífice mandó, y declaró por gobernador de la Nueva España a Cortés, y a lo que el Diego Velázquez gastó de su hacienda en la armada, que se le pagase; y aun le mandó quitar la gobernación de la isla de Cuba, por cuanto había enviado el armada con Pánfilo de Narváez sin licencia de su majestad, no embargante que la real audiencia y los frailes jerónimos que residían en la isla de Santo Domingo por gobernadores se lo habían defendido, y aun sobre se lo quitar enviaron a un oidor de la misma real audiencia, que se decía Lucas Vázquez de Ayllón, para que no consintiese ir la tal armada, y en lugar de le obedecer, le echaron preso y le enviaron con prisiones en un navío. Dejemos de hablar desto, y digamos que, como el obispo de Burgos supo lo por mí atrás dicho, y lo que su santidad y su majestad mandaban, y se lo fueron a notificar, fue muy grande el enojo que tomó, de que cayó muy malo, y se salió de la corte y se fue a Toro, donde tenía su asiento y casas; y por mucho que metió la mano su hermano don Antonio de Fonseca, señor de Coca y Alaejos, en le favorecer, no lo pudo volver en el mando que de antes tenía. Y dejemos de hablar desto, y digamos que a gran bonanza que en favor de Cortés hubo, se siguió contrariedad; que le vinieron otros grandes contrastes de acusaciones que le ponían por Pánfilo de Narváez y Cristóbal de Tapia y por el piloto Cárdenas, que he dicho en el capítulo que sobre ello habla que cayó malo de pensamiento cómo no le dieron la parte del oro de lo primero que se envió a Castilla; y también le acusó un Gonzalo de Umbría, piloto, a quien Cortés mandó cortar los pies porque se alzaba con un navío con Cermeño y Pedro Escudero, que mandó ahorcar Cortés.

Capítulo CLXVIII. Cómo fueron ante su majestad el Pánfilo de Narváez y Cristóbal de Tapia, y un piloto que se decía Gonzalo de Umbría y otro soldado que se llamaba Cárdenas;

y con favor del obispo de Burgos, aunque no tenía cargo de entender en cosas de Indias, que ya le habían quitado el cargo y se estaba en Toro: todos los por mí referidos dieron ante su majestad muchas quejas de Cortés, y lo que sobre ello se hizo

Ya he dicho en el capítulo pasado cómo su santidad vio y entendió los grandes servicios que Cortés y todos nosotros los conquistadores que en su compañía militábamos habíamos hecho a Dios nuestro señor y a su majestad y a toda la cristiandad, y de cómo se le hizo merced a Cortés de le hacer gobernador de la Nueva España, y las bulas e indulgencias que envió para las iglesias y hospitales, y las santas absoluciones para todos nosotros; y visto por su majestad lo que el santo padre mandaba, después de bien informado de toda la verdad, lo confirmó con otros reales mandos; y en aquella sazón se quitó el cargo de presidente de Indias al obispo de Burgos, y se fue a vivir a la ciudad de Toro; y en este instante llegó a Castilla Pánfilo de Narváez, el cual había sido capitán de la armada que envió Diego Velázquez contra nosotros; y también en aquel tiempo llegó Cristóbal de Tapia, el que había enviado el mismo obispo a tomar la gobernación de la Nueva España, y llevaron en su compañía un Gonzalo de Umbría, piloto, y a otro soldado que se decía Cárdenas, y todos juntos se fueron a Toro a demandar favor al obispo de Burgos para se ir a quejar de Cortés delante de su majestad, porque ya su majestad había venido de Flandes, y el obispo no deseaba otra cosa sino que hubiese quejas de Cortés y de nosotros; y tales favores y promesas les dio el obispo, que se juntaron los procuradores del Diego Velázquez que estaban en la corte, que se decían Bernardino Velázquez, que ya le había enviado desde Cuba para que procurase por él, y Benito Martín y Manuel de Rojas, y fueron todos juntos delante del emperador nuestro señor, y se quejaron reciamente de Cortés; y los capítulos que contra él pusieron fue, que Diego Velázquez envió a descubrir y poblar la Nueva España tres veces, y que gastó gran suma de pesos de oro en navíos y armas y matalotaje, y en cosas que dio a los soldados, y que envió con la armada a Hernando Cortés por capitán, y se alzó con ella, y que no le acudió con ninguna cosa. También le acusaron que, no embargante todo esto, que envió el Diego Velázquez a Pánfilo de Narváez por capitán de más de mil y trescientos soldados, con dieciocho navíos y muchos caballos y escopeteros y ballesteros, y con cartas y provisiones de su majestad, y firmadas de su presidente de Indias, que era el obispo de Burgos y arzobispo de Rosano, para que le diesen gobernación de la Nueva España, y no lo quiso obedecer; antes le dio guerra y desbarató, y mató su alférez y sus capitanes, y le quebró un ojo, y que le quemo cuanta hacienda tenía, y le prendió al mismo Narváez y a otros capitanes que tenía en su compañía. Y que, no embargante este desbarate, que proveyó el mismo obispo de Burgos para que fuese el Cristóbal de Tapia, que presente estaba, como fue, a tomar la gobernación de aquellas tierras en nombre de su majestad, y que no lo quiso obedecer, y que por fuerza le hizo volver a embarcar; y acusábanle que había demandado a los indios de todas las ciudades de la Nueva España mucho oro en nombre de su majestad, y se lo tomaba y encubría y lo tenía en su poder; acusábanle que, a pesar de todos sus soldados. llevó quinto como rey de todas las partes que se habían habido en México; acusábanle que mandó quemar los pies a Guatemuz, y a otros caciques porque diesen oro, y también le pusieron por delante la muerte de Catalina Juárez, «la Marcaida», su mujer de Cortés; acusáronle que no dio ni acudió con las partes del oro a los soldados, y que todo lo resumió en sí; acusábanle los palacios que hizo y casas muy fuertes, y que eran tan grandes como una gran aldea, y que hacía servir en ellas a todas las ciudades de la redonda de México, y que les hacía traer grandes cipreses y piedra desde lejas tierras, y que había dado ponzoña a Francisco de Garay por le tomar su gente y armada; y le pusieron otras muchas cosas y acusaciones, y tantas, que su majestad estaba enojado de oír tantas injusticias como del Cortés decían, creyendo que era verdad. Y demás desto, como el Narváez hablaba muy entonado, dijo estas palabras que oirán: «Y porque vuestra majestad sepa cuál andaba la cosa, la noche que me prendieron y desbarataron, que teniendo vuestras reales provisiones en el seno, que las saqué de prisa, y mi ojo quebrado, porque no me quemasen, porque ardía en aquella sazón el aposento en que estaba, me las tomó por fuerza del seno y un capitán de Cortés, que se dice Alonso de Ávila, y es el que ahora está preso en Francia, y no me las quiso dar, y publicó que no eran provisiones, sino obligaciones que venía a cobrar»: Entonces dice que se rió el emperador, y la respuesta que dio fue, que en todo mandaría hacer justicia; y luego mandó juntar ciertos caballeros de sus reales consejos y de su real cámara, personas de quien su majestad tuvo confianza que harían recta justicia, que se decían, Mercurio Catirinario, gran canciller italiano, y mosiur de Lasao y el doctor de La Rocha, flamencos, y Hernando de Vega, señor de Grajales y comendador mayor de Castilla, y el doctor Lorenzo Galíndez de Carvajal y el licenciado Vargas, tesorero general de Castilla; y desque a su majestad le dijeron que estaban juntos, les mandó que mirasen muy justificadamente los pleitos y debates entre Cortés y Diego Velázquez y aquellos querellosos, y que en todo hiciesen justicia, no teniendo afición a las personas ni favoreciesen a ninguno dellos, excepto a la justicia; y luego visto por aquellos caballeros el real mando, acordaron de se juntar en unas casas y palacios donde posaba el gran canciller, y mandaron parecer al Narváez y al Cristóbal de Tapia, y al piloto Umbría y a Cárdenas, y a Manuel de Rojas y a Benito Martín y a un Velázquez, que estos eran procuradores del Diego Velázquez; y asimismo parecieron por la parte de Cortés su padre Martín Cortés y el licenciado Francisco Núñez y Francisco de Montejo, y Diego de Ordás, y mandaron a los procuradores del Diego Velázquez que propusiesen todas las quejas y demandas y capítulos contra Cortés; y dan las mismas quejas que dieron ante su majestad. A esto respondieron por Cortés sus procuradores, que a lo que decían que había enviado el Diego Velázquez a descubrir la Nueva España de los primeros, y gastó muchos pesos de oro, que no fue así como dicen; que los que lo descubrieron fue un Francisco Hernández de Córdoba con ciento y diez soldados a su costa; y que antes el Diego Velázquez es digno de gran pena, porque mandaba a Francisco Hernández y a los compañeros que lo descubrieron que fuesen a la isla de los Guanajes a cautivar indios por fuerza, para se servir dellos como esclavos; y desto mostraron probanzas, y no hubo contradicción en ello. Y también dijeron que si el Diego Velázquez volvió a enviar a su pariente Grijalva con otra armada, que no le mandó el Diego Velázquez poblar, sino rescatar, y que todo lo más que se gastó en la armada pusieron los capitanes que fueron en los navíos, y no Diego Velázquez, y que uno dellos era el mismo Francisco de Montejo, que allí estaba presente, y los demás fueron Pedro de Alvarado y Alonso de Ávila, y que rescataron 20.000 pesos, y que se quedó con todo lo más dellos el Diego Velázquez, y lo envió al obispo de Burgos para que le favoreciese, y que no dio parte dello a su majestad, sino lo que quiso, y que, demás de aquello, le dio indios al mismo obispo en la isla de Cuba, que le sacaban oro; y que a su majestad no le dio ningún pueblo, siendo más obligado a ello que no al obispo; de lo cual hubo buena probanza, y no hubo contradicción en ello. También dijeron que si envió a Hernando Cortés con otra armada, que fue elegido primeramente por gracia de Dios y en ventura del mismo emperador nuestro césar y señor, y que tienen por cierto que si otro capitán enviaran, que le desbaratara, según la multitud de guerreros que contra él se juntaban; y que cuando le envió el Diego Velázquez, no le enviaba a poblar, sino a rescatar; de lo cual hubo probanzas dello; y que si se quedó a poblar fue por los requerimientos que los compañeros le hicieron, y que viendo que era servicio de Dios y de su majestad, pobló, y fue cosa muy acertada; y que dello se hizo relación a su majestad y se le envió todo el oro que pudo haber, y que se le escribió sobre ello dos cartas haciéndole saber todo lo sobredicho; y que para obedecer sus reales mandos estaba Cortés con todos sus compañeros los pechos por tierra; y se le hizo relación de todas las cosas que el obispo de Burgos hacía por el Diego Velázquez, y que enviamos nuestros procuradores con el oro y cartas, y que el obispo encubría nuestros muchos servicios, y que no enviaba a su majestad nuestras cartas, sino otras de la manera que él quería, y que el oro que enviamos, que se quedaba con todo lo más dello, y que torcía todas las cosas que convenían que su majestad fuese sabidor deltas, y que en cosa ninguna le decía verdaderamente lo que era obligado a nuestro rey y señor, y que porque nuestros procuradores querían ir a Flandes delante su real persona, echó preso al uno dellos, que se decía Alonso Hernández Portocarrero, primo del conde de Medellín, y que murió en la cárcel, y que mandaba el mesmo obispo a los oficiales de la casa de la contratación de Sevilla que no diesen ayuda ninguna a Cortés, así de armas como de soldados, sino que en todo le contradijesen, y que a boca llena nos llamaban de traidores; y que todo esto hacía el obispo porque tenía tratado casamiento con el Diego Velázquez o con el Tapia de casar una sobrina que se decía doña Petronila de Fonseca, y le había prometido que le haría gobernador de México; y para todo esto que he dicho mostraron traslados de las cartas que hubimos escrito a su majestad, y otras grandes probanzas; y la parte de Diego Velázquez no contradijo en cosa ninguna, porque no había en qué. Y que a lo que decían de Pánfilo de Narváez, que envió el Diego Velázquez con dieciocho navíos y mil trescientos soldados y cien caballos, y ochenta escopeteros y otros tantos ballesteros, y había hecho mucha costa; a esto respondieron que el Diego Velázquez es digno de pena de muerte por haber enviado aquella armada sin licencia de su majestad, y que cuando enviaba sus procuradores a Castilla, en nada ocurría a nuestro rey y señor, como era obligado, sino solamente al obispo de Burgos; y que la real audiencia de Santo Domingo y los frailes jerónimos que estaban por gobernadores le enviaron a mandar al Diego Velázquez a la isla de Cuba, so graves penas, que no enviase aquella armada hasta que su majestad fuese sabidor dello, y que con su real licencia le enviase: porque hacer otra cosa era grande deservicio de Dios y de su majestad: poner zizañas en la Nueva España en el tiempo que Cortés y sus compañeros estábamos en las conquistas y conversión de tantos cuentos de los naturales que se convertían a nuestra santa fe católica; y que para detener la armada le enviaron a un oidor de la misma audiencia real, que se decía el licenciado Lucas Vázquez de Ayllón, y en lugar de le obedecer, y los reales mandos que llevaba, le echaron preso, y sin ningún acato le enviaron en un navío; y que pues que Narváez estaba delante, que fue el que hizo aquel tan desacatado delito, por tocar en crimen laesae majestatis, es digno de muerte, que suplicaban a aquellos caballeros por mí nombrados, que estaban por jueces, que le mandasen castigar; y respondieron que harían justicia sobre ello. Volvamos a decir en los descargos que daban nuestros procuradores, y es, que a lo que dicen que no quiso Cortés obedecer las reales provisiones que llevaba Narváez, y le dio guerra y le desbarató y quebré un ojo, y prendió a él y todos sus compañeros y capitanes, y les puso fuego a los aposentos. A esto respondieron que, así como llegó Narváez a la Nueva España y desembarcó, que la primera cosa que hizo el Narváez fue enviar a decir al gran cacique Moctezuma que Cortés tenía preso, que le venía a soltar y a matar todos los que estábamos con Cortés, y que alborotó la tierra de manera, que lo que estaba pacífico se volvió en guerra, y que como Cortés supo que había venido al puerto de la Veracruz, le escribió muy amorosamente, y que si traía provisiones de su majestad, que las quería ver y obedecería con aquel acato que se debe a su rey y señor; y que no le quiso responder a sus cartas, sino siempre en su real llamándole de traidor, no lo siendo, sino muy leal servidor de su majestad: y que mandó pregonar Narváez en su real guerra a fuego y sangre y ropa franca contra Cortés y sus compañeros; y que le rogó muchas veces con la paz, y que mirase no revolviese la Nueva España de manera que diese causa para que todos se perdiesen, y que se apartaría a una parte, cual él quisiese, a conquistar, y el Narváez fuese por la parte que más le agradase, y que entrambos sirviesen a Dios y a su majestad, y pacificasen aquellas tierras; y tampoco le quiso responder a ello. Y como Cortés vio que no aprovechaban todos aquellos cumplimientos ni le mostraba las reales provisiones, y supo el gran desacato que había hecho el Narváez en prender al oidor de su majestad, que para lo castigar por aquel delito acordó de ir a hablar con él para ver las reales provisiones, y a saber por qué causa prendió al oidor; y que el Narváez tenía concertado de prender a Cortés sobre seguro; y para ello presentaron probanzas y testimonios bastantes, y aun por testigo a Andrés de Duero, que se halló por la parte del Narváez cuando aquello pasó, y el mismo Duero fue el que dio aviso a Cortés dello; y a todo esto la parte del Diego Velázquez no había en qué contradecir cosa ninguna sobre ello. Y a lo que le acusaban que vino a Pánuco Francisco de Garay, y con grande armada, y provisiones de su majestad en que le hacían gobernador de aquella provincia, y que Cortés tuvo astucias y gran diligencia para que se le amotinasen al Garay sus soldados, y los indios de la misma provincia mataron a muchos dellos, y le tomó ciertos navíos, e hizo otras demasías hasta que el Garay se vio perdido y desamparado y sin capitanes y soldados, y se fue a meter por las puertas de Cortés y le aposentó en sus casas, y que dende a ocho días que le dio un almuerzo, de que murió, de ponzoña que le dieron en él; a esto respondieron que no era así, porque no tenía necesidad de los soldados que el Garay traía para les hacer amotinar, sino que, como el Garay no era hombre para la guerra, no se daba maña con los soldados, y como no toparon con la tierra cuando desembarco, sino grandes ríos y malas ciénagas y mosquitos y murciélagos, y los que traía en su compañía tuvieron noticia de la gran prosperidad de México y las riquezas y la buena fama de la liberalidad de Cortés; que por esta causa se le iban a México, y que por los pueblos de aquellas provincias andaban a robar sus soldados a los naturales y les tomaban sus hijas y mujeres, y que se levantaron contra ellos y le mataron los soldados que dicen, y que los navíos, que no los tomó, sino que dieron a través; y si envió sus capitanes Cortés, fue para que hablasen al Garay ofreciéndoseles por Cortés, y también para ver las reales provisiones, si eran contrarias de las que antes tenía Cortés; y que viéndose el Garay desbaratado de sus soldados, y navíos dados a través, que se vino a socorrer a México, y Cortés le mandó hacer mucha honra por los caminos, y banquetes en Texcoco, y cuando entró en México le salió a recibir y le aposentó en sus casas, y había tratado casamiento de los hijos, y que le quería dar favor y ayudar para poblar el río de Palmas, y que si cayó malo, que Dios fue servido de le llevar deste mundo, ¿qué culpa tiene Cortés para ello? Y que se le hicieron muchas honras al enterramiento y se pusieron lutos, y que los médicos que lo curaban juraron que era dolor de costado, y que esta es la verdad; y no hubo otra contradicción. Y a lo que decían que llevaba quinto como rey, respondieron que cuando lo hicieron capitán general y justicia mayor hasta que su majestad mandase en ello otra cosa, le prometieron los soldados que le darían quinto de las partes, después de sacado el real quinto, y que lo tomó por causa que después gastaba cuanto tenía en servicio de su majestad, como fue en lo de la provincia de Pánuco, que pagó de su hacienda sobre 60.000 pesos de oro, y envió en presentes a su majestad mucho oro de lo que le había cabido del quinto; y mostraron probanzas de todo lo que decían, y no hubo contradicción por los procuradores de Diego Velázquez. Y a lo que decían que a los soldados les había tomado Cortés sus partes del oro que les cabía, dijeron que les dieron conforme a la cuenta del oro que se halló en la toma de México, porque se halló muy poco, que todo lo habían robado los indios de Tlaxcala y Texcoco y los demás guerreros que se hallaron en las batallas y guerras; y no hubo contradicción sobre ello. Y a lo que dicen de la muerte de Catalina Juárez «Marcaida», mujer del Cortés, negáronlo, sino que como era doliente del asma, amaneció muerta. Y a lo que dijeron que Cortés había mandado quemar los pies con aceite a Guatemuz y otros caciques porque diesen oro, a esto respondieron que los oficiales de su majestad se los quemaron, contra la voluntad de Cortés, porque descubriesen el tesoro de Moctezuma; y para esto dieron información bastante. Y a lo que le acusaban que había labrado muy grandes casas, y había en ellas una villa, y que hacía traer los árboles y cipreses y piedras de lejas tierras; a esto respondieron que las casas es verdad que son muy suntuosas, y que para servir con ellas y cuanto tiene Cortés a su majestad las hizo fabricar en su real nombre, y que los árboles cipreses, que están junto a la ciudad, y que los traían por agua, y que piedra, que había tanta de los adoratorios que deshicieron de los indios, que no había menester traerla de fuera, y que para las labrar no hubo menester más de mandar al gran cacique Guatemuz que las labrase con los indios oficiales, que hay muchos de hacer casas y carpinteros, y que el Guatemuz llamó de todos sus pueblos para ello, y que así se usaba entre los indios hacer las casas y palacios de los señores. Y a lo que se quejaba Narváez que le sacó Alonso de Ávila las provisiones reales por fuerza, y no se las quiso dar, y publicó que eran obligaciones que le debían al Narváez de ciertos caballos y yeguas que había vendido, que venia a cobrar, y que fue por mandado de Cortés; a esto respondieron que no vieron provisiones, sino solamente tres obligaciones que le debían al Narváez de caballos y yeguas que había vendido fiadas, y que Cortés nunca tales provisiones vio ni le mandó tomar. Y a lo que se quejaba el piloto Umbría, que Cortés le mandó cortar y deszocar los pies sin causa ninguna, a esto respondieron que por justicia y sentencia que sobre ello hubo se le cortaron, porque se quería alzar con un navío y dejar en la guerra a su capitán y venirse a Cuba él y otros dos hombres que Cortés mandó ahorcar por justicia. Y a lo que el Cárdenas demandaba, que no le habían dado parte del primer oro que se envió a su majestad, dijeron que él firmó con otros muchos que no quería parte dello, sino que se enviase a su majestad, y que allende desto, le dio Cortés 300 pesos para que trajese a su mujer e hijos, y que el Cárdenas no era hombre para la guerra, y que era mentecato y de poca calidad, y que con los 300 pesos estaba muy bien pagado. Y a la postre respondieron que, si fue Cortés contra el Narváez, y le desbarató y quebró el ojo, y le prendió a él y a sus capitanes, y se le quemó su aposento, que el Narváez fue causa dello por lo que dicho y alegado tienen, y por le castigar el gran desacato que tuvo de prender a un oidor de su majestad, y que como la justicia era por la parte de Cortés y sus compañeros, que en aquella batalla que hubo con Narváez fue nuestro señor servido dar victoria a Cortés, que con doscientos y sesenta y seis soldados, sin caballos y sin arcabuces ni ballestas, desbarató con buena maña y con dádivas de oro al Narváez, y le quebró el ojo, y prendió a él y sus capitanes, siendo contra Cortés mil trescientos soldados, y entre ellos ciento de a caballo y otros tantos escopeteros y ballesteros, y que si Narváez quedara por capitán, la Nueva España se perdiera. Y a lo que decían del Cristóbal de Tapia, que venía para tomar la gobernación de la Nueva España con provisiones de su majestad, y que no le quisieron obedecer, a esto responden que el Cristóbal de Tapia, que delante estaba, fue contento de vender unos caballos y negros; que si él fuera a México, adonde Cortés estaba, y le mostrara sus recaudos, obedeciera; mas que viendo todos los caballeros y cabildos de todas las ciudades y villas que convenía que Cortés gobernase en aquella sazón, porque vieron que el Tapia no era capaz para ello, que suplicaron de las reales provisiones para ante su majestad, según parecerá de los autos que sobre ello pasaron. Y cuando hubieron acabado de poner por la parte del Diego Velázquez y del Narváez sus demandas, y aquellos caballeros que estaban por jueces vieron las respuestas y lo que por la parte de Cortés fue alegado, y todo probado, y sobre ello habían estado embarazados cinco días en oír a los unos y a los otros, acordaron de ponerlo todo en la consulta con su majestad; y después de muy acordado por todos en ella, lo que fue sentenciado es esto: lo primero, que dieron por muy bueno y leal servidor de su majestad a Cortés, y a todos nosotros los verdaderos conquistadores que con él pasamos, y tuvieron en mucho nuestra gran felicidad, y loaron y ensalzaron en gran manera las grandes batallas y osadía que contra los indios tuvimos, y no se olvidó de decir como, siendo nosotros tan pocos, desbaratamos al Narváez; y luego mandaron poner silencio al Diego Velázquez acerca del pleito de la gobernación de la Nueva España, y que si algo había gastado en las armadas que por justicia lo pidiese a Cortés; y luego declararon por sentencia que Cortés fuese gobernador de la Nueva España, según lo mandó el sumo pontífice, y que daban en nombre de su majestad los repartimientos por buenos, que Cortés había hecho, y le dieron poder para repartir la tierra desde allí adelante; y por bueno todo lo que había hecho, porque claramente era servicio de Dios y de su majestad. En lo de Garay ni en otras cosas de las acusaciones que le ponían acerca de su mujer Catalina Juárez, que pues no daban informaciones tocantes acerca dello, que lo reservaban para el tiempo andando, y le enviarían a tomar residencia. Y en lo que Narváez pedía, que le tomaron sus provisiones del seno, y que fue Alonso de Ávila, que estaba en aquella sazón preso en Francia, que le prendió Juan Florín, francés, gran corsario, cuando robó la recámara que llamábamos de Moctezuma, dijeron aquellos caballeros que lo fuese a pedir a Francia, o que le citasen pareciese en la corte de su majestad, para ver lo que sobre ello respondía; y a los dos pilotos Umbría y Cárdenas les mandaron dar cédulas reales para que en la Nueva España les den indios que renten a cada uno 1.000 pesos de oro. Y mandaron que todos los conquistadores fuésemos antepuestos y nos diesen buenas encomiendas de indios, y que nos pudiésemos asentar en los más preeminentes lugares, así en las santas Iglesias como en otras partes. Pues ya dada y pronunciada esta sentencia por aquellos caballeros que su majestad puso por jueces, lleváronla a firmar a Valladolid, donde su majestad estaba, porque en aquel tiempo pasó de Flandes, y en aquella sazón mandó pasar allí toda su real corte y consejo, y firmóla su majestad, y dio otras sus reales provisiones para echar los tornadizos de la Nueva España, porque no hubiese contradicción en la conversión de los naturales. Y asimismo mandó que no hubiese letrados por ciertos años, porque do quiera que estaban revolvían pleitos y debates y cizañas; y diéronse todos estos recaudos firmados de su majestad y señalados de aquellos caballeros que fueron jueces, y de don García de Padilla, en la misma villa de Valladolid, a 17 de mayo de 1520 y tantos años, y venían refrendadas del secretario don Francisco de los Cobos, que después fue comendador mayor de León; y entonces escribió su majestad cesárea a Cortés y a todos los que con él pasamos, agradeciéndonos los muchos y buenos y notables servicios que le hacíamos; y también en aquella sazón el rey don Hernando de Hungría, rey de romanos, que así se nombraba, padre del emperador que ahora es, escribió otra carta en respuesta de lo que Cortés le había escrito, y enviado presentadas muchas joyas de oro; y lo que decía el rey de Hungría en la carta que escribió a Cortés era, que ya tenía noticia de los muchos y grandes servicios que había hecho a Dios primeramente, y a su señor hermano el emperador, y a toda la cristiandad, y que en todo lo que se le ofreciese, que se lo haga saber, porque sea intercesor en ello con su señor y hermano el emperador, porque de mucho más era merecedora su generosa persona, y que diese sus encomiendas a los fuertes soldados que le ayudaron, y decía otras palabras de ofrecimientos; y acuérdaseme que en la firma decía: «Yo el rey, e infante de Castilla»; y refrendada de su secretario, que se decía fulano de Castillejo; y esta carta yo la leí dos o tres veces en México, porque Cortés me la mostró para que viese en cuán grande estima éramos tenidos los verdaderos conquistadores, de su majestad. Pues como todos estos despachos tuvieron nuestros procuradores, luego enviaron con ellos por la posta a un Rodrigo de Paz, primo de Cortés y deudo del licenciado Francisco Núñez, y también vino con ellos un hidalgo de Extremadura, pariente del mismo Cortés, que se decía Francisco de las Casas, y trajeron un navío buen velero, y vinieron camino de la isla de Cuba; y en Santiago de Cuba, donde Diego Velázquez estaba por gobernador, se le notificaron las reales provisiones y sentencia, para que se dejase del pleito de Cortés y le demandase los gastos que había hecho: la cual notificación se hizo con trompetas; y el Diego Velázquez, de pesar, cayó malo, y dende a pocos meses murió muy pobre y descontento. Y por no volver ya otra vez a recitar lo que en Castilla negoció el Francisco de Montejo y el Diego de Ordás, dírelo ahora, y fue así: que al Francisco de Montejo su majestad le hizo merced de la gobernación y adelantamiento de Yucatán y Cozumel, y trajo don y señoría, y al Diego de Ordás su majestad le confirmó los indios que tenía en la Nueva España y le dio una encomienda de señor Santiago, y el volcán que estaba cabe Guaxocingo por armas; y con ello se vinieron a la Nueva España. Y dende a dos o tres años el mismo Ordás volvió a Castilla y demandó la conquista del Marañón, donde se perdió él y su hacienda. Dejemos desto, y digamos cómo el obispo de Burgos, que en aquella sazón supo los grandes favores que su majestad hizo a Cortés y a todos nosotros los conquistadores, y cómo muy claramente aquellos caballeros que fueron jueces habían alcanzado a saber los tratos que entre él y Diego Velázquez había, y cómo tomaba el oro que enviábamos a su majestad, y encubría y torcía nuestros muchos servicios, y aprobaba por buenos los de su amigo Diego Velázquez; si muy triste y pensativo estaba de antes, ahora desta vez cayó malo dello y de otros enojos que tuvo con un caballero su sobrino, que se decía don Alonso de Fonseca, arzobispo que fue de Santiago, porque pretendía aquel arzobispado de Santiago, el don Juan Rodríguez de Fonseca. Dejemos de hablar desto, y digamos cómo el Francisco de las Casas y el Rodrigo de Paz llegaron a la Nueva España, y entraron en México con las reales provisiones que de su majestad traían para ser gobernador Cortés, qué alegrías y regocijos se hicieron, y qué de correos fueron por todas las provincias de la Nueva España a demandar albricias a las villas que estaban pobladas, y qué mercedes hizo Cortés al de las Casas y al Rodrigo de Paz y a otros que venían en su compañía, que eran de Medellín (su tierra de Cortés): dio luego un buen pueblo que se dice Angüitlan, y al Rodrigo de Paz le dio otros muy buenos y ricos pueblos, y le hizo su mayordomo mayor y su secretario, y mandaba absolutamente al mismo Cortés; y también a los que vinieron de su tierra de Medellín, a todos les dio indios; y al maestre del navío en que trajeron la nueva de cómo Cortés era gobernador le dio oro, con que volvió rico a Castilla. Dejemos ahora esto de recitar las alegrías y albricias que se dieron por las nuevas, y quiero decir lo que me han preguntado algunos curiosos lectores, y tienen razón de poner plática sobre ello, que ¿cómo pude yo alcanzar a saber lo que pasó en España, así de lo que mandó su santidad como de las quejas que dieron de Cortés, y las respuestas que sobre ello propusieron nuestros procuradores, y la sentencia que sobre ello se dio, y otras muchas particularidades que aquí digo y declaro, estando yo en aquella sazón conquistando en la Nueva España y sus provincias, no lo pudiendo ver ni oír? Yo les respondí que, no solamente lo alcancé yo a saber, sino que todos los demás conquistadores que lo quisieron ver y leer en cuatro o cinco cartas y relaciones por sus capítulos declarado, cómo y cuándo y en qué tiempo acaeció lo por mí dicho; las cuales cartas y memoria las escribieron de Castilla nuestros procuradores porque conociésemos que entendían con mucho calor en nuestros negocios. Yo dije en aquel tiempo muchas veces que solamente lo que procuraban, según pareció, era por las cosas de Cortés y las suyas dellos, y que nosotros los que lo ganábamos y conquistábamos, y le pusimos en el estado que Cortés estaba, quedando siempre con un trabajo sobre otro; y porque hay mucho que decir sobre esta materia, se queda en el tintero, salvo rogar a nuestro señor Dios lo remedie, y ponga en corazón o nuestro gran César mande que su recta justicia se cumpla, pues que en todo es muy católico. Pasemos adelante, y digamos en lo que Cortés entendió desque le vino la gobernación.

Capítulo CLXIX. De en lo que Cortés entendió después que le vino la gobernación de la Nueva España, cómo y de qué manera repartió los pueblos de indios, y otras cosas que más pasaron, y una manera de platicar que sobre ello se ha declarado entre personas doctas

Ya que le vino la gobernación de la Nueva España a Hernando Cortés, paréceme a mí y a otros conquistadores de los antiguos, de los más experimentados y maduro consejo, que lo que había de mirar Cortés era acordarse desde el día que salió de la isla de Cuba, y tener atención a todos los trabajos en que se vio, así cuando en lo de los arenales, cuando desembarcamos, qué personas fueron en le favorecer para que fuese capitán general y justicia mayor de la Nueva España; y lo otro, quiénes fueron los que se hallaron siempre a su lado en todas las guerras, así de Tabasco y Cingapacinga, y en tres batallas de Tlaxcala, y en la de Cholula cuando tenían puestas las ollas con ají para nos comer cocidos; y también quiénes fueron en favorecer su partido cuando por seis o siete soldados que no estaban bien con él le hacían requerimientos que se volviese a la Villarrica y no fuese a México, poniéndole por delante la gran pujanza de guerreros y gran fortaleza de la ciudad; y quiénes fueron los que entraron con él en México y se hallaron en prender al gran Moctezuma; y luego que vino Pánfilo de Narváez con su armada, qué soldados fueron los que llevó en su compañía y le ayudaron a prender y desbaratar al Narváez; y luego quiénes fueron los que volvieron con él a México al socorro de Pedro de Alvarado, y se hallaron en aquellas fuertes y grandes batallas que nos dieron, hasta que salimos huyendo de México, que de mil y trescientos soldados quedaron muertos sobre ochocientos y cincuenta, con los que mataron en Tuxtepec y por los caminos, y no escapamos sino cuatrocientos y cuarenta muy heridos ¡y a Dios misericordia! Y también se le había de acordar de aquella muy temerosa batalla de Otumba, quién, después de dos días, se la ayudó a vencer y salir de aquel tan gran peligro; y después quiénes y cuántos le ayudaron a conquistar lo de Tepeaca y Cachula y sus comarcas, como fue Ozúcar y Guacachula y otros pueblos; y la vuelta que dimos por Texcoco para México, y de otras muchas entradas que desde Texcoco hicimos, así como la de Iztapalapa, cuando nos quisieron anegar con echar el agua de la laguna, como echaron, creyendo nos ahogar; y asimismo las batallas que hubimos con los naturales de aquel pueblo y mexicanos que les ayudaron; y luego la entrada del Xaltocan y los peñoles que llaman hoy día «del Marqués», y otras muchas entradas; y el rodear de los grandes pueblos de la laguna, y de los muchos reencuentros y batallas que en aquel viaje tuvimos, así de los de Xochimilco como de los de Tacuba; y vueltos a Texcoco, quién le ayudó contra la conjuración que tenían concertado de le matar, cuando sobre ello ahorcó un Villafaña; y pasado esto, quiénes fueron los que le ayudaron a conquistar a México, y en noventa y tres días, a la continua de día y de noche, tener batallas y muchas heridas y trabajos, hasta que se prendió a Guatemuz, que era el que mandaba en aquella sazón a México: y quién fue en le ayudar y favorecer cuando vino a la Nueva España un Cristóbal de Tapia para que le diese la gobernación. Y demás de todo esto, quiénes fueron los soldados que escribimos tres veces a su majestad en loor de los grandes y muchos y buenos servicios que Cortés le había hecho, y que era digno de grandes mercedes y le hiciese gobernador de la Nueva España. No quiero aquí traer a la memoria otros servicios que siempre a Cortés hacíamos, pues los varones y fuertes soldados que en todo esto nos hallamos; y ahora que le vino la gobernación, que, después de Dios, con nuestra ayuda se la dieron, bien fuera que tuviera cuenta con Pedro, Sancho y Martín y otros que lo merecían; y el soldado y compañero que estaba por su ventura en Colima o en Zacatula, o en Pánuco o en Guazacualco, y los que andaban huyendo cuando despoblaron a Tututepeque, y estaban pobres y no les cupo suerte de buenos indios, pues que había bien que darles, y sacarles de mala tierra: pues que su majestad muchas veces se lo mandaba y encargaba por sus reales cartas misivas, y no daba Cortés nada de su hacienda; habíales de dar con que se remediasen, y en todo anteponerles; y siempre cuando escribiesen a los procuradores que estaban en Castilla en nuestro nombre, que procurasen por nosotros; y el mismo Cortés había de escribir muy afectuosamente para que nos diesen para nosotros y nuestros hijos cargos y oficios reales, todos los que en la Nueva España hubiese; mas digo que «mal ajeno de pelo cuelga», y que no procuraba sino para él; lo uno la gobernación que le trajeron antes que fuese marqués, y después que fue a Castilla y vino marqués. Dejemos esto, y pongamos aquí otra manera, que fuera harto buena y justa para repartir todos los pueblos de la Nueva España (según dicen muy doctos conquistadores, que lo ganamos, de prudente y maduro juicio); que lo que habla de hacer es esto: hacer cinco partes la Nueva España, y la quinta parte de las mejores ciudades y cabeceras de todo lo poblado darla a su majestad de su real quinto, y otra parte dejarla por repartir, para que fuese la renta della para iglesias y hospitales y monasterios, y para que su majestad si quisiese hacer algunas mercedes a caballeros que le hayan servido en Italia, de allí pudiera haber para todos; y las tres partes que quedaran repartirlas en su persona de Cortés y en todos nosotros los verdaderos conquistadores, según y de la calidad que sentía que era cada uno, y darles perpetuos, porque en aquella sazón su majestad lo tuviera por bien; porque, como no había gastado cosa ninguna en estas conquistas, ni sabía ni tenía noticia destas tierras, estando, como estaba, en aquella sazón en Flandes, y viendo una buena parte de las del mundo que le entregamos, como sus muy leales vasallos, lo tuviera por bien y nos hiciera merced dellas, y con ello quedáramos; y no anduviéramos ahora, como andamos «de mula coja» y abatidos y de mal en peor, debajo de gobernadores que hacen lo que quieren y muchos de los conquistadores no tenemos con qué nos sustentar; ¿qué harán los hijos que dejamos? Quiero decir lo que hizo Cortés, y a quién dio los pueblos. Primeramente al Francisco de las Casas, a Rodrigo de Paz, al factor y veedor y contador que en aquella sazón vinieron de Castilla; a un Avalos y a Saavedra, sus deudos; a un Barrios, con quien casó su cuñada, hermana de su mujer doña Catalina Juárez; y a Alonso Lucas, y a un Juan de la Torre, y a Luis de la Torre, a Villegas, y a un Alonso Valiente, a un Ribera «el tuerto». Y ¿para qué cuento yo estos pocos? Que a todos cuantos vinieron de Medellín, y a otros criados de grandes señores, que le contaban cuentos de cosas que le agradaban, les dio lo mejor de la Nueva España. No digo yo que era malo el dar a todos, pues había de qué; mas que había de anteponer primero lo que su majestad le mandaba, y a los soldados que le ayudaron a tener el ser y valor que tenía, ayudarles; y pues que ya es hecho, no quiero volver a repetirlo; y para ir a entradas y guerras y a cosas que le convenían, bien se acordaba adónde estábamos, y nos enviaba a llamar para las batallas y guerras, como adelante diré. Y dejaré de contar más lástimas y de cuán avasallados nos traía, pues no se puede ya remediar. Y no dejaré de decir lo que Cortés decía después que le quitaron la gobernación, que fue cuando vino Luis Ponce de León, y como murió el Luis Ponce, dejó por su teniente a Marcos de Aguilar, como adelante diré; y es, que íbamos a Cortés a decirle algunos caballeros y capitanes de los antiguos que le ayudamos en las conquistas, que nos diese de los indios, de los muchos que en aquel instante Cortés tenía, pues que su majestad mandaba que le quitasen algunos dellos, como se los habían de quitar, y luego se los quitaron; y la respuesta que daba era, que se sufriesen como él se sufría; que si le volvía su majestad a hacer merced de la gobernación, que en su conciencia (que así juraba) que no lo erraría como en lo pasado, y que daría buenos repartimientos a quien su majestad le mandó, y enmendaría el gran yerro pasado que hizo; y con aquellos prometimientos y palabras blandas creía que quedaban contentos aquellos conquistadores e iban renegando de él y aun maldiciéndole a él y a toda su generación, y a cuanto poseía, hubiese mal gozo de ello él y sus hijos. Dejémoslo ya, y digamos que en aquella sazón, o pocos días antes, vinieron de Castilla los oficiales de la hacienda real de su majestad, que fue Alonso de Estrada, tesorero, y era natural de Ciudad Real, y vino el factor Gonzalo de Salazar (decía él mismo que fue el primer hijo de cristiano que nació en Granada, y decían que sus abuelos eran de Burgos), y vino Rodrigo de Albornoz por contador, que ya había fallecido Julián de Alderete, y este Albornoz era natural de Paladinas o de Rágama, y vino el veedor Pedro Almíndes Chirino, natural de Úbeda o Baeza, y vinieron muchas personas con cargos. Dejemos esto, y quiero decir que en este instante rogó un Rodrigo Rangel a Cortés (el cual Rangel muchas veces le he nombrado) que, pues no se había hallado en la toma de México ni en ningunas batallas con nosotros en toda la Nueva España, que porque hubiese alguna fama de él, que le hiciese merced de le dar una capitanía para ir a conquistar a los pueblos de los zapotecas, que estaban de guerra, y llevar en su compañía a Pedro de Ircio, para ser su consejero en lo que había de hacer; y como Cortés conocía al Rodrigo Rangel (que no era para darle ningún cargo, a causa que estaba siempre doliente y con grandes dolores y bubas, y muy flaco y las zancas y piernas muy delgadas, y todo lleno de llagas, cuerpo y cabeza abierta), denegaba aquella entrada, diciendo que los indios zapotecas eran gente mala de domar por las grandes y altas sierras adonde están poblados, y que no podían llevar caballos; y que siempre hay neblinas y rocíos, y que los caminos eran angostos y resbalosos, y que no pueden andar por ellos sino a manera de decir: los pies, que por ellos caminan adelante, junto a las cabezas de los que vienen atrás (entiéndanlo de la manera que aquí lo digo, que así es verdad; porque los que van arriba, con los que vienen detrás vienen cabezas con pies); y que no era cosa de ir a aquellos pueblos, y que ya que fuese había de llevar soldados bien sueltos y robustos, y experimentados en las guerras; y como el Rangel era muy porfiado y de su tierra de Cortés, húbole de conceder lo que pedía; y según después supimos, Cortés lo hubo por bueno enviarle do se muriese, porque era de mala lengua; y decía muchas malas palabras y Cortés escribió a Guazacualco a diez o doce que nombró en la carta, que nos rogaba que fuésemos con el Rangel a le ayudar, y entre los soldados que mandó ir me nombró a mí, y fuimos todos los vecinos a quien Cortés escribió. Ya he dicho que hay grandes sierras en lo poblado de los zapotecas, y que los naturales de allí son gente muy ligeros y sueltos, y con unas voces y silbos que dan, retumban todos los valles como a manera de ecos; y como habíamos de llevar al Rangel, no podíamos andar ni hacer cosa que buena fuese. Y ya que. íbamos a algún pueblo, hallábamosle despoblado, y como no estaban juntas las casas, sino unas en un cerro y otras en un valle, y en aquel tiempo llovía, y el pobre Rangel dando voces de dolor de las bubas, y la mala gana que todos teníamos de andar en su compañía, y viendo que era tiempo perdido, y que si por ventura los zapotecas, como son ligeros y tienen grandes lanzas, muy mayores que las nuestras, y son grandes flecheros, que si nos aguardaban e hiciesen cara, como no podíamos ir por los caminos sino uno a uno, temíamos no nos viniese algún desmán; y el Rangel estaba más malo que cuando vino, acordó de dejar la negra conquista, que negra se podía llamar, y volverse cada uno a su casa; y el Pedro de Ircio, que traía por consejero, fue el primero que se lo aconsejó, y le dejó solo, y se fue a la Villarrica, donde vivía; y el Rangel dijo que se quería ir a Guazacualco con nosotros, por ser la tierra caliente para prevalecerse de su mal, y los que éramos vecinos de Guazacualco que allí estábamos, por peor tuvimos llevar aquel mal pelmazo con nosotros que a la venida que venimos con él a la guerra; y llegados a Guazacualco, luego dijo que quería ir a pacificar las provincias de Cimatan y Tulapan, que ya he dicho muchas veces en el capítulo que dello habla cómo no habían querido venir de paz a causa de los grandes ríos y ciénagas tembladeras entre las que estaban poblados; y además de la fortaleza de las ciénagas, ellos de su naturaleza son grandes flecheros, y tenían muy grandes arcos y tiran muy certero. Volvamos a nuestro cuento: que mostró Rangel provisiones, en aquella villa, de Hernando Cortés, cómo le enviaba por capitán para que conquistase las provincias que estuviesen de guerra, y señaladamente la de Cimatan y Tulapan; y apercibió todos los más vecinos de aquella villa que fuésemos con él. Y era tan temido Cortés, que, aunque nos pesó, no osamos hacer otra cosa, como vimos sus provisiones, y fuimos con el Rangel sobre cien soldados, dellos a caballo y a pie, con obra de veintiséis ballesteros y escopeteros; y fuimos por Tonala y Ayahualulco, y Copilco, Zacoalco, y pasamos muchos ríos en canoas y en barcas, y pasamos por Teutitan, Copilco y por todos los pueblos que llamamos la Chontalpa, que estaban de paz, y llegamos obra de cinco leguas de Cimatan, y en unas ciénagas y malos pasos estaban juntos todos los más guerreros de aquella provincia, y tenían hechos unos cercados y grandes albarradas de palos y maderos gruesos, y ellos de dentro con unos pretiles y saeteras, por donde podían flechar; y de presto nos dan una tan buena refriega de flecha y vara tostada con tiraderas, que mataron siete caballos e hirieron ocho soldados, y al mismo Rangel, que iba a caballo, le dieron un flechazo en un brazo, y no le entró sino muy poco; y como los conquistadores viejos habíamos dicho al Rangel que siempre fuesen hombres sueltos a pie descubriendo caminos y celadas, y le habíamos dicho de otras veces cómo aquellos indios solían pelear muy bien y con mafia, y como él era hombre que hablaba mucho, dijo que votaba a tal, que si nos creyera, que no le aconteciera aquello, y que de allí adelante que nosotros fuésemos los capitanes y le mandásemos en aquella guerra; y luego como fueron curados los soldados y ciertos caballos que también hirieron, además de los siete que mataron, mandóme a mí que fuese adelante descubriendo, y llevaba un lebrel muy bravo, que era del Rangel, y otros dos soldados muy sueltos y ballesteros, y le dijeron que se quedase bien atrás con los de a caballo, y los soldados y ballesteros fuesen junto conmigo; y yendo nuestro camino para el pueblo de Cimatan, que era en aquel tiempo bien poblado, hallamos otras albarradas y fuerzas, ni más ni menos que las pasadas, y tírannos a los que íbamos delante tanta flecha y vara, que de presto mataron el lebrel, y si yo no fuera muy armado, allí quedara, porque me empendolaron siete flechas, que con el mucho algodón de las armas se detuvieron, y todavía salí herido en una pierna, y a mis compañeros a todos hirieron; y entonces yo di voces a unos indios nuestros amigos, que venían un poco atrás de nosotros, para que viniesen de presto los ballesteros y escopeteros y peones, y que los de a caballo quedasen atrás, porque allí no podían correr ni aprovecharse dellos, y se los flecharían; y luego acudieron así como lo envié a decir, porque de antes cuando yo me adelanté así lo tenía concertado, que los de a caballo quedasen muy atrás y que todos los demás estuviesen muy prestos en teniendo señal o mandado, y como vinieron los ballesteros y escopeteros, les hicimos desembarazar las albarradas, y se acogieron a unas grandes ciénagas que temblaban, y no había hombre que en ellas entrase, que pudiese salir sino a gatas o con grande ayuda. En esto llegó Rangel con los de a caballo, y allí cerca estaban muchas casas que entonces despoblaron los moradores dellas, y reposamos aquel día y se curaron los heridos. Otro día caminamos para ir al pueblo de Citaman, y hay grandes sabanas llanas, y en medio de las sabanas muy malísimas ciénagas, y en una dellas nos aguardaron, y fue con ardid que entre ellos concertaron para aguardar en el campo raso de las sabanas, y propusieron que los caballos, por codicia de los alcanzar y alancear, irían corriendo tras ellos a rienda suelta y atollarían en las ciénagas: y así fue como lo concertaron, que por más que habíamos dicho y aconsejado al Rangel que mirase que había muchas ciénagas y que no corriese por aquellas sabanas a rienda suelta, que atollarían los caballos, y que suelen tener aquellos indios estas astucias, y hechas saeteras y fuerzas junto a las ciénagas, no lo quiso creer; y el primero que atolló en ellas fue el mismo Rangel, y allí le mataron el caballo, y si de presto no fuera socorrido, ya se habían echado en aquellas malas ciénagas muchos indios para le apañar y llevar vivo a sacrificar, y todavía salió descalabrado en las llagas que tenla en la cabeza; y como toda aquella provincia era muy poblada, y estaba allí junto otro pueblezuelo, fuimos a él, y entonces huyeron los moradores, y se curó el Rangel y tres soldados que habían herido; y desde allí fuimos a otras casas que también estaban sin gente, que entonces las despoblaron sus dueños, y hallamos otra fuerza con grandes maderos y bien cercada y sus saeteras; y estando reposando aun no había un cuarto de hora, vienen tantos guerreros cimatecas, y nos cercan en el pueblezuelo, que mataron un soldado y a dos caballos, y tuvimos bien que hacer en hacerlos apartar; y entonces nuestro Rangel estaba muy doliente de la cabeza, y había muchos mosquitos, que no dormía de noche ni de día, y murciélagos muy grandes que le mordían y desangraban; y como siempre llovía, y algunos soldados que el Rangel había traído consigo, de los que nuevamente habían venido de Castilla, vieron que en tres partes nos habían aguardado los indios de aquella provincia, y habían muerto once caballos y dos soldados, y herido a otros muchos, aconsejaron al Rangel que se volviese desde allí, pues la tierra era mala de ciénagas y estaba muy malo; y el Rangel, que lo tenía en gana, y porque pareciese que no era de su albedrío y voluntad aquella vuelta, sino por consejo de muchos, acordó de llamar a consejo sobre ello a personas que eran de su parecer para que se volviesen; y en aquel instante habíamos ido veinte soldados a ver si podíamos tomar alguna gente de unas huertas de cacaguatales que allí junto estaban, y trajimos dos indios y tres indias; y entonces el Rangel me llamó a mí aparte y a consejo, y díjome de su mal de cabeza, y que le aconsejaban todos los demás soldados que se volviese donde estaba Cortés, y me declaró todo lo que había pasado; y entonces le reprendí su vuelta, y como nos conocíamos de más de cuatro años atrás, de la isla de Cuba, le dije: «¿Cómo, señor? ¿Qué dirán de vuesamerced, estando junto del pueblo de Cimatan quererse volver? Pues Cortés no lo tendrá a bien, y maliciosos que os quieren mal os lo darán en cara, que en la entrada de los zapotecas ni aquí no habéis hecho cosa ninguna que buena sea, trayendo, como traéis, tan buenos conquistadores, que son los de nuestra villa de Guazacualco; pues por lo que toca a nuestra honra y a la de vuesamerced, yo y otros soldados somos de parecer que pasemos adelante; yo iré con todos mis compañeros descubriendo ciénagas y montes, y con los ballesteros y escopeteros pasaremos hasta la cabecera de Cimatan, y mi caballo déle vuesamerced a otro caballero que sepa muy bien menear la lanza y tener ánimo para mandarle, que yo no puedo servirme de él yendo a lo que voy, y que va más que en alancear, y véngase con los de a caballo algo atrás». Y como el Rodrigo Rangel aquello me oyó, como era hombre vocinglero y hablaba mucho, salió de la casilla en que estaba en el consejo, y a muy grandes voces llamó a todos los soldados, y dijo el Rodrigo Rangel: «Ya es echada la suerte que hemos de ir adelante, que voto a tal (que siempre era este su jurar y su hablar), si Bernal Díaz del Castillo no me ha dicho la verdad y lo que a todos conviene»; y puesto que a algunos soldados les pesó, otros lo hubieron por muy bueno; y luego comenzamos a caminar puestos en gran concierto, los ballesteros y escopeteros junto conmigo, y los de a caballo atrás por amor de los montes y ciénagas, donde no podían correr caballos, hasta que llegamos a otro pueblo, que entonces lo despoblaron los naturales de él, y desde allí fuimos a la cabecera de Cimatan, y tuvimos otra buena refriega de flecha y vara, y de presto les hicimos huir, y quemaron los mismos vecinos naturales de aquel pueblo muchas casas de las suyas, y allí prendimos hasta quince hombres y mujeres, y les enviamos a llamar con ellos a los cimatecas que viniesen de paz, y les dijimos que en lo de las guerras se les perdonaría; y vinieron los parientes y maridos de las mujeres y gente menuda que teníamos presos, y dímosles toda la presa, y dijeron que traerían de paz a todo el pueblo, y jamás volvieron con la respuesta; y entonces me dijo a mí el Rangel: «Voto a tal, que me habéis engañado, y que habéis de ir a entrar con otros compañeros, y que me habéis de buscar otros tantos indios e indias como los que me hicisteis soltar por vuestro consejo»; y luego fuimos cincuenta soldados, y yo por capitán, y dimos en unos ranchos que tenían en unas ciénagas que temblaban, que no osamos entrar en ellas; y desde allí se fueron huyendo por unos grandes breñales y espinos, que se llaman entre ellos xiguaquetlan, muy malos, que pasan los pies, y en unas huertas de cacaguatales prendimos seis hombres y mujeres con sus hijos chicos, y nos volvimos adonde quedaba el capitán, y con aquello le apaciguamos; y los tornó luego a soltar para que llamasen de paz a los cimatecas, y en fin de razones, no quisieron venir, y acordamos de nos volver a nuestra villa de Guazacualco; y en esto paró la entrada de zapotecas y la de Cimatlan, y esta es la fama que quería que hubiese el Rangel cuando pidió a Cortés aquella conquista. Quiero decir algunas cosas que el Rodrigo Rangel hizo en aquel camino, que son donaires y de reír. Cuando estaban en las sierras de los zapotecas, parece ser que un soldado de los nuevamente venidos de Castilla le hizo un enojo, y el Rangel dijo y juró y votó a tal que le había de atar en un pie de amigo, y dijo: «¿No hay un bellaco que le eche mano y me le ayude a atar?». Entonces estaba allí un soldado que vive ahora en Oaxaca, que se dice Hernando de Aguilar y, como era hombre sin malicia, dijo: «Quiérome apartar de aquí, no me lo manden a mí que le eche mano». Y el Rangel tuvo tal risa de aquello que luego perdonó al soldado que le había enojado, por lo que el Aguilar dijo. Otra vez soltóse un caballo a un soldado que se decía Salazar, y no le podían tomar, y dijo Rangel: «Ayúdenselo a tomar uno de los más bellacos ruines que allí vienen». Y vino un caballero, persona de calidad, que no entendió lo que el Rangel dijo, y le tomó el caballo. Dale al Rangel tal risa que a todos nos hizo reír de cosas que decía. Entre dos soldados tenía diferencias sobre un tributo de cacao que les dio un pueblecillo que tenían entrambos en compañía, depositado por Cortés; y aunque no quisieron los compañeros, les hizo echar suertes quién se llevaba el pueblo. Y hacía y decía otras cosas que eran más para reír que no de escribir. Por este Rodrigo Rangel dijo Gonzalo de Ocampo, en sus libelos infamatorios: «Fray Rodrigo Rangel del infierno tranca la inquisición viene aquí —las barbas de Salamanca— serán... para ti», por los juramentos y sacramentos que juraba y cosas que decía y hacía que tocaban en castigo en el santo oficio. No quise hacer capítulo por sí sobre esta capitanía que dieron a este Rodrigo Rangel, porque no hicimos cosa buena por falta de tiempo; y el toque de todo: el capitán ser tan doliente y no poderse tener en los pies de malo y tullido, y no de la lengua. Y dende allí a dos años, o poco tiempo más, volvimos de hecho a los zapotecas y a las demás provincias, y las conquistamos y trajimos de paz; lo cual diré adelante. Y dejemos esto, y digamos cómo Cortés envió a Castilla a su majestad sobre 80.000 pesos de oro con un Diego de Soto, natural de Toro, y paréceme que con un Ribera el tuerto, que fue su secretario; y entonces envió el tiro muy rico, que era de oro bajo y plata, que le llamaban el Ave Fénix, y también envió a su padre Martín Cortés muchos millares de pesos de oro. Y lo que sobre ello pasó diré adelante.

Capítulo CLXX. Cómo el capitán Hernando Cortés envió a Castilla, a su majestad, 80.000 pesos en oro y plata, y envió un tiro, que era una culebrina muy ricamente labrada de muchas figuras, y toda ella, o la mayor parte, era de oro bajo, revuelto con plata de Michoacan, que por nombre se decía el

Fénix, y también envió a su padre, Martín Cortés, sobre 5.000 pesos de oro; y lo que sobre ello avino diré adelante

Pues como Cortés había recogido y allegado obra de 80.000 pesos de oro, y la culebrina que se decía el Fénix ya era acabada de forjar, y salió muy extremada pieza para presentar a un tan alto emperador como nuestro gran césar, y decía en un letrero que tenía escrito en la misma culebrina: «Esta ave nació sin par, yo en serviros sin segundo, y vos sin igual en el mundo». Todo lo envió a su majestad con un hidalgo natural de Toro, que se decía Diego de Soto, y no me acuerdo bien si fue en aquella sazón un Juan de Ribera, que era tuerto de un ojo, que tenía una nube, el cual había sido secretario de Cortés. A lo que yo sentí del Ribera, era una mala herbeta, porque cuando jugaba a naipes y a dados no me parecía que jugaba bien, y demás desto, tenía muchos malos reveses; y esto digo porque, llegado a Castilla, se alzó con los pesos de oro que le dio Cortés para su padre Martín Cortés, y porque se lo pidió Martín Cortés, y por ser el Ribera de suyo mal inclinado, no mirando a los bienes que Cortés le había hecho siendo un pobre hombre, en lugar de decir verdad y bien de su amo, dijo tantos males, y por tal manera los razonaba, que, como tenía gran retórica y había sido su secretario del mismo Cortés, le daban crédito, especial el obispo de Burgos. Y como el Narváez y el Cristóbal de Tapia, y los procuradores del Diego Velázquez y otros que les ayudaban, y había acaecido en aquella sazón la muerte de Francisco de Garay, todos juntos tornaron otra vez a dar muchas quejas de Cortés ante su majestad, y tantas y de tal manera, y dijeron que fueron parciales los jueces que puso su majestad, por dádivas que Cortés les envió para aquel efecto, que otra vez estaba revuelta la cosa, y Cortés tan desfavorecido, que lo pasara mal si no fuera por el duque de Béjar, que le favoreció y quedó por su fiador, que le enviase su majestad a tomar residencia y que no le hallaría culpado. Y esto hizo el duque porque ya tenía tratado casamiento a Cortés con una señora sobrina suya, que se decía doña Juana de Zúñiga, hija del conde de Aguilar, don Carlos de Arellano, y hermana de unos caballeros y privados del emperador. Y como en aquella sazón llegaron los 80.000 pesos de oro y las cartas de Cortés, dando en ellas muchas gracias y ofrecimientos a su majestad por las grandes mercedes que le había hecho en darle la gobernación de México, y haber sido servido mandarle favorecer con justicia en la sentencia que dio en su favor, cuando la junta que mandó hacer de los caballeros de su real consejo y cámara; en fin de más razones, todo lo que estaba dicho contra Cortés se tornó a sosegar con que le fuesen a tomar residencia, y por entonces no se habló más en ello. Y dejemos ya de decir destos nublados que sobre Cortés estaban ya para descargar, y digamos del tiro y de su letrero de tan sublimado servidor como Cortés se mostró; que, como se supo en la corte, y ciertos duques y marqueses, y condes y hombres de gran valía se tenían por tan grandes servidores de su majestad, y tenían en sus pensamientos que otros caballeros tanto como ellos no hubiesen servido a su majestad, tuvieron que murmurar del tiro, y aun de Cortés porque tal blasón escribió. También sé que otros grandes señores, como fue el almirante de Castilla y el duque de Béjar y el conde de Aguilar, dijeron a los mismos caballeros que habían puesto en pláticas que era muy bravoso el blasón de la culebrina: «No se maravillen que Cortés ponga aquel escrito en el tiro. Veamos ahora, ¿en nuestros tiempos ha habido capitán que tales hazañas haga, y que tantas tierras haya ganado sin gastar ni poner en ello su majestad cosa ninguna, y tantos cuentos de gentes se hayan convertido a nuestra santa fe? Y demás desto, no solamente el Cortés, sino los soldados y compañeros que tiene, que le ayudaron a ganar una tan fuerte ciudad, y de tantos vecinos y de tantas tierras, son dignos de que su majestad les haga muchas mercedes; porque, si miramos en ello, nosotros de nuestros antepasados (que hicieron heroicos hechos y sirvieron a la coronal real y a los reyes que en aquel tiempo reinaron, como Cortés y sus compañeros han hecho) lo heredamos, y nuestros blasones y tierras y rentas». Y con estas palabras se olvidó lo del blasón; y por qué no pasase de Sevilla la culebrina, tuvimos nueva que a don Francisco de los Cobos, comendador mayor de León, le hizo su majestad merced della, y que la deshicieron y afinaron el oro, y lo fundieron en Sevilla, y dijeron que valió sobre 20.000 ducados. Y en aquel tiempo, como Cortés envió aquel oro y el tiro, y las riquezas que había enviado la primera vez, que fueron la Luna de plata y el Sol de oro y otras muchas joyas de oro con Francisco de Montejo y Alonso Hernández Portocarrero, y lo que hubo enviado la segunda vez con Alonso de Ávila y Quiñones (que esto fue la cosa más rica que hubo en la Nueva España, que era la recámara de Moctezuma y de Guatemuz y de los grandes señores de México), y lo robó Juan Florín, francés; y como esto se supo en Castilla, tuvo Cortés gran fama, así en Castilla como en otras muchas partes de la cristiandad, y en todas partes fue muy loado. Dejemos esto, y digamos en qué paró el pleito de Martín Cortés con el Ribera sobre los tantos 1.000 pesos que enviaba Cortés a su padre, y es, que andando en el pleito, y pasando Ribera por la villa de Cadahalso, comió o almorzó unos torreznos, y así como los comió murió súbitamente y sin confesión; ¡perdónele Dios, amén! Dejemos lo acaecido en Castilla, y volvamos a decir de la Nueva España, cómo Cortés estaba siempre entendiendo en la ciudad de México que fuese muy bien poblada de los naturales mexicanos, como de antes estaban, y les dio franquezas y libertades que no pagasen tributo a su majestad hasta que tuviesen hechas sus casas y aderezadas calzadas y puentes, y todos los edificios y caños por donde solía venir el agua de Chapultepec para entrar en México, y en la población de los españoles tuviesen hechas iglesias y hospitales y otras cosas que convenían. Y en aquel tiempo vinieron de Castilla al puerto de la Veracruz doce frailes franciscos, y por vicario general de ellos un muy buen religioso que se decía fray Martín de Valencia, y era natural de una villa de Tierra de Campo que se decía Valencia de don Juan; y este muy reverendo religioso venía nombrado por el santo padre para ser vicario, y lo que en su venida y recibimiento se hizo diré adelante.

Capítulo CLXXI. Cómo vinieron al puerto de la Veracruz doce frailes franciscos de muy santa vida, y venía por su vicario y guardián fray Martín de Valencia, y era tan buen religioso, que hubo fama que hacía milagros; y era natural de una villa de Tierra de Campo que se dice Valencia de don Juan, y lo que Cortés hizo en su venida

Como ya he dicho en los capítulos pasados que sobre ello hablan, habíamos escrito a su majestad suplicándole nos enviase religiosos franciscos de buena y santa vida para que nos ayudasen a la conversión y santa doctrina de los naturales desta tierra para que se volviesen cristianos, y les predicasen nuestra santa fe, como se la dábamos a entender desde que entramos en la Nueva España, y sobre ello había escrito Cortés, juntamente con todos nosotros los conquistadores que ganamos la Nueva España, a don fray

Francisco de los ángeles, que era general de los franciscos, que después fue cardenal, para que nos hiciese mercedes que fuesen los religiosos que enviase de santa vida, para que nuestra santa fe siempre fuese ensalzada; y los naturales destas tierras conociesen lo que les decíamos cuando estábamos batallando con ellos y les decíamos que su majestad enviaría religiosos, y de mucha mejor vida que nosotros éramos, para que les diesen a entender los razonamientos y predicaciones de nuestra fe. Dejemos esto, y digamos cómo el general don fray Francisco de los ángeles nos hizo merced que luego envió los religiosos que dicho tengo; y entonces vino con ellos fray Toribio Motolinia, y pusiéronle este nombre de Motolinia los caciques y señores de México, que quiere decir el fraile pobre, porque cuanto le daban por Dios lo daba a los indios, y se quedaba algunas veces sin comer, y traía unos hábitos muy rotos y andaba descalzo, y siempre les predicaba, y los indios le querían mucho, porque era una santa persona. Volvamos a nuestra relación. Como Cortés supo que estaban en el puerto de la Veracruz, mandó en todos los pueblos, así de indios como donde vivían españoles, que por donde viniesen les barriesen los caminos, y adonde posasen les hiciesen ranchos si fuese en el campo, y en población, cuando llegasen a las villas o pueblos de indios, les saliesen a recibir y les repicasen las campanas, y que todos comúnmente, después de los haber recibido, les hiciesen mucho acato; y que los naturales llevasen candelas de cera encendidas y con las cruces que hubiese, y por más humildad, y porque los indios lo viesen, para que tomasen ejemplo, mandó a los españoles se hincasen de rodillas a besarles las manos y hábitos, y aun les envió Cortés al camino mucho refresco y les escribió muy amorosamente. Y viniendo por su camino, ya que llegaban cerca de México, el mismo Cortés, acompañado de nuestros valerosos capitanes y esforzados soldados, los salimos a recibir, y juntamente fueron con nosotros Guatemuz, el señor de México, con todos los demás principales mexicanos y otros muchos caciques de otras ciudades; y cuando Cortés supo que allegaban cerca, se apeó del caballo, y todos nosotros juntamente con él: y ya que nos encontramos con los reverendos religiosos, el primero que se arrodilló delante del fray Martín de Valencia y le fue a besar las manos fue Cortés, y no lo consintió, y le besó los hábitos y a todos los demás religiosos, y así hicimos todos los demás capitanes y soldados que allí íbamos, y el Guatemuz y los señores de

México; y de que el Guatemuz y los demás caciques vieron ir a Cortés de rodillas a besarle las manos, espantáronse en gran manera; y como vieron a los frailes descalzos y flacos, y los hábitos rotos, y no llevar caballo, sino a pie y muy amarillos, y ver a Cortés, que le tenían por ídolo o cosa como sus dioses, así arrodillado delante dellos; desde entonces tomaron ejemplo todos los indios, que cuando ahora vienen religiosos les hacen aquellos recibimientos y acatos, según y de la manera que dicho tengo; y más digo, que cuando Cortés con aquellos religiosos hablaba, que siempre tenía la gorra en la mano quitada y en todo les tenía grande acato y ciertamente estos buenos religiosos franciscos hicieron mucho fruto en toda la Nueva España. Dejémoslos en buena hora y digamos de otra materia, y es, que de ahí a tres años y medio, o poco tiempo más adelante, vinieron doce frailes dominicos, y venía por provincial o por prior dellos un religioso que se decía fray Tomás Ortiz; era vizcaíno, y decían que había estado por prior o provincial en unas tierras que se dice la Punta del Drago; y quiso Dios que cuando vinieron les dio dolencia de mal de modorra, de que todos los más murieron; lo cual diré adelante, y cómo y cuándo y con quién vinieron, y la condición que decían que tenía el prior, y otras cosas que pasaron; y después han venido otros muchos y buenos religiosos y de santa vida, y de la misma orden de señor santo Domingo, en ejemplo muy santos, y han industriado a los naturales destas provincias de Guatemala en nuestra santa fe muy bien, y han sido muy provechosos para todos. Quiero dejar esta materia de los religiosos, y diré que, como Cortés siempre temía que en Castilla, por parte del obispo de Burgos, se juntarían los procuradores de Diego Velázquez, gobernador de Cuba, y dirían mal de él delante del emperador nuestro señor, y como tuvo nueva cierta, por cartas que le escribió su padre Martín Cortés o Diego de Ordás, que le trataban casamiento con la señora doña Juana de Zúñiga, sobrina del duque de Béjar, don Álvaro de Zúñiga, procuró de enviar todos los más pesos que podía allegar, así de sus tributos como de los que le presentaban los caciques de toda la tierra, lo uno para que conociese el duque de Béjar sus grandes riquezas, juntamente con sus heroicos hechos y hazañas; y lo más principal, para que su majestad le favoreciese e hiciese mercedes; y entonces le envió 30.000 pesos, y con ellos escribió a su majestad; lo cual diré adelante.

Capítulo CLXXII. Cómo Cortés escribió a su majestad y le envió 30.000 pesos de oro, y cómo estaba entendiendo en la conversión de los naturales y reedificación de México, y de cómo había enviado un capitán que se decía Cristóbal de Olí a pacificar las provincias de Honduras con una buena armada, y se alzó con ella, y dio relación de otras cosas que había pasado en México; y en el navío que iban las cartas de Cortés envió otras cartas muy secretas el contador de su majestad, que se decía Rodrigo de Albornoz, y en ellas decían mucho mal de Cortés y de todos los que con él pasamos y lo que su majestad sobre ello mandó que se proveyese

Teniendo ya Cortés en sí la gobernación de la Nueva España por mandado de su majestad, parecióle sería bien hacerle sabidor cómo estaba entendiendo en la santa conversión de los naturales y la reedificación de la gran ciudad de Tenustitlan, México; y también le dio relación de cómo había enviado un capitán que se decía Cristóbal de Olí a poblar unas provincias que se nombraron Honduras, y que le dio cinco navíos bien abastecidos, y gran copia de soldados y muchos caballos y tiros, y escopeteros y ballesteros, y todo género de armas, y que gastó muchos millares de pesos de oro en hacer la armada, y que el Cristóbal de Olí se le alzó con ella, y quien le aconsejó que se alzase fue un Diego Velázquez, gobernador de la isla de Cuba, que hizo compañía con él en el armada, y que si su majestad era servido, que tenía determinado de enviar con brevedad otro capitán para que le tome la misma armada o le traiga preso, o ir él en persona por ella: porque, si quedaba sin castigo, se atreverían otros capitanes a se levantar con otras armadas que por fuerza había de enviar a conquistar y poblar otras tierras que están de guerra, y a esta causa suplicaba a su majestad le diese licencia para ello; y también se envió a quejar del Diego Velázquez, no tan solamente de lo del capitán Cristóbal de Olí, sino por las conjuraciones y escándalos, y por sus cartas que enviaba desde la isla de Cuba para que le matasen a Cortés: porque, en saliendo de aquella ciudad de México para ir a conquistar algunos pueblos recios, que se levantaban y hacían conjuraciones los de la parte del Diego Velázquez para le matar y levantarse con la gobernación, y que había hecho justicia de uno de los más culpados; y que este favor les daba el obispo de Burgos, que estaba por presidente de Indias, por ser muy amigo del Diego Velázquez; y escribió cómo le enviaba y servía con 30.000 pesos de oro, y que si no fuera por los bulliciosos y conjuraciones pasadas, que recogiera mucho más oro, y que con el ayuda de Dios, y en la buenaventura de su real majestad, que en todos los navíos que de México fuesen enviaría lo que pudiese; y asimismo escribió a su padre Martín Cortés y a un su deudo, que se decía el licenciado Francisco Núñez, que era relator del real consejo de su majestad, y también escribió a Diego de Ordás, en que les hacía saber todo lo atrás dicho. Y también dio noticia cómo un Rodrigo de Albornoz, que estaba por contador, que secretamente andaba murmurando en México de Cortés porque no le dio tan buenos indios como él quisiera, y también porque le demandó una cacica, hija del señor de Texcoco, y no se la quiso dar, porque en aquella sazón la casó con una persona de calidad; y les dio aviso que había sabido que fue secretario en Flandes y que era muy servidor de don Juan Rodríguez de Fonseca, obispo de Burgos, y que era hombre que tenía costumbre de escribir cosas nuevas y aun por cifras, y que por ventura escribiría al obispo, como era presidente de Indias, porque en aquel tiempo no sabíamos que le habían quitado el cargo, cosas contrarias de la verdad: que tuviesen aviso de todo. Y estas cartas envió Cortés duplicadas, porque siempre se temió que el obispo de Burgos, como era presidente, había mandado a Pedro de Isasaga y a Juan López de Recalde, oficiales de la casa de la contratación de Sevilla, que todas las cartas y despachos de Cortés se las enviesen por la posta para saber lo que en ellas iba (porque en aquella sazón su majestad había venido de Flandes y estaba en Castilla) para hacer relación ni a su majestad cesárea; y el obispo de Burgos, por ganar por la mano, antes que nuestros procuradores le diesen las cartas de Cortés. Y aún en aquella sazón no sabíamos en la Nueva España que habían quitado el cargo al obispo de Burgos, don Juan Rodríguez de Fonseca, de ser presidente de Indias. Dejémonos de las cartas de Cortés, y diré que deste envío donde iba el pliego que dicho tengo de Cortés, envió el contador Albornoz, ya por mí memorado, otras cartas a su majestad y al obispo de Burgos y al real consejo de Indias; y lo que en ellas decía por capítulos; hizo saber todas las causas y cosas que de antes había sido acusado Cortés, cuando su real majestad le mandó poner jueces a los caballeros de su real consejo, ya otra vez por mí nombrados en el capítulo que dello habla; cuando por sentencia que sobre ello dieron, nos dieron por muy leales servidores de su majestad; y demás de aquellos capítulos que hubieron acusado a Cortés, ahora de nuevo escribió el Albornoz que Cortés demandaba a todos los caciques de la Nueva España muchos tejuelos de oro y les mandaba sacar mucho oro de minas; y esto, que les decía Cortés que era para enviar a su real majestad, y se quedaba con todo ello y no lo enviaba a su majestad; y que hizo unas casas muy fortalecidas, y que ha juntado muchas hijas de grandes señores para las casar con soldados españoles, y se las piden hombres honrados por mujeres y que no se las quiere dar, por tenerlas por amigos; y dijo que todos los caciques y principales le tenían en tanta estima como si fuese rey, y que en esta tierra no conocen a otro rey ni señor sino es a Cortés, y como rey llevaba quinto, y que tiene muy grande cantidad de barras de oro atesorado. Y que no ha sentido bien de su persona, si está alzado o será leal para adelante, y que había necesidad que su majestad con brevedad mandase venir a estas partes un caballero con grande Copia de soldados muy bien apercibidos para le quitar el mando y señorío; y escribió otras cosas sobre esta materia. Quiero dejar de más particularizar lo que iba en las cartas, y diré que fueron a manos del obispo de Burgos, que residía en Toro; y como en aquella sazón estaba en la corte el Pánfilo de Narváez y Cristóbal de Tapia, ya otras muchas veces por mí nombrados, y todos los procuradores del Diego Velázquez, y con aquella carta de Albornoz les avisó el obispo de Burgos para que nuevamente se quejasen ante su majestad de Cortés de todo lo que de antes le hubieron dado relación, y dijesen que los jueces que puso su majestad se mostraron mucho por la parte de Cortés, y que su majestad fuese servido viese ahora nuevamente lo que escribe el contador su oficial; y para testigo dello hicieron presentación de las cartas que dicho tengo. Pues viendo su majestad las cartas y las palabras y quejas que el Narváez decía muy entonado, porque así hablaba, demandando justicia, creyó que eran verdaderas; y el obispo de Burgos don Juan Rodríguez de Fonseca, que les ayudó con otras muchas cartas de favor; dijo su majestad: «Yo quiero enviar a castigar a Cortés, pues tanto mal dicen de él que hace, aunque más oro envíe; porque más riqueza es hacer justicia que no todos los tesoros que puede enviar»; y mandó proveer que luego despachasen al almirante de Santo Domingo que viniese a costa de Cortés con seiscientos soldados, y si le hallase culpado le cortase la cabeza, y castigase a todos los que fuimos en desbaratar a Pánfilo de Narváez; y porque viniese al almirante le había prometido su majestad el almirantazgo de la Nueva España, que en aquella sazón traía pleito en la corte sobre él. Pues ya dadas las provisiones, pareció ser el almirante se detuvo ciertos días o no se atrevió a venir, porque no tenía dineros, y asimismo porque le aconsejaron que mirase la buena ventura de Cortés, que con haber traído Narváez toda la armada que trajo le desbarató, y que era aventurar su vida y estado, y no saldría con la demanda, especialmente que no hallarían en Cortés ni en ninguno de sus compañeros culpa ninguna, sino mucha lealtad. Y demás desto, según pareció, dijeron a su majestad que era gran cosa dar el almirantazgo de la Nueva España por pocos servicios que le podría hacer en aquella jornada que le enviaba. Y ya que se andaba apercibiendo el almirante para venir a la Nueva España, alcanzáronlo a saber los procuradores de Cortés y su padre Martín Cortés y un fraile que se decía fray Pedro Melgarejo de Urrea, y como tenían las cartas que les envió Cortés duplicadas, y entendieron por ellas que había trato doble en el contador Albornoz o en otras personas que no estaban muy bien con Cortés, todos juntos se fueron luego al duque de Béjar y le dieron relación de todo lo arriba por mí memorado y le mostraron las cartas de Cortés; y como supo que enviaban tan de repente al almirante con muchos soldados, hubo muy grande sentimiento dello el duque, porque ya estaba concertado de casar a Cortés con la señora doña Juana de Zúñiga, sobrina del mismo duque de Béjar; y luego sin más dilación fue delante de su majestad, acompañado con ciertos condes amigos suyos y deudos, y con ellos iba el viejo Martín Cortés, padre del mismo Cortés, y fray Pedro Melgarejo de Urrea, y cuando llegaron delante del emperador nuestro señor se humillaron e hicieron todo el acatamiento debido, que eran obligados a nuestro rey y señor, y dijo el mismo duque que suplicaba a su majestad que no diese oídos a una carta de un hombre como era el contador Albornoz, que era muy contrario a Cortés, hasta que hubiese otras informaciones de fe y de creer, y que no enviase armada; y más dijo el duque a su majestad, que ¿cómo, siendo tan cristianísimo y recto en hacer justicia, tan deliberadamente enviaba a mandar prender a Cortés y a sus soldados, habiéndole hecho tan buenos y leales servicios, que otros en el mundo no se han hecho, ni aun hallado en ningunas escrituras que hayan hecho otros vasallos a los reyes pasados? Y que ya una vez ha puesto la cabeza por fiadora de Cortés y por todos sus soldados, y que son muy leales y lo serán de aquí adelante, y que ahora la torna a poner de nuevo por fiadora, con todo su estado, con mucho gusto de que siempre nos hallaría muy leales, lo cual su majestad vería adelante; además desto, le mostraron las cartas que Cortés enviaba a su padre Martín Cortés, en que en ellas daba relación por qué causa el contador Albornoz escribía mal contra Cortés, que fue, como dicho tengo, porque no le dio buenos indios, como él los demandaba, y una hija de una cacica muy principal; y más le dijo el duque, que mirase su real majestad cuántas veces le había enviado y servido con mucha cantidad de oro, y dio otros muchos descargos por Cortés. Y viendo su majestad la justicia clara que Cortés y todos nosotros los conquistadores teníamos, mandó proveer que le viniese a tomar la residencia persona que fuese de calidad y ciencia y temeroso de nuestro señor. En aquella sazón estaba la corte en Toledo, y por teniente de corregidor del conde de Alcaudete un caballero que se decía el licenciado Luis Ponce de León, primo del mismo conde don Martín de Córdoba, que así se llemaba, porque en aquella sazón era corregidor de aquella ciudad; y su majestad mandó llamar a este licenciado Luis Ponce de León, y le mandó que fuese luego a la Nueva España y tomase residencia a Cortés, y que si en algo fuese culpante de lo que le acusaban, que con rigor de justicia le castigase; y el licenciado Luis Ponce de León dijo que él cumpliría el real mandato, y se comenzó a apercibir para el camino, y no vino con tanta prisa, porque tardó en llegar a la Nueva España más de dos años y medio. Y dejarlo he aquí, así a los del bando del gobernador de Cuba, Diego Velázquez que acusaban a Cortés, como al licenciado Luis Ponce de León, que se aderezaba para el viaje, como dicho tengo. Y aunque vaya muy fuera de mi relación y pase adelante, es por lo que ahora diré, que al cabo de dos años alcanzamos a saber todo lo por mí aquí dicho de las cartas de Cortés y del Albornoz; porque lo escribió Martín Cortés de la corte: y para que sepan los curiosos lectores cómo siempre tenía por costumbre el mismo Albornoz de escribir a su majestad lo que no pasó, bien tendrán noticia las personas que han estado en la Nueva España y en la ciudad de México cómo en el tiempo que era virrey don Antonio de Mendoza, que fue mue ilustrísimo varón, digno de gran memoria, que haya santa gloria, y como gobernaba tan justificadamente y con tan recta justicia, el Rodrigo Albornoz no estaba bien con él y escribió a su majestad diciendo mal de su gobernación, y las mismas cartas que envió a la corte volvieron a la Nueva España a manos del mismo virrey; y como las hubo entendido, y el mal que decía, envió a llamar al Rodrigo de Albornoz, y con palabras muy blandas y de espacio, que así hablaba vagoroso el virrey, le mostró las cartas y le dijo: «Pues que tenéis por costumbre de escribir a su majestad, escribid la verdad, y andad con Dios, para ruin hombre»; y quedó muy avergonzado y corrido el contador. Y como un Gonzalo de Ocampo, ya otras veces por mí nombrado, que fue el que hizo los libelos infamatorios, que otras veces he dicho, como conoció la condición de Albornoz, dijo en su libelo: «Oh fray Zarzapeleto —fray Rodrigo de Albornoz guardaos de él— mas no de feroz —que jamás tuvo secreto—. Un buen predicador me hubo bien avisado —que era mal frecuentador— y raposo muy doblado». Dejemos de hablar desta materia, y diré cómo Cortés, sin saber en aquella sazón cosa de todo lo pasado que en la corte se había tratado contra él, envió una armada contra Cristóbal de Olí a Honduras, y lo que pasó diré adelante.

Capítulo CLXXIII. Cómo, sabiendo Cortés que Cristóbal de Olí se había alzado con la armada y había hecho compañía con Diego Velázquez, gobernador de Cuba, envió contra él a un capitán que se llamaba Francisco de las Casas, y lo que entonces sucedió diré adelante

He menester volver muy atrás de nuestra relación para que bien se entienda. Ya he dicho en el capítulo que dello habla, cómo Cortés envió a Cristóbal de Olí con una armada a las Higüeras y Honduras, y se alzó con ella; y como Cortés supo que Cristóbal de Olí se había alzado con el armada, con favor de Diego Velázquez, gobernador de Cuba, estaba muy pensativo; y como era animoso y no se dejaba mucho burlar en tales casos, y como ya había hecho relación dello a su majestad, como dicho tengo, en la carta que le escribió, y que entendía de ir o enviar contra el Cristóbal de Olí a otros capitanes; en aquella sazón había venido de Castilla a México un caballero que se decía Francisco de las Casas, persona de quien se podía fiar, y su deudo de Cortés; acordó de enviar contra el Cristóbal de Olí cinco navíos bien artillados y abastecidos, y cien soldados, y entre ellos iban conquistadores de México, de los que Cortés había traído de la isla de Cuba en su compañía, que era un Pedro Moreno Medrano y un Juan Núñez de Mercado y un Juan Bello, y otros que aquí no nombro, que murieron en el camino. Pues ya despachado el Francisco de las Casas con poderes muy bastantes y mandamientos para prender al Cristóbal de Olí, salió del puerto de la Veracruz con sus navíos buenos y abastecidos, y con sus pendones con las armas reales, y con buen tiempo llegó a una bahía que llamaron el Triunfo de la Cruz, donde el Cristóbal de Olí tenía su armada, y allí junto poblada una villa que se llamó Triunfo de la Cruz, y según ya otras veces he dicho en el capítulo que dello habla; y como el Cristóbal de Olí vio aquellos navíos surtos en su puerto, puesto que el Francisco de las Casas mandó poner en sus navíos banderas de paz, no lo tuvo por cierto el Cristóbal de Olí, antes mandó apercibir dos carabelas muy artilladas con muchos soldados, y les defendió el puerto para no les dejar saltar en tierra; y como aquello vio el de las Casas, que era hombre animoso, mandó sacar y echar a la mar sus bateles con muchos hombres apercibidos, y con unos tiros, falconetes y escopetas y ballestas, y él con ellos, con pensamiento de tomar tierra de una manera o de otra, y el Cristóbal de Olí para defenderla, tuvieron buena pelea, y el de las Casas echó una de las dos carabelas del contrario a fondo, y mató a cuatro soldados e hirieron a otros; y como vio el Cristóbal de Olí que no tenía allí todos los soldados, porque los había enviado pocos días había en dos capitanías, a entrar en un río que llaman de Pechín, a prender a otro capitán que estaba conquistando en aquella provincia, que se decía Gil González de Ávila, porque aquel río del Pechín caía en la gobernación del Golfo Dulce, y estaba aguardando por horas a sus gentes, acordó el Cristóbal de Olí de demandar partidos de paz al Francisco de las Casas, porque bien entendió el Cristóbal de Olí que si tomaba tierra, que habían de venir a las manos, y por tener soldados juntos demandó las paces; y el de las Casas acordó de estar aquella noche con sus navíos en la mar, apartado de tierra al reparo, o esperando, con intención de se ir a otra bahía a desembarcar, y también porque cuando andaban las diferencias y pelea de la mar le dieron al de las Casas una carta secretamente que serían en su ayuda ciertos soldados de la parte de Cortés que estaban con el Cristóbal de Olí, y que no dejase de venir por tierra para prender al Cristóbal de Olí. Pues estando con este acuerdo, fue la ventura tal de Cristóbal de Olí, y desdicha del de las Casas, que hubo aquella noche un viento norte muy recio, y como es travesía en aquella costa, dio con los navíos de Francisco de las Casas a través en tierra, de manera que se perdió cuanto traía y se ahogaron treinta soldados, y todos los demás fueron presos y estuvieron sin comer dos días, muy mojados del agua salada, porque en aquel tiempo llovía mucho, y tuvieron trabajo y frío; y el Cristóbal de Olí estaba muy gozoso y triunfante por tener preso al Francisco de las Casas, y a los demás soldados que prendió; les hizo luego jurar que siempre serían en su ayuda, y serían contra Cortés si viniese a aquella tierra en persona; y como hubieron jurado, los soltó de las prisiones; solamente tuvo preso al Francisco de las Casas; y dende a poco tiempo vinieron sus capitanes que había enviado a prender a Gil González de Ávila; que, según pareció, el Gil González de Ávila había venido por gobernador y capitán de Golfo Dulce, y había poblado una villa que le nombraron San Gil de Buena Vista, que estaba obra de una legua del puerto que ahora llaman Golfo Dulce, porque el río de Pechín en aquel tiempo era poblado de buenos pueblos, y el Gil González no tenía consigo sino muy pocos soldados, porque habían adolecido todos los demás, y dejaba poblada con otros soldados la misma villa de San Gil de Buena Vista; y como el Cristóbal de Olí tuvo noticia dello, les envió a prender, y sobre no dejarse prender, le mataron ocho españoles de los de Gil González y a un su sobrino, que se decía Gil de Ávila; y como el Cristóbal de Olí se vio con dos prisioneros que eran capitanes, estaba muy alegre y contento; y como tenía fama de esforzado, y ciertamente lo era por su persona, para que se supiese en todas las islas, lo escribió a la isla de Cuba a su amigo Diego Velázquez, y luego se fue desde el Triunfo de la Cruz la tierra adentro a un pueblo que en aquel tiempo estaba muy poblado, y había otros muchos pueblos en aquella comarca; el cual pueblo se dice Naco, que ahora está destruido él y todos los demás; y esto digo porque yo los vi y me hallé en ellos, y en San Gil de Buena Vista y en el río de Pechín y en el río de Balama, y lo he andado en el tiempo que fui con Cortés, según más largamente lo diré cuando venga su tiempo y lugar. Volvamos a nuestra relación: que ya que el Cristóbal de Olí estaba de asiento en Naco con sus prisioneros y copia de soldados, desde allí enviaba a hacer entradas a otras partes, y envió por capitán a un Briones (el cual Briones fue uno de los primeros consejeros para que se alzara el Cristóbal de Olí, y de suyo era bullicioso, y aun tenía cortadas las asillas bajas de las orejas y decía el mismo Briones que estando en una fortaleza siendo soldado se las habían cortado porque no se quería dar él ni otros capitanes), el cual Briones ahorcaron después en Guatemala por revolvedor y amotinador de ejércitos. Volvamos a nuestra relación: pues yendo por capitán aquel Briones con gran copia de soldados túvose fama en el real de Cristóbal de Olí que se había alzado el Briones con todos los soldados que llevaba en su compañía, y se iba a la Nueva España, y salió verdad. Y viendo esto Francisco de las Casas y el Gil González de Ávila, que estaban presos y hallaban tiempo oportuno para matar a Cristóbal de Olí, y como andaban sueltos sin prisiones, por no tenerlos en nada, porque se tenía por muy valiente el Cristóbal de Olí; muy secretamente se concertaron con los soldados y amigos de Cortés que en diciendo: «¡Aquí del rey, y Cortés en su real nombre, contra este tirano!», le diesen de cuchilladas. Pues hecho este concierto, el Francisco de las Casas, medio burlando y riendo, le decía al Olí: «Señor capitán, soltadme; iré a la Nueva España a hablar a Cortés y a darle razón de mi desbarate, y yo seré tercero para que vuestra merced quede con esta gobernación y por su capitán, y mire que es su hechura de Cortés; pues mi prisión no hace a su caso, antes le estorbo en las conquistas»; y el Cristóbal de Olí respondió que él estaba muy bien así, y que se holgaba de tener un tal varón en su compañía; y de que aquello vio el Francisco de las Casas le dijo: «Pues mire bien vuesamerced por su persona, que un día o otro tengo de procurar de le matar»; y esto se lo decía medio burlando y riendo. Y al Cristóbal de Olí no se le dio nada por lo que le decía, y teníalo como cosa de burla; y como el concierto que he dicho estaba hecho con los amigos de Cortés, estando cenando a una mesa y habiendo alzado los manteles, y se habían ido a cenar los maestresalas y pajes, y estando delante Juan Núñez de Mercado y otros soldados de la parte de Cortés que sabían el concierto, el Francisco de las Casas y el Gil González de Ávila cada uno tenía escondido un cuchillo de escribanía muy agudos como navajas, porque ningunas armas se las dejaban traer; y estando platicando con el Cristóbal de Olí de las conquistas de México y ventura de Cortés, y muy descuidado el Cristóbal de Olí de lo que le avino, el Francisco de las Casas le echó mano de las barbas y le dio por la garganta con el cuchillo, que le traía hecho como una navaja para aquel efecto, y juntamente con él, el Gil González de Ávila y los soldados de Cortés de presto le dieron tantas heridas, que no se pudo valer, y como era muy recio y membrudo y de muchas fuerzas, se escabulló dando voces: «¡Aquí de los míos!». Mas como todos estaban cenando, o su ventura fue tal que no acudieron tan presto, se fue huyendo a esconder entre unos matorrales, creyendo que los suyos le ayudarían, y puesto que vinieron de presto muchos dellos a le ayudar, el Francisco de las Casas daba voces y apellidando: «¡Aquí del rey y de Cortés contra este tirano; que ya no es tiempo de más sufrir sus tiranías!». Pues como oyeron el nombre de su majestad y de Cortés, todos los que venían a favorecer la parte del Cristóbal de Olí no osaron defenderle, antes luego los mandó prender el de las Casas; y después de hecho, se pregonó que cualquiera persona que supiese de Cristóbal de Olí y no le descubriese, muriese por ello; y luego se supo dónde estaba y le prendieron, y se hizo proceso contra él, y por sentencia que entrambos a dos capitanes dieron, le degollaron en la plaza de Naco; y así murió por se haber alzado por malos consejeros (con ser hombre muy esforzado), y sin mirar que Cortés le había hecho su maese de campo y dado muy buenos indios, y era casado con una portuguesa que se decía doña Felipa de Araujo, y tenía una hija en ella. Y porque en el capítulo pasado tengo dicho el estatura de Cristóbal de Olí y facciones, y de qué tierra era y qué condición tenía, en esto no diré más sino de que el Francisco de las Casas y Gil González de Ávila se vieron libres, y su enemigo muerto, juntaron sus soldados, y entrambos a dos fueron capitanes muy conformes, y el de las Casas pobló a Trujillo y púsole aquel nombre porque era él natural de Trujillo de Extremadura; y el Gil González envió mensajeros a San Gil de Buena Vista, que dejaba poblada, a hacer saber lo que había pasado, y a mandar su teniente, que se decía Armenta, que se estuviesen poblados como los dejaba y no hiciesen alguna novedad, porque iba a la Nueva España a demandar socorro y ayuda de soldados a Cortés, y que presto volvería. Pues ya todo esto que he dicho concertado, acordaron entrambos capitanes de se venir a México a hacer saber a Cortés todo lo acaecido. Y dejarlo he aquí hasta su tiempo y lugar, y diré lo que Cortés concertó sin saber cosa ninguna de lo pasado que se hizo en Naco.

Capítulo CLXXIV. Cómo Hernando Cortés salió de México para ir camino de las Higüeras en busca de Cristóbal de Olí y de Francisco de las Casas y de los demás capitanes y soldados; dase cuenta de los caballeros y capitanes que sacó de México para ir en su compañía, y del gran aparato y servicio que llevó hasta llegar a la villa de Guazacualco, y de otras cosas que entonces pasaron

Como el capitán Hernando Cortés había pocos meses que había enviado al Francisco de las Casas contra el Cristóbal de Olí, como dicho tengo en el capítulo pasado, parecióle que por ventura no habría buen suceso la armada que había enviado, y también porque le decían que aquella tierra era rica de minas de oro, y a esta causa estaba muy codicioso, así por las minas, como pensativo en los contrastes que podrían acaecer a la armada, poniéndosele por delante las desdichas que en tales jornadas la mala fortuna suele acarrear. Y como de su condición era de gran corazón, habíase arrepentido por haber enviado al Francisco de las Casas, sino haber ido él en persona, y no porque no conocía muy bien que el que envió era varón para cualquiera cosa de afrenta; y estando en estos pensamientos, acordó de ir, y dejó en México buen recaudo de artillería, así en las fortalezas como en las atarazanas, y dejó por gobernadores en su lugar como tenientes al tesorero Alonso de Estrada y al contador Albornoz, y si supiera de las cartas que el contador Albornoz hubo escrito a Castilla a su majestad diciendo mucho mal dél, no le dejara tal poder, y aun no sé yo cómo le aviniera por ello; y dejó por su alcalde mayor al licenciado Zuazo, ya otras muchas veces por mí nombrado, y por teniente de alguacil mayor a su mayordomo de todas sus haciendas a un Rodrigo de Paz, su deudo, y dejó el mayor recaudo que pudo en México, y encomendó a todos aquellos oficiales de la hacienda de su majestad, a quien dejaba el cargo de la gobernación, que tuviese muy grande cuidado de la conversión de los naturales, y asimismo lo encomendó a un fray Toribio Motolinea, de la orden del señor san Francisco, y a otros buenos religiosos; que mirasen no se alzase México ni otras provincias. Y porque quedase más pacífico y sin cabeceras de los mayores caciques, trajo consigo al mayor de México, que se decía Guatemuz, otras muchas veces por mí memorado, que fue el que nos dio guerra cuando ganamos a México, y también al señor de Tacuba, y a un Juan Velázquez, capitán del mismo Guatemuz, y a otros muchos principales, y entre ellos a Tapiezuela, que era muy principal; y aun de la provincia de Michoacan trajo otros caciques, y a doña Marina la lengua, porque Jerónimo de Aguilar ya había fallecido; y trajo en su compañía muchos caballeros y capitanes vecinos en México, que fueron Gonzalo de Sandoval, que era alguacil mayor, y Luis Marín y Francisco Marmolejo, Gonzalo Rodríguez de Ocampo, Pedro de Ircio, Avalos y Saavedra, que eran hermanos, y un Palacios Rubios, y Pedro de Saucedo «el Romo», y Jerónimo Ruiz de la Mota, Alonso de Grado, Santa Cruz, burgalés; Pedro de Solís «Casquete», que así le llamábamos; Juan Jaramillo, Alonso Valiente, y un Navarrete y un Serna, y Diego de Mazariegos, primo del tesorero; y Gil González de Benavides, y Hernán López de Ávila, y Gaspar de Garnica, y otros muchos que no se me acuerdan sus nombres; y trajo un clérigo y dos frailes franciscanos, flamencos, grandes teólogos, que predicaban, y trajo por mayordomo a un Carranza y por maestresala a Juan de Jasso y a un Rodrigo Mañueco, y por botiller a Cervan Bejarano, y por repostero a un fulano de San Miguel, que solía vivir en Guaxaca; por despensero a un Guinea, que asimismo fue vecino de Guaxaca; y trajo grandes vajillas de oro y de plata, y quien tenía cargo de la plata era un Tello de Medina, y por camarero un Salazar, natural de Madrid; por médico a un licenciado Pedro López, vecino que fue de México, y cirujano a maese Diego de Pedraza, y otros muchos pajes, y uno dellos era don Francisco de Montejo, el cual fue capitán en Yucatán el tiempo andando (no digo el adelantado su padre); y dos pajes de lanza, que el uno se decía Puebla, y ocho mozos de espuelas, y dos cazadores halconeros, que se decían Perales y Garci Caro y Álvaro Montañés y llevó cinco chirimías y sacabuches y dulzainas, y un volteador, y otro que jugaba de manos y hacía títeres, y caballerizo Gonzalo Rodríguez de Ocampo, y acémilas con tres acemileros españoles, y una gran manada de puercos, que venía comiendo por el camino; y venían con los caciques que dicho tengo sobre tres mil indios mexicanos con sus armas de guerra, sin otros muchos que eran de su servicio de aquellos caciques. Y ya que estaba Cortés de partida para venir su viaje, viendo el factor Salazar y el veedor Chirinos, que quedaban en México, que no les dejaba Cortés cargo ninguno ni se hacía tanta cuenta dellos como quisieran, acordaron de se hacer muy amigos del licenciado Zuazo y de Rodrigo de Paz y de todos los amigos y viejos conquistadores de Cortés que quedaban en México, y todos juntos le hicieron un requerimiento a Cortés que no salga de México, sino que gobierne la tierra, y le ponen por delante que se alzará toda la Nueva España, y sobre ello pasaron grandes pláticas y respuestas de Cortés a los que le hacían el requerimiento; y de que no le pudieron convencer a que se quedase, dijo el factor y el veedor que le querían venir a servir y acompañarle hasta Guazacualco, que por allí era su viaje. Pues ya partidos de México de la manera que he dicho: saber yo decir los grandes recibimientos y fiestas que en todos los pueblos por donde pasaban se les hacía, fuera cosa maravillosa; y se le juntaron en el camino de otros cincuenta soldados y gente extravagante, nuevamente venidos de Castilla, y Cortés les mandó ir por dos caminos hasta Guazacualco, porque para todos juntos no habría tantos bastimentos. Pues yendo por sus jornadas el factor, Gonzalo de Salazar, y el veedor, íbanle haciendo mil servicios a Cortés, en especial el factor, que cuando con Cortés hablaba estaba la gorra quitada hasta el suelo, y con muy grandes reverencias y palabras delicadas y de grande amistad, y con retórica muy subida, le iba diciendo que se volviese a México y no se pusiese en tan largo y trabajoso camino, y poniéndole por delante muchos inconvenientes; y aun algunas veces por le complacer iba cantando por el camino junto a Cortés, y decía en los cantares: «Ay tío, volvámonos; que esta mañana he visto una señal muy mala: ay tío, volvámonos»; y respondía Cortés cantando: «Adelante, mi sobrino; adelante, mi sobrino, y no creáis en agüeros; que será lo que Dios quisiere; adelante, mi sobrino», etc. Dejemos de hablar en el factor y de sus blandas y delicadas palabras, y diré cómo en el camino, en un pueblezuelo de un Ojeda «el tuerto», cerca de otro pueblo que se dice Orizaba, se casó Juan Jaramillo con doña Marina la lengua delante de testigos. Pasemos adelante, y diré cómo iban camino de Guazacualco, y llegan a un pueblo grande que se dice Huaspaltepec, que era de la encomienda de Gonzalo de Sandoval y como lo supimos en Guazacualco, que venía Cortés con tanto caballero; así alcalde mayor como capitanes, y todo el pueblo y regidores, fuimos treinta y tres leguas a le recibir y darle el para-bien-venido, como quien va a ganar beneficio; y esto digo aquí para que vean los curiosos lectores y otras personas cuán tenido y aun temido estaba Cortés, porque no se hacía más de lo que él quería, ahora sea bueno o malo; y dende Huaspaltepec fue caminando a nuestra villa, y en un río grande que hay en el camino comenzó a tener contrastes, porque al pasar se le trastornaron tres canoas y se le perdió cierta plata y ropa, y aun al Juan Jaramillo se le perdió la mitad de su fardaje, y no se pudo saber cosa ninguna a causa que estaba el río lleno de lagartos muy grandes; y desde allí fuimos a un pueblo que se dice Uluta, y hasta llegar a Guazacualco le fuimos acompañando, y todo por poblado; y quiero decir el gran recaudo de canoas que teníamos ya mandado que estuviesen aperajadas y atadas de dos en dos en el gran río junto a la villa, que pasaban de trescientas. Pues el gran recibimiento que le hicimos con arcos triunfales y con ciertas emboscadas de cristianos y moros, y otros grandes regocijos e invenciones de fuegos, y le aposentamos lo mejor que pudimos, así a Cortés como a todos los que traía en su compañía; y estuvo allí seis días, y siempre el factor le iba diciendo que se volviese del camino que iba, y que mirase a quién dejaba en su poder; que tenía al contador por muy revoltoso y doblado, amigo de novedades, y que el tesorero se jactanciaba que era hijo del rey católico, y que no sentía bien de algunas cosas de pláticas que en ello vio que hablaban en secreto después que les dio el poder, y aun de antes; y demás desto, ya en el camino tenía Cortés cartas que enviaba desde México diciendo mal de su gobernación de los que dejaba, y dello avisaban al factor sus amigos; y sobre ello decía el factor a Cortés que también sabría él gobernar, y el veedor que allí estaba delante, como los que dejaba en México; y se le ofrecieron por muy servidores. Y decía tantas cosas melosas y con tan amorosas palabras, que le convenció para que le diese poder al factor y al veedor Chirinos para que fuesen gobernadores, y fue con esta condición: que si viesen que el Estrada y el Albornoz no hacían lo que debían al servicio de nuestro señor y de su majestad, gobernasen ellos solos. Estos poderes fueron causa de muchos males y revueltas que hubo en México, como diré de que haya pasado cuatro capítulos y hayamos hecho un muy trabajoso camino; y hasta le haber acabado y estar en una villa que se llama Trujillo no contaré en esta relación lo acaecido en México. Y quiero decir que a esta causa dijo el Gonzalo de Ocampo en sus libelos infamatorios: «Oh fray Gordo de Salazar —factor de las diferencias— con tus falsas reverencias: —engañaste al provincial—. Un fraile de santa vida —me dijo que me guardase— de hombre que así hablase —retórica tan pulida—». Dejemos de hablar de libelos, y diré que cuando se despidieron el factor y el veedor de Cortés para se volver a México, ¡con cuántos cumplimientos y abrazos! Y tenía el factor una manera como de sollozos, que parecía que quería llorar al despedirse; y con sus provisiones en el seno de la manera que él las quiso notar (y el secretario, que se decía Alonso Valiente, que era su amigo, las hizo), vuélvense para México, y con ellos Hernán López de Ávila, que estaba malo de dolores y tullido de bubas. Y dejémoslos ir su camino, que no tocaré en esta relación en cosa ninguna de los grandes alborotos y cizañas que en México hubo, hasta su tiempo y lugar, desque hubiéremos llegado con Cortés todos los caballeros por mí nombrados, con otros muchos que salimos de Guazacualco, y hasta que ya hayamos hecho esta tan trabajosa jornada, que estuvimos en punto de nos perder, según adelante diré. Y porque en una sazón acaecen dos o tres cosas, y por no quebrar el hilo de lo uno por decir de lo otro, acordé de seguir el de nuestro trabajosísimo camino.

Capítulo CLXXV. De lo que Cortés ordenó después que se volvió el factor y veedor a México y del trabajo que llevábamos en el largo camino y de las grandes puentes que hicimos, y hambre que pasamos en dos años y tres meses que tardamos en este viaje

Después de despedidos el factor y el veedor, lo primero que mandó Cortés fue escribir a la Villarrica a un su mayordomo, que se decía Simón de Cuenca, que cargase dos navíos que fuesen de poco porte, de bizcocho de maíz, porque en aquella sazón no se cogía pan de trigo en México, y seis pipas de vino y aceite y vinagre y tocinos, herraje, y otras cosas de bastimentos, y mandó que se fuesen costa a costa del norte, y que le escribiría y haría saber dónde había de aportar, y que el mismo Simón de Cuenca viniese por capitán; y luego mandó que todos los vecinos de Guazacualco fuésemos con él, que no quedaron sino los dolientes. Ya he dicho otras veces que estaba poblada aquella villa de los conquistadores más antiguos de México (y todos los más hijosdalgo) que se habían hallado en las conquistas pasadas de México, y en el tiempo que habíamos de reposar de los grandes trabajos y procurar de haber algunos bienes y granjerías, nos mandó ir jornada de más de quinientas leguas, y toda la más tierra por donde íbamos de guerra, y dejamos perdido cuanto teníamos, y estuvimos en el viaje más de dos años y tres meses. Pues volviendo a nuestra plática, ya estábamos todos apercibidos con nuestras armas y caballos, que no le osábamos decir que no: y ya que alguno se lo decía, por fuerza le hacía ir; y éramos por todos, así los de Guazacualco como los de México, sobre doscientos y cincuenta soldados, y los ciento y treinta de a caballo, y los demás escopeteros y ballesteros, sin otros muchos soldados nuevamente venidos de Castilla. Y luego me mandó a mí que fuese por capitán de treinta españoles y de tres mil indios mexicanos, y fuese a unos pueblos que estaban de guerra, que se decían Cimatan, y que en aquellos pueblos mantuviese los tres mil indios mexicanos, y si los naturales de aquella provincia estuviesen de paz o se viniesen a someter al servicio de su majestad, que no les hiciese enojo ni fuerza ninguna, salvo mandar dar de comer a aquellas gentes; y si no quisiesen venir, que los enviase a llamar tres veces de paz, de manera que lo entendiesen muy bien, y por ante un escribano que iba conmigo y testigos; y si no quisiesen venir, que les diese guerra, y para ello me dio poder y sus instrucciones, las cuales tengo hoy día firmadas de su nombre y de su secretario Alonso Valiente; y así hice aquel viaje como lo mandó, quedando de paz aquellos pueblos; mas dende a pocos meses, como vieron que quedaban pocos españoles en Guazacualco, y íbamos los conquistadores con Cortés, se tornaron a alzar; y luego salí con mis soldados españoles e indios mexicanos al pueblo donde Cortés mandó que saliese, que se decía Iquinuapa. Volvamos a Cortés y a su viaje: que salió de Guazacualco y fue a Tonala, que hay ocho leguas, y luego pasó un río en canoas y fue a otro pueblo que se dice el Ayahualulco, y pasó otro río en canoas, y desde el Ayahualulco pasó siete leguas de allí un estero que entra en la mar, y le hicieron una Puente que había de largo cerca de me. dio cuarto de legua; cosa espantosa cómo la hicieron en el estero, porque siempre Cortés enviaba adelante dos capitanes de los vecinos de Guazacualco, y uno dellos se decía Francisco de Medina, hombre diligente, que sabía muy bien mandar a los naturales desta tierra. Pasada aquella gran puente, fue por unos pueblezuelos, hasta llegar a otro gran río que se dice Mazapa, que es el que viene de Chiapas, que los marineros llaman río de «Dos bocas»; allí tenían muchas canoas atadas de dos en dos; y pasado aquel gran río, fue por otros pueblos, adonde yo salí con mi compañía de soldados, que se dice, Iquinuapa, como dicho tengo, y desde allí pasó otro río en puentes que hicimos de maderos, y luego un estero, y llegó a otro gran pueblo que se dice Copilco, y dende allí comienza la provincia que llaman la Chontalpa, y estaba toda muy poblada y llena de huertas de cacao, y muy de paz; y desde Copilco pasamos por Nacaxuxuica, y llegamos a Zaguatan, y en el camino pasamos otro río por canoas. Aquí se le perdió a Cortés cierto herraje; y este pueblo cuando a él allegamos estaba de paz, y luego a la noche se fueron huyendo los moradores de él, y se pasaron de la parte de un gran río entre unas ciénagas y mandó Cortés que les fuésemos a buscar por los montes, que fue cosa bien inconsiderada y sin provecho aquello que mandó, y los soldados que los fuimos a buscar pasamos aquel gran río con harto trabajo, y trajimos siete principales y gente menuda; mas poco aprovecharon, que luego se volvieron a huir, y quedamos solos y sin guías. En aquella sazón vinieron allí los caciques de Tabasco con cincuenta canoas cargadas de maíz y bastimento; también vinieron unos indios de los pueblos de mi encomienda que en aquella sazón yo tenía, y trajeron cargadas ciertas canoas de bastimentos; los cuales pueblos se dicen Teapan y Tecomajayaca; y fuimos a Tepetitan e iztapa, y en el camino había uno río muy caudaloso que se dice Chilapa, y estuvimos cuatro días en hacer balsas. Yo dije a Cortés que el río arriba, por relación que tenía, había un pueblo que se dice Chilapa, que es del nombre del mismo río, que sería bien enviar cinco indios de los que traíamos por guías en una canoa quebrada que allí hallamos, y les enviase a decir que trajesen canoas; y con los cinco indios fue un soldado, y como se lo dije a Cortés, así lo mandó; y fueron el río arriba y toparon dos caciques que traían seis grandes canoas y bastimento, y con aquellas canoas y barcas pasamos, y estuvimos cuatro días en el pasaje; y dende allí fuimos a Tepetitan, y hallámosle despoblado y quemadas las casas; y según supimos, habíanles dado guerra otros pueblos y llevado mucha gente cautiva, y quemado el pueblo de pocos días pasados, y en todos los tres días que anduvimos de camino, después de pasado el río de Chilapa, era muy cenagoso, y atollaban los caballos hasta las cinchas, y había muy grandes sapos; y desde allí fuimos a otro pueblo que se dice Iztapa, y de miedo se fueron los indios, y se pasaron de la parte de otro río muy caudaloso, y fuímoslos a buscar, y trajimos los caciques y muchos indios con sus mujeres e hijos, y Cortés les habló con halagos, y mandó que les volviésemos cuatro indias y tres indios que les habíamos tomado en los montes; y en pago dello, y de buena voluntad, trajeron presentados a Cortés ciertas piezas de oro de poca valía. Y estuvimos en este pueblo tres días, porque había buena yerba para los caballos y mucho maíz, y decía Cortés que era buena tierra para poblar allí una villa: porque tenía nueva que en los rededores había buenas poblaciones para servicio de la tal villa; y en este pueblo de Iztapa se informó Cortés de los caciques y mercaderes de los naturales del mismo pueblo, el camino que habíamos de llevar: y aun les mostró Cortés un paño de henequén que traía de Guazacualco, donde venían señalados todos los pueblos del camino por donde habíamos de ir hasta Güeyacala, que en su lengua se dice la Gran Acala, porque había otro pueblo que se decía Acala «la Chica»; y allí dijeron que en todo lo más de nuestro camino había muchos ríos y esteros, y para llegar a otro pueblo que se dice Tamaztepeque había otros tres ríos y un gran estero, y que habíamos de estar en el camino tres jornadas; y desque aquello entendió Cortés y supo de los ríos, les rogó que fuesen todos los caciques a hacer puentes y llevasen canoas, y no lo hicieron; y con maíz tostado y otras legumbres hicimos mochila para los tres días, creyendo que era como lo decían. Y por echarnos de sus casas dijeron que no había más jornada, y había siete jornadas, y hallamos. los ríos sin puentes ni canoas, y hubimos de hacer una puente de muy gruesos maderos, por donde pasaron los caballos: y todos nuestros soldados y capitanes fuimos en cortar la madera y acarrearla, y los mexicanos ayudando lo que podían; y estuvimos en hacerla tres días, que no teníamos que comer sino yerbas y unas raíces de unas que llaman en esta tierra quequexque, montesinas, las cuales nos abrasaron las lenguas y bocas. Pues ya pasado aquel estero, no hallábamos camino ninguno, y hubimos de abrirle con las espadas a manos, y anduvimos dos días por el camino que abrimos, creyendo que iba derecho al pueblo; y una mañana tornamos al mismo camino que abrimos, y desque Cortés lo vio, quería reventar de enojo, y como oyó el murmurar del mal que decían de él y aun de su viaje, con la gran hambre que había: y que no miraba más de su apetito, sin pensar bien lo que hacía, y que era mejor que nos volviésemos para México que no morir todos de hambre. Pues otra cosa había, que eran los montes muy altos en demasía y espesos, y a mala vez podíamos ver el cielo, pues ya que quisiesen subir en algunos árboles para atalayar la tierra, no veían cosa ninguna, según eran muy cerradas todas las montañas; y las guías que traíamos las dos huyeron, y la otra que quedaba estaba malo, que no sabía dar razón de camino ni de otra cosa. Y como Cortés en todo era diligente, y por falta de solicitud no se descuidaba, traíamos una aguja de marear, y a un piloto que se decía Pedro López, y con el dibujo del paño que traíamos de Guazacualco, donde venían señalados los pueblos, mandó Cortés que fuésemos con el aguja por los montes, y con las espadas abríamos caminos hacia el este, que era la señal del paño donde estaba el pueblo; y aun dijo Cortés que si otro día estábamos sin dar en pueblo, que no sabía qué hiciésemos; y muchos de nuestros soldados, y aun todos los más, deseábamos volvernos a la Nueva España; y todavía seguíamos nuestra derrota por los montes. Y quiso Dios que vimos unos árboles antiguamente cortados, y luego una vereda chica, y yo y el Pedro López, que íbamos delante abriendo camino con otros soldados, volvimos a decir a Cortés que se alegrase, que había estancias; con lo cual todo nuestro ejército tomó mucho contento. Y antes de llegar a las estancias estaba un río y ciénagas, mas con harto trabajo lo pasamos de presto, y dimos en el pueblo, que aquel día se había despoblado, y hallamos muy bien de comer maíz y frisoles y otras legumbres; y como íbamos muertos de hambre, dímonos buena hartazga, y aun los caballos se reformaron, y por todo dimos muchas gracias a Dios. Y ya en el camino se había muerto el volteador que llevábamos, ya por mí nombrado, y otros tres españoles de los recién venidos de Castilla; pues indios de los de Michoacán y mexicanos morían muchos, y otros muchos caían malos y se quedaban en el camino como desesperados. Pues como estaba despoblado aquel pueblo, y no teníamos lengua ni quien nos guiase, mandó Cortés que fuésemos dos capitanes por los montes y estancias a los buscar, y en unas canoas que estaban en un gran río junto al pueblo fueron otros soldados y dieron con muchos indios de aquel pueblo, y con buenas palabras y halagos vinieron sobre treinta dellos, y todos los más caciques y papas; y Cortés les habló amorosamente con doña Marina, y trajeron mucho maíz y gallinas, y señalaron el camino que habíamos de llevar hasta otro pueblo que se dice Ciguatepecad, el cual estaba tres jornadas, que serían dieciséis leguas, y antes de llegar a él estaba otro pueblo, sujeto desde Tamaztepeque, donde salimos. Antes que pase más adelante, quiero decir que con la gran hambre que traíamos así españoles como mexicanos, pareció ser que ciertos caciques de México apañaron dos o tres indios de los pueblos que dejábamos atrás, y traíanlos escondidos con sus cargas, a manera y traje como ellos, y con la hambre, en el camino los mataron y los asaron en hornos que para ello hicieron debajo de tierra y con piedras, como en su tiempo lo solían hacer en México, y se los comieron; y asimismo habían apañado las dos guías que traíamos, que se habían huido, y se los comieron; y alcanzólo a saber Cortés, y mandó llamar los caciques mexicanos, y riñó malamente con ellos, que si otra tal hacían que los castigaría. Y predicó un fraile francisco de los que traíamos, cosas muy santas y buenas, y de que hubo acabado el sermón, mandó Cortés por justicia quemar a un indio mexicano por la muerte de los indios que comieron, puesto que supo que todos eran culpantes en ello, porque pareciese que hacía justicia y que él no sabía de otros culpantes sino el que quemó. Dejemos de contar muy por extenso otros muchos trabajos que pasábamos, y cómo las chirimías y sacabuches y dulzainas que Cortés traía, que otra vez he hecho memoria dellos, como en Castilla eran acostumbrados a regalos y no sabían de trabajos, y con la hambre habían adolecido y no le daban música, excepto uno, y renegábamos todos los soldados de lo oír, y decíamos que parecían zorros o adives que aullaban, que más valiera tener maíz que comer que música. Volvamos a nuestra relación, y diré cómo algunas personas me han preguntado que cómo habiendo tanta hambre como dicho tengo, por qué no comíamos la manada de los puercos que traían para Cortés, pues a la necesidad de hambre no hay ley; y viendo la hambre que había, que Cortés los había de mandar repartir por todos en tales tiempos. A esto digo que ya había echado fama uno que venía por despensero y mayordomo de Cortés, que se decía Guinea y era hombre doblado, y hacía en creyente que en los ríos al pasar dellos los habían comido tiburones y lagartos; y porque no los viésemos venían siempre cuatro jornadas atrás rezagados; y demás desto, para tantos soldados como éramos, para un día no había en todos ellos, y a esta causa no se comieron; y demás desto, para no enojar a Cortés. Dejemos esta plática, y diré que siempre por los pueblos y caminos por donde pasábamos dejábamos puestas cruces donde había buenos árboles para se labrar, en especial ceibas, y quedaban señaladas las cruces, y son más fijas hechas en aquellos árboles que no de maderos, porque crece la corteza y quedan más perfectas, y quedaban cartas en partes que las pudiesen leer, y decía en ellas: «Por aquí pasó Cortés en tal tiempo»; y esto se hacía porque si viniesen otras personas en nuestra busca supiesen cómo íbamos adelante. Volvamos a nuestro camino para ir a Ciguatepecad, que fueron con nosotros sobre veinte indios de aquel pueblo de Tamaztepeque, y nos ayudaron a pasar dos ríos en barcas y en canoas, y aun fueron por mensajeros a decir a los caciques del pueblo donde íbamos que no hubiesen miedo, que no los haríamos ningún enojo; y así, aguardaron en sus casas muchos dellos; y lo que allí pasó diré adelante.

Capítulo CLXXVI. Como desque hubimos llegado al pueblo de Ciguatepecad envió Cortés por capitán a Francisco de Medina para que, topando a Simón de Cuenca, viniesen con los dos navíos ya otra vez por mí memorados al Triunfo de la Santa Cruz, al Golfo Dulce, y de lo que más pasó

Pues como hubimos llegado a este pueblo que dicho tengo, Cortés halagó mucho a los caciques y principales y les dio buenos chalchihuites de México, y se informó a qué parte salía un río muy caudaloso y recio que junto a aquel pueblo pasaba, y le dijeron que iba a dar en unos esteros donde había una población que se dice Güeyatasta, y que junto a él estaba otro gran pueblo que se dice Xicalango; parecióle a Cortés que sería bien luego enviar dos españoles en canoas para que saliesen a la costa del norte y supiesen del capitán Simón de Cuenca y sus dos navíos, que había mandado cargar de vituallas para el camino que dicho tengo, y escribióle haciéndole saber de nuestros trabajos y que saliese por la costa adelante; y después de bien informado cómo podría ir por aquel río hasta las poblaciones por mí dichas, envió dos españoles, y el más principal dellos, que ya le he nombrado otras veces, se decía Francisco de Medina, y diole poder para ser capitán, juntamente con el Simón de Cuenca, que este Medina era muy diligente y tenía lengua de toda la tierra; y este fue el soldado que hizo levantar el pueblo de Chamula cuando fuimos con el capitán Luis Marín a la conquista de Chiapas, como dicho tengo en el capítulo que dello habla; y valiera más que tal poder nunca le diera Cortés, por lo que adelante acaeció, y es, que fue por el río abajo hasta que llegó adonde el Simón de Cuenca estaba con sus dos navíos en lo de Xicalango, esperando nuevas de Cortés, y después de dadas las cartas de Cortés, presentó sus provisiones para ser capitán, y sobre el mandar tuvieron palabras entrambos capitanes, de manera que vinieron a las armas, y de la parte del uno y del otro murieron todos los españoles que iban en el navío, que no quedaron sino seis o siete; y cuando vieron los indios de Xicalango y Güeyatasta aquella revuelta, dan en ellos y acabáronlos de matar a todos, y queman los navíos, que nunca supimos cosa ninguna dellos hasta de ahí a dos años y medio. Dejemos más de hablar en esto, y volvamos al pueblo donde estábamos, que se dice Ciguatepecad, y diré cómo los indios principales dijeron a Cortés que había desde allí a Gueyacalá tres jornadas y que en el camino había de pasar dos ríos, y el uno dellos era muy hondo y ancho, y luego había unos malos tremedales y grandes ciénagas, y que si no tenía canoas que no podría pasar caballos ni aun ninguno de su ejército; y luego Cortés envió a dos soldados con tres indios principales de aquel pueblo para que se lo mostrasen y tanteasen el río y ciénagas, y viesen de qué manera podríamos pasar, y que trajesen buena relación dellos; y llamábanse los soldados que envió, Martín García, y era valenciano y alguacil de nuestro ejército, y el otro se decía Pedro de Ribera; y el Martín García, que era a quien más se lo encomendó Cortés, vio los ríos, y con unas canoas chicas que tenían en el mismo río lo vio, y miró que con hacer puentes podría pasar, y no curó de ver las malas ciénagas que estaban una legua adelante; y volvió a Cortés y le dijo que con hacer puentes podrían pasar, creyendo que las ciénagas no eran trabajosas, como después las hallamos. Y luego Cortés me mandó a mí y a un Gonzalo Mejía, que por sobrenombre le llamamos «Rapapelo», porque era nieto de un capitán que decía andaba a robar juntamente con un Centeno, en el tiempo del rey don Juan; y mandó que fuésemos con ciertos principales de Ciguatepecad a los pueblos de Acalá, y que halagásemos a los caciques y con buenas palabras los atrajésemos para que no huyesen: porque aquella población de Acalá eran sobre veinte pueblezuelos, dellos en tierra firme y otros en unas como isletas y todo se andaba en canoas por ríos y esteros; y llevamos con nosotros los tres indios de los de Ciguatepecad por guías, y la primera noche que dormimos en el camino se nos huyeron, que no osaron ir con nosotros: porque, según después supimos, eran sus enemigos y tenían guerra unos con otros; y sin guías hubimos de ir, y con trabajos pasamos las ciénagas. Y llegados al primer pueblo de Acalá, puesto que estaban alborotados y parecían estar de guerra, con palabras amorosas y con darles unas cuentas les halagamos, y les rogamos que fuesen a Ciguatepecad a ver a Malinche y le llevasen de comer. Pareció ser que el día que llegamos a aquel pueblo no sabían nuevas ningunas de cómo había venido Cortés y que traía mucha gente, así de a caballo como mexicanos, y otro día tuvieron nueva de indios mercaderes del gran poder que traía, y los caciques mostraron más voluntad de enviar comida que cuando llegamos, y dijeron que cuando hubiese llegado a aquellos pueblos le servirían y harían lo que pudiesen en darle de comer; y en cuanto ir adonde estaba, que no querían ir, porque eran sus enemigos. Pues estando que estábamos en estas pláticas con los caciques, vinieron dos españoles con cartas de Cortés, en que me mandaba que con todo el bastimento que pudiese haber saliese de allí a tres días al camino con ello, por causa que ya le habían despoblado toda la gente de aquel pueblo donde le había dejado, y me hizo saber que venía ya camino de Acalá y que no había traído maíz ninguno ni lo hallaba, y que pusiese mucha diligencia en que los caciques no se ausentasen; y también los españoles que me trajeron las cartas me dijeron cómo Cortés había enviado el río arriba de Ciguatepecad cuatro españoles, y los tres dellos de los nuevamente venidos de Caltilla, en canoas a demandar bastimento a otros pueblos que decían que estaban allí cerca, y que no habían vuelto y que creían que los habían muerto, y saltó verdad. Volvamos a Cortés, que comenzó de caminar, y en dos días llegó al gran río que ya otras veces he dicho, y luego puso mucha diligencia en hacer una puente, y fue con tanto trabajo y con maderos gruesos y grandes, que, después de hecha, se admiraron los indios de Acalá del haber de tal manera puesto los maderos, y estúvose en hacer cuatro días; y como salió Cortés del pueblo ya otras veces por mí nombrado con todos sus soldados, no traían maíz ni bastimento, y con los cuatro días que estuvimos en aquel pueblo, y Cortés en hacer la puente, pasaron muy gran hambre y trabajo, y lo peor de todo, que no sabían si adelante tendrían maíz o si estaba de paz aquella provincia; aunque algunos soldados viejos se remediaban con cortar árboles muy altos que parecen palmas, que tienen por fruta unas al parecer de nueces muy encarceladas, y aquellas asaban y quebraban y comían. Dejemos de hablar en esta hambre, y diré cómo la misma noche que acabaron de hacer la puente llegué yo con mis tres compañeros y con ciento y treinta cargas de maíz y ochenta gallinas y miel y frisoles y sal, y otras frutas, y como llegué de noche ya que oscurecía, estaban todos los más soldados aguardando el bastimento, porque ya sabían que yo había ido a lo traer; y Cortés les decía a los capitanes y soldados que tenían esperanza en Dios que presto tendrían todos de comer, pues que yo había ido a Acalá para traerlo, si no me habían muerto los indios, como mataron a los otros cuatro españoles que envió a buscar comida. Y volviendo a nuestra materia: así como llegué con el maíz y bastimento a la puente, como era de noche, cargaron todos los soldados dello y lo tomaron todo, que no dejaron a Cortés ni a ningún capitán ni a Sandoval cosa ninguna, con dar voces: «Dejadlo, que es para el capitán Cortés»; y asimismo su mayordomo Carranza, que así se llamaba, y el despensero Guinea daban voces y se abrazaban con el maíz, que les dejasen siquiera una carga; y como era de noche, decíanle los soldados: «Buenos puercos habéis comido vosotros y Cortés, y nos habéis visto morir de hambre y no nos dabáis nada dellos»; y no curaban de cosa que les decían, sino que todo se lo apañaban. Pues como Cortés supo que se lo habían tomado y que no le dejaron cosa ninguna, renegaba de la paciencia y pateaba; y estaba tan enojado, que decía que quería hacer pesquisas y castigar a quien se lo tomó, y dijeron lo de los puercos que comió. Y como vio y consideró que el enojo era por demás y dar voces en desierto, me mandó llamar a mí, y muy enojado me dijo que cómo puse tal cobro en el bastimento. Yo le dije que procurara su merced de enviar adelante guardas para ello, y aunque él en persona estuviera guardándolo, se lo tomaran, porque le guarde Dios de la hambre, que no tiene ley; y como vio que no había remedio ninguno, y que tenía mucha necesidad, me halagó con palabras melosas, estando delante el capitán Gonzalo de Sandoval, y me dijo: «Oh señor hermano Bernal

Díaz del Castillo, por amor de mí, que si dejasteis algo escondido en el camino, que partáis conmigo, que bien creído tengo de vuestra diligencia que traeríais para vos y para vuestro amigo Sandoval». Y como vi sus palabras y de la manera que lo dijo, hube lástima de él; y también Sandoval me dijo: «Pues yo, juro a tal, tampoco tengo un puño de maíz de que tostar y hacer zacalote»; y entonces concerté y dije que conviene que esta noche al cuarto de a modorra, después que esté reposado el real, vamos por doce cargas de maíz y veinte gallinas y tres jarros de miel, y frisoles y sal, y dos indias para hacer pan, que me dieron en aquellos pueblos para mí, y hemos de venir de noche, que nos lo arrebatarán en el camino los soldados, y esto hemos de partir entre vuestra merced y Sandoval y yo y mi gente; y el se holgó en el alma y me abrazó; y Sandoval dijo que quería ir aquella noche conmigo por el bastimento, y lo trajimos, con que pasaron aquella hambre, y también le di una de las dos indias a Sandoval. He traído aquí esto a la memoria para que vean en cuánto trabajo se ponen los capitanes en tierras nuevas; que a Cortés, que era muy temido, no le dejaron maíz que comer, y que el capitán Sandoval no quiso fiar de otro la parte que le había de caber, que él mismo fue conmigo por ello, teniendo muchos soldados que pudiera enviar. Dejemos de contar del gran trabajo del hacer de la puente y de la hambre pasada, y diré cómo obra de una legua adelante dimos en las ciénagas muy malas, y eran de tal manera, que no aprovechaba poner maderos ni ramos ni hacer otra manera de remedios para poder pasar los caballos, que atollaban todo el cuerpo sumido en las grandes ciénagas, que creímos no escapar ninguno dellos, sino que todos quedarían allí muertos; y todavía porfiamos de ir adelante, porque estaba obra de medio tiro de ballesta tierra firme y buen camino, y como iban los caballos con tanto trabajo y se hizo un callejón por la ciénaga de lodo y agua; que pasaron sin tanto riesgo de se quedar muertos, puesto que iban a veces medio a nado entre aquella ciénaga y el agua; pues ya llegados en tierra firme, dimos gracias a Dios por ello, y luego Cortés me mandó que con brevedad volviese a Acalá y que pusiese gran recaudo en los caciques que estuviesen de paz, y que luego enviase al camino bastimento; y así lo hice, que el mismo día que llegué a Acalá de noche envié tres españoles que iban conmigo con más de cien indios cargados de maíz y otras cosas; y cuando Cortés me envió por ello, dije que mirase que él en persona lo aguardase, no lo tomasen como la otra vez; y así lo hizo, que se adelantó con Sandoval y Luis Marín, y lo hubieron todo y lo repartieron; y otro día, a obra de mediodía llegaron a Acalá, y los caciques le fueron a dar el bien venido y le llevaron bastimento; y dejarlo he aquí, y diré lo que más pasó.

Capítulo CLXXVII. De en lo que Cortés entendió después de llegado a Acalá, y cómo en otro pueblo más adelante, sujeto al mismo Acalá, mandó ahorcar a Guatemuz, que era gran cacique de México, y a otro cacique que era señor de Tacuba, y la causa por qué; y otras cosas que entonces pasaron

Desque Cortés hubo llegado a Güeyacalá, que así se llamaba, y los caciques de aquel pueblo le vinieron de paz, y les habló con doña Marina, la lengua, de tal manera que al parecer se holgaban, y Cortés les daba cosas de Castilla, y trajeron maíz y bastimento, y luego mandó llamar todos los caciques, y se informó dellos del camino que habíamos de llevar, y les preguntó que si sabían de otros hombres como nosotros con barbas y caballos, y si habían visto navíos ir por la mar; y dijeron que ocho jornadas de allí había muchos hombres con barbas y mujeres de Castilla y caballos, y tres acales (que en su lengua acales llaman a los navíos); de la cual nueva se holgó Cortés de saber; y preguntando por los pueblos y camino por donde habíamos de ir, todo se lo trajeron figurando en unas mantas, y aun los ríos y ciénagas y atolladeros; y les rogó que en los ríos pusiesen puentes y llevasen canoas, pues tenía mucha gente y eran grandes poblaciones; y los caciques dijeron que, puesto que eran sobre veinte pueblos, que no les quería obedecer todos los más dellos, en especial unos que estaban entre unos ríos, y que era necesario que luego enviase de sus teules, que así nos llamaban a los soldados, a les hacer traer maíz y otras cosas, y que les mandase que los obedeciesen, pues que eran sus sujetos. Y como aquello entendió Cortés, luego mandó a un Diego de Mazariegos, primo del tesorero Alonso de Estrada, que quedaba por gobernador en México, que porque viese y conociese que Cortés tenía mucha cuenta de su persona, que le hacía honra de enviarle por capitán a aquellos pueblos y a otros comarcanos; cuando le envió secretamente le dijo que porque él no entendía muy bien las cosas de la tierra, por ser nuevamente venido de Castilla, y no tenía tanta experiencia por ser en cosa de indios, que me llevase a mí en su compañía, y lo que yo le aconsejase no saliese dello; y así lo hizo, y no quisiera escribir esto en esta relación, porque no pareciese que me jactanciaba dello; y no lo escribiera, sino porque fue público en todo el real, y aun después lo vi escrito de molde en unas cartas y relaciones que Cortés escribió a su majestad, haciéndole saber todo lo que pasaba y del viaje de Honduras, y por esta causa lo escribo. Volvamos a nuestra materia. Fuimos con el Mazariego hasta ochenta soldados en canoas que nos dieron los caciques, y cuando hubimos llegado a las poblaciones, todos de buena voluntad nos dieron de lo que tenían, y trajimos sobre cien canoas de maíz y bastimento y gallinas y miel y sal, y diez indias que tenían por esclavas, y vinieron los caciques a ver a Cortés; de manera que todo el real tuvo muy bien que comer, y dende a cuatro días se huyeron todos los más caciques, que no quedaron sino tres guías, con los cuales fuimos nuestro camino y pasamos dos ríos, y el uno en puentes, que luego se quebraron al pasar, y el otro en barcas, y fuimos a otro pueblo sujeto al mismo Acalá, y estaba ya despoblado, y allí buscamos comida y maíz que tenían escondido por los montes. Dejemos de contar nuestros trabajos y caminos, y digamos cómo Guatemuz, gran cacique de México, y otros principales mexicanos que iban con nosotros, habían puesto en plática, o lo ordenaban, de nos matar a todos y volverse a México, y llegados a su ciudad, juntar sus grandes poderes y dar guerra a los que en México quedaban, y tornarse a levantar; y quien lo descubrió a Cortés fueron dos grandes caciques mexicanos, que se decían Tapia y Juan Velázquez; este Juan Velázquez fue capitán general de Guatemuz cuando nos dieron guerra en México. Y como Cortés lo alcanzó a saber, hizo informaciones sobre ello, no solamente de los dos que lo descubrieron, sino de otros caciques que eran en ello; y lo que confesaron era que, como nos veían ir por el camino descuidados y descontentos, y que muchos soldados habían adolecido, y que siempre nos faltaba la comida, y que ya se habían muerto de hambre cuatro chirimías y el volteador y otros cinco soldados, y también se habían vuelto otros tres soldados camino de México, y se iban a su aventura por los caminos por donde habían venido, y que más querían morir que ir adelante; que sería bien que cuando pasásemos algún río o ciénaga dar en nosotros, porque eran los mexicanos sobre tres mil y traían sus armas y lanzas, y algunos con espadas.

El Guatemuz confesó que así era como lo habían dicho los demás; empero que no salió de él aquel concierto, y que no sabía si todos fueron en ello o se efectuaría, y que nunca tuvo pensamiento de salir con ello, sino solamente la plática que sobre ello hubo; y el cacique de Tacuba dijo que entre él y Guatemuz habían dicho que valía más morir de una vez que morir cada día en el camino, viendo la gran hambre que pasaban sus macechuales y parientes. Y sin haber más probanzas, Cortés mandó ahorcar al Guatemuz y al señor de Tacuba, que era su primo, y antes que los ahorcasen, los frailes franciscos fueron esforzandolos y encomendando a Dios con la lengua doña Marina; y cuando le ahorcaron dijo el Guatemuz: «¡Oh capitán Malinche! Días habla que yo tenía entendido y había conocido tus falsas palabras, que esta muerte me habías de dar, pues yo no me la di cuando te entregaste en mi ciudad de México; ¿por qué me matas sin justicia? Dios te lo demande». El señor de Tacuba dijo que daba por bien empleada su muerte por morir junto con su señor Guatemuz. Y antes que los ahorcasen los fueron confesando los frailes franciscos con la lengua de doña Marina; y yo tuve gran lástima del Guatemuz y de su primo, por haberles conocido tan grandes señores, y aun ellos me hacían honra en el camino en cosas que se me ofrecían, especial en darme algunos indios para traer yerba para mi caballo. Y fue esta muerte que les dieron mue injustamente dada, y pareció mal a todos los que íbamos aquella jornada. Volvamos a ir nuestro camino con gran concierto, por temor que los mexicanos, viendo ahorcar a su señor, no se alzasen; mas traían tanta mala ventura de hambre y dolencia, que no se les acordaba dello; y después que los hubieron ahorcado, según dicho tengo, luego fuimos camino de otro pueblezuelo, y antes de entrar en él pasamos un río bien hondable en barcas, y hallamos el pueblo sin gente, que aquel día se habían ido, y buscamos de comer por las estancias, y hallamos ocho indios que eran sacerdotes de ídolos, y de buena voluntad se vinieron a su pueblo con nosotros; y Cortés les habló con doña Marina para que llamasen sus vecinos, y que no hubiesen miedo y que trajesen de comer; y ellos dijeron a Cortés que le rogaban que mandase que no les llegasen a unos ídolos que estaban junto a la casa donde Cortés posaba, y que le traerían comida y harían lo que pudiesen; y Cortés dijo que él haría lo que decían, y que no llegarían a cosa ninguna; mas que para qué querían aquellas cosas de ídolos, que son de barro y de maderos viejos, y que eran cosas malas, que les engañaban; y tales cosas les predicó con los frailes y doña Marina, que respondieron a lo que les decían muy bien: que los dejarían; y trajeron veinte cargas de maíz y unas gallinas; y Cortés se informó dellos que si sabían qué tantos soles de allí había hombres con barbas como nosotros, y caballos; y dijeron que siete soles, que se decía el pueblo donde estaban los de a caballo Nito, y que ellos irían por guías hasta otro pueblo, y que habíamos de dormir una noche en despoblado antes de llegar a él; y Cortés les mandó hacer una cruz en un árbol muy grande, que se dice ceiba, que está junto a las casas adonde tenían los ídolos. También quiero decir que, como Cortés andaba mal dispuesto, y aun muy pensativo y descontento del trabajoso camino que llevábamos, y como había mandado ahorcar a Guatemuz y a su primo el señor Tacuba sin tener justicia para ello, y había cada día hambre, y que adolecían españoles y morían muchos mexicanos, pareció ser que de noche no reposaba de pensar en ello, y salíase de la cama donde dormía a pasear en una sala adonde había ídolos, que era aposento principal de aquel pueblezuelo, adonde tenía otros ídolos, y descuidóse y cayó más de dos estados abajo y se descalabró la cabeza, y calló, que no dijo cosa buena ni mala sobre ello, salvo curarse la descalabradura, y todo se lo pasaba y sufría. Y otro día muy de mañana proseguimos a caminar con nuestras guías, y sin acontecer cosa que de contar sea, fuimos a dormir cabe un estero y cerca de unos montes muy altos; y otro día fuimos por nuestro camino, y a hora de misa mayor llegamos a un pueblo nuevo, y en aquel día se había despoblado y metido en unas ciénagas, y eran nuevamente hechas las casas y de pocos días, y tenían en el pueblo hechas albarradas de maderos gruesos, y todo cercado de otros maderos muy recios, y hechas cavas hondas antes de la entrada en él, y dentro dos cercas, la una como barbacana, y con sus cubos y troneras; y tenían a otra parte por cerca unas penas muy altas, llenas de piedras hechizas a mano, con grandes mamparos; y por otra parte una gran ciénaga, que era fortaleza. Pues desque hubimos entrado en las casas hallamos tantos gallos de papada y gallinas cocidas, como los indios las comen, con sus ajíes y pan de maíz, que se dice entre ellos tamales, que por una parte nos admirábamos de cosa tan nueva, y por otra nos alegrábamos con la mucha comida, y nos dio que pensar en tan nuevo caso; y también hallamos una gran casa llena de lanzas chicas y arcos y flechas, y buscamos por los rededores de aquel pueblo si había amizales y gente, y no había ninguna, ni aun grano de maíz. Estando desta manera, vinieron hasta quince indios que salieron de las ciénagas, que eran principales de aquel pueblo, y pusieron las manos en el suelo y besaron la tierra, y dicen a Cortés medio llorando que le piden por merced que aquel pueblo ni cosa alguna no se la quemen, porque son nuevamente venidos allí a hacerse fuertes por causa de sus enemigos, que me parece que dijeron que se decían lacandones, porque les han quemado y destruido dos pueblos en tierra llana, adonde vivían, y les han robado y muerto mucha gente; los cuales pueblos habíamos de ver abrasados adelante por el camino adonde habíamos de ir, que están en tierra muy llana; y allí dieron cuenta cómo y de qué manera les daban guerra, y la causa por qué eran sus enemistades; y Cortés les preguntó que cómo tenían tanto gallo y gallinas a, cocer; y dijeron que por horas aguardaban a sus enemigos, que les habían de venir a dar guerra, y que si les vencían, que les había de tomar sus haciendas y gallos y llevarles cautivos; que porque no lo hubiesen ni gozasen se lo querían antes comer; y que si ellos les desbarataban a los enemigos, que irían a sus pueblos y les tomarían sus haciendas; y Cortés dijo que le pesaba dello y de su guerra, y por ir de camino no lo podía remediar. Llamábase aquel pueblo, y otras grandes poblaciones por donde otro día pasamos, los mazatecas, que quiere decir en su lengua los pueblos o tierras de venados; y tuvieron razón de ponerles aquel nombre, por lo que adelante diré. Y desde allí fueron con nosotros dos indios dellos, y nos fueron mostrando sus poblaciones quemadas, y dieron relación a Cortés cómo estaban los españoles adelante. Y dejarlo he aquí, y diré cómo otro día salimos de aquel pueblo, y lo que más hubo en el camino.

Capítulo CLXXVIII. Cómo seguimos nuestro viaje, y lo que en ello nos avino

Como salimos del «pueblo cercado», que así le llamábamos de allí adelante, entramos en bueno y llano camino, y todo sabanas y sin árboles, y hacía un Sol tan caluroso y recio, que otro mayor resestero no habíamos tenido en el camino. Y yendo por aquellos campos rasos, había tantos de venados y corrían tan poco, que luego los alcanzábamos a caballo, por poco que corríamos tras ellos, y se mataron sobre veinte; y preguntando a las guías que llevábamos que cómo corrían tan poco aquellos venados, y no se espantaban de los caballos ni de otra cosa ninguna, dijeron que en aquellos pueblos, que ya he dicho que se decían los mazatecas, que los tienen por sus dioses: porque les ha aparecido en su figura, y que les mandó su ídolo que no les maten ni espanten, y que así lo han hecho, y que a esta causa no huyen, y en aquella caza, a un pariente de Cortés, que se decía Palacios Rubios, se le murió un caballo porque se le derritió la manteca en el cuerpo con el gran calor y corrió mucho. Dejemos la caza, y digamos que luego llegamos a las poblaciones quemadas, que era mancilla verlo todo destruido y quemado. Y yendo por nuestras jornadas, como Cortés siempre enviaba adelante corredores del campo a caballo y sueltos peones, alcanzaron dos indios naturales de otro pueblo que estaba adelante, por donde habíamos de ir, que venían de caza y cargados de un gran león y muchas iguanas, que son de hechura de sierpes chicas: que en estas partes así las llaman, iguanas, que son muy buenas de comer; y les preguntaron que si estaba cerca su pueblo, y dijeron que sí y que ellos guiarían hasta el pueblo, y estaba en una isleta cercada de agua dulce, que no podíamos pasar por la parte que íbamos sino en canoas, y rodeamos poco más de media legua; y tenían paso, que daba el agua hasta la cinta, y hallámosle poblado con la mitad de los vecinos, porque los demás se habían dado buena prisa a esconder con sus haciendas entre unos carrizales, donde tenían cerca sus sementeras, donde durmieron muchos de nuestros soldados que se quedaron en los maizales, y tuvieron bien de cenar y se abastecieron para otros días; y llevamos guías hasta otro pueblo, que estuvimos en llegar a él dos días, y hallamos en el pueblo un gran lago de agua dulce, y tan lleno de pescados grandes, que parecían como sábalos, muy desabridos, que tienen muchas espinas, y con unas mantas viejas y con redes rotas que hallamos en aquel pueblo, porque ya estaba despoblado, se pescaron todos los peces que había en el agua, que eran más de mil; y allí buscamos guías, las cuales se tomaron en unas labranzas; y de que Cortés les hubo hablado con doña Marina que nos encaminasen a los pueblos adonde había hombres con barbas y caballos, se alegraron cómo no les hacíamos mal ninguno; y dijeron que ellos nos mostrarían el camino de buena voluntad, que de antes creían que los queríamos matar; y fueron cinco dellos con nosotros por un camino bien ancho, y mientras más adelante íbamos se iba enangostando, a causa de un gran río y estero que allí cerca estaba, que parece ser en él se embarcaban y desembarcaban en canoas, e iban por agua al pueblo donde habíamos de ir, que se dice Tayasal, el cual está en una isleta cercada de agua, y si no es en canoas, no pueden entrar en él por tierra, y blanqueaban las casas y adoratorios de más de dos leguas que se parecían, y era cabecera de otros pueblos chicos que allí cerca están. Volvamos a nuestra relación: que como vimos que el camino ancho que de antes traíamos se había vuelto en vereda muy angosta, bien entendimos que por el estero se mandaban, y así nos lo dijeron las guías que traíamos; acordamos de dormir cerca de unos altos montes, y aquella noche fueron cuatro capitanías de soldados por las veredas que salían al estero, a tomar gulas, y quiso Dios que se tomaron dos canoas con diez indios y dos mujeres, y traían las canoas cargadas con maíz y sal, y luego los llevaron a Cortés, y les halagó y habló muy amorosamente con la lengua doña Marina, y dijeron que eran naturales del pueblo que estaba en la isleta, y que estaría de allí, a lo que señalaban, obra de cuatro leguas; y luego Cortés mandó que se quedase con nosotros la mayor canoa y cuatro indios y las dos mujeres, y la otra canoa envió al pueblo con seis indios y dos españoles, a rogar al cacique que traiga canoas al pasar del río, y que no se le haría ningún enojo, y le envió unas cuentas de Castilla, y luego fuimos nuestro camino por tierra hasta el gran río, y la una canoa fue por el estero hasta llegar al río; y ya estaba el cacique con otros muchos principales aguardando al pasaje con cinco canoas, y trajeron cinco gallinas y maíz y Cortés les mostró gran voluntad; y después de muchos buenos razonamientos que hubo de los caciques a Cortés, acordó de ir con ellos a su pueblo en aquellas canoas, y llevó consigo treinta ballesteros; y llegado a las casas, le dieron de comer y poco oro bajo y de poca valía, y unas mantas, y le dijeron que había españoles así como nosotros en dos pueblos, que el un ya he dicho que se decía Nito, que es el San Gil de Buena Vista, junto al Golfo Dulce; y ahora le dan nuevas que hay otros muchos españoles en Naco, y que habrá del un pueblo al otro diez días de camino, y que el Nito es en la costa del norte y el Naco en la tierra adentro; y Cortés nos dijo que por ventura el Cristóbal de Olí había repartido su gente en dos villas; que entonces no sabíamos de los de Gil González de

Ávila, que pobló a San Gil de Buena Vista. Volvamos a nuestro viaje, que todos pasamos aquel gran río en canoas, y dormimos obra de dos leguas de allí, y no anduvimos más porque aguardamos a Cortés que viniese del pueblo, y como vino, mandó que dejásemos en aquel pueblo un caballo morcillo, que estaba malo de la caza de los venados, y se le había derretido el unto en el cuerpo y no se podía tener; y en este pueblo se huyó un negro y dos indias naborías, y se quedaron tres españoles, que no se echaron menos hasta de ahí a tres días; que más querían quedar entre enemigos que venir con tanto trabajo con nosotros. Este día estuve yo muy malo de calenturas y del gran Sol que se me había entrado en la cabeza, porque ya he dicho otra vez que entonces hacía recio Sol: y bien se pareció, porque luego comenzó a llover tan recias aguas que en tres días con sus noches no dejó de llover y no nos paramos en el camino, porque aunque quisiéramos aguardar que hiciera buen tiempo, no teníamos bastimento de, maíz, y por temor no faltase íbamos caminando. Volvamos a nuestra relación: que desde a dos días dimos en una sierrezuela de unas piedras que cortaban como navajas; y puesto que fueron nuestros soldados a buscar otros caminos (para dejar aquella sierra de los pedernales) más de una legua a una parte y a otra no hallaron otro camino, sino pasar por el que íbamos; e hicieron tanto daño aquellas piedras a los caballos, que como llovía resbalaban y caían, y cortábanse piernas y brazos y aun en los cuerpos, y mientras más abajábamos, peor era, porque ya era la bajada de la sierrezuela; allí se nos quedaron ocho caballos muertos, y los más que escaparon desjarretados; y se le quebró una pierna a un soldado que se decía Palacios Rubio, deudo de Cortés; y cuando nos vimos fuera de la sierra «de los Pedernales», que así la llamábamos desde allí adelante, dimos muchas gracias y loores a Dios. Pues ya que llegábamos cerca de un pueblo que se dice Taica, íbamos gozosos creyendo hallar bastimentos, y antes de llegar a él venía un río de una sierra entre grandes peñascos y derrumbaderos, y como había llovido tres días y tres noches, venía tan furioso y con tanto ruido, que bien se oía a dos leguas, por caer entre grandes peñas; y demás desto, venía muy hondo, y pasarle era por demás, y acordamos de hacer una puente desde unas peñas a otras, y tanta prisa nos dimos en tenerla hecha, con árboles muy gruesos, que en tres días comenzamos a pasar para ir al pueblo; y como estuvimos allí los tres días haciendo la puente, los indios naturales del pueblo tuvieron lugar de esconder el maíz y todo el bastimento y ponerse en cobro, que no los podíamos hallar en todos los rededores; y con la hambre, que ya nos aquejaba, estábamos todos como atónitos, pensando en la comida y trabajos. Yo digo que verdaderamente nunca había sentido tanto dolor en mi corazón como entonces, viendo que no tenía de comer ni qué dar a mi gente, y estar con calenturas, puesto que con diligencia lo buscábamos más de dos leguas del pueblo en todos los rededores; y esto era víspera de pascua de la resurrección de nuestro salvador Jesucristo. Miren los lectores qué pascua podíamos tener sin comer, que con maíz fuéramos muy contentos. Pues como aquesto vio Cortés, luego envió de sus criados y mozos de espuelas, con las guías, a buscar por los montes y barrancas maíz; el primer día de pascua trajeron obra de una hanega; y como vio la gran necesidad, mandó llamar a ciertos soldados, todos los más vecinos de Guazacualco, y entre ellos me nombró a mí, y nos dijo que nos rogaba mucho que trastornásemos toda la tierra y buscásemos de comer; que ya veíamos en qué estado estaba todo el real; y en aquella sazón estaba delante de Cortés, cuando nos los mandaba, Pedro de Ircio, que hablaba mucho, y dijo que le suplicaba que le enviase por nuestro capitán, y le dijo Cortés: «Id en buena hora»; y como aquello yo entendí, y sabía que Pedro de Ircio no podía andar a pie, y nos había de estorbar antes que ayudar, secretamente dije a Cortés y al capitán Sandoval que no fuese Pedro de Ircio, que no podía andar por los lodos y ciénagas con nosotros, porque era paticorto y no era para ello, sino para mucho hablar, y que no era para ir a entradas; que se pararía o sentaría en el camino de rato en rato. Y luego mandó Cortés que se quedase, y fuimos cinco soldados con dos guías por unos ríos bien hondos, y después de pasados los ríos, dimos en unas ciénagas, y luego en unas estancias, donde estaba recogida toda la mayor parte de gente de aquel pueblo, y hallamos cuatro casas llenas de maíz y muchos frisoles y sobre treinta gallinas, y melones de la tierra, que se dicen en estas tierras ayotes, y apañamos cuatro indios y tres mujeres, y tuvimos buena pascua, y esa noche llegaron a aquellas estancias sobre mil mexicanos que mandó Cortés que fuesen tras nosotros y nos siguiesen porque tuviesen de comer; y todos muy alegres cargamos a los mexicanos todo el maíz que pudieron llevar, y que Cortés lo repartiese, y también le enviamos veinte gallinas para Cortés y Sandoval, y los indios y las indias, y quedamos aguardando dos casas de maíz, no las quemasen o llevasen de noche los naturales del pueblo; y luego otro día pasamos más adelante con otras guías, y topamos otras estancias, y había maíz y gallinas, y otras cosas de legumbres, y luego hice tinta, y en un cuero de atambor escribí a Cortés que enviase muchos indios, porque había hallado otras estancias con maíz; y como le envié las indias y los indios y lo por mí dicho, y lo supieron en todo el real, otro día vinieron sobre treinta soldados y más de quinientos indios, y todos llevaron recaudo, y desta manera, gracias a Dios, se proveyó el real; y estuvimos en aquel pueblo cinco días, y ya he dicho que se dice Taica. Dejemos desto, y quiero decir que, como hicimos esta puente, y en todos los caminos hicimos las grandes puentes, y después que aquellas tierras y provincias estuvieron de paz, los españoles que por aquellos caminos estaban y pasaban, y hallaban algunas de las puentes sin se haber deshecho al cabo de muchos años, y los grandes árboles que en ellas poníamos, se admiran dello, y suelen decir ahora. «Aquí son las puentes de Cortés»; como si dijesen, las columnas de Hércules. Dejémonos destas memorias, pues no hacen a nuestro caso, y digamos cómo fuimos por nuestro camino a otro pueblo que se dice Tania, y estuvimos en llegar a él dos días, y hallámosle despoblado y buscamos de comer, y hallamos maíz y otras legumbres, mas no muy abastado; y fuimos por los rededores de él a buscar camino, y no le hallábamos, sino todos ríos y arroyos, y las guías que habíamos traído del pueblo que dejamos atrás se huyeron una noche a ciertos soldados que las guardaban, que eran de los recién venidos de Castilla, que pareció ser se durmieron; y de que Cortés lo supo, quiso castigar a los soldados por ello, y por ruegos los dejó, y entonces envió a buscar guías y camino, y era por demás hallarlo por tierra enjuta, porque todo el pueblo estaba cercado de ríos y arroyos, y no se podían tomar ningunos indios ni indias; y demás desto, llovía a la continua, y no nos podíamos valer de tanta agua, y Cortés y todos nosotros estaban espantados y penosos de no saber ni hallar camino por donde ir, y entonces muy enojado dijo Cortés a Pedro de Ircio y a otros capitanes, que eran de los de México: «Ahora querría yo que hubiese quien dijese que quería ir a buscar guías o camino, y no dejarlo todo a los vecinos de Guazacualco»; y Pedro de Ircio, como oyó aquellas palabras, se apercibió con seis soldados, sus conocidos y amigos, y fue por una parte, y un Francisco Marmolejo, que era persona de calidad, con otros seis soldados, por otra parte, y un Santa Cruz, burgalés, regidor que fue de México, fue por otra con otros soldados; y anduvieron todos tres días, y puesto que fueron a una parte y a otra, no hallaron camino ni guías, sino todo agua y arroyos y ríos y cuando hubieron venido sin recaudo ninguno, quería reventar Cortés de enojo, y dijo al Sandoval que me dijese a mí el gran trabajo en que estábamos, y que me rogase de su parte que fuese a buscar guías y camino; y esto lo dijo con palabras amorosas y a manera de ruegos, por causa que supo cierto que yo estaba malo, como dicho tengo, que aún tenía calenturas, y aun me habían apercibido antes que a Sandoval, me hablase para ir con Francisco Marmolejo, que era mi amigo, y dije que no podía ir por estar malo y cansado, que siempre me daban a mí el trabajo, y que enviasen a otro; y luego vino Sandoval otra vez a mi rancho, y me dijo por ruegos que fuese con otros dos compañeros, los que yo escogiese, porque decía Cortés que, después de Dios, en mi tenía confianza que traería recaudo; y puesto que yo estaba malo, no le pude perder vergüenza, y demandé que fuese conmigo un Hernando de Aguilar y un Hinojosa, hombres que sabía que eran de sufrir trabajo; y salimos, y fuimos por unos arroyos abajo, y fuera de los arroyos, en el monte había unas señales de ramas cortadas, y seguimos aquel rastro más de una legua, y luego salimos del arroyo, y dimos en unos ranchos pequeños, despoblados de aquel día, y seguimos el mismo rastro, y desde lejos en una cuesta vimos unos maizales y una casa, y sentimos gente en ella; y como era ya puesta del Sol, estuvimos en el monte hasta buen rato de la noche, que nos pareció que debían de dormir los moradores de aquellas milpas, y muy callando dimos presto en la casa y prendimos tres indios y dos mujeres mozas, y hermosas para ser indias, y una vieja, y tenían dos gallinas y un poco de maíz y trajimos el maíz y gallinas con los indios e indias, y muy alegres volvimos al real; y cuando Sandoval lo supo, que fue el primero, que estaba aguardando en el camino sobre tarde, de gozo no podía caber, y fuimos delante de Cortés, que lo tuvo en más que si le dieran otra buena cosa. Entonces dijo Sandoval a Pedro de Ircio: si tuvo Bernal Díaz del Castillo razón el otro día cuando fue a buscar maíz, en decir que no quería ir sino con hombres sueltos, y no con quien vaya todo el camino muy de espacio, contando lo que le acaeció al conde de Urueña y a don Pedro Girón, su hijo (porque estos cuentos decía el Pedro de Ircio muchas veces); no tenéis razón de decir que él os revolvía con el señor capitán y conmigo; y todos se rieron dello; y esto dijo el Sandoval porque el Pedro de Ircio estaba mal conmigo. Y luego Cortés me dio las gracias por ello y dijo: «Siempre tuve que había de traer recaudo y yo os empeño estas, y fueron sus barbas, que yo tenga cuenta con vuestra persona». Quiero dejar destas alabanzas, pues son vaciadizas, que no traen provecho ninguno; que otros las dijeron en México cuando contaban deste trabajoso viaje. Volvamos a decir que Cortés se informó de las guías y de las dos mujeres, y todos conformaron que por un río abajo habíamos de ir a un pueblo que está de allí dos días de camino: el nombre del pueblo se decía Ocolizte, que era de más de doscientas casas, y estaba despoblado de pocos días pasados; y yendo por nuestro río abajo, topamos unos grandes ranchos, que eran de indios mercaderes, donde hacían jornada, y allí dormimos; y otro día entramos en el mismo río y arroyo, y fuimos obra de media legua por él, y dimos en buen camino, y a aquel pueblo de Ocolizte llegamos aquel día, y había mucho maíz y legumbres, y en una casa de adoratorios de ídolos se halló un bonete viejo colorado y un alpargate ofrecido a los ídolos; y ciertos soldados que fueron por las barrancas trajeron a Cortés dos indios viejos y cuatro indias que se tomaron en los maizales de aquel pueblo, y Cortés les preguntó, con nuestra lengua doña Marina, por el camino, y qué tanto estaban de allí los españoles, y dijeron que dos días, y que no había poblado ninguno hasta allá, y que tenían las casas junto a la costa de la mar; y luego incontinenti mandó Cortés a Sandoval que fuese a pie con otros seis soldados, y que saliese a la mar, y que de una manera o de otra procurase saber e inquirir si eran muchos españoles los que allí estaban poblados con Cristóbal de Olí, porque en aquella sazón no creíamos que hubiese otro capitán en aquella tierra; y esto quería saber Cortés para que diésemos sobre Cristóbal de Olí de noche si allí estuviese, o prenderle a él o a sus soldados; y el Gonzalo de Sandoval fue con los seis soldados, y tres indios por guías, que para ello llevaba, de aquel pueblo de Ocolizte; y yendo por la costa del norte, vio que venía por la mar una canoa a remo y a la vela, y se escondió de día en un monte, porque vieron venir la canoa con los indios mercaderes, y venía costa a costa, y traían del Golfo Dulce, y de noche la tomaron en un ancón que era puerto de canoas, y en la misma canoa se metió el Sandoval con dos compañeros y con los indios remeros que traía la misma canoa y con las tres guías, y se fue costa a costa, y los demás soldados se fueron por tierra, porque supo que estaba cerca el río grande, y llegados que hubieron cerca del río grande, quiso la ventura que habían venido aquella mañana cuatro vecinos de la villa, que estaba poblada, y un indio de Cuba, de los de Gil González de Ávila, en una canoa, y pasaron de la parte del río a buscar una fruta que llaman zapotes para comer asados, porque en la villa donde estaban, pasaban mucha hambre y estaban todos los más dolientes, y no osaban salir a buscar bastimentos a los pueblos, porque les habían dado guerra los indios cercanos y muertos diez soldados después que los dejó allí Gil González de Ávila. Pues estando derrocando los de Gil González los zapotes del árbol, y estaban encima del árbol los dos hombres, cuando vieron venir la canoa por la mar, en que venía el Gonzalo de Sandoval; y sus compañeros se espantaron y admiraron de cosa tan nueva, y no sabían si huir, si esperar; y como llegó Sandoval a ellos les dijo que no hubiesen miedo; y así, estuvieron quedos y muy espantados; y después de bien informados el Sandoval y sus compañeros de los españoles cómo y de qué manera estaban allí poblados los de Gil González de Ávila, y de mal suceso de la armada del de las Casas, que se perdió, y cómo el Cristóbal de Olí los tuvo presos al de las Casas y al Gil González de Ávila, y cómo degollaron en Naco a Cristóbal de Olí por sentencia que dieron contra él, y cómo eran partidos para México, y supieron quién y cuántos estaban en la villa, y la gran hambre que pasaban, y cómo había pocos días que habían ahorcado en aquella villa al teniente y capitán que les dejó allí el Gil González de Ávila, que se decía Armenta, y por qué causa le ahorcaron, que fue porque no les dejaba ir a Cuba; acordó Sandoval de llevar luego aquellos hombres a Cortés, y no hacer novedad ni ir a la villa sin él, para que de sus personas fuese informado; y entonces un soldado que se decía Alonso Ortiz, vecino que después fue de una villa que se dice San Pedro, suplicó a Sandoval que le hiciese merced de darle licencia para adelantarse una hora para llevar las nuevas a Cortés y a todos los que con él estábamos, porque le diésemos albricias, y así lo hizo; de las cuales nuevas se holgó Cortés y todo nuestro real, creyendo que allí acabáramos de pasar tantos trabajos como pasábamos, y se nos doblaron mucho más según adelante diré; y a Alonso Ortiz, que llevó estas nuevas a Cortés, le dio luego un caballo muy bueno rosillo, que llamaban «Cabeza de Moro», y todos le dimos de lo que entonces teníamos; y luego llegó el capitán Sandoval con los soldados y el indio de Cuba, y dieron relación a Cortés de todo lo por mí dicho, y de otras muchas cosas que les preguntaba, y cómo tenían en aquella villa un navío que estaban calafateando en un puerto obra de media legua de allí, el cual tenían para se embarcar todos en él e irse a Cuba, y que porque no les había dejado embarcar el teniente Armenta le ahorcaron, y también porque mandaba dar garrote a un clérigo que revolvía la villa, y alzaron por teniente a un Antonio Nieto en lugar del Armenta, que ahorcaron. Dejemos de hablar de las nuevas de los dos españoles, y digamos los lloros que en su villa se hicieron viendo que no volvían aquella noche los vecinos y el indio de Cuba, que habían ido a buscar la fruta, que creyeron que indios los habían muerto, o tigres o leones, y el uno de los vecinos era casado, y su mujer lloraba por él, y todos los vecinos, y también el clérigo, que se llamaba el bachiller hulano Velázquez; se juntaron en la iglesia, y rogaron a Dios que les ayudase y que no viniesen más males sobre ellos, y no hacía la mujer sino rogar a Dios por el ánima del marido. Volvamos a nuestra relación: que luego Cortés nos mandó a todo nuestro ejército ir camino de la mar, que sería seis leguas, y aun en el camino había un estero muy crecido y hondo, que crecía y menguaba, y estuvimos aguardando que menguase medio día, y lo pasamos a vuelapié y a nado, y llegamos al gran río de Golfo Dulce, y el primero que quiso ir a la villa, que estaba de allí dos leguas, fue el mismo Cortés con seis soldados, sus mozos de espuelas, y fue, a las dos canoas atadas, que una era en que habían venido los soldados de Gil González a buscar zapotes, y la otra que Sandoval había tomado en la costa a los indios; que para aquel menester las habían varado en tierra y escondido en el monte para pasar en ellas, y las tornaron a echar al agua, y se ataron una con otra de manera que estaban bien fijas, y en ellas pasó Cortés y sus criados, y luego en las mismas canoas mandó que se pasasen dos caballos, y es desta manera, en las canoas remando, y los caballos del cabestro nadando junto a las canoas y con maña y no dar mucho largo al caballo, porque no trastorne la canoa; mandó que hasta que viésemos su carta o mandato que no pasásemos ninguna en las mismas canoas, por el riesgo que había en el pasaje, que Cortés se vio arrepentido de haber ido en ellas, porque venía el río con gran furia. Y dejarlo y aquí, y diré lo que más nos pasó.

Capítulo CLXXIX. Cómo Cortés entró en la villa donde estaban poblados los de Gil González de Ávila, y de la gran alegría que todos los vecinos hubieron, y lo que Cortés ordenó
    Después que Cortés hubo pasado el gran río de Golfo Dulce de la manera que dicho tengo, fue a la villa donde estaban poblados los españoles de Gil González de Ávila, que seria de allí dos leguas, que estaban junto a la mar, y no adonde solían estar primero poblados, que llamaron San Gil de Buena Vista; y cuando vieron entre sus casas hombres a caballo y otros seis a pie, espantáronse en gran manera, y como supieron que era Cortés, que tan nombrado era en todas estas partes de las Indias y en Castilla, no sabían qué se hacer de placer; y después de venir todos a besarle las manos y darle el para-bien-venido, Cortés les habló muy amorosamente, y mandó al teniente, que se decía Nieto, fuese donde daban carena al navío y trajesen dos bateles que tenían, y que si había canoas, que asimismo las trajesen atadas de dos en dos, y mandó que se buscase todo el casabe que allí tenían y lo llevasen al capitán Sandoval, que otro pan de maíz no había para que comiesen, y repartiesen entre todos nosotros los de su ejército; y el teniente lo buscó luego y no se hallaron cincuenta libras dello, porque no comían sino zapotes asados y legumbres y algún marisco que pescaban; y aun aquel casabe que dieron guardaron para el matalotaje para irse a Cuba cuando estuviese calafateado el navío; y con dos bateles y ocho marineros que luego vinieron, escribió Cortés a Sandoval que él mismo en persona y el capitán Luis Marín fuesen los postreros que pasasen aquel gran río, y que mirase que no se embarcasen más de los que él mandase; y los bateles pasaron sin mucha carga, por causa de la gran corriente del río, que venía muy crecido y recio, y con cada batel dos caballos, y en las canoas no pasase caballo ninguno, que se perderían y trastornarían, según la furia de la corriente; y sobre el pasar delante uno que se decía Saavedra, hermano de otro Abalos, parientes de Cortés, querían pasar primero, puesto que Sandoval decía que en la primera barca pasarían, porque pasaban en aquella sazón los religiosos franciscos, y que era justo tener primero cumplimiento con ellos; y como el Saavedra era

pariente de Cortés, y esta envidia de mandar vino desde Lucifer, no quisiera que Sandoval le pusiera impedimento, sino que callara; y respondióle no tan bien mirado como convenía; el Sandoval, que no se las sufría, tuvieron palabras, de manera que el Saavedra echó mano a un puñal; y puesto que Sandoval, como estaba dentro en el río a más de la rodilla el agua deteniendo que los bateles no se cargasen demasiado, así como estaba arremetió al Saavedra, y le tenía tomada la mano donde tenía el puñal, y le derrocó en el agua, y si de presto no nos metiéramos entre ellos y los despartiéramos, ciertamente el Saavedra librara mal, porque todos los más soldados nos mostramos de la parte de Sandoval. Dejemos esta cuestión, y diré cómo estuvimos cuatro días en pasar aquel río; y de comer, ni por pensamiento, si no era de unas pacayas que nacen de unas palmillas chicas, y otras como nueces, que asábamos y las partíamos, y los meollos dellas comíamos; y en aquel río se ahogó un soldado con su caballo, el cual soldado se decía Tarifa, que pasaba en una canoa, y no pareció más él ni el caballo. También se ahogaron dos caballos, y el uno era de un soldado que se decía Solís Casquete, que hacía bramuras por él y maldecía a Cortés y a su viaje. Quiero decir de la grande hambre que allí en el pasar del río hubo, y aun del murmurar de Cortés y de su venida, y aun de todos nosotros que le seguíamos; pues cuando hubimos llegado al pueblo no había bocado de casabe que comer, ni aun los vecinos lo tenían, ni sabían caminos, si no era de dos pueblos que allí cerca solían estar, que se habían ya despoblado, y luego Cortés mandó al capitán Luis Marín que con los vecinos de Guazacualco fuésemos a buscar maíz lo cual adelante diré.

Capítulo CLXXX. Cómo otro día después de haber llegado a aquella villa, que yo no le sé otro nombre sino San Gil de Buena Vista, fuimos con el capitán Luis Marín hasta ochenta soldados, todos a pie, a buscar maíz y a descubrir la tierra, y lo que más Rasó diré adelante

Ya he dicho que como llegamos a aquella villa que Gil González de Ávila tenía poblada, no tenían qué comer, y eran hasta cuarenta hombres y cuatro mujeres de Castilla y las dos mulatas, y todos dolientes y las colores muy amarillas; y como no teníamos qué comer nosotros ni ellos, no veíamos la hora de irlo a buscar; y Cortés mandó que saliese el capitán Luis Marín con los de Guazacualco y buscásemos maíz; y fuimos con él sobre ochenta soldados a pie hasta ver si había caminos para caballos, y llevábamos con nosotros un indio de Cuba que nos fuese guiando a unas estancias y pueblos que estaban de allí ocho leguas, donde hallamos mucho maíz e infinitos cacaguatales y frisoles y otras legumbres, donde tuvimos bien que comer, y aun enviamos a decir a Cortés que enviase todos los indios mexicanos y llevarían maíz, y le socorrimos entonces con otros indios con diez hanegas de ello, y luego enviamos por nuestros caballos; y como Cortés supo que estábamos en buena tierra, y se informó de indios mercaderes que entonces se habían prendido en el río del Golfo Dulce, que para ir a Naco, donde degollaron a Cristóbal de Olí, era camino derecho por donde estábamos, envió a Gonzalo de Sandoval con toda la mayor parte de su ejército que nos siguiese, y que nos estuviésemos en aquellas estancias hasta ver su mandado. Y como llegó el Sandoval adonde estábamos, y vio que había abastadamente que comer, y holgó mucho, y luego envió a Cortés sobre treinta hanegas de maíz con indios mexicanos, lo cual repartió a los vecinos que en aquella villa quedaban; como estaban hambrientos y no eran acostumbrados sino a comer zapotes asados y casabe, y como se hartaron de tortillas, con maíz que le enviamos, se les hincharon las barrigas, y como estaban dolientes, se murieron siete dellos; y estando desta manera con tanta hambre, quiso Dios que aportó allí un navío que venía cargado de las islas de Cuba con siete caballos y cuarenta puercos y ocho pipas de tasajos salados, y pan casabe, y venían hasta quince pasajeros y ocho marineros, y cuya era toda la más cargazón de aquel navío se decía Antón de Carmona, «el Borceguero», y Cortés compró fiado todo cuanto bastimento traía, y repartió dello a los vecinos; y como estaban de antes en tanta necesidad y debilitados, y se hartaron de la carne salada, dio a muchos dellos cámaras, de que murieron catorce. Pues como vino aquel navío con la gente y marineros, parecióle a Cortés que era bien ir a ver y calar y bojar aquel tan poderoso río, si había poblaciones arriba, y qué tierra era; y luego mandó calafatear un bergantín que estaba a través, que era de los del Gil González de Ávila, y adobar un batel y hacerle como barco del descargo, y con cuatro canoas, atadas unas con otras, y con treinta soldados y los ocho hombres de la mar de los nuevamente venidos en el navío, y Cortés por su capitán, y con veinte indios mexicanos, se fue por el río, y obra de diez leguas que hubo ido el río arriba, halló una laguna muy ancha, que tenía de bojo el largor y el anchor seis leguas, y no había población ninguna alrededor della, porque todo era anegadizo; y siguiendo el río arriba, venía ya muy corriente más que de antes, y había unos saltaderos, que no podían ir con el bergantín y los bateles y las canoas, acordó de las dejar allí en el río en un remanso con seis españoles en guarda dellas, y fue por tierra por un camino angosto, y llegó a unos pueblezuelos despoblados, y luego dio en unos maizales, y de allí tomó tres indios por guías, que le llevaron a unos pueblos chicos, donde tenían mucho maíz y gallinas, y aun tenían faisanes, que en estas tierras llaman sacachules, y perdices de la tierra y palomas; y esto de tener perdices desta manera, yo lo he visto y hallado en pueblos que están en comarca destos de Golfo Dulce, cuando fui en busca de Cortés, como adelante diré. Volvamos a nuestra relación: que allí tomó Cortés guías y pasó adelante, y fue a otros pueblezuelos que se dicen Cinacantencintle, donde tenían grandes cacaguatales y maizales y algodón, y antes que a ellos llegasen oyeron tañer atabalejos y trompetillas, haciendo fiestas y borracheras; y por no ser sentido Cortés, estuvo escondido con sus soldados en un monte; y cuando vio que era tiempo de ir a ellos, arremeten todos a una, y prendieron hasta diez indios y quince mujeres, y todos los más indios de aquel pueblo de presto se fueron a tomar sus armas, y vuelven con arcos y flechas y lanzas, y comenzaron a flechar a los nuestros, y Cortés con los suyos fue contra ellos, y acuchillaron ocho indios que eran principales; y como vieron el pleito mal parado y las mujeres tomadas, enviaron cuatro hombres viejos, y los dos eran sacerdotes de ídolos, y vinieron muy mansos a rogar a Cortés que les diese los presos, y trajeron ciertas joyezuelas de oro de poca valía; y Cortés les habló con doña Marina, que allí iba con Juan Jaramillo, su marido, porque Cortés sin ella no podía entender los indios, y les dijo que llevasen el maíz y gallinas y sal y todo el bastimento que allí les señaló; y dio a entender adónde habían quedado los bergantines y el barco y las canoas, y luego les daría los presos; y les dieron a entender en qué parte del río quedaban, y dijeron que sí harían, y que cerca de allí estaba uno como estero que salía al río; y luego hicieron balsas, y medio nadando la llevaron hasta que dieron en fondo, que pudieron nadar bien. Pues como Cortés había quedado de les dar todos los presos, pareció ser mandó Cortés que se quedasen tres mujeres con sus maridos para hacer pan y servirse de los indios, y no se las dieron; y sobre ello apellídanse todos los indios de aquel pueblo, y sobre las barrancas del río dan una buena mano de vara, flecha y piedra a Cortés y a sus soldados, de manera que hirieron a Cortés en la cara y a otros doce soldados; allí se les desbarató una balsa y se perdió la mitad de lo que traía, y se ahogó un mexicano; y en aquel río hay tantos mosquitos, que no se podían valer, y Cortés todo lo sufría, y da vuelta para su villa, que no sé cómo se la nombró, y abastécela mucho más de lo que estaba. Ya he dicho que el pueblo do llegó Cortés se decía Cinacantencintle, y me han dicho ahora que estará de Guatemala setenta leguas, y tardó Cortés en este viaje y volver a la villa veintiséis días; y como vio que no era bien poblar allí, por no haber pueblos de indios, y como tenía mucho bastimento, así de lo que antes estaba como de lo que al presente traía, acordó de escribir a Gonzalo de Sandoval que luego se fuese a Naco, y le hizo saber todo lo aquí por mí dicho de su viaje del Golfo Dulce, según lo tengo aquí relatado, y cómo iba a poblar a Puerto de Caballos, y que le enviase diez soldados de los de Guazacualco, que sin ellos no se hallaba en las entradas.

Capítulo CLXXXI. Cómo Cortés se embarcó con todos los soldados que había traído en su compañía y los que había en San Gil de Buena Vista, y fue a poblar adonde ahora llaman Puerto de Caballos, y se le puso por nombre La Natividad, y lo que en él se hizo

Pues como Cortés vio que en aquel asiento que halló poblando a los de Gil González de Ávila no era bueno, acordó de se embarcar en los dos navíos y bergantín con todos cuantos en aquella villa estaban, que no quedó ninguno, y en ocho días de navegación fue a desembarcar adonde ahora llaman Puerto de Caballos, y como vio aquella bahía buena para puerto, y supo de indios que había cerca poblaciones, acordó de poblar una villa que la nombró Natividad, y puso por su teniente a un Diego de Godoy, y desde allí hizo dos entradas en la tierra adentro a unos pueblos cercanos, que ahora están despoblados; tomó lengua dellos cómo había cerca otros pueblos, abasteció la villa de maíz, y supo que estaba el pueblo de Naco, donde degollaron a Cristóbal de Olí, cerca, y escribió a Gonzalo de Sandoval, creyendo que ya había llegado y estaba de asiento en Naco, que le enviase diez soldados de los de Guazacualco, y decía en la carta que sin ellos no se hallaba en hacer entradas; y le escribió cómo quería ir desde allí al puerto de Honduras, adonde estaba poblada la villa de Trujillo, y que el Sandoval con sus soldados pacificasen aquellas tierras y poblasen una villa; la cual carta vino a poder de Sandoval estando que estábamos en las estancias por mí ya dichas, que no habíamos llegado a Naco. Y dejemos de decir de Cortés y sus entradas que hacía desde Puerto de Caballos, y de los muchos mosquitos que en ellas le picaban, así de día como de noche; que a lo que después le ola decir, tenía con ellos tan malas noches, que estaba la cabeza sin sentido, de no dormir. Pues como Gonzalo de Sandoval vio las cartas de Cortés, luego se fue desde aquellas estancias que dicho tengo, a unos pueblezuelos que se dicen Cuyoacán, que estaban de allí siete leguas, y no se pudo ir luego a Naco, como Cortés le había mandado, por no dejar atrás en los caminos muchos soldados que se habían apartado a otras estancias por tener qué comer ellos y sus caballos, y por causa que al pasar de un río muy hondo que no se podía vadear, y era camino de las estancias, y por dejar recaudo de una canoa con que pasasen los españoles que quedaban rezagados y muchos indios mexicanos que venían dolientes; y esto fue también porque de unos pueblos cercanos de las estancias, que confinaban con el río y Golfo Dulce, venían cada día allí de guerra muchos indios de los pueblos, y porque no hiciesen algún mal recaudo y muertes de españoles y de indios mexicanos, mandó Sandoval que quedásemos a aquel paso ocho soldados, y a mí me dejó por caudillo dellos, y que tuviésemos una canoa del pasaje siempre varada en tierra, y que estuviésemos alerta si daban voces pasajeros de los que estaban en las estancias, para luego les pasar; y una noche vinieron muchos indios guerreros de los pueblos cercanos y de las estancias, creyendo que no nos velábamos; y por tomarnos la canoa dan de repente en los ranchos en que estábamos y les pusieron fuego, y no vinieron tan secreto, que ya les habíamos sentido; y nos recogimos todos ocho soldados y cuatro mexicanos de los que estaban sanos, y arremetimos a los guerreros, y a cuchilladas les hicimos volver por donde habían venido, puesto que flecharon a dos soldados y a un indio, mas no fueron mucho las heridas; y como aquello vino, fuimos tres compañeros a las estancias adonde sentíamos que habían quedado indios y españoles dolientes, que sería una legua de allí, y trajimos a un Diego de Mazariegos, ya otras veces por mí nombrado, y a otros españoles que estaban en su compañía y a indios mexicanos que estaban dolientes, y luego les pasamos el río y fuimos adonde Sandoval estaba; y yendo que íbamos nuestro camino, como un español de los que habíamos recogido en las estancias iba muy malo, y era de los nuevamente venidos de Castilla, y medio isleño, hijo de genovés, y como iba malo, y sin tener qué le dar de comer, sino tortillas y pinol, ya que llegábamos obra de media legua de donde estaba Sandoval, se murió en el camino y no tuve gente para llevar el cuerpo muerto hasta el real; y llegado donde el Sandoval estaba, le dije de nuestro viaje y del hombre que se quedó muerto, y hubo enojo conmigo porque entre todos nosotros no le trajimos a cuestas o en un caballo, y le dijimos a Sandoval que traíamos dos dolientes en cada caballo y nos veníamos a pie, y que por esta causa no se pudo traer; y un soldado que se decía Bartolomé de Villanueva, que era mi compañero, respondió al Sandoval muy soberbio que harto teníamos que traer nuestras personas, sin traer muertos a cuestas, y que renegaba de tanto trabajo y pérdida como Cortés nos había causado; y luego mandó Sandoval a mí y al Villanueva, sin más parar le fuésemos a enterrar; y llevamos dos indios mexicanos y un azadón, e hicímosle su sepultura y lo enterramos y le pusimos una cruz, y hallamos en la faltriquera del muerto una taleguilla con muchos dados y un papel escrito, que era una memoria de dónde era natural y cuyo hijo era y qué bienes tenía en Tenerife; y después, el tiempo andando, se envió aquella memoria a Tenerife; ¡perdónele Dios, amén! Dejemos de contar cuentos, y quiero decir que luego Sandoval acordó que fuésemos a otros pueblos que ahora están cerca de unas minas que descubrieron desde ha tres años; y desde allí fuimos a otro pueblo que se dice Quimistan, y otro día a hora de misa fuimos a Naco, y en aquella sazón era buen pueblo y hallámosle despoblado de aquel mismo día; y después de nos aposentar en unos patios muy grandes, adonde habían degollado al maestre de campo Cristóbal de Olí, otras veces por mí nombrado, que estaba el pueblo bien abastecido de maíz y de frisoles y ají, y también hallamos un poco de sal, que era la cosa que más deseábamos, y allí asentamos nuestro fardaje, como si hubiéramos de estar en él para siempre. Hay en este pueblo la mejor agua que habíamos visto en toda la Nueva España, y un árbol que en mitad de la siesta, por recio Sol que hiciese, parecía que la sombra del árbol, refrescaba el corazón, y caía de él uno como rocío muy delgado que confortaba las cabezas; y aqueste pueblo en aquella sazón fue muy poblado y en buen asiento, y había fruta de los zapotes colorados y de los chicos, y estaba en comarca de otros pueblos chicos. Y dejarlo he aquí, y diré lo que allí nos avino.

Capítulo CLXXXII. Cómo el capitán Gonzalo de Sandoval comenzó a pacificar aquella provincia de Naco, y de los grandes reencuentros que con los de aquella provincia tuvo, y lo que más se hizo

Desque hubimos allegado al pueblo de Naco y recogido maíz, frisoles y ají, y con tres principales de aquel pueblo que allí en los maizales prendimos, a los cuales Gonzalo de Sandoval halagó y dio cuentas de Castilla, y les rogó que fuesen a llamar a los demás caciques, que no se les haría enojo ninguno, fueron así como se lo mandó, y vinieron dos caciques; mas no pudo acabar con ellos que se poblase el pueblo, salvo traer de cuando en cuando poca comida; ni nos hacían bien ni mal, ni nosotros a ellos; y así estuvimos los primeros días, y Cortés había escrito a Gonzalo de Sandoval, como de antes dicho tengo, que luego le enviase a Puerto de Caballos diez soldados de los de Guazacualco, y todos nombrados por sus nombres, y entre ellos era yo uno, y en aquella sazón estaba yo algo malo, y dije a Sandoval que me excusase, porque estaba mal dispuesto: y él, que lo había gana, y así quedé; y envió ocho soldados muy buenos varones para cualquiera afrenta, y aun fueron de tan mala voluntad, que renegaban de Cortés y aun de su viaje, y tenían mucha razón; porque no sabían cierto si la tierra por donde habían de ir estaba de paz. Acordó Sandoval de demandar a los caciques de Naco cinco principales indios, que fuesen con ellos hasta el Puerto de Caballos, y les puso temores que si algún enojo recibía de algunos de sus soldados, que les quemaría el pueblo y que les iría a buscar y dar guerra; y mandó que en todos los pueblos por donde pasasen les diesen muy bien de comer; y fueron su viaje hasta el Puerto de Caballos, donde hallaron a Cortés, que se quería embarcar para ir a Trujillo, y se holgó con ellos, y supo cómo quedábamos buenos, y los llevó consigo en los navíos, y luego se embarcó, y dejó en aquella villa de Puerto de Caballos a un Diego de Godoy por su capitán, con hasta cuarenta vecinos, que eran todos los más de los que solían ser de Gil González de Ávila y de los nuevamente venidos de las islas; y de que Cortés se hubo embarcado y su teniente Godoy quedó en la villa, con los soldados que más sanos tenía hacía entradas en los pueblos comarcanos, y trajo dos dellos de paz; mas como los indios vieron que los soldados que allí quedaban estaban todos los más dellos dolientes y se morían cada día, no hacían cuenta dellos, y a esta causa no les acudían con comida, ni ellos eran para irlo a buscar, y pasaban gran necesidad de hambre, y en pocos días se murieron la mitad dellos, y se despoblaron otros tres dellos, y que se vinieron huyendo donde estábamos con Sandoval. Y dejarlo he aquí en este estado, y volveré a Naco, que, como Sandoval había visto que no se querían venir a poblar el pueblo los indios vecinos y naturales de Naco, aunque los enviaba a llamar muchas veces, y a los demás pueblos comarcanos, no venían ni hacían cuenta de nosotros, acordó de ir en persona y hacer de manera que viniesen; y fuimos luego a unos pueblos que se decían Girimonga y Azula, y a otros tres pueblos que estaban cerca de Naco, y todos vinieron a dar la obediencia a su majestad, y luego fuimos a Quimistán y a otro pueblo de la sierra, y asimismo vinieron; por manera que todos los indios de aquella comarca venían de paz, y como no se les demandaba cosa ninguna más de lo que ellos querían dar, no tenían pesadumbre de venir, y desta manera estaba todo de paz hasta donde pobló Cortés la villa que ahora se dice Puerto de Caballos. Y dejémonos esta materia, porque por fuerza tengo de volver a decir de Cortés, que fue a desembarcar al puerto de Trujillo; y porque en una sazón acaecen dos o tres cosas, como otras veces he dicho en los capítulos pasados, y tengo de meter la pluma por los pasos contados, dónde y de qué manera nosotros conquistábamos y poblábamos, como muy claramente lo habrán visto los curiosos Lectores; y aunque se deje por ahora de decir de Sandoval y todo lo que en la provincia de Naco le avino, quiero decir lo que Cortés hizo en Trujillo.

Capítulo CLXXXIII. Cómo Cortés desembarcó en el puerto que llaman de Trujillo, y cómo todos los vecinos de aquella

villa le salieron a recibir y se holgaron mucho con él; y de todo lo que allí se hizo

Como Cortés se hubo embarcado en el puerto de Caballos, y llevó en su compañía muchos soldados de los que trajo de México y los que le envió Gonzalo de Sandoval, y con buen tiempo en seis días llegó al puerto de Trujillo; y cuando los vecinos que allí vivían, que dejó poblados Francisco de las Casas, supieron que era Cortés, todos fueron a la mar, que estaba cerca, a le recibir, y le besaron las manos, porque muchos vecinos de aquellos eran bandoleros de los que echaron de Panuco, y fueron en dar consejo a Cristóbal de Olí para que se alzase, y los habían desterrado de Panuco, según dicho tengo en el capítulo que dello habla; y como se hallaban culpantes, suplicaron a Cortés que les perdonase; y Cortés con muchas caricias y ofrecimientos los abrazó a todos y los perdonó, y luego se fue a la iglesia, y después de hecha oración, le aposentaron lo mejor que pudieron, y le dieron cuenta de todo lo acaecido del Francisco de las Casas y del Gil González de Ávila, y por qué causa degollaron a Cristóbal de Olí, y cómo se habían ido camino de México, y cómo habían pacificado algunos pueblos de aquella provincia; y cómo Cortés bien lo hubo entendido, a todos los honró de palabras y con dejarles los cargos según y de la manera que los tenían, excepto que hizo capitán general de aquellas provincias a su primo Saavedra, que así se llamaba, lo cual tuvieron por bien. Y luego envió a llamar a todos los pueblos comarcanos, y como tuvieron nueva que era el capitán Malinche, que así le llamaban, y sabían que había conquistado a México, luego vinieron a su llamada y le trajeron presentes de bastimentos y quando se hubieron juntado los caciques de cuatro pueblos más principales, Cortés les habló con doña Marina y les dijo las cosas tocantes a nuestra santa fe, y que todos éramos vasallos del gran emperador que se dice don Carlos de Austria, y que tiene muy grandes señores por vasallos y que nos envió a estas partes para quitar sodomías y robos e idolatrías, y para que no consienta comer carne humana, ni hubiese sacrificios ni robasen, ni se diesen guerra unos a otros, sino que fuesen hermanos y como tales se tratasen, y también venía para que diesen la obediencia a tan alto rey y señor como les había dicho que tenemos, y le contribuyan con servicios y de lo que tuvieren, como hacemos todos sus vasallos; y les dijo otras muchas cosas la doña Marina, que lo sabía bien decir; y los que no quisiesen venir a se someter al dominio de su majestad, que les castigaría, y aun los dos religiosos franciscanos que Cortés traía les predicaron cosas muy santas y buenas, y lo que decían los frailes franciscanos se lo declaraban dos indios mexicanos que sabían la lengua española, con otros intérpretes de aquella lengua: y más les dijo, que en todo les guardaría justicia, porque así lo mandaba nuestro rey y señor; y porque hubo otros muchos razonamientos y los entendieron muy bien los caciques, dijeron que se daban por vasallos de su majestad y que harían lo que Cortés les mandaba, y luego les dijo que trajesen bastimento a aquella villa; y también les mandó que viniesen muchos indios y trajesen hachas, y que talasen un monte que estaba dentro de la villa, para que desde allí se pudiese ver la mar y puerto; y también les mandó que fuesen en canoas a llamar tres o cuatro pueblos que están en unas isletas que se llaman las Guanajas, que en aquella sazón estaban pobladas, y que trajesen pescado, pues que tenían mucho, y así lo hicieron, que dentro de cinco días vinieron los pueblos de las isletas, y todos traían presentes de pescado y gallinas; y Cortés les mandó dar unas puercas y un verraco que se halló en Trujillo, y de los que traía de México, para que hiciesen casta, porque le dijo un español que era buena tierra para multiplicar con soltarles en las isletas sin ponerles guarda; y así fue cómo dijo, que dentro en dos años hubo muchos puercos y los iban a montear. Dejemos esto, pues no hace a nuestra relación, y no me lo tengan por prolijidad en contar cosas viejas; y diré que vinieron tantos indios a talar los montes de la villa que Cortés les mandó, que en dos días se vio claramente muy bien la mar, e hicieron quince casas, y una para Cortés muy buena; y esto hecho, se informó Cortés qué pueblos y tierras estaban rebeldes y no querían venir de paz; y unos caciques de un pueblo que se dice Papayeca, que era cabecera de otros pueblos, que en aquella sazón era grande pueblo, que ahora está con muy poca gente o casi ninguna, le dio a Cortés una memoria de muchos pueblos que no querían venir de paz, que estaban en grandes sierras y tenían fuerzas hechas; y luego Cortés envió al capitán Saavedra con los soldados que le pareció que convenían ir con él, y con los ocho de Guazacualco fue por su camino hasta que llegó a las poblaciones que solían estar de guerra, y salieron de paz los más dellos, excepto tres pueblos, que no se quisieron venir; y tan temido era Cortés de los naturales y tan nombrado, que hasta los pueblos de Olancho, donde fueron las minas ricas que después se descubrieron, era temido y acatado, y llamábanle en todas aquellas provincias el capitán «huehue» de Marina, que quiere decir el capitán «viejo» que trae a doña Marina. Dejemos a Saavedra, que está con su gente sobre los pueblos que no se querían dar, que me parece que se decían los acaltecas, y volvamos a Cortés, que estaba en Trujillo, y ya le habían adolescido los frailes franciscanos y un su primo que se decía Abalos, y el licenciado Pedro López, y Carranza el mayordomo y Guinea el despensero y un Juan flamenco, y otros muchos soldados, así de los que traía como de los que halló en Trujillo, y aun el Antón de Carmona, que trajo el navío con el bastimento; y acordó de los enviar a la isla de Cuba, a La Habana, o a Santo Domingo si viesen que el tiempo hacía bueno en la mar, y para ello les dio el un navío bien aderezado y calafateado, con el mejor matalotaje que se pudo haber; y escribió a la audiencia real de Santo Domingo y a los frailes jerónimos y a La Habana, dando cuenta cómo había salido de México en busca de Cristóbal de Olí, y como dejó sus poderes a los oficiales de su majestad, y del trabajoso camino que había traído, y cómo el Cristóbal de Olí hubo preso a un capitán que se decía Francisco de las Casas, que Cortés había enviado para tomar el armada al mismo Cristóbal de Olí, y que también había preso a un Gil González de Ávila, siendo gobernador del Golfo Dulce; y que teniéndolos presos, los dos capitanes se concertaron y le dieron de cuchilladas, y por sentencia, después que lo tuvieron preso, le degollaron, y que al presente estaba poblando la tierra y pueblos sujetos a aquella villa de Trujillo, y que era tierra rica de minas, y que enviasen soldados; que en aquella tierra de Santo Domingo no tenían con qué se sustentar; y para dar crédito que había oro envió muchas joyas y piezas de las que traía en su recámara, y vajilla de lo que trajo de México, y aun de la vajilla de su aparador, y por su capitán de aquel navío a un su primo que se decía Abalos, y le mandó que de camino tomase veinticinco soldados que había dejado un capitán, que tuvo nueva que andaba a saltear indios en las isletas en lo de Cozumel. Y partido del puerto de Honduras, que así se llamaba, unas veces con buen tiempo y otras con contrario, pasaron delante de la punta de San Antonio, que está junto a las sierras que llaman, de Guaniguanico, que será de La Habana sesenta o setenta leguas, y con temporal dieron con el navío en tierra, de manera que se ahogaron los frailes y el capitán Abalos y muchos soldados, y dellos se salvaron en el batel y en tablas, y con mucho trabajo aportaron a La Habana, y desde allí fue la fama volando por toda la isla de Cuba cómo Cortés y todos nosotros éramos vivos, y en pocos días fue la nueva a Santo Domingo; porque el licenciado Pedro López, médico que iba allí, que escapó en una tabla, escribió a la real audiencia de Santo Domingo en nombre de Cortés, y todo lo acaecido, y cómo estaba poblando en Trujillo, y que había menester bastimento y vino y caballos, y que para la comprar traían mucho oro, y que se perdió en la mar de la manera que ya dicho tengo. Y como aquella nueva se supo todos se alegraron, porque ya había fama, y lo tenían por cierto, que Cortés y todos nosotros sus compañeros éramos muertos; las cuales nuevas supieron en la Española de un navío que fue de la Nueva España; y como en Santo Domingo se supo que estaba de asiento poblando Cortés las provincias que dicho tengo, luego los oidores y mercaderes comenzaron de cargar dos navíos viejos con caballos y potros, y camisas y bonetes y cosas de bujería, y no trajeron cosa de comer, sino una pipa de vino, ni fruta, salvo los caballos y todo lo demás de tarabusterías. Entretanto que se armaban los navíos para venir, que aún no habían llegado al puerto, quiero decir que como Cortés estaba en Trujillo, se le vinieron a quejar ciertos indios de las islas de las Guanajas, que sería de allí ocho leguas, y dijeron que estaba anclado un navío junto a su pueblo, y el batel del navío lleno de españoles con escopetas y ballestas, y que les querían tomar por fuerza sus maceguales, que se dice entre ellos vasallos, y que a lo que han entendido, son robadores, y que así les tomaron los años pasados muchos indios, y los llevaron presos en otro navío como aquel que estaba surto; y que enviase Cortés a poner cobro en ello; y como Cortés lo supo, luego mandó armar un bergantín con la mejor artillería que había y con veinte soldados y con buen capitán, y les mandó que en todo caso tomasen el navío que los indios decían, y se lo trajesen preso con todos los españoles que dentro andaban, pues que eran robadores de los vasallos de su majestad; y mandó a los indios que armasen sus canoas, y con varas y flechas que fuesen junto al bergantín, y que ayudasen a prender aquellos hombres, y para ello dio poder al capitán. Pues yendo con su bergantín armado y muchas canoas de los naturales de aquellas isletas, como los del navío que estaba surto los vieron ir a la vela, no aguardaron mucho, que alzaron velas y se fueron huyendo, porque bien entendieron que iban contra ellos, y no los pudo alcanzar el bergantín; y después se alcanzó a saber que era un bachiller Moreno, que había enviado la audiencia real de Santo Domingo a cierto negocio a Nombre de Dios, y parece ser descayeron del viaje, o vino de hecho sobre cosa pensada a robar los indios de las Guanajas. Y volvamos a Cortés, que se quedó en aquella provincia pacificándola, y volveré a decir lo que a Sandoval le acaeció en Naco.

Capítulo CLXXXIV. Cómo el capitán Gonzalo de Sandoval, que estaba en Naco, prendió a cuarenta soldados españoles y a su capitán, que venían de la provincia de Nicaragua, y hacían muchos daños y robos a los indios de los pueblos por donde pasaban

Estando Sandoval en el pueblo de Naco atrayendo de paz todos los más pueblos de aquella comarca, vinieron ante él cuatro caciques de dos pueblos que se decían Quequespan y Talchinalchapa, y dijeron que estaban en sus pueblos muchos españoles de la manera de los que con él estábamos, con armas y caballos, y que les tomaban sus haciendas e hijas y mujeres, y que las echaban en cadenas de hierro, de lo cual hubo gran enojo el Sandoval; y preguntando que qué tanto sería de allí donde estaban, dijeron que en un día llegaríamos; y luego nos mandó apercibir a los que habíamos de ir con él, lo mejor que podíamos, con nuestras armas y caballos y ballestas y escopetas, y fuimos con él setenta hombres; y llegados a los pueblos donde estaban los soldados, les hallamos muy de reposo, sin pensamiento que los habíamos de prender; y como nos vieron ir de aquella manera, se alborotaron y echaron mano a las armas, y de presto prendimos al capitán y a otros muchos dellos, sin que hubiese sangre ni de una parte ni de otra; y Sandoval les dijo con palabras algo desabridas, si les parecía bien andar robando a los vasallos de su majestad, y si sería buena conquista y pacificación aquella; y unos indios e indias que traían en colleras se los hizo sacar dellas y se los dio a los caciques de aquel pueblo, y a los demás mandó que se fuesen a sus tierras, que era cerca de allí. Pues como aquello fue hecho, mandó al capitán que allí venía, que se decía Pedro de Garro, que él y sus soldados fuesen presos y se fuesen con nosotros al pueblo de Naco, y caminamos con ellos; y traían los soldados muchas indias de Nicaragua, y algunas dellas hermosas, e indias naborías que tenían en su servicio, y todos los más dellos traían caballos; y como nosotros estábamos trillados y deshechos de los caminos pasados, y no teníamos indias que nos hiciesen pan, eran ellos unos condes en el servirse, según nuestra pobreza. Pues como llegamos con ellos a Naco, Sandoval les dio posadas en partes convenibles, porque venían entre ellos ciertos hidalgos y personas de calidad; y cuando hubieron reposado un día, y su capitán Garro vio que éramos de los de Cortés, hízose muy amigo de Sandoval y de nosotros y se holgaban con nuestra compañía. Y quiero decir cómo y de qué manera y por qué causa venía aquel capitán con aquellos soldados, y de esta manera que diré: pareció ser que Pedro Arias de Ávila, gobernador que fue en aquella sazón de Tierra Firme, envió un su capitán que se decía Francisco Hernández, persona muy principal entre ellos, a conquistar y pacificar las tierras de Nicaragua y lo más que descubriese, y diole copia de soldados, así a caballo como ballesteros, y llegó a las provincias de Nicaragua y León, que así las llaman, las cuales pacificó y pobló; y como se vio con muchos soldados y próspero, y apartado del Pedro Arias de Ávila, y por consejeros que tuvo para ello, y también, según entendí, un bachiller Moreno, por mí ya nombrado, que la audiencia real de Santo Domingo y los frailes jerónimos que gobernaban en las islas le habían enviado a Tierra Firme a cierto pleito, que tengo en mi pensamiento que era sobre la muerte de Balboa, yerno de Pedro Arias, al cual degolló sin justicia cuando le hubo casado con su hija doña Isabel Arias de Peñalosa, que así se llamaba; y el bachiller Moreno dijo al capitán Francisco Hernández que como conquistase cualquiera tierra, acudiese a nuestro rey y señor para que le hiciese gobernador della, que no hacía traición; y que el Balboa, que degolló Pedro Arias, siendo su yerno; que fue contra toda justicia, pues que el Balboa primero envió sus procuradores a su majestad para ser adelantado; y so color destas palabras que tomó del bachiller Moreno, envió el Francisco Hernández a su capitán Pedro de Garro para que por la banda del norte le buscase puerto para hacer sabidor a su majestad de las provincias que había pacificado y poblado, para que le hiciese merced que él fuese gobernador dellas, pues estaban tan apartadas de la gobernación de Pedro Arias. Y viniendo que venía el

Pedro de Garro para aquel efecto, le prendimos, como dicho tengo. Y como el Sandoval entendió el intento a lo que venían, platicó con el Garro y el Garro con él secretamente, y diose orden que lo hiciésemos saber a Cortés, que estaba en Trujillo; y que el Sandoval tenía por cierto que Cortés le ayudaría para que quedase el Francisco Hernández por gobernador de Nicaragua. Pues ya esto concertado, envían Sandoval y el Garro diez hombres, los cinco de los nuestros y los otros cinco del Garro, para que costa a costa fuesen a Trujillo con las cartas, porque allí residía Cortés entonces, como dicho tengo en el capítulo que dello habla; y llevaron sobre veinte indios de Nicaragua de los que trajo Garro para que les ayudasen a pasar los ríos, en yendo por sus jornadas, no pudieron pasar el río de Pechin ni otro que se decía Balama, porque venían muy crecidos, y a cabo de quince días vuelven los soldados a Naco sin hacer cosa ninguna de lo que les fue mandado; de lo cual hubo tanto enojo el Sandoval, que de palabras trató mal al que iba por caudillo; y luego sin más tardar ordena que vaya por la tierra adentro el capitán Luis Marín con diez soldados, los cinco de Garro y los demás de los nuestros, y yo fui con ellos, y fuimos todos a pie y atravesamos muchos pueblos que estaban de guerra; y si hubiese de escribir por extenso los grandes trabajos y reencuentros que con indios de guerra tuvimos, y los ríos y ancones que pasamos en barcas y a nado, y la hambre que algunos días tuvimos, era para no acabar tan presto, y cosas muy de notar; mas digo que había día que pasábamos tres ríos caudalosos en barcas y a nado; y como llegamos a la costa, hubo muchos esteros, donde había lagartos; y en un río que se dice Jagua, que está del Triunfo de la Cruz diez leguas, estuvimos dos días en le pasar en barcas, según venía de recio, y allí hallamos calaveras y huesos de siete caballos que se habían muerto de mala yerba que habían pacido, y fueron de los de Cristóbal de Olí; y de allí fuimos al Triunfo de la Cruz, y hallamos naos quebradas dadas a través, y de allí fuimos en cuatro días a un pueblo que es dice Quemara, y salieron muchos indios de guerra contra nosotros, y traían unas lanzas grandes y gordas, y con sus rodelas y las mandaban con la mano derecha y sobre el brazo izquierdo, y jugaban de la manera que nosotros peleamos con las picas, y se nos venían a juntar pie con pie, y con las ballestas que llevábamos y a cuchilladas nos dieron lugar que pasásemos adelante, y allí hirieron dos de nuestros soldados; y estos indios que he dicho que salieron de guerra no creyeron que éramos de los de Cortés, sino de otros capitanes, que les íbamos a robar sus indios. Dejemos de contar trabajos pasados, y digo que en otros dos días de camino llegamos a Trujillo, y antes de entrar en él, que sería hora de vísperas, vimos a cinco de a caballo, y era Cortés y otros caballeros, que se habían salido a pasear por la costa, y cuando nos vieron de lejos no sabían qué cosa nueva podía ser; y como nos conoció Cortés, se apeó del caballo y con las lágrimas en los ojos nos vino a abrazar, y nosotros a él, y nos dijo: «¡Oh hermanos y compañeros míos, qué deseo tenía de veros y saber qué tales estabais!». Y estaba tan flaco, que hubimos lástima de verle; porque, según supimos, había estado a punto de morir de calenturas y tristeza que en sí tenía, y aun en aquella sazón no sabía cosa buena ni mala de lo de México; y dijeron otras personas que estaba ya tan a punto de morir, que le tenían hechos unos hábitos de san Francisco para le enterrar con ellos; y luego a pie se fue con todos nosotros a la villa, y nos aposentó y cenamos con él; y tenía tanta pobreza, que aun de casabe no nos hartamos; y como le hubimos dado relación a lo que veníamos, y leído las cartas sobre lo de Francisco Hernández para que le ayudase, dijo que haría cuanto pudiese por él. Y en aquella sazón que allegamos a Trujillo había tres días que habían venido los dos navíos chicos con las mercaderías que enviaban de Santo Domingo, que era caballos y potros y armas viejas, y unas camisas y bonetes colorados, y cosas de poca valía, y no trajeron sino una pipa de vino, ni fruta ni cosa de provecho; que valiera más que aquellos navíos no vinieran, según todos nos adeudamos en comprar de aquellas bujerías. Pues estando que estábamos con Cortés dando cuenta de nuestro trabajoso camino, vieron venir en alta mar un navío a la vela, y llegado al puerto, venía de La Habana, que enviaba el licenciado Zuazo, el cual licenciado había dejado Cortés en México por alcalde mayor, y enviaba un poco de refresco para Cortés con una carta, la cual es esta que se sigue; y si no dijere las palabras formales que en ella venían, a lo menos diré la substancia della.

Capítulo CLXXXV. Cómo el licenciado Zuazo envió una carta desde La Habana a Cortés, y lo que en ella se contiene es lo que diré adelante

Pues como hubo tomado puerto el navío que dicho tengo, un hidalgo que venía por capitán dél cuando saltó en tierra luego fue a besar las manos a Cortés y le dio una carta del licenciado Zuazo; y después que Cortés la hubo leído, tomó tanta tristeza, que luego comenzó al parecer a sollozar en su aposento, y no salió de donde estaba hasta otro día por la mañana, que era sábado, y mandó que se dijese misa de nuestra señora muy de mañana; y después de dicha misa, nos rogó que le escuchásemos, y sabríamos nuevas de la Nueva España, cómo echaron fama que todos éramos muertos, y cómo nos habían tomado nuestras haciendas y las habían vendido en el almoneda, y quitado nuestros indios y repartido en otros españoles, sin tener mérito, y comenzó a leer la carta, y decía así. Y lo primero que leyó fue las nuevas que vinieron de Castilla de su padre Martín Cortés y de Ordás y cómo el contador Albornoz le había sido contrario en las cartas que escribió el Albornoz a su majestad y al obispo de Burgos, y lo que su majestad sobre ellas había mandado proveer, de enviar al almirante de Santo Domingo con seiscientos hombres, según ya lo tengo dicho en el capítulo que dello habla; y cómo el duque de Béjar quedó por su fiador, y puso su estado y cabeza por el Cortés y por nosotros, que éramos muy leales servidores de su majestad; y otras cosas que ya las he referido en el capítulo que dello habla. Y cómo al capitán Narváez le dieron una conquista del río de Palmas, y que a un Nuño de Guzmán le dieron la gobernación de Pánuco, y que el obispo de Burgos era fallecido; y en las cosas de la Nueva España dijo que, como Cortés hubo dado en Guazacualco los poderes y provisiones al factor Gonzalo de Salazar y a Pedro Almíndez Chirinos para ser gobernadores de México si viesen que el tesorero Alonso de Estrada y el contador Albornoz no gobernaban bien, así como llegaron a México el factor y veedor con sus poderes, se hicieron muy amigos del mismo licenciado Zuazo, que era alcalde mayor, y de Rodrigo de Paz, que era alguacil mayor, y de Andrés de Tapia y Jorge de Alvarado, y de todos los demás conquistadores de México; y cuando se vio el factor y veedor con tantos amigos de su vanda, dixo que el factor y el veedor habían de gobernar, y no el tesorero ni el contador, y sobre ello hubo muchos ruidos y muertes de hombres, los unos por favorecer al factor y al veedor, y otros por ser amigos del tesorero y el contador; de manera que quedaron con el cargo de gobernadores el factor y veedor, y echaron presos a los contrarios, tesorero y contador, y a otros muchos que fueron en su favor, y cada día había cuchilladas y revueltas, y que los indios que vacaban los daban a sus amigos, aunque no tenían méritos; y que al licenciado Zuazo que no le dejaban hacer justicia, y que al Rodrigo de Paz le habían echado preso porque les iba a dar la mano, y que el mismo licenciado Zuazo los volvió a concertar y hacer amigos, así al factor y tesorero y contador y a Rodrigo de Paz, y que estuvieron ocho días en concordia. Y que en esta sazón se levantaron ciertas provincias que se decían los zapotecas y minxes, y un pueblo y fortaleza donde había un gran peñol que se dice Coatlan, y que enviaron a él muchos soldados de los que habían venido nuevamente de Castilla y de otros que no eran conquistadores, y envió por capitán dellos al veedor Chirinos, y que gastaban muchos pesos de oro de las haciendas de su majestad y lo que estaba en su real caja, y que llevaban tantos bastimentos al real donde estaban, que todo era behetrías y juegos de naipes, y que a los indios no se les daba por ellos cosa ninguna; y que de repente de noche se salían los indios del peñol y daban en el real del veedor, y le mataron ciertos soldados y le hirieron otros muchos, y a esta causa envió al factor con el mismo cargo a un capitán de los de Cortés, que se decía Andrés de Monjaraz, para que estuviese en compañía del veedor, porque este Monjaraz se había hecho muy amigo del factor, y en aquella sazón estaba tullido el Monjaraz de bubas, que no era para hacer cosa que buena fuese, y los indios estaban muy victoriosos, y que México estaba cada día para se alzar. Y que el factor procuró por todas vías de enviar oro a Castilla a su majestad y al comendador mayor de León don Francisco de los Cobos; porque en aquella sazón echó fama el factor que Cortés y todos nosotros éramos muertos en poder de indios, en un pueblo que se dice Xicalango, y aquel tiempo había venido de Castilla Diego de Ordás, que es el que Cortés hubo enviado por procurador de la Nueva España, y lo que procuró fue para él una encomienda de Santiago, y trajo por cédula de su majestad sus indios y unas armas del volcán que está cabe Guaxocingo, y que como llegó a México, dijo el Ordás que quería ir a buscar a Cortés, y esto fue porque vio las revueltas y cizañas, y que se hizo muy amigo del factor, y fue por la mar a ver si era vivo o muerto Cortés, con un navío grande y un bergantín, y fue costa a costa hasta que llegó a un pueblo que se dice Xicalango, adonde habían muerto al Simón de Cuenca y al capitán Francisco de Medina y a los españoles que consigo estaban, según más largo lo tengo escrito en el capítulo que dello habla; y como aquella nueva supo el Ordás, se volvió a Nueva España, y sin desembarcar en tierra escribió al factor con unos pasajeros, que tiene por cierto que Cortés es muerto. Y como echó esta nueva el Ordás, en el mismo navío que fue en busca de Cortés, luego atravesó a la isla de Cuba a comprar becerras y yeguas. Y cuando el factor vio la carta de Ordás, la anduvo mostrando en México a unos y a otros, y echó fama que era muerto Cortés y todos los que con él fuimos, y se puso luto, e hizo hacer un túmulo y monumento en la iglesia mayor de México, e hizo las honras por Cortés; y luego se hizo pregonar con trompetas y atabales por gobernador y capitán general de la Nueva España, y mandó que todas las mujeres que se habían muerto sus maridos en compañía de Cortés, que hiciesen bien por sus almas y se casasen, y aun lo envió a decir a Guazacualco y a otras villas; y porque una mujer de un Alonso Valiente, que se decía Juana de Mansilla, no se quiso casar, y dijo que su marido y Cortés y todos nosotros éramos vivos, y que no éramos los conquistadores viejos personas de tan poco ánimo como los que estaban en el peñol de Coatlan con el veedor Chirinos, porque los indios les daban guerra, y no ellos a los indios, y que tenía esperanza en Dios que presto vería a su marido Alonso Valiente y a Cortés y a todos los demás conquistadores viejos de vuelta para México, y que no se quería casar; porque dijo estas palabras la mandó el factor azotar por las calles públicas de México, por hechicera; y también, como hay en este mundo hombres traidores aduladores, y era uno dellos uno que le teníamos por hombre honrado, que por su honor aquí no le nombro, dijo al factor delante otras muchas personas que estaba malo de espanto porque, yendo una noche pasada cerca del Taltelulco, que es la iglesia de señor Santiago, donde solía estar el ídolo mayor, que se decía Huichilobos, que vio en el patio que se ardían en vivas llamas el alma de Cortés y de doña Marina y la del capitán Sandoval, y que de espanto dello estaba muy malo. También vino otro hombre que no nombro, que también le tenían en buena reputación, y dijo al factor que andaban en los patios de Texcoco unas cosas malas, y que decían los indios que era el alma de doña Marina y la de Cortés; y todas eran mentiras y traiciones, sino por se congraciar con el factor dijeron aquello, o el factor se lo mandó decir. Y en aquel tiempo había llegado a México Francisco de las Casas y Gil González de Ávila, que son los capitanes por mí muchas veces nombrados, que degollaron a Cristóbal de Olí; y de que el de las Casas vio aquellas revueltas y que el factor se había hecho pregonar por gobernador, dijo públicamente que era mal hecho, y que no se había de consentir tal cosa, porque Cortés era vivo, y que él así lo creía, y que ya que eso fuese, lo cual Dios no permitiese, que para gobernador, que más persona y caballero y más méritos tenía Pedro de Alvarado que no el factor, y que le enviasen a llamar al Pedro de Alvarado; y secretamente su hermano Jorge de Alvarado y aún el tesorero y otros vecinos mexicanos le escribieron para que se viniese en todo caso a México con todos los soldados que tenía, y que procurarían de le dar la gobernación hasta saber si Cortés era vivo, y enviar a hacer saber a su majestad si fuese servido mandar otra cosa; y que ya que el Pedro de Alvarado con aquellas cartas se venía para México, tuvo temor del factor, según las amenazas le envió a decir al camino que le mataría; y como supo que habían ahorcado a Rodrigo de Paz y preso al licenciado Zuazo, se volvió a su conquista; y en aquel tiempo que había recogido el factor cuanto oro pudo haber en México y Nueva España, para hacer con ello mensajero a su majestad, y enviar con ello a un su amigo que se decía Peña con sus cartas secretas, y el Francisco de las Casas y el licenciado Zuazo y Rodrigo de Paz se lo contradijeron, y aun también el tesorero y contador, que hasta saber nuevas ciertas si Cortés era vivo, que no hiciese relación que era muerto, pues no lo tenían por cierto, y que si oro quería enviar a su majestad de sus reales quintos, que era muy bien, mas que fuese juntamente con parecer y acuerdo del tesorero y contador, y no solo en su nombre; y porque lo tenían ya en los navíos y para hacerse a la vela con ello, fue el de las Casas con mandamiento del alcalde mayor Zuazo y con favor de Rodrigo de Paz y de los demás oficiales de la hacienda de su majestad y conquistadores, que detuviesen el navío hasta que escribiesen a nuestro rey de la manera que estaba la Nueva España; porque, según pareció, el factor no consentía que otras personas escribiesen, sino solamente sus cartas; y después que el factor vio que el de las Casas y el licenciado no eran buenos amigos y le iban a la mano, luego los mandó prender, e hizo proceso contra el Francisco de las Casas y contra el Gil González de Ávila sobre la muerte de Olí, y los sentenció a degollar, y de hecho quería ejecutar la sentencia, por más que apelaban ante su majestad; y con gran importunidad les otorgó la apelación, y los envió Castilla presos con los procesos que contra ellos hizo; y hecho esto, da luego tras el mismo Zuazo, y que en justo y en creyente lo arrebataron y llevaron en una acémila al puerto de la Veracruz y le embarcaron para la isla de Cuba, diciendo que porque fuese a dar residencia del tiempo que fue en ella juez; y que al Rodrigo de Paz, que le echó preso y le demandó el oro y plata que era de Cortés, porque como su mayordomo sabía dello, diciendo que lo tenía escondido, porque lo quería enviar a su majestad, pues era de los bienes que tenía Cortés usurpados a su majestad; y porque no lo dio, pues era claro que no lo tenía, sobre ello le dio tormento, y con aceite y fuego le quemó los pies y aun parte de las piernas, y estaba muy flaco y malo de las prisiones, y para morir; y no contento con los tormentos, viendo el factor que si le daba vida, que se iría a quejar dél a su majestad, le mandó ahorcar por revoltoso y bandolero. Y que a todos los demás soldados y vecinos de México que eran de la banda de Cortés los mandó prender, y se retrajeron, en la casa de los frailes franciscanos Jorge de Alvarado y Andrés de Tapia, y todos los demás que eran con Cortés, puesto que otros muchos conquistadores se allegaron al factor porque les daba buenos indios, y que andaban «a viva quien vence», y que en la casa de la munición de las armas todas las sacó el factor y las mandó llevar a sus palacios, y que la artillería que estaba en la fortaleza y atarazanas las mandó asestar delante de sus casas, e hizo capitán de ella a un don Luis de Guzmán, deudo del duque de Medina Sidonia, y puso por capitán de su guarda a un Archiaga o Artiaga, que ya no se me acuerda el nombre, y para guarda de su persona a un Ginés Nortes y un Pedro González Sabiote, y otros soldados que eran de los de Cortés, y más decía en la carta que escribió Zuazo a Cortés, que mirase que fuese luego a poner recaudo en México, porque, demás de todos estos males y escándalos, había otros peores, que había escrito el factor a su majestad que le habían hallado en su recámara de Cortés un cuño con que marcaba el oro que los indios le traían a escondidas, y que no pagaba quimo dello; y también dijo que porque viese cuál andaba la cosa en México, que porque un vecino de Guazacualco que vino a aquella ciudad a demandar unos indios que en aquel tiempo vacaron por muerte de otro vecino de los que estaban poblados en la villa, por muy secretamente que dijo el vecino de Guazacualco a una mujer donde posaba, que por qué se había casado, que ciertamente era vivo su marido y todos los que fueron con Cortés, y dio causas y razones para ello; como lo supo el factor, que luego le fueron con la partería, envió por él a cuatro alguaciles, y lo llevaron engarrafado a la cárcel, y lo quería mandar ahorcar por revolvedor hasta que el pobre vecino, que se decía Gonzalo Hernández, tornó a decir que, como vido llorar a la mujer por su marido, que por la consolar lo había dicho que era vivo, mas que ciertamente todos éramos muertos; y luego le dio los indios que demandaba, y le mandó que no estuviese más en México y que no dijese otra cosa, porque le mandaría ahorcar; y más decía en el cabo de su carta: «Esto que aquí escribo a vuestra merced, pasa así, y déjelos allá, y embarcáronme preso, y trajeronme con grillos aquí donde estoy». Y después que Cortés la hubo leído, estábamos tan tristes y enojados; así del Cortés, que nos trajo con tantos trabajos, como del factor, y echábamosle dos mil maldiciones, así al uno como al otro, y se nos saltaban los corazones de coraje. Pues Cortés no pudo tener las lágrimas, que con la misma carta se fue luego a encerrar a su aposento, y no quiso que le viésemos hasta más de mediodía, y todos nosotros aun le dijimos y rogamos que luego se embarcase en tres navíos que allí estaban, y que nos fuésemos a la Nueva España; y él nos respondió muy amorosa y mansamente, y nos dijo: «¡Oh hijos y compañeros míos, que veo por una parte aquel mal hombre del factor, que está muy poderoso, y temo cuando sepa que estamos en el puerto, no haga otras desvergüenzas y atrevimientos aún más de lo que ha hecho, o me mate o ahogue o eche preso, así a mí como a vuestras personas; yo me embarcaré luego con el ayuda de Dios, y ha de ser solamente con cuatro o cinco de vuestras mercedes, y tengo de ir muy secretamente a desembarcar a puerto que no sepan en México de nosotros, hasta que desconocidos entremos en la ciudad; y demás desto, Sandoval está en Naco con pocos soldados, y ha de ir por tierra de guerra, en especial por Guatemala, que no está en paz. Conviene que vos, señor Luis Marín, con todos los compañeros que aquí vinisteis en mi busca, os volvais y os junteis con Sandoval, y se vayan camino de México». Dejemos esto, y quiero volver a decir que luego que Cortés escribió al capitán Francisco Hernández, que estaba en Nicaragua, que fue el que enviaba a buscar puerto con el Pedro de Garro, y se le ofreció Cortés que haría por él todo lo que pudiese, y le envió dos acémilas cargadas de herraje, porque sabía que tenía falta dello, y también le envió herramientas de minas, y ropas ricas para su vestir, y cuatro tazas y jarros de plata de su vajilla, y otras joyas de oro; lo cual entregó a un hidalgo que se decía fulano de Cabrera, que fue uno de los cinco soldados que fueron con nosotros en busca de Cortés; y este Cabrera fue después capitán de Benalcázar, y fue muy esforzado capitán y extremado hombre por su persona, natural de Castilla la Vieja; el cual fue maestre de campo de Blasco Núñez Vela, y murió en la misma batalla que murió el virrey. Quiero dejar cuentos viejos, y quiero decir que como yo vi que Cortés se había de ir a la Nueva España por la mar, le fui a pedir por merced que en todo caso me llevase en su compañía, y que mirase que en todos sus trabajos y guerras me había hallado siempre a su lado y le había ayudado, y que ahora era tiempo que yo conociese dél si tenía respeto a los servicios que yo le había hecho, y amistad y ruego presente. Entonces me abrazó y me dijo: «Pues si os llevo conmigo, ¿quién irá con Sandoval? Ruégoos, hijo, que vayáis con vuestro amigo Sandoval; que yo os prometo y empeño estas barbas yo os haga muchas mercedes, que bien os lo debo antes de ahora». En fin, no aprovechó cosa ninguna, que no me dejó ir consigo. También quiero decir cómo estando que estábamos en aquella villa de Trujillo, un hidalgo que se decía Rodrigo Mañueco, maestresala de Cortés, hombre de palacio, por dar contento y alegría a Cortés, que estaba muy triste, y tenía razón, apostó con otros caballeros que subiría armado de todas armas a una casa que nuevamente habían hecho los indios de aquella provincia para Cortés, según lo he declarado en el capítulo que dello habla, las cuales casas estaban en un cerro algo alto; y subiendo armado, reventó al subir de la cuesta, y murió dello; y asimismo, como vieron ciertos hidalgos de los que halló Cortés en aquella villa que no les dejaba cargos, como ellos quisieran, estaban revolviendo bandos, y Cortés los apaciguó con decir que los llevaría en su compañía a México, y que allá les daría cargos honrosos. Y dejémoslo aquí, y diré lo que Cortés más hizo, y es, que mandó a un Diego de Godoy, que había puesto por capitán en el Puerto de Caballos, con ciertos vecinos que estaban malos, y no se podían valer de pulgas y mosquitos y no tenían con qué se mantener, que todas estas miserias tenían, que se pasasen a Naco, pues era buena tierra, y que nosotros nos fuésemos con el capitán Luis Marín camino de México, y si hubiese lugar, fuésemos a ver la provincia de Nicaragua, para demandarla a su majestad en gobernación que aun de aquello tenía codicia Cortés para tomarla por gobernación el tiempo andando, si aportase a México; y después que Cortés nos abrazo y nosotros a él, y le dejamos embarcado, se fue a la vela para su vía de México, y nosotros partimos para Naco, y muy alegres en saber que habíamos de caminar la vía de México. Y con muy gran trabajo y falta de comida llegamos a Naco, y Sandoval se holgó con nosotros, y cuando llegamos, ya el Pedro de Garro, con todos sus soldados, se había despedido del Sandoval, y se fue muy gozoso a Nicaragua a dar cuenta a su capitán Francisco Hernández de lo que había concertado con Sandoval; y luego otro día que llegamos a Naco nos partimos y fuimos camino de México, y los soldados de la compañía de Garro que habían ido con nosotros a Trujillo se fueron camino de Nicaragua con el presente y carta que Cortés enviaba a Francisco Hernández. Dejare de decir de nuestro camino, y diré lo que sobre el presente sucedió a Francisco Hernández con el gobernador Pedro Arias de Ávila.

Capítulo CLXXXVI. Cómo fueron por la posta de Nicaragua ciertos amigos del Pedro Arias de Ávila a hacerle saber cómo Francisco Hernández, que envió por capitán a Nicaragua, se carteaba con Cortés y se le había alzado con las provincias de Nicaragua, y lo que sobre ello Pedro Arias hizo

Como un soldado que se decía fulano Garabito, y un Compañón, y otro que se decía Zamorano eran íntimos amigos de Pedro Arias de Ávila, gobernador de Tierra Firme, vieron que Cortés había enviado presentes a Francisco Hernández, y habían entendido que Pedro de Garro y otros soldados hablaban secretamente con el Francisco Hernández, tuvieron sospecha que quería dar aquellas provincias y tierras a Cortés; y demás desto, el Garabito era amigo de Cortés, porque siendo mancebos, en la isla de Santo Domingo el Cortés le había acuchillado sobre amores de una mujer; y como el Pedro Arias lo alcanzó a saber, por cartas y mensajeros, viene más que de paso con gran copia de soldados a pie y a caballo, y prende al Francisco Hernández; y ya el Pedro de Garro, como alcanzó a saber que venía el Pedro Arias, y muy enojado contra él, de presto se huyó y se vino a nosotros, y si el Francisco Hernández quisiera venir, tiempo tuvo para hacer lo mismo, y no quiso, creyendo que Pedro Arias lo hiciera de otra manera con él, porque habían sido muy grandes amigos; y después que el Pedro Arias hubo hecho proceso contra el Francisco Hernández, y halló que se le alzaba, por sentencia le degolló en la misma villa donde estaba poblando, y en esto paró la venida de Garro y los presentes de Cortés. Y dejarlo he aquí, y diré cómo Cortés volvió al puerto de Trujillo con tormenta, y lo que más pasó.

Capítulo CLXXXVII. Cómo yendo Cortés por la mar la derrota de México tuvo tormenta, y dos veces tornó arribar al puerto de Trujillo, y lo que allí le avino

Pues como dicho tengo en el capítulo pasado que Cortés se embarcó en Trujillo para ir a México, pareció ser tuvo tormentas en la mar, unas veces con viento contrario, y otra vez se le quebró el mástil del trinquete y mandó arribar a Trujillo; y como estaba flaco y mal dispuesto y quebrantado de la mar, y muy temeroso de ir a la Nueva España, por temor no le prendiese el factor, parecióle que no era bien ir en aquella sazón a México; y desembarcado en Trujillo, mandó decir misas al Espíritu Santo y procesión y rogativas a nuestro señor Dios y a santa María nuestra señora la virgen, que le encaminase lo que más fuese para su santo servicio; y pareció ser el Espíritu Santo le alumbró de no ir por entonces aquel viaje, sino que conquistase y poblase aquella tierra; y luego sin más dilatación envió por la posta a mata caballo tres mensajeros tras nosotros, que íbamos camino de México y nos envió sus cartas rogándonos que no pasásemos mis adelante, y que conquistásemos y poblásemos la tierra, porque el buen ángel de la guarda se lo había alumbrado y puesto en el pensamiento, y que él así lo piensa hacer. Y cuando vimos la carta y que tan de hecho lo mandaba, no lo pudimos sufrir y le echábamos mil maldiciones, y que no hubiese ventura en todo cuanto pusiese mano y se le perdiese como nos había echado a perder; y demás desto, dijimos todos a una al capitán Sandoval que si quería poblar, que se quedase con los que quisiese, que harto conquistados y perdidos nos traía, y que jurábamos que no le habíamos de aguardar más, sino irnos a las tierras de México, que ganamos; y asimismo el Sandoval era de nuestro parecer;

y lo que con nosotros pudo acabar fue que le escribiésemos por la posta con los mismos sus mensajeros que nos trajeron las cartas, dándole a entender nuestra voluntad; y en pocos días recibió nuestras cartas con firmas de todos; y las respuestas que a ellas nos dio, fue ofrecerse en gran manera a los que quisiésemos quedar a poblar aquella tierra, y en cabo de aquella carta traía una cortapisa que decía que si no le querían obedecer como lo mandaba, que en Castilla y en todas partes había soldados. Y de que aquella respuesta vimos, todos nos queríamos ir camino de México y perderle la vergüenza; y como aquello vio el Sandoval, muy afectuosamente y con grandes ruegos nos importunó que aguardásemos algunos días, que él en persona iría a hacer embarcar a Cortés; y le escribimos en respuesta de la carta, que ya había de tener compasión y otro miramiento del que tiene, de habernos traído de aquella manera, y que por su causa nos han robado y vendido nuestras haciendas y tomado los indios; y los más soldados que allí con nosotros estaban, que eran casados, dijeron que ni sabían de sus mujeres e hijos; y le suplicamos todos que luego se volviese a embarcar y se fuese camino de México; porque, así como dice que hay soldados en Castilla y en todas partes, que también sabe que hay gobernadores y capitanes puestos en México, y que do quiera que llegaremos nos darán nuestros indios aunque les pese, y no le estaremos a Cortés aguardando que por su mano nos los dé; y luego fue Sandoval, y llevó en su compañía a un Pedro de Saucedo «el Romo», y a un herrador que se decía Francisco Donaire, y llevó consigo su buen caballo, que se decía Motilla, y juró que había de hacer embarcar a Cortés y que se fuese a México. Y porque he traído aquí a la memoria del caballo Motilla, fue de mejor carrera y revuelto, y en todo de buen parecer, castaño oscuro, que hubo en la Nueva España; y tanto fue de bueno, que su majestad tuvo noticia dél, y aun el Sandoval se lo quiso enviar presentado. Dejemos de hablar del caballo Motilla, y volvamos a decir que Sandoval me demandó a mí mi caballo, que era muy bueno, así de juego como de carrera y de camino, y este caballo hube en 600 pesos, que solía ser de un Abalos hermano de Saavedra, porque otro que traje me lo mataron en una entrada de un pueblo que se dice Zulaco, que me había costado en aquella sazón sobre 600 pesos; y el Sandoval me dio otro de los suyos a trueco del que le di, que no me duró el que me dio dos meses, que también me lo mataron en otra guerra; y no me quedó sino un potro muy ruin que había mercado de los mercaderes que vinieron a Trujillo, como otras veces he dicho en el capítulo que dello habla. Volvamos a nuestra relación, y dejemos de contar de las averías de caballos y de mi trabajo, y que antes que Sandoval de nosotros partiese nos habló a todos con mucho amor y dejó a Luis Marín por capitán, y nos fuimos luego a unos pueblos que se dicen Maniani, y desde allí a otro pueblo que en aquella sazón era de muchas casas, que se decía Acalteca, y que allí esperásemos la respuesta de Cortés; y en pocos días llegó Sandoval a Trujillo, y se holgó mucho el Cortés de ver al Sandoval, y como vio lo que le escribíamos, no sabía qué consejo tomar, porque ya había mandado a su primo Saavedra, que era capitán, que fuese con todos los soldados a pacificar los pueblos que estaban de guerra; y por más palabras e importunaciones que el Sandoval dijo a Cortés y Pedro de Saucedo «el Romo» para que se fuese a la Nueva España, nunca se quiso embarcar. Y lo que pasó diré adelante.

Capítulo CLXXXVIII. Cómo Cortés envió un navío a la Nueva España, y por capitán de él a un criado suyo que se decía Martín de Orantes, y con cartas y poderes para que gobernase Francisco de las Casas y Pedro de Alvarado si allí estuviese, y si no, el Alonso de Estrada y el Albornoz

Pues como Gonzalo de Sandoval no pudo acabar que Cortés se embarcase, sino que todavía quiso conquistar y poblar aquella tierra, que en aquella sazón era bien poblada y había fama de minas de oro, fue acordado por Cortés y Sandoval que luego sin más dilación enviase un navío a México con un criado suyo que se decía Martín de Orantes, hombre diligente, que se podía fiar en él cualquier negocio de importancia, y fuese por capitán del navío, y llevó poderes para Pedro de Alvarado y Francisco de las Casas, si estuviesen en México, para que fuesen gobernadores de la Nueva España hasta que Cortés fuese; y si no estaban en México, que gobernase el tesorero Alonso de Estrada y el contador Albornoz, según y de la manera que les había de antes dado el poder; y revocó los poderes del factor y veedor, y escribió muy amorosamente, así al tesorero como a Albornoz, puesto que supo de las cartas contrarias que hubo escrito a su majestad contra Cortés; y también escribió a todos sus amigos los conquistadores, y a los monasterios de San Francisco y frailes y mandó al Martín de Orantes que fuese a desembarcar a una bahía entre Pánuco y la Veracruz; y así se lo mandó Cortés al piloto y marineros, y aun se lo pagó muy bien, y que no echasen en tierra otra persona, salvo al Martín de Orantes, y que luego en echándolo en tierra, alzasen anclas y diesen velas y se fuesen a Pánuco. Pues ya dado uno de los mejores navíos de los tres que allí estaban, y metido matalotaje, y después de haber oído misa, dan velas, y quiere nuestro señor darles tan buen tiempo, que en pocos días llegaron a la Nueva España, y vanse derechamente a la bahía cerca de Pánuco, la cual bahía sabía muy bien el Martín de Orantes; y como saltó en tierra, dando muchas gracias a Dios por ello, luego se disfrazó el Martín de Orantes porque no le conociesen, y quitó sus vestidos, y tomó otros como de labrador, porque así le fue mandado por Cortés, y aun llevó hechos los vestidos de Trujillo; y con todas sus cartas y poderes bien liados en el cuerpo, de manera que no hiciesen bulto, iba a más andar por su camino a pie, que era suelto peón, a México, y cuando llegaba a los pueblos de indios donde había españoles, metíase entre los indios por no tener pláticas, no le conociesen los españoles; y ya que no podía menos de tratar con españoles, no le podían conocer, porque ya había dos años y tres meses que salimos de México y le habían crecido las barbas, y cuando le preguntaban algunos cómo se llamaba, adónde iba o venía, que acaso no podía menos de responderles, decía que se decía Juan de Flechilla y que era labrador; por manera que en cuatro días que salió del navío, entró en México de noche y se fue a la casa de los frailes de señor san Francisco, donde halló muchos retraídos, y entre ellos a Jorge de Alvarado y a Andrés de Tapia, y a Juan Núñez de Mercado y a Pedro Moreno Medrano, y a otros conquistadores y amigos de Cortés; y como vieron al Orantes y supieron que Cortés era vivo, y vieron sus cartas, no podían estar de placer los unos y los otros, y saltaban y bailaban; pues los frailes franciscanos, y entre ellos fray Toribio Motolinea y un fray Diego Altamirano, daban todos saltos de placer y muchas gracias a Dios por ello, y luego sin más dilación cierran todas sus puertas del monasterio, porque ninguno de los traidores, que había muchos, fuesen a dar mandado ni hubiese pláticas sobre ello; y a media noche lo hacen saber al tesorero y al contador Albornoz y a otros amigos de Cortés, y así como lo supieron, sin hacer ruido, vinieron a San Francisco y vieron los poderes que Cortés les enviaba, y acordaron sobre todas cosas de ir a prender al factor; y toda la noche se les fue en apercibir amigos y armas para otro día por la mañana le prender, porque el veedor en aquel tiempo estaba sobre el peñol de Coatlan; y como amaneció, fue el tesorero con todos los del bando de Cortés, y el Martín de Orantes con ellos, porque le conociesen y se alegrasen; y fueron a las casas del factor diciendo: «Viva, viva el rey nuestro señor, y Hernando Cortés en su real nombre, que es vivo y viene ahora a esta ciudad, y yo soy su criado Orantes»; y como oían aquel ruido los vecinos, y tan de mañana y oían decir «viva el rey», todos acudieron, como eran obligados, a tomar armas, creyendo que había alguna otra cosa, para favorecer las cosas de su majestad; y después que oyeron decir que Cortés era vivo y vieron al Orantes, se holgaban; y luego se juntaron con el tesorero para ayudarle muchos vecinos de México, porque, según pareció, el contador no ponía en ello mucho calor; antes le pesaba y andaba doblado, hasta que el Alonso de Estrada se lo reprendió, y aun sobre ello tuvieron palabras muy sentidas y feas, que no le contentaron mucho al contador; y yendo que iba a las casas del factor, ya estaba muy apercibido; que luego lo supo, que le avisó dello el mismo contador cómo le iban a prender; y mandó asestar su artillería delante de sus casas, y era capitán della don Luis de Guzmán, primo del duque de Medina Sidonia, y tenía sus capitanes apercibidos con muchos soldados; decíanse los capitanes Artiaga y Ginés y Pedro González; y así como llegó el tesorero y Jorge de Alvarado y Andrés de Tapia y Pedro Moreno, con todos los demás conquistadores (y el contador, aunque flojamente y de mala gana) con todas sus gentes apellidando: «Aquí del rey, y Hernando Cortés en su real nombre»; les comenzaron a entrar, unos por las azoteas, y otros por las puertas de los aposentos y por otras dos partes. Todos los que eran de la parte del factor desmayaron, porque el capitán de la artillería, que fue don Luis de Guzmán, tiró por su parte, y los artilleros por la suya, y desampararon los tiros; pues el capitán Artiaga dio prisa en se esconder, y el Ginés Nortes se descolgó y echó por unos corredores abajo; que no quedó con el factor sino Pedro González Sabiote y otros cuatro criados del factor; y como se vio desamparado, el mismo factor tomó un tizón para poner fuego a los tiros; mas diéronle tanta prisa, que no pudo más, y allí le prendieron y le pusieron guardas, hasta que hicieron una red de maderos gruesos y le metieron dentro, y allí le daban de comer, y. en esto paró la cosa de su gobernación; y luego hicieron mensajeros a todas las villas de la Nueva España, dando relación de todo lo acaecido; y estando desta manera, a unas personas les placía, y a los que el factor había dado indios y cargos les pesaba. Y fue la nueva al peñol de Coatlan y a Guaxaca, donde estaba el veedor; y como lo supo él y sus amigos, fue tan grande la tristeza y pesar que tomó, que luego cayó malo, y dejó el cargo de capitán a Andrés de Monjaraz, que estaba malo de bubas, ya otra vez por mí nombrado, y se vino en posta a la ciudad de Texcoco y se metió en el monasterio de San Francisco; y como el tesorero y el contador, que ya eran gobernadores, lo supieron, le enviaron a prender allí en el monasterio; porque antes que se viniese el veedor había enviado alguaciles con mandamientos y soldados a le prender do quiera que le hallasen, y aun a quitarle el cargo de capitán; y como supieron los alguaciles que estaba en Texcoco, le sacaron del monasterio y le trajeron a México, y le echaron en otra jaula como al factor; y luego en posta envían mensajeros a Guatemala, a Pedro de Alvarado, y le hacen saber de la prisión del factor y veedor; y como Cortés estaba en Trujillo, que no es muy lejos de su conquista, que fuese luego en su busca y le hiciese venir a México, y le dieron cartas y relación de todo lo por mí arriba dicho, según y la manera que pasó. Y además desto, la primera cosa que el tesorero hizo, fue mandar honrar a Juana de Mansilla, que había mandado azotar el factor por hechicera; y fue desta manera, que mandó cabalgar a caballo a todos los caballeros de México, y el mismo tesorero la llevó a las ancas de su caballo por las calles de México, y decía que como matrona romana hizo lo que hizo, y la volvió en su honra de la afrenta que el factor la había hecho; y con mucho regocijo la llamaron de allí adelante doña Juana de Mansilla, y dijeron que era digna de mucho loor, pues no la pudo hacer el factor que se casase ni dijese menos de lo que primero había dicho, que su marido y Cortés y todos éramos vivos; y por aquella honra y «don» que le pusieron, dijo Gonzalo de Ocampo, el de los libelos infamatorios, que sacó «don» de las espaldas, como narices de brazo. Dejarlo he aquí, y diré lo que más pasó.

Capítulo CLXXXIX. Cómo el tesorero, con otros muchos caballeros rogaron a los frailes franciscanos que enviasen a

un fray Diego de Altamirano, que era deudo de Cortés, que fuese en un navío a Trujillo y lo hiciese venir, y lo que sucedió

Como el tesorero y otros caballeros de la parte de Cortés vieron que convenía que luego viniese Cortés a la Nueva España, porque ya se comenzaban bandos, y el contador no estaba de buena voluntad para que el factor ni el veedor estuviesen presos, y sobre todo, temía el contador a Cortés en gran manera cuando supiese lo que había escrito dél a su majestad, según lo tengo ya dicho en dos partes, en los capítulos pasados que dello hablan, acordaron de ir a rogar a los frailes franciscos que diesen licencia a fray Diego Altamirano que en un navío que le tenían presto y bien abastecido, y con buena compañía, fuese a Trujillo e hiciese venir a Cortés; porque aqueste religioso era su pariente, y hombre que antes que se metiese fraile había sido soldado y hombre de guerra, y sabía de negocios, y los frailes lo hubieron por bien, y el fraile Altamirano, que lo tenía en voluntad. Dejemos de hablar en el viaje del fraile, que se está apercibiendo, y diré que, como el factor y veedor estaban presos, y pareció ser que, como dicho tengo otras veces, el contador andaba muy doblado y de mala voluntad, y viendo que las cosas de Cortés se hacían prósperamente; y como el factor solía tener por amigos a muchos hombres bandoleros que siempre quisieron cuestiones y revueltas, y porque tenían buena voluntad al factor y al Chirinos, porque les daban pesos de oro e indios, acordaron de se juntar muchos dellos, y aun algunas personas de calidad y de todos jaeces, y tenían concertado el soltar al factor y al veedor, y de matar al tesorero y a los carceleros, y dicen que lo sabía el contador y se holgaba mucho dello; y para ponerlo en efecto hablaron muy secretamente a un cerrajero que hacía ballestas, que se decía Guzmán, hombre soez, que decía gracias y chocarrerías; y le dijeron muy secreto que les hiciese unas llaves para abrir las puertas de la cárcel y de las redes donde estaba el factor y el veedor, y que se lo pagarían muy bien, y le dieron un pedazo de oro en señal de la hechura de las llaves, y le previnieron y dijeron y encargaron que mirase que lo tuviese muy secreto; y el cerrajero dijo con palabras muy halagüeñas y alegres que le placía, y que hubiesen ellos más secreto de lo que mostraban, pues aquel caso en que tanto iba, se lo descubrieron a él, sabiendo quién era, que no lo descubriesen a otros, y que se holgaba que el factor y veedor saliesen de la prisión; y preguntándoles que quiénes y cuántos eran en el negocio, y adónde se habían de llegar cuando fuesen a hacer aquella buena obra, y qué día y qué hora, y todo se lo decían muy claramente, según lo tenían acordado; y comenzó a forjar unas llaves según la forma de los moldes que le traían para hacerlas, y no para que las hiciese perfectas ni podrían abrir con ellas, y esto hacía adrede, porque fuesen y viniesen a su tienda a la obra de las llaves para que las hiciese buenas, y entre tanto saber más de raíz el concierto que estaba hecho; y mientras más se dilató la hechura de las llaves, mejor lo alcanzó a saber; y venido el día que habían de ir con sus llaves, que ya había hecho buenas, y todos puestos a punto con sus armas, fue el cerrajero de presto en casa del tesorero, Alonso de Estrada y le da relación dello, y sin más dilación, cuando lo supo el tesorero, envía secretamente a percibir a todos los que eran del bando de Cortés, sin hacerlo saber al contador, y van a la casa donde estaban recogidos los que habían de soltar al factor, y de presto prenden hasta veinte hombres de los que estaban armados, y otros se huyeron, que no se pudieron haber; y hecha la pesquisa a qué se habían juntado, hallóse que era para soltar a los por mí nombrados y matar al tesorero; y allí también se supo que el contador lo había por bien; y como había entre ellos tres o cuatro hombres muy revoltosos y bandoleros, y en todas las cizañas y revueltas que en México en aquella sazón habían pasado, se habían hallado, y aun el uno dellos había hecho fuerza a una mujer de Castilla: después que se hizo proceso contra ellos, el cual hizo un bachiller que se decía Ortega, que estaba por alcalde mayor y era de su tierra de Cortés, sentenció los tres dellos a ahorcar y a otros a azotar, y decíanse los que ahorcaron, el uno Pastrana y el otro Valverde y el otro Escobar, y los que azotaron no me acuerdo sus nombres; y el cerrajero se escondió por muchos días, que hubo miedo no le matase la parcialidad del factor por haber descubierto aquello que con tanto secreto se lo dijeron. Dejemos de hablar en esto, pues que ya son muertos, y aunque vaya tan gran salto, como diré, fuera de nuestra relación, también lo que ahora diré viene a coyuntura, y es que, como el factor hubo enviado la nao con todo el oro que pudo haber, para su majestad, según dicho tengo en los capítulos pasados, y escribió a su majestad que Cortés era muerto, y cómo se le hicieron las honras, e hizo saber otras cosas que le convenían, y enviaba a suplicar a su cesárea majestad que le hiciese merced de la gobernación; pareció ser que en la misma nao que él envió sus despachos iban otras cartas muy encubiertas, que el factor no pudo saber dellas; las cuales cartas eran para su majestad, y que supiese todo lo que pasaba en la Nueva España y de las injusticias y cosas atroces que el factor y veedor habían hecho; y además desto, ya tenía su majestad relación dello por parte de la audiencia real de Santo Domingo y de los frailes jerónimos, cómo Cortés era vivo y que estaba sirviendo a su real corona en conquistar y poblar la provincia de Honduras; y de que los del real consejo de las Indias y el comendador mayor de León lo supieron, lo hicieron saber a su majestad; y entonces dicen que dijo el emperador nuestro señor. «Mal hecho ha sido todo lo que han hecho en la Nueva España en se saber levantado contra Cortés, y mucho me han deservido; pues es vivo (téngole por tal), y serán castigados por justicia los malhechores en llegando que llegue a México.» Volvamos a nuestra relación, y es, que el fraile Altamirano se embarcó en el puerto de la Veracruz, según estaba acordado, y con buen tiempo en pocos días llegó al puerto de Trujillo, donde estaba Cortés; y cuando los de la villa y Cortés vieron un navío poderoso venir a la vela hacia el puerto, luego pensaron lo que fue, que venía de la Nueva España para le llevar a México. Y como hubo tomado puerto, y salió el fraile a tierra muy acompañado de los que traía en su compañía, y Cortés conoció algunos dellos que había visto en México, todos le fueron a besar las manos, y el fraile le abrazó, y con palabras muy santas y buenas se fueron a la iglesia a hacer oración, y desde allí a los aposentos, adonde el padre fray Diego Altamirano le dijo que era su primo, y le contó lo acaecido en México, según más largamente lo tengo escrito, y lo que Francisco de las Casas había hecho por Cortés, y cómo era ido a Castilla; todo lo cual que le dijo el fraile, lo sabía Cortés por la carta del licenciado Zuazo, como dicho tengo en el capítulo que dello habla; y Cortés mostró gran sentimiento dello, y dijo que, pues nuestro señor Dios fue servido que aquello pasase, que le daba muchas gracias por ello y por estar México ya en paz; y que él se quería ir luego por tierra, porque por la mar no se atrevía, porque, como se hubo embarcado la otra vez dos veces, y no pudo navegar porque las aguas vienen muy corrientes y contrarias, y había de ir siempre con trabajo, y también como estaba flaco. Luego le dijeron los pilotos que en aquel tiempo era en el mes de abril, y que no hay corrientes y es la mar bonanza; por manera que acordó de embarcarse; y no se pudo hacer luego a la vela, hasta que viniese el capitán Gonzalo de Sandoval, que le había enviado a unos pueblos que se dicen Olancho, que estaban de allí hasta cincuenta y cinco leguas, porque había ido pocos días había a echar de aquella tierra un capitán de Pedro Arias de Ávila, que se decía Rojas, el que había enviado Pedro Arias a descubrir tierras y buscar minas desde Nicaragua, después que hubo degollado al Francisco Hernández, como dicho tengo; porque, según pareció, los indios de aquella provincia de Olancho se vinieron a quejar a Cortés cómo muchos soldados de los de Nicaragua les tomaban sus hijas y sus mujeres, y les robaban sus gallinas y todo lo que tenían; y el Sandoval fue con brevedad, y llevó sesenta hombres, y quiso prender al Rojas, y por ciertos caballeros que se metieron de por medio de la una parte y de la otra, los hicieron amigos, y aun le dio el Rojas al Sandoval un indio paje para que le sirviese; y luego en aquella sazón llegó la carta de Cortés al Sandoval para que luego sin más dilación se viniese con todos sus soldados, y le dio relación de cómo vino el fraile, y todo lo acaecido en México; y como lo entendió, hubo mucho placer y no veía la hora de dar vuelta, y vino en posta después de haber echado de allí al Rojas; y luego Cortés, como vio al Sandoval, hubo mucho placer, y da sus instrucciones al capitán Saavedra, que quedaba por su teniente en aquella provincia, y lo que tenía de hacer; y escribió al capitán Luis Marín y a todos nosotros que luego nos fuésemos camino de Guatemala, y nos hizo saber lo acaecido en México, según y de la manera que aquí se hace mención, y lo de la venida del fraile, y de la prisión del factor y veedor, según y como aquí va declarado; y también mandó que el capitán Godoy, que quedaba en Puerto de Caballos poblado, se pasase a Naco con toda su gente; las cuales cartas dio a Saavedra para que con gran diligencia nos las enviase, y el Saavedra no quiso encaminarlas, por malicia, y se descuidó; y supimos que de hecho no quiso darlas; que nunca supimos dellas. Y volviendo a nuestra relación: Cortés se embarcó con todos sus amigos, y con buen tiempo llegó en el paraje de La Habana, y porque le hizo mejor tiempo que para la Nueva España, fue al puerto; con el cual se holgaron todos los vecinos de La Habana sus conocidos, y tomaron refresco; y supo nuevas, de un navío que había pocos días que había aportado y venido de la Nueva España, que estaba en paz y sosegado México, y que el peñol de Coatlan, como supieron los indios, que en él estaban hechos fuertes y daban guerra a los españoles, que Cortés y los conquistadores éramos vivos, vinieron de paz al tesorero debajo de ciertas condiciones. Y pasaré adelante.

Capítulo CXC. Cómo Cortés se embarcó en La Habana para ir a la Nueva España, y con buen tiempo llegó a la Veracruz, y de las alegrías que todos hicieron con su venida

Como Cortés hubo descansado en La Habana cinco días, no veían la hora que estar en México, y luego manda embarcar toda su gente y se hacen a la vela, y en doce días, con buen tiempo, llegó cerca del puerto de Medellín, en frente de la isla de Sacrificios, y allí mandó anclar los navíos por aquella noche, y acordó con veinte soldados sus amigos que saltaron en tierra, y vanse a pie obra de media legua junto a San Juan de Ulúa, que así se llamaba, y quiso su ventura que toparon una arria de caballos que venía a aquel puerto de Ulúa con ciertos pasajeros para se embarcar para Castilla, y vase Cortés a la Veracruz en los caballos y mulos de la arria, que serían cinco leguas de andura, y mandó que no fuesen ningunos a avisar cómo venía; y antes que amaneciese con dos horas llegó a la villa, y fuese derecho a la iglesia, que estaba abierta la puerta, y se metió dentro en ella con toda su compañía; y como era muy de mañana, vino el sacristán, que era nuevamente venido de Castilla, y Como vio la iglesia toda llena de gente forastera, y no conocía a Cortés ni a los que con él estaban, salió dando voces a la calle, llamando a la justicia, que estaban en la iglesia muchos hombres forasteros, para que les mandasen salir della; y a las voces que dio el sacristán, vino el alcalde mayor y otros alcaldes ordinarios, con tres alguaciles y otros muchos vecinos con armas, pensando que era otra cosa, y entraron de repente y comenzaron a decir con palabras airadas que saliesen de la iglesia; y como Cortés estaba flaco del camino, no le conocieron hasta que le oyeron hablar; y como vieron que era Cortés, vanle todos a besar las manos y darle la buena venida; pues a los conquistadores que vivían en aquella villa Cortés los abrazaba y los nombraba por sus nombres, qué tales estaban, y les decía palabras amorosas; y luego se dijo misa, y le llevaron a aposentar en las mejores casas que había de Pedro Moreno Medrano, y estuvo allí ocho días, y le hicieron muchas fiestas y regocijos, y luego por la posta envían mensajeros a México a decir cómo había llegado; y Cortés escribió al tesorero y al contador, puesto que supo que no era su amigo el contador, y a todos sus amigos y al monasterio de San Francisco: de las cuales nuevas todos se alegraron; y como lo supieron todos los indios de la redonda, tráenle presentes de oro y mantas, y cacao y gallinas y frutas, y luego se partió de Medellín; y yendo por su jornada, le tenían el camino limpio, y hechos aposentos con grandes enramadas y con mucho bastimento para Cortés y todos los que iban en su compañía. Pues saber yo decir lo que los mexicanos hicieron de alegrías, que se juntaron con todos los pueblos de la redonda de la laguna, y le enviaron al camino gran presente de joyas de oro y ropa y gallinas, y todo género de frutas de la tierra que en aquella sazón había, y le enviaron a decir que les perdone, por ser de repente su llegada, que no le envían más; que de que vaya a su ciudad harán lo que son obligados, y le servirán como a su capitán que los conquistó y los tiene en justicia; y de aquella misma manera vinieron otros pueblos. Pues la provincia de Tlaxcala no se olvidó mucho, que todos los principales le salieron a recibir con danzas y bailes y regocijos y muchos bastimentos; y desque llegó a obra de tres leguas de la ciudad de Texcoco, que es casi aquella ciudad tamaña población con sus sujetos como México; de allí salió el contador Albornoz, que a aquel efecto había venido para recibir a Cortés por estar bien con él, que le temía en gran manera; y juntó muchos españoles de todos los pueblos de la redonda, y con los que estaban en su compañía y los caciques de aquella ciudad, con grandes invenciones de juegos y danzas, fueron a recibir a Cortés más de dos leguas; con lo cual se holgó; y cuando llegó a Texcoco le hicieron otro gran recibimiento, y durmió allí aquella noche; y otro día de mañana fue camino de México, y escribiéle el tesorero y el cabildo, y todos los caballeros y conquistadores amigos de Cortés, que se detuviese en unos pueblos dos leguas de Tenustitlan, México; que bien pudiera entrar aquel día, y que lo dejase para otro día por la mañana, porque gozasen todos del gran recibimiento que le hicieron; y saló el tesorero con todos los conquistadores y caballeros y cabildo de aquella ciudad, y todos los oficiales en ordenanza, y llevaron los más ricos vestidos y calzas y jubones que pudieron, con todo género de instrumentos; y los caciques mexicanos por su parte con muchas maneras de invenciones de divisas y libreas que pudieron haber; y la laguna llena de canoas, e indios guerreros en ellas, según y de la manera que solían pelear con nosotros, en el tiempo de Guatemuz, los que salieron por las calzadas. Fueron tantos los juegos y regocijos, que se quedarán por decir, pues en todo el día por las calles de México todo era bailes y danzas, y después que anocheció muchas lumbres a las puertas. Pues aun lo mejor quedaba por decir, que los frailes franciscos, otros días después que Cortés hubo llegado, hicieron procesiones, dando muchos loores a Dios por las mercedes que les había hecho en haber venido Cortés. Pues volviendo a su entrada en México, se fue luego al monasterio de señor san Francisco, adonde hizo decir misa, y daba loores a Dios, que le sacó de los trabajos pasados de Honduras y le trajo a aquella ciudad; y luego se pasó a sus casas, que estaban muy bien labradas, con ricos palacios, y allí era servido y temido y tenido de todos como un príncipe; y los indios de todas las provincias le venían a ver, y le traían presentes de oro, y aun los caciques del peñol de Coatlan, que se habían alzado, le vinieron a dar la bienvenida y le trajeron presentes; y fue su entrada de Cortés en México por el mes de junio, año de 1524 o 25. Y como Cortés hubo descansado, luego mandó prender a los bandoleros, y comenzó a hacer pesquisas sobre los tratos del factor y veedor; y también prendió a Gonzalo de Ocampo o a Diego de Ocampo, que no sé bien el nombre de pila, que fue al que hallaron los papeles de los libelos infamatorios; y también se prendió a un Ocaña, escribano, que era muy viejo, que llamaban cuerpo y alma del factor; y después que los tuvo presos, tenía pensamiento Cortés, viendo la justicia que para ello había, de hacer proceso contra el factor y veedor; y por sentencia los despachar, y si de presto lo hiciera, no hubiera en Castilla quien dijera: «Mal hizo Cortés»; y su majestad lo tuviera por bien hecho; y esto yo lo oí decir a los del real consejo de Indias, estando presente el señor obispo fray Bartolomé de las Casas, en el año de 1540, cuando yo allá fui sobre mis pleitos, que se descuidó mucho Cortés en ello, y se lo tuvieron a flojedad.

Capítulo CXCI. Cómo en este instante llegó al puerto de San Juan de Ulúa, con tres navíos, el licenciado Luis Ponce de León, que vino a tomar residencia a Cortés, y lo que sobre ello pasó; y hay necesidad de volver algo atrás para que bien se entienda lo que ahora diré

Ya he dicho en los capítulos pasados las grandes quejas que de Cortés dieron ante su majestad, estando la corte en Toledo; y los que dieron las quejas fueron los de la parte de Diego Velázquez, con todos los por mí nombrados y también ayudaron a ellas las cartas del Albornoz; y como su majestad creyó que era verdad, había mandado al almirante de Santo Domingo que viniese con gran copia de soldados a prender a Cortés y a todos los que fuimos en desbaratar a Narváez; y también he dicho que, como lo supo el duque de Béjar don Álvaro de Zúñiga, que fue a suplicar a su majestad que hasta saber la verdad que no se creyese de cartas de hombres que estaban muy mal con Cortés; y cómo no vino el almirante, y las causas por qué; y cómo su majestad proveyó que viniese un hidalgo que en aquella sazón estaba en Toledo, que se decía el licenciado Luis Ponce de León, primo del conde de Alcaudete, y le mandó que le viniese a tomar residencia, y si le hallase culpado en las acusaciones que le pusieron, que le castigase de manera que en todas partes fuese sonada la justicia que sobre ello hiciese; y para que tuviese noticia de todas las acusaciones que acusaban a Cortés, trajo consigo las memorias de las cosas que decían que habían dicho, e instrucciones por donde había de tomar la residencia; y luego se puso en la jornada y viaje con tres navíos, que esto no se me acuerda bien, si era tres o cuatro, y con buen tiempo que le hizo llegó al puerto de San Juan de Ulúa, y luego se desembarcó y se vino a la villa de Medellín; y como supieron quién era y que venía por juez a tomar residencia a Cortés, luego un mayordomo de Cortés que allí residía, que se decía Gregorio de Villalobos, en posta se lo hizo saber a Cortés, y en cuatro días lo supo en México; de que se admiró Cortés, que tan de repente le tomaba su venida, porque quisiera saberlo más temprano para irle a hacer la mayor honra y recibimiento que pudiera; y al tiempo que le vinieron las cartas estaba en señor San Francisco, que quería recibir el cuerpo de nuestro señor Jesucristo, y con mucha humildad rogaba a Dios que en todo le ayudase; y como tuvo las nuevas por muy ciertas, de presto despachó mensajeros para saber quién eran los que venían, y si traían cartas de su majestad; y desque vino la primera nueva dende a dos días vinieron tres mensajeros que enviaba el licenciado Luis Ponce de León con cartas para Cortés, y una era de su majestad, por las cuales supo que su majestad mandaba que le tomasen residencia y vistas las reales cartas, con mucho acato y humildad las besó y puso sobre su cabeza, y dijo que recibía gran merced que su majestad le enviase quien le oyese de justicia, y luego despachó mensajeros con respuesta para el mismo Luis Ponce, con palabras sabrosas y ofrecimientos muy mejor dichos que yo lo sabré decir, y que le diese aviso por cuál de los dos caminos quería venir, porque para México había un camino por una parte y otro por un atajo, para que tuviese aparejado lo que convenía para servir a criado de tan alto rey y señor; y desque el licenciado vio las cartas, respondió que venía muy cansado de la mar y que quería reposar algunos días, y dándole muchas gracias y mercedes por la gran voluntad que mostraba. Pues como algunos vecinos de aquella villa que eran enemigos de Cortés, y otros de los que trajo Cortés consigo de lo de Honduras que no estaban bien con él, que fueron de los que hubo desterrado de Pánuco, y por cartas que luego le escribieron a Luis Ponce, de México, otros contrarios de Cortés, le dijeron que Cortés quería hacer justicia del factor y veedor antes que llegase a Méjico el licenciado; y más le dijeron, que mirase bien por su persona, que si Cortés le escribió con tantos ofrecimientos, es para saber por cuál de los dos caminos quería venir, que era para despacharle, y que no se fiase de sus palabras ni ofertas; y le dijeron otras muchas cosas de males que decían había hecho Cortés, así a Narváez como a Garay, y de los soldados que dejaba perdidos en Honduras, y sobre tres mil mexicanos que murieron en el camino, y que un capitán que se decía Diego de Godoy, que dejó allá poblando con obra de treinta soldados, todos dolientes, que creen que serán muertos; y salió verdad así como se lo dijeron, lo de Godoy y soldados; y que le suplicaban que luego en posta fuese a México, y que no curase de hacer otra cosa y que tomase ejemplo en lo del capitán Narváez y en lo del adelantado Garay y en lo de Cristóbal de Tapia, que no le quiso obedecer, y le hizo embarcar, y se volvió por donde vino; y le dijeron otros muchos daños y desatinos contra Cortés, por ponerle mal con él, y aun le hicieron en creyente que no le obedecería. Y como aquello vio el licenciado Luis Ponce, y traía consigo otros hidalgos, que fueron el alguacil mayor Proaño, natural de Córdoba, y a un su hermano, y a Salazar de la Pedrada, qué venía por alcaide de la fortaleza, que murió luego de dolor de costado, y a un licenciado o bachiller que se decía Marcos de Aguilar, y a un soldado que se decía Bocanegra, de Córdoba, y a ciertos frailes de Santo Domingo, y por provincial dellos un fray Tomás Ortiz, que decían había estado ciertos años por prior en una tierra que llamaban (no me acuerdo el nombre); y deste religioso, que venía por prior, decían todos los que venían en su compañía que era más desenvuelto para entender en negocios que no para el santo cargo que traía. Pues volviendo a nuestra relación, el Luis Ponce tomó consejo con estos hidalgos que traía en su compañía si iría luego a México o no, y todos le aconsejaron que no se parase ni de día ni de noche, creyendo que era verdad lo que decían de los males de Cortés; por manera que cuando los mensajeros de Cortés llegaron con otras cartas en respuesta de las que le escribió el licenciado, y mucho refresco que le traían, ya estaba el licenciado cerca de Iztapalapa, donde se le hizo un gran recibimiento con mucha alegría y contento que Cortés tenía con su venida y le mandó hacer un banquete muy cumplido; y después de bien servidos en la comida de muchos y buenos manjares, dijo Andrés de Tapia, que sirvió en aquella fiesta de maestresala, que por ser cosa de apetito para en aquel tiempo en estas tierras, porque era cosa nueva, que si quería su merced que le sirviesen de natas y requesones; y todos los caballeros que allí comían con el licenciado se holgaron que los trajesen, y estaban muy buenas las natas y requesones, y comieron algunos tantos dellos, que se le revolvió el estómago a unos dellos y revesé, y este porque comió demasiado dellos, y esto digo, porque es verdad, que cuando los como se me revuelve la voluntad, porque son fríos y pesados; y otros no tuvieron ningún sentimiento de los haber hecho mal ni daño en el estómago. Y entonces dijo aquel religioso que venía por prior o provincial, que se decía fray Tomás Ortiz, que las natas y requesones venían revueltas con rejalgar, y que él no las quiso comer por aquel temor; y otros que allí comieron dijeron que vieron comer al fraile dellas hasta hartarse, y había dicho que estaban muy buenas; y por haber servido de maestresala el Tapia, sospecharon lo que nunca por el Pensamiento le pasó. Y volvamos a nuestra relación: que en este recibimiento de Iztapalapa no se halló Cortés, que en México se quedó; mas fama hubo echadiza muy secretamente que enviaba a Luis Ponce un buen presente de tejuelos y barras de pro; esto no lo sé bien ni lo afirmo; Otros dijeron que nunca tal pasó. Pues como Iztapalapa está dos leguas de México, y tenía puestos hombres para que le avisasen a que hora venía a

México para salirle a recibir, fue Cortés con toda la caballería que en México había, en que iban el mismo Cortés y Gonzalo de Sandoval, y el tesorero Alonso de Estrada y el contador, y todo el cabildo de México y los conquistadores, y Jorge de Alvarado y Gómez de Alvarado, porque Pedro de Alvarado en aquella sazón no estaba en México, sino en Guatemala, que había ido en busca de Cortés y de nosotros; y salieron otros muchos caballeros que nuevamente habían venido de Castilla; y cuando encontraron a Luis Ponce en la calzada se hicieron grandes acatos entre él y Cortés; y el licenciado Luis Ponce en todo pareció muy bien mirado, que se hizo muy de rogar sobre que Cortés le dio la mano derecha y él no la quería tomar, y estuvieron en cortesías hasta que la tomó; y como entraron en la ciudad, el licenciado iba admirado de la gran fortaleza que en ella había y de las muchas ciudades y poblaciones que había visto en la laguna, y decía que tenía por cierto no haber habido capitán en el universo que con tan pocos soldados hubiese ganado tantas tierras ni haber tomado tan fuerte ciudad; y yendo hablando en esto, se fueron derechos al monasterio de san Francisco, adonde les dijeron misa; y después de acabada la misa, Cortés dijo al licenciado Luis Ponce que presentase las reales provisiones y entendiese en hacer lo que su majestad le mandaba, porque él tenía que pedir justicia contra el factor y veedor; y respondió que se quedase para otro día; y de allí le llevó Cortés, acompañado de toda la caballería que le había salido a recibir, a aposentar en sus palacios, donde le tenían todo entapizado y una muy solemne comida, y servida con tantas vajillas de oro y plata, y con tal concierto, que el mismo Luis Ponce dijo secretamente al alguacil mayor Proaño y a un Bocanegra que ciertamente que parecía que Cortés en todos los cumplimientos y en sus palabras y obras que era de muchos años atrás gran señor. Y dejaré de hablar destas loas, pues no hacen a nuestra relación, y diré que otro día fueron a la iglesia mayor, y después de dicha misa, mandó que el cabildo de aquella ciudad estuviese presente, y los oficiales de la real hacienda y los capitanes y conquistadores de México; y cuando a todos los vio juntos, delante de dos escribanos, y el uno era de los del cabildo y el otro que Luis Ponce traía consigo, presentó sus reales provisiones, y Cortés con mucho acato las besó y puso sobre su cabeza, y dijo que las obedecía como mandamiento y cartas de su rey y señor, y las cumpliría pecho por tierra; y así lo hicieron todos los caballeros conquistadores y cabildo y oficiales de la real hacienda de su majestad; y después que esto fue hecho, tomó el licenciado las varas de la justicia al alcalde mayor y alcaldes ordinarios, y de la hermandad y alguaciles, y como las tuvo en su poder, se las volvió a dar, y dijo a Cortés: «Señor capitán, esta gobernación de vuesamerced me manda su majestad que tome en mí, no porque deja de ser merecedor de otros muchos y mayores cargos, mas hemos de hacer lo que nuestro rey y señor nos manda». Y Cortés con mucho acato le dio gracias por ello, y dijo que él siempre está presto para lo que en servicio de su majestad le fuese mandado; lo cual vería muy presto, y conocería cuán lealmente había servido a nuestro rey y señor, por las informaciones y residencia que dél tomaría, y conocería las malicias de algunas personas, que ya le habrán a él ido con consejas y cartas llenas de malicias; y el licenciado respondió que adonde hay hombres buenos también hay otros que no son tales, que así es el mundo; que a los que ha hecho buenas obras dirán bien dél, y a los que malas, al contrario; y en esto se pasó aquel día. Y otro día, después de haber oído misa, que se le dijo en los mismos palacios donde posaba el licenciado, con mucho acato envió con un caballero a que llamase a Cortés, estando delante el fray Tomás Ortiz, que venía por prior, sin haber otras personas delante, sino todos tres en secreto, con mucho acato le dijo el licenciado Luis Ponce: «Señor capitán, sabrá vuesamerced que su majestad me mandó y encargó que a todos los conquistadores que pasaron desde la isla de Cuba, que se hallaron en ganar estas tierras y ciudad, y a todos los demás conquistadores que después vinieron, que les dé buenos indios en encomienda, y anteponga y favorezca algo más a los primeros; y esto digo, porque soe informado que muchos de los conquistadores que con vuesamerced pasaron están con pobres repartimientos, y los ha dado a personas que ahora nuevamente han venido de Castilla, que no tienen méritos; si así es, no le dio su majestad la gobernación para este efecto, sino para cumplir sus reales mandos»; y Cortés dijo que a todos había dado indios, y que la ventura de cada uno era, que a unos cupieron buenos indios y a otros no tales, y que lo podrá enmendar, pues para ello es venido, y los conquistadores son merecedores dello; y también le preguntó que qué era de los conquistadores que había llevado a Honduras en su compañía, que cómo los dejaba allá perdidos y muertos de hambre, en especial que le informaron que un Diego de Godoy, que dejó por caudillo de treinta o cuarenta hombres en Puerto de Caballos, que le habrán muerto indios, porque todos estaban muy malos; y así como lo dijeron salió verdad, como adelante diré; y que fuera bueno que, pues habían ganado aquella ciudad y la Nueva España, que quedaran a gozar el provecho, y a los que habían nuevamente venido de Castilla aquellos llevara a conquistar y poblar; y preguntó por el capitán Luis Marín y por mí y por ciertos soldados y los demás soldados que consigo llevó; y Cortés le respondió que para cosas de afrenta y guerras no se atreviera a ir a tierras largas si no llevara soldados conocidos, y que presto vendrían a aquella ciudad, porque ya deben de venir camino, y que en todo su merced les ayudase y les diese buenas encomiendas de indios. Y también le dijo el licenciado Luis Ponce algo con palabras ásperas, que cómo había ido contra el Cristóbal de Olí tan lejos y largos caminos sin tener licencia de su majestad, y dejar a México en condición de se perder. A esto respondió que como capitán general de su majestad, que le pareció que convenía aquello a su real servicio porque otros capitanes no se alzasen, y que dello hizo primero relación a su majestad. Y demás desto, le preguntó sobre la prisión y desbarate de Narváez, y de cómo se le perdió la armada y soldados de Francisco de Garay, y de qué murió tan presto, y de cómo hizo embarcar a Cristóbal de Tapia; y le preguntó de otras muchas cosas que aquí no relato y aun de la muerte de su mujer Catalina Juárez, «la Marcaida». Y Cortés a todo le respondió dándole razones muy buenas, de que Luis Ponce en algo parecía que quedaba contento; y todo esto que le preguntaba traía por memoria de Castilla, y de otras muchas cosas que ya le habían dicho en el camino, y en México lo habían informado dello; y como a aquestas preguntas que he dicho estaba presente el fray Tomás Ortiz, como las hubieron acabado de decir, se fue Cortés a su posada, y secretamente apartó el fraile a tres conquistadores amigos de Cortés, y les dijo que Luis Ponce quería cortar la cabeza a Cortés, porque así lo traía mandado por su majestad, y a aquel efecto le había preguntado lo sobredicho; y aun el mesmo fraile otro día muy de mañana de secreto se lo dijo a Cortés por estas palabras: «Señor capitán, por lo mucho que os quiero, y de mi oficio y religión es avisar en tales casos, hágoos, señor, saber que Luis Ponce trae provisiones de su majestad para os degollar». Y cuando Cortés esto oyó, y habían pasado los razonamientos por mí dichos, estaba muy penoso y pensativo; y por otra parte le habían dicho que aquel fraile era de mala condición y bullicioso, y que no le creyese muchas cosas de lo que decía; y según pareció, dijo el fraile aquellas palabras a Cortés a efecto que le echase por intercesor y rogador que no le ejecutase el tal mandado, y porque le diese por ello algunas barras de oro. Otras personas dijeron que el Luis Ponce lo dijo por meterle temor a Cortés y le echase rogadores que no le degollase. Y como aquello sintió Cortés, respondió al fraile con mucha cortesía y con grandes ofrecimientos, y le dijo que antes tenía creído que su majestad, como cristianísimo rey, que le enviaría a hacer mercedes por sus muchos y buenos y leales servicios que siempre le hizo, y no se hallará deservicio ninguno que haya hecho y que con esta confianza estaba, y que él tenía al señor Luis Ponce por persona que no saldría de lo que su majestad le mandase y que se fuese: y que haya justicia. Y como aquello oyó el fraile, y no le rogó que fuese su intercesor para con Luis Ponce, quedó confuso; y diré lo que más Pasó; porque Cortés jamás le dio ningunos dineros de lo que le había prometido.

Capítulo CXCII. Cómo el licenciado Luis Ponce, después que hubo presentado las reales provisiones y fue obedecido, mandó pregonar residencia contra Cortés y los que habían tenido cargos de justicia, y cómo cayó malo de mal de modorra y della falleció, y lo que más le sucedió

Después que hubo presentado Luis Ponce las reales provisiones, con mucho acato de Cortés y el cabildo y los demás conquistadores fue obedecido; mandó pregonar residencia general contra Cortés y contra los que habían tenido cargo de justicia y habían sido capitanes; y como muchas personas que no estaban bien con Cortés, y otros que tenían justicia sobre lo que pedían: qué prisa se daban de dar quejas de Cortés y de presentar testigos, que en toda la ciudad andaban pleitos; y las demandas que le ponían, uno que no les dio partes de oro, como era obligado, y otros le demandaban que no les dio indios, conforme a lo que su majestad mandaba, y que los dio a criado de su padre Martín Cortés y a otras personas sin inéditos, criados de señores de Castilla. Otros le demandaban caballos que les mataron en las guerras, que puesto que habían habido mucho oro de que se les pudiera pagar, que no les satisfizo por quedarse con el oro. Otros demandaban afrenta de sus personas, que por mandado de Cortés les habían hecho y un Juan Juárez, cuñado suyo, le puso una mala demanda de su mujer de Cortés, doña Catalina Juárez, «Marcaida», hermana del Juan Juárez, que la había ahogado una noche el mismo Cortés; y en aquella sazón había venido de Castilla un fulano de Barrios, con quién casó Cortés a una hermana de Juárez, y cuñada suya; se apaciguó por entonces aquella demanda que le había puesto el Juan Juárez. Este Barrios es con quien tuvo pleitos un Miguel Díaz sobre la mitad del pueblo de Mestitan, como dicho tengo en el capítulo que de ello habla. Volvamos a nuestra residencia, que luego que se comenzó a tomar quiso nuestro señor Jesucristo que por nuestros pecados y desdicha cayó malo de modorra el licenciado Luis Ponce, y fue desta manera, que viniendo del monasterio de señor san Francisco de oír misa, le dio una muy recia calentura, y echóse en la cama y estuvo cuatro días amodorrado, sin tener el sentido que convenía, y todo lo más del día y de la noche era dormir; y como aquello vieron los médicos que le curaban, que se decían el licenciado Pedro López y el doctor Ojeda y otro médico que él traía de Castilla, todos a una les pareció que se confesase y recibiese los santos sacramentos, y el mismo licenciado lo tuvo en gran voluntad; y después de recibidos con gran humildad y contrición, hizo testamento, y dejó por su teniente de gobernador al licenciado Marcos de Aguilar, que había traído consigo desde la España. Otros dijeron que era bachiller, y no licenciado, y que no tenía autoridad para mandar; y dejóle el poder desta manera: que todas las cosas de pleitos y debates y residencias, y la prisión del factor y veedor, se estuviese en el estado que lo dejaba hasta que su majestad fuese sabidor de lo que pasaba, y que luego hiciese mensajeros en un navío a su majestad. Y ya hecho su testamento y ordenada su ánima, al noveno día que cayó malo dio la ánima a nuestro señor Jesucristo, y como hubo fallecido, fueron grandes los lutos y tristezas que todos los conquistadores a una sintieron: como si fuera padre de todos, así lo lloraban, porque ciertamente él, venia para remediar a los que hallase que derechamente habían servido a su majestad, y antes que muriese así lo publicaba; y le hallaron en los capítulos e instrucciones que de su majestad traía, que diese de los mejores repartimientos de indios a los conquistadores, de manera que conociesen mejoría en todo. Y Cortés, con todos los demás caballeros de la ciudad, se pusieron luto y le llevaron a enterrar con gran pompa a San Francisco, y con toda la cera que entonces se pudo haber: fue su enterramiento muy solemne para en aquel tiempo. Oí decir a ciertos caballeros que se hallaron presentes cuando cayó malo, que, como Luis Ponce era músico y de suyo regocijado, por alegrarle le iban a tañer con una vihuela y a dar música, y que mandó que le tañesen una baja, estando en la cama, con los dedos y pies, y los meneaba hasta acabar la baja; y acabada perdió la habla, que fue todo uno. Pues como fue muerto y enterrado de la manera que dicho tengo, oír el murmurar que en México había de las personas que estaban mal con Cortés y con Sandoval, que dijeron y afirmaron que le dieron ponzoña con que murió, que así había hecho al Francisco de Garay; y quien más lo afirmaba era fray Tomás Ortiz, ya que venía por prior de ciertos frailes que traía en su compañía, que también murió de modorra el mismo prior de ahí a dos meses, él y otros frailes, y también quiero decir que pareció ser que en el navío en que vino el Luis Ponce, que dio pestilencia en ellos, porque a más de cien personas que en él venían les dio modorra y dolencia, de que murieron en la mar, y después de desembarcados en la villa de Medellín murieron muchos dellos, y aun de los frailes quedaron muy pocos y con ellos murió su prior de ahí a pocos meses; y fue fama que aquella modorra cundió en México.

Capítulo CXCIII. Cómo después que murió el licenciado Ponce de León comenzó a gobernar el licenciado Marcos de Aguilar, y las contiendas que sobre ello hubo, y cómo el capitán Luis Marín con todos los que veníamos en su compañía topamos con Pedro de Alvarado, que andaba en busca de Cortés, y nos alegramos los unos con los otros, porque estaba la tierra de guerra, por la poder pasar sin tanto peligro

Según que lo había dejado en el testamento Luis Ponce, todos los más conquistadores que estaban mal con Cortes quisieran que fuera la residencia adelante, como la habían comenzado a tomar; y Cortés dijo que no se podía entender en ella, conforme al testamento de Luis Ponce; mas que si quisiera tomársela el Marcos de Aguilar, que fuesen mucho en buena hora; y había otra contradicción por parte del cabildo de México, en que decían que no podía mandar Luis Ponce en su testamento que gobernase el licenciado Aguilar solo, lo uno porque era muy viejo y caducaba, y estaba tullido de bubas y era de poca autoridad, y así lo mostraba en su persona, y no sabía las cosas de la tierra, ni tenía noticia della ni de las personas que tenían méritos; y que demás desto, que no le tendrían respeto ni le acatarían, y que sería bien que para que todos temiesen, y la justicia de su majestad fuese de todos muy acatada, que tomase por «acompañado» en la gobernación a Cortés hasta que su majestad mandase otra cosa; y el Marcos de Aguilar dijo que no saldría poco ni mucho de lo que Luis Ponce mandó en el testamento, y que él solo había de gobernar, y que si querían poner otro gobernador por fuerza: que no hacían lo que su majestad mandaba; y demás desto que dijo Marcos de Aguilar, Cortés temió si otra cosa se hiciese, por más palabras que le decían los procuradores de las ciudades y villas de la Nueva España, que procurase de gobernar y que ellos atraerían con buenas palabras al Marcos de Aguilar para ello, pues que estaba claro que estaba muy doliente, y era servicio de Dios y de su majestad; y por más que le decían a Cortés, nunca quiso tocar más en aquella tecla, sino que el viejo Aguilar solo gobernase; y aunque estaba tan doliente y ético, que le daba de mamar una mujer de Castilla, y tenía unas cabras, que también bebía leche dellas; y en aquella sazón se le murió un hijo que traía consigo, de modorra, según y de la manera que murió Luis Ponce. Dejaré esto hasta su tiempo, y quiero volver muy atrás de lo de mi relación, y diré lo que el capitán Luis Marín hizo, que quedaba con toda su gente en Naco esperando respuesta de Sandoval para saber si Cortés era embarcado o no, y nunca habíamos tenido respuesta ninguna. Ya he dicho cómo Sandoval se partió de nosotros para hacer embarcar a Cortés que fuese a la Nueva España, y que nos escribiría lo que sucediese, para que nos fuésemos con Luis Marín camino de México; y puesto que escribió Sandoval y Cortés por dos partes, nunca tuvimos respuesta, porque el Saavedra nunca nos quiso escribir, con malicia; y fue acordado por Luis Marín y por todos los que con él veníamos que con brevedad fuésemos soldados a caballo a Trujillo a saber de Cortés, y fue Francisco Marmolejo por nuestro capitán, y yo fui uno de los diez, y fuimos por la tierra adentro de guerra hasta llegar a Olancho, que ahora llaman Guayape, donde fueron las minas ricas de oro, y allí tuvimos nuevas de dos españoles que estaban dolientes y de un negro, cómo Cortés era embarcado pocos días había con todos los caballeros y conquistadores que consigo traía, y que el envió a llamar la ciudad de México, que todos los vecinos mexicanos estaban con voluntad de le servir, y que vino un fraile francisco por él, y que su primo de Cortés, Saavedra, quedaba por capitán cerca de allí en unos pueblos de guerra; de las cuales nuevas nos alegramos, y luego escribimos al capitán Saavedra con indios de aquel pueblo de Olancho, que estaba de paz, y en cuatro días vino respuesta del Saavedra, y nos hizo relación de algunas cosas, y dimos muchas gracias a Dios por ello, y a buenas jornadas volvimos donde Luis Marín estaba; y acuérdome que tiramos piedras a la tierra que dejábamos atrás y decíamos: «Ahí quedarás tierra mala, y con la ayuda de Dios iremos a México», y yendo por nuestras jornadas hallamos a Luis Marín en un pueblo que se dice Acalteca; y así como llegamos con aquellas nuevas tomó mucha alegría, y luego tiramos camino de un pueblo que se dice Maniani, y hallamos en él a seis soldados que eran de la compañía de Pedro de Alvarado, que andaba en nuestra busca, y uno dellos fue Diego de Villanueva, conquistador, buen soldado y uno de los fundadores desta ciudad de Guatemala, natural de Villanueva de la Serena, que es en el maestrazgo de Alcántara; y cuando nos conocimos nos abrazamos los unos a los otros, y preguntando por su capitán Pedro de Alvarado, dijeron que allí cerca venía con muchos caballeros, y que venían en busca de Cortés y de nosotros, y nos contaron todo lo acaecido en México, ya por mí dicho, y cómo habían enviado a llamar a Pedro de Alvarado para que fuese gobernador, y la causa por que no fue, según he dicho en el capítulo que dello habla, fue por temor del factor; y yendo por nuestro camino, luego de ahí a dos días nos encontramos con el Pedro de Alvarado y sus soldados, que fue junto a un pueblo que se dice la Choluteca Malalaca. Pues saber decir cómo se holgó en saber que Cortés era ido a México, porque excusaba el trabajoso camino que había de llevar en su busca, fue harto descanso para todos; y estando allí en el pueblo de la Choluteca, habían llegado en aquella sazón ciertos capitanes de Pedro Arias de Ávila, que se decían Garabito y Compañón, y otros que no se me acuerdan los nombres, que, según ellos decían, venían a descubrir tierras y a partir términos con el Pedro de Alvarado; y como llegamos a aquel pueblo con el capitán Luis Marín, estuvimos juntos tres días los de Pedro Arias y Pedro de Alvarado y nosotros; y desde allí envió el Pedro de Alvarado a un Gaspar Arias de Ávila, vecino que fue de Guatemala, a tratar ciertos negocios con el gobernador Pedro Arias de Ávila, y oí decir que era sobre casamientos, porque el Gaspar Arias era gran servidor de Pedro de Alvarado. Y volviendo a nuestro viaje, en aquel pueblo se quedaron los de Pedro Arias, y nosotros fuimos camino de Guatemala, y antes de llegar a la provincia de Cuzcatlan, en aquella sazón llovía mucho y venía un río que se decía Lempa muy crecido, y no le pudimos pasar en ninguna manera; acordamos de cortar un árbol que se llama ceiba, y era de tal gordor, que dél se hizo una canoa que en estas partes otra mayor no la había visto, y con gran trabajo estuvimos cinco días en pasar el río, y aun hubo mucha falta de maíz; y pasado el río, dimos en unos pueblos que pusimos por nombre los Chaparrastiques, que era así su nombre, adonde mataron los indios naturales de aquellos pueblos un soldado que se decía Nicuesa, e hirieron otros tres de los nuestros que habían ido a buscar de comer, y venían ya desbaratados, y les fuimos a socorrer, y por no nos detener se quedaron sin castigo; y esto es en la provincia donde ahora está poblada la villa de San Miguel; y desde allí entramos en la provincia de Cuzcatlan, que estaba de guerra, y hallamos bien de comer; y desde allí veníamos a unos pueblos cerca de Petapa, y en el camino tenían los guatemaltecas unas sierras cortadas y unas barrancas muy hondas, donde nos aguardaron, y estuvimos en se las tomar y pasar tres días: allí me hirieron de un flechazo, mas no fue nada la herida, y luego venimos a Petapa, y otro día dimos en este valle que llamamos «del Tuerto», donde ahora está poblada esta ciudad de Guatemala, que entonces todo estaba de guerra sobre pasarlos con los naturales; y acuérdome que cuando veníamos por un repecho abajo comenzó a temblar la tierra de tal manera, que muchos soldados cayeron en el suelo, porque duró gran rato el temblor; y luego fuimos camino del asiento de la ciudad de Guatemala «la vieja», donde solían estar los caciques que se decían Cinacan y Sacachul, y antes de entrar en la dicha ciudad estaba una barranca muy honda, y aguardándonos todos los escuadrones de los guatemaltecas para no dejarnos pasar, y les hicimos ir con la mala ventura, y pasamos a dormir a la ciudad, y estaban los aposentos y las casas con tan buenos edificios y ricos, en fin como de caciques que mandaban todas las provincias comarcanas; y desde allí nos salimos a lo llano e hicimos ranchos y chozas, y estuvimos en ellos diez días, porque el Pedro de Alvarado envió dos veces a llamar de paz a los de Guatemala y a otros pueblos que estaban en aquella comarca, y hasta ver su respuesta aguardamos los días que he dicho, y de que no quisieron venir ningunos dellos, fuimos por nuestras jornadas largas, sin parar hasta donde Pedro de Alvarado había dejado su ejército, porque estaba todo de guerra, y estaba en él por capitán un su hermano que se decía Gonzalo de Alvarado. Llamábase aquella población donde los hallamos Olintepeque, y estuvimos descansando ciertos días, y luego fuimos a Soconusco, y desde allí a Tehuantepec, y entonces fallecieron en el camino dos vecinos españoles de México que venían de aquella trabajosa jornada con nosotros, y un cacique mexicano que se decía Juan Velázquez, capitán que fue de Guatemuz; y por la posta fuimos a Guaxaca, porque entonces alcanzamos a saber la muerte de Luis Ponce y otras cosas por mí ya dichas, y decían muchos bienes de su persona y que venía para cumplir lo que su majestad le mandaba, y no veíamos la hora de haber llegado a México. Pues como veníamos sobre ochenta soldados, y entre ellos Pedro de Alvarado, y llegamos a un pueblo que se dice Chalco, donde allí enviamos a hacer saber a Cortés como habíamos de entrar en México otro día, que nos tuviesen aparejadas posadas, porque veníamos muy destrozados; que había más de dos años y tres meses que salimos de aquella ciudad. Y de que se supo en México que llegábamos a Iztapalapa a las calzadas, salió Cortés con muchos caballeros y el cabildo a nos recibir; y antes de ir a parte ninguna, así como veníamos fuimos a la iglesia mayor a dar gracias a nuestro señor Jesucristo, que nos volvió a aquella ciudad, y desde la iglesia Cortés nos llevó a sus palacios, donde nos tenía aparejada una muy solemne comida y muy bien servida; y ya tenía aderezada la posada de Pedro de Alvarado, que entonces era su casa la fortaleza, porque en aquella sazón estaba nombrado por alcaide della y de las atarazanas; y al capitán Luis Marín llevó Sandoval a posar a sus casas, y a mí y a otro amigo mío, que se decía el capitán Luis Sánchez, nos llevó Andrés de Tapia a las suyas y nos hizo mucha honra, y el Sandoval me envió ropas para me ataviar y oro y cacao para gastar; y así hizo Cortés y otros vecinos de aquella ciudad a soldados amigos conocidos de los que veníamos allí. Y otro día, después de nos encomendar a Dios, salimos por la ciudad yo y mi compañero el capitán Luis Sánchez, y llevamos por intercesores al capitán Sandoval y Andrés de Tapia, y fuimos a ver y hablar al licenciado Marcos de Aguilar, que, como he dicho, estaba por gobernador por el poder que para ello le dejó el licenciado Luis Ponce; y los intercesores que fueron con nosotros, que ya he dicho que era el capitán Sandoval y Andrés de Tapia, hicieron relación a Marcos de Aguilar de nuestras personas y servicios para suplicarle que nos diese indios en México, porque los indios de Guazacualco no eran de provecho; y después de muchas palabras y ofertas que sobre ello nos dio el Marcos de Aguilar, con prometimientos, dijo que no tenía poder para dar ni quitar indios, porque así lo dejó en el testamento Luis Ponce de León al tiempo que falleció, que todas las cosas de pleitos y vacaciones de indios de la Nueva España se estuviesen en el estado que estaban hasta que su majestad enviara a mandar otra cosa, y que si le enviaban poder para dar indios, que nos daría de lo mejor que hubiese en la tierra; y luego nos despedimos dél. En este tiempo vino de la isla de Cuba Diego de Ordás, y como fue el que hubo escrito las cartas que envió al factor diciendo que todos éramos muertos cuantos habíamos salido de México con Cortés, Sandoval y otros caballeros con palabras muy desabridas le dijeron que por qué había escrito lo que no sabía, no teniendo noticia dello, y que fueron aquellas cartas tan malas, que se hubiera de perder la Nueva España por ellas. Y el Diego de Ordás respondió con grandes juramentos que nunca tal escribió, sino solamente que tuvo nueva, de un pueblo que se dice Xicalango, que habían reñido los pilotos y capitanes y marineros de dos navíos, y se habían muerto los del un bando con el otro, y que los indios acabaron de matar a ciertos marineros que quedaban en los navíos; y que pareciesen las mismas cartas, y verían si era así, que si el factor las glosó e hizo otras, que no tenía culpa. Pues para saber Cortés la verdad, el factor y veedor estaban presos en las jaulas y no se atrevía a hacer justicia dellos, según lo dejó mandado el Luis Ponce de León; y como Cortés tenía otros muchos debates, acordó de callar en lo del factor hasta que viniese mandado de su majestad, y temió no le viniesen más males sobre ello; y porque entonces puso demanda que le volviesen mucha cantidad de sus haciendas que le vendieron y tomaron para decir misas y honras por su alma, pues que fueron hechas todas aquellas honras con malicia, no siendo muerto, y por dar crédito a toda la ciudad que éramos muertos, y no por su alma; que pues veían que hacían bienes y honras por Cortés y por nosotros, creyesen que era verdad que éramos muertos. Y andando en estos pleitos, un vecino de México, que se decía Juan de Cáceres «el rico», compró los bienes y misas que habían hecho por el alma de Cortés, que fuesen por la de Cáceres. Y dejaré de contar cosas viejas, y diré cómo el Diego de Ordás, como era hombre de buenos consejos, viendo que a Cortés ya no le tenían acato ni se daba a nadie por él un cantar, después que vino Luis Ponce de León, y le habían quitado la gobernación, y que muchas personas se le desvergonzaban y no le tenían en nada, le aconsejó que se sirviese como señor y se llamase señoría y pusiese dosel, y que no solamente se nombrase Cortés, sino don Hernando Cortés. También le dijo el Ordás que mirase que el factor fue criado del comendador mayor don Francisco de los Cobos, que es el que manda a toda Castilla y que algún día le habría menester el don Francisco de los Cobos, y que el mismo Cortés no estaba bien acreditado con su majestad ni con los de su real consejo de Indias; y que no curase de matar al factor hasta que por justicia fuese sentenciado, porque había grandes sospechas en México que le quería despachar y matar en la misma jaula. Y pues viene ahora a coyuntura, quiero decir, antes que más pase adelante en esta mi relación, por qué tan secamente en todo lo que escribo, cuando viene a pláticas de decir de Cortés no le he nombrado ni nombro don Hernando Cortés, ni otros títulos de marqués ni capitán, salvo Cortés a boca llena. La causa dello es, porque él mismo se preciaba de que le llamasen solamente Cortés; y en aquel tiempo aun no era marqués; porque era tan tenido y estimado este nombre de Cortés en toda Castilla como en tiempo de los romanos solían tener a Julio César o a Pompeyo, y en nuestros tiempos teníamos a Gonzalo Hernández, por sobrenombre Gran Capitán, y entre los cartagineses Aníbal, o de aquel valiente nunca vencido caballero Diego García de Paredes. Dejemos de hablar en los blasones pasados, y diré cómo el tesorero Alonso de Estrada en aquella sazón casó dos hijas, la una con Jorge de Alvarado, hermano de don Pedro de Alvarado, y la otra con un caballero que se decía don Luis de Guzmán, hijo de don Juan de Saavedra, conde de Castellar; y entonces se concertó que Pedro de Alvarado fuese a Castilla a suplicar a su majestad le hiciese merced de la gobernación de Guatemala; y entre tanto que iba envió a Jorge de Alvarado por su capitán a la pacificación della; y cuando el Jorge de Alvarado vino trajo consigo de camino sobre doscientos indios de Tlaxcala y de Cholula y mexicanos, y de Guacachula y de otras provincias que les ayudaron en las guerras. También en aquella sazón envió el Marcos de Aguilar a poblar la provincia de Chiapas, y fue un caballero que se decía don Juan Enríquez de Guzmán, deudo muy cercano del duque de Medina Sidonia; y también envió a poblar la provincia de Tabasco, que es el río que llaman de Grijalva, y fue por capitán un hidalgo que se decía Baltasar Osorio, natural de Sevilla; y asimismo envió a pacificar los pueblos de los zapotecas, que están en unas muy altas sierras, y fue por capitán un Alonso de Herrera, natural de Jerez, y este capitán fue de los soldados de Cortés; y por no contar al presente lo que cada uno destos capitanes hizo en sus conquistas, lo dejaré de decir hasta que venga a tiempo y sazón y quiero hacer relación de cómo en este tiempo falleció el Marcos de Aguilar, y lo que pasó sobre el testamento que hizo para que gobernase el tesorero.

Capítulo CXCIV. Cómo Marcos de Aguilar falleció, y dejó en el testamento que gobernase el tesorero Alonso de Estrada, y que no entendiese en pleitos del factor ni veedor ni dar ni quitar indios hasta que su majestad mandase lo que más en ello fuese servido, según y de la manera que le dejó el poder Luis Ponce de León

Teniendo en sí la gobernación Marcos de Aguilar, como dicho tengo, estaba muy ético y doliente y malo de bubas; los médicos le mandaron que mamase a una mujer de Castilla, y con leche de cabras se sostuvo cerca de ocho meses, y de aquella dolencia y calenturas que le dieron falleció, y en el testamento que hizo mandó que solo gobernase el tesorero Alonso de Estrada, ni más ni menos que tuvo el poder de Luis Ponce de León; y viendo el cabildo de México y otros procuradores de ciertas ciudades, que en aquella sazón se hallaron en México, que el Alonso de Estrada solo no podía gobernar. tan bien como convenía, por causa que Nuño de Guzmán, que había dos años que vino de Castilla por gobernador de la provincia de Pánuco, se metía en los términos de México y decía que eran sujetos de su provincia; y como venía furioso, y no miraba a lo que su majestad le mandaba en las provisiones que dello traía; porque un vecino de México, que se decía Pedro González de Trujillo, persona muy noble, dijo que no quería estar debajo de su gobernación, sino de la de México, pues los indios de su encomienda no eran de los de Pánuco, y por otras palabras que pasaron, sin más ser oído, le mandó ahorcar; y demás desto, hizo otros desatinos, que ahorcó a otros españoles por hacerse temer, y no tenía acato ni se le daba nada por Alonso de Estrada el tesorero, aunque era gobernador, ni le tenía en la estima que era obligado; y viendo aquellos desatinos de Nuño de Guzmán el cabildo de México y otros caballeros vecinos de aquella ciudad, porque temiese el Nuño de Guzmán e hiciese lo que su majestad mandaba, suplicaron al tesorero que juntamente con él gobernase Cortés, pues convenía al servicio de Dios nuestro señor y de su majestad; y el tesorero no quiso, y otras personas dicen que Cortés no lo quiso aceptar, porque no dijesen maliciosos que por fuerza quería señorear, y también porque hubo murmuraciones que tenían sospecha en la muerte de Marcos de Aguilar, que Cortés fue causa della y dio con qué murió; y lo que se concertó fue, que juntamente con el tesorero gobernase Gonzalo de Sandoval, que era alguacil mayor y persona que se hacía mucha cuenta dél; y lo hubo por bien el tesorero; mas otras personas dijeron que si lo aceptó fue por casar una hija con el Sandoval, y si se casara con ella, fuera el Sandoval muy más estimado y por ventura hubiera la gobernación, porque en aquella sazón no se tenía en tanta estima esta Nueva España como ahora. Pues estando gobernando el tesorero y el Gonzalo de Sandoval, pareció ser, como en este mundo hay hombres muy desatinados, que un fulano Proaño, que dicen que se fue en aquella sazón a lo de Jalisco, huyendo de México, que después fue muy rico; púsose a palabras con el gobernador Alonso de Estrada, y tuvo tal desacato que por ser de tal calidad aquí no lo digo; y el Sandoval, como gobernador que era, que había de hacer justicia sobre ello y prender al Proaño, no lo hizo, antes según fama le favoreció para hacer aquel atroz delito, porque se fue huyendo adonde no podía ser habido, por mucha diligencia que sobre ello puso el tesorero para le prender; y demás de esto de ahí a pocos días después de este desacato que pasó, hubo otro malísimo delito: que pusieron en las puertas de las casas del tesorero unos libelos infamatorios muy malos, y puesto que claramente se supo quien los puso, viendo que no podría alcanzar justicia, lo disimuló, y desde ahí adelante estuvo muy mal el tesorero con Cortés y con el Sandoval y renegaba dellos como de cosas muy malas. Dejemos esto, y quiero decir que en aquellos días que anduvieron los conciertos dichos para que Cortés gobernase con el tesorero, y pusieron al Sandoval por compañero en la gobernación, según ya dicho tengo, aconsejaron a Alonso de Estrada que luego por la posta fuese en un navío a Castilla e hiciese relación dello a su majestad, y aun le indujeron que dijese que por fuerza le pusieron a Sandoval por compañero, según ya dicho tengo, porque no quiso ni consintió que Cortés juntamente gobernase con él. Y demás desto, ciertas personas, que no estaban bien con Cortés, escribieron otras cartas de por sí, y en ellas decían que Cortés había mandado dar ponzoña a Luis Ponce de León y a Marcos de Aguilar, y que asimismo al adelantado Garay, y que en unos requesones que les dieron en un pueblo que se dice Iztapalapa creían que les dieron rejalgar en ellos, y que por aquella causa no quiso comer un fraile de la orden del señor santo Domingo dellos. Y demás de esto, enviaron con las cartas unos renglones de libelos infamatorios que hallaron a un Gonzalo de Ocampo contra Cortés, en que se decía en ellos: «Oh, fray Hernando, provincial —más quejas van de tu persona— delante su majestad —que fueron del duque de Arjona— delante su general», y dejo yo de escribir otros cinco renglones que le pusieron, porque no son de poner de un capitán valeroso como fue Cortés; y todo lo que escribían de Cortés eran maldades y traiciones que le levantaron, y también escribieron que Cortés quería matar al factor y veedor, y en aquella sazón también fue a Castilla el contador Albornoz, que jamás estuvo bien con Cortés. Y como su majestad y los del real consejo de Indias vieron las cartas que he dicho que enviaron diciendo mal de Cortés, y se informaron del contador Albornoz, y lo de Luis Ponce y lo de Marcos de Aguilar, ayudó muy mal contra Cortés, y haber oído lo del desbarate del Narváez y del Garay, y lo de Tapia y lo de Catalina Juárez la Marcaída, su primera mujer; y estaban mal informados de otras cosas, y creyeron ser verdad lo que ahora escribían; luego mandó su majestad proveer que solo Alonso de Estrada gobernase, y dio por bueno cuanto había hecho, y en los indios que encomendó; que sacasen de las prisiones y jaulas al factor y veedor y les volviesen sus bienes, y por la posta vino un navío con las provisiones. Y para castigar a Cortés de lo que le acusaban, mandó que luego viniese un caballero que se decía don Pedro de la Cueva, comendador mayor de Alcántara, y que a costa de Cortés trajese trescientos soldados, y que si le hallase culpado le cortase la cabeza, y a los que juntamente con él habían hecho algún deservicio a su majestad, y que a los verdaderos conquistadores que les diese de los pueblos que quitasen a Cortés; y asimismo mandó proveer que viniese audiencia real, creyendo con ella habría recta justicia. Y ya que se estaba apercibiendo el comendador don Pedro de la Cueva para venir a la Nueva España, por ciertas pláticas que después hubo en la corte o porque no le dieron tantos 1.000 ducados como pedía para el viaje, y porque con el audiencia real, creyendo que lo pusieran en justicia, se estorbó su jornada, que no vino, y porque el duque de Béjar quedó por nuestro fiador otra vez. Y quiero volver al tesorero, que, como se vio tan favorecido de su majestad, y haber sido tantas veces gobernador, y ahora de nuevo le mandaba su majestad gobernar solo, y aun le hicieron creer al tesorero que habían informado al emperador nuestro señor que era hijo del rey católico, y estaba muy ufano, y tenía razón; y lo primero que hizo fue enviar a Chiapas por capitán a un su primo, que se decía Diego de Mazariegos, y mandó tomar residencia a don Juan Enríquez de Guzmán, el que había enviado por capitán Marcos de Aguilar, y más robos y quejas se halló que había hecho en aquella provincia que bienes; y también envió a conquistar y pacificar los pueblos de los zapotecas y minxes, y que fuesen por dos partes, para que mejor los pudiesen atraer de paz; que fue por la parte de la banda del norte, y envió a un fulano de Barrios, que decían que había sido capitán en Italia y que era muy esforzado, que nuevamente había venido de Castilla a México (no digo por Barrios el de Sevilla, el cuñado que fue de Cortés), y le dio sobre cien soldados, y entre ellos muchos escopeteros y ballesteros. Llegado este capitán con sus soldados a los pueblos de los zapotecas, que se decían los titepeques, una noche salen los indios naturales de aquellos pueblos y dan sobre el capitán y sus soldados; y tan de repente dieron en ellos, que mataron al capitán Barrios y a otros siete soldados, y a todos los más hirieron, y si de presto no tomaran calzas de Villadiego, y se vinieran a acoger a unos pueblos de paz, todos murieran. Aquí verán cuanto va de los conquistadores viejos a los nuevamente venidos de Castilla, que no saben qué cosa es guerra de indios ni sus astucias: en esto paró aquella conquista.

Digamos ahora del otro capitán que fue por la parte de Guaxaca, que se decía Figueroa, natural de Cáceres, que también dijeron que había sido capitán en Castilla, y era muy amigo del tesorero Alonso de Estrada, y llevó otros cien soldados de los nuevamente venidos de Castilla a México, y muchos escopeteros y ballesteros y aun diez de a caballo; y como llegaron a las provincias de los zapotecas, envió a llamar a un Alonso de Herrera, que estaba en aquellos pueblos por capitán de treinta soldados, por mandado de Marcos de Aguilar en el tiempo que gobernaba, según lo tengo dicho en el capítulo que dello hace mención; y venido el Alonso de Herrera a su llamado, porque, según pareció, traía poder el Figueroa para que estuviese debajo de su mano, y sobre ciertas pláticas que tuvieron, o porque no quiso quedar en su compañía, vinieron a echar mano a las espadas, y el Herrera acuchilló al Figueroa y a otros tres de los soldados que traía, que le ayudaban. Pues viendo el Figueroa que estaba herido y manco de un brazo, y no se atrevía a entrar en las sierras de los minxes, que eran muy altas y malas de conquistar, y los soldados que traía no sabían conquistar aquellas tierras, acordó de andarse a desenterrar sepulturas de los enterramientos de los caciques de aquella provincia, porque en ellas halló cantidades de joyas de oro, con que antiguamente tenían costumbre de se enterrar los principales de aquellos pueblos; y diose tal mafia, que sacó dellas sobre 100.000 pesos de oro, y con otras joyas que hubo de dos pueblos, acordó de dejar la conquista y pueblos en que estaba, y dejólos muy más de guerra a algunos dellos que los halló, y fue a México, y desde allí se iba a Castilla el Figueroa con su oro; y embarcado en la Veracruz, fue su ventura tal, que el navío en que iba dio con recio temporal a través junto a la Veracruz, de manera que se perdió él y su oro y se ahogaron quince pasajeros, y todo se perdió. Y en aquello pararon los capitanes que envió el tesorero a conquistar aquellos pueblos, que nunca vinieron de paz hasta que los vecinos de Guazacualco los conquistamos: y como tienen altas sierras y no pueden ir caballos, me quebranté el cuerpo, de tres veces que me hallé en aquellas conquistas; porque, puesto que en los veranos los atraíamos de paz, entrando las aguas se tornaban a levantar y mataban a los españoles que podían haber desmandados; y como siempre les seguíamos, vinieron de paz, y está poblada una villa que dicen San Alfonso. Pasemos adelante, y dejaré de traer a la memoria desastres de capitanes que no han sabido conquistar, y digo que, como el tesorero supo que habían acuchillado a su amigo el capitán Figueroa, como dicho tengo, envió luego a prender a Alonso de Herrera, y no se pudo haber, porque se fue huyendo a unas sierras, y los alguaciles que envió trajeron preso a un soldado de los que solía tener el Herrera consigo; y así como llegó a México, sin más ser oído, le mandó el tesorero cortar la mano derecha. Llamábase el soldado Cortejo, y era hijodalgo; y demás desto, en aquel tiempo un mozo de espuelas de Gonzalo de Sandoval tuvo otra cuestión con otro criado del tesorero, y le acuchilló, de que hubo muy gran enojo el tesorero, y le mandó cortar la mano; y esto fue en tiempo que Cortés ni Sandoval no estaban en México, que se habían ido a un gran pueblo que se dice Cornavaca, y se fueron por quitarse de bullicios y parlerías, y también por apaciguar ciertos encuentros que había entre los caciques de aquel pueblo. Pues como supieron Cortés y Gonzalo de Sandoval por cartas que el Cortejo y mozo de espuelas estaban presos y que les querían cortar las manos, de presto vinieron a México; y de que hallaron lo que dicho tengo, y no había remedio en ello, sintieron mucho aquella afrenta que el tesorero hizo a Cortés y a Sandoval, y dicen que le dijo Cortés tales palabras al tesorero en su presencia, que no las quisiera oír, y aún tuvo temor que le quería mandar matar, y con este temor allegó a el tesorero soldados y amigos para tener en su guarda, y sacó de las jaulas al factor y veedor para que, como oficiales de su majestad, se favoreciesen los unos a los otros contra Cortés; y de que los hubo sacado, de ahí a ocho días, por consejo del factor y otras personas que no estaban bien con Cortés, le dijeron al tesorero que en todo caso luego desterrase a Cortés de México; porque entre tanto que estuviese en aquella ciudad jamás podría gobernar bien ni habría paz, y siempre habría bandos. Pues ya este destierro firmado del tesorero, se lo fueron a notificar a Cortés, y dijo que lo cumpliría muy bien, y que daba gracias a Dios, que dello era servido, que de las tierras y ciudad que él con sus compañeros había descubierto y ganado, derramando de día y de noche mucha sangre de su cuerpo, y muerte de tantos soldados, que le viniesen a desterrar personas que no eran dignas de bien ninguno ni de tener los oficios que tienen, y que él iría a Castilla a dar relación dello a su majestad y demandar justicia contra ellos; y que fue gran ingratitud la del tesorero, desconocido del bien que le había hecho Cortés; y luego se salió de México y se fue a una villa suya que se dice Coyoacan, y desde allí a Texcoco, y desde allí a pocos días a Tlaxcala. Y en aquel instante la mujer del tesorero, que se decía doña Marina Gutiérrez de la Caballería, por cierto digna de buena memoria por sus muchas virtudes, como supo el desconcierto que su marido había hecho en sacar de las jaulas al factor y veedor y haber desterrado a Cortés, con gran pesar que tenía, le dijo a su marido: «Plega a Dios que por estas cosas que habéis hecho no os venga mal dello»; y le trajo a la memoria los bienes y mercedes que siempre Cortés le había hecho, y los pueblos de indios que le dio, y que procurase de tornar a hacer amistades con él para que vuelva a la ciudad de México, o que se aguardase muy bien, no le matasen; y tantas cosas le dijo, que, según muchas personas después platicaban, se había arrepentido el tesorero de lo haber desterrado, y aun de haber sacado de, las jaulas al factor y veedor, porque en todo le iban a la mano y eran muy contrarios a Cortés. Y en aquella sazón vino de Castilla don fray Julián Garcés, primer obispo que fue de Tlaxcala, y era natural de Aragón, y por honra del cristianísimo emperador nuestro señor se llamó Carolense, y fue gran predicador, y se vino por su obispado de Tlaxcala; y como supo lo que el tesorero había hecho en el destierro de Cortés, le pareció muy mal, y por poner concordia entre ellos se vino a una ciudad, ya otras veces por mí nombrada, que se dice Texcoco; y como estaba junto a la laguna, se embarcó en dos canoas grandes, y con dos clérigos y un fraile y su fardaje se vino a la ciudad de México, y antes de entrar en ella supieron su venida en México, y le salieron a recibir con toda la pompa y cruces y clerecía y religiosos y cabildo, y conquistadores y caballeros y soldados que en México se hallaron; y cuando el obispo hubo descansado dos días, el tesorero le echó por intercesor para que fuese adonde Cortés estaba en aquella sazón y los hiciese amigos, y le alzaba el destierro, y que se volviese a México; y fue el obispo y trató las amistades, y nunca pudo acabar cosa ninguna con Cortés; antes, como dicho tengo, se fue a Texcoco o a Tlaxcala muy acompañado de caballeros y otras personas. Y en lo que entendía Cortés era en allegar todo el oro y plata que podía para ir a Castilla, y demás de lo que le daban de los tributos de sus pueblos, empeñaba otras rentas y de amigos e indios que le prestaban; y asimismo se aparejaban el capitán Gonzalo de Sandoval y Andrés de Tapia, y llegaron y recogían todo el oro y plata que podían de sus pueblos, porque estos dos capitanes fueron en compañía de Cortés a Castilla. Pues como estaba Cortés en Tlaxcala, íbanle a ver muchos vecinos de México y de otras villas, y soldados que no tenían encomiendas de indios, y los caciques de México le iban a servir; y aun, como hay hombres bulliciosos y amigos de escándalos y novedades, le iban a aconsejar para que si se quería alzar por rey en la Nueva España, que en aquel tiempo tenía lugar y que ellos serían en el ayudar; y Cortés echó presos a dos hombres de los que le vinieron con aquellas pláticas, y les trató mal, llamándoles de traidores, y estuvo para los ahorcar; y también le trajeron otra carta de otros bandoleros, que le enviaron de México, y le decían lo mismo: y esto era, según dijeron, para tentar a Cortés o tomarle en algunas palabras que de su boca dijese sobre aquel mal caso; y como Cortés en todo era servidor de su majestad, con amenazas dijo a los que le venían con aquellos tratos que no viniesen más delante dél con aquellas parlerías de traiciones, que los mandaría ahorcar. Y luego escribió al obispo lo que le pasaba, para que él dijese al tesorero que, como gobernador, mandase castigar a los traidores que le venían con aquellos consejos; si no, que él los mandaría ahorcar. Dejemos a Cortés en Tlaxcala aderezando para se ir a Castilla, y volvamos al tesorero y factor y veedor, que, así como venían a Cortés hombres bandoleros que deseaban ruidos y andar en bullicios, también iban y decían al tesorero y al factor que ciertamente Cortés estaba allegando gente para los venir a matar, aunque echaba fama que para venir a Castilla, y a aquel efecta estaban todos los caciques mexicanos y de Texcoco en Tlaxcala, y de todos los más pueblos de alrededor de la laguna en su compañía, para ver cuándo les mandaba dar guerra. Entonces temió mucho el factor y veedor y el tesorero, creyendo que les quería matar; y para saber e inquirir si era verdad volvieron a importunar al mismo obispo que fuese a ver qué cosa era, y escribieron con grandes ofertas a Cortés, demandándole perdón; y el obispo lo hubo por bueno el ir a hacer amistades, por visitar a Tlaxcala. Y desque llegó donde Cortés estaba, después de le salir a recibir toda aquella provincia, y ver la gran lealtad y lo que había hecho Cortés en prender los bandoleros, y las palabras que sobre aquel caso le escribió, luego hizo mensajeros al tesorero, y dijo que Cortés era muy leal caballero y gran servidor de su majestad, y que en nuestros tiempos se podía poner en la cuenta de los muy afamados servidores de la corona real, y que en lo que estaba entendiendo era aviarse para ir ante su majestad, y que podían estar sin sospecha de lo que pensaban; y también le escribió que tuvo mala consideración en le haber desterrado, y que no lo acertó. Entonces dicen que le dijo en la carta que le escribió: «Oh señor tesorero Alonso de Estrada, y ¡cómo ha dañado y estragado este negocio!». Dejemos esto de la carta; que no me acuerdo bien si volvió Cortés a México para dejar recaudo a las personas a quien había de dar los poderes para entender en su estado y casa y cobrar los tributos de los pueblos de su encomienda; salvo sé que dejó poder mayor al licenciado Juan Altamirano y a Diego de Ocampo y Alonso Valiente y a Santa Cruz, burgalés, y sobre todos a Altamirano; y ya tenía allegado muchas aves de las diferenciadas de otras que hay en Castilla, que eran cosa muy de ver, y dos tigres, y muchos barriles de liquidámbar y bálsamo cuajado y otro como aceite, y cuatro indios maestros de jugar el palo con los pies, que en Castilla y en todas partes es cosa de ver, y otros indios bailadores, que suelen hacer una manera de ingenio, al parecer como que vuelan por alto estando bailando; y llevó tres indios corcovados de tal manera, que eran cosa monstruosa, porque estaban quebrados por el cuerpo y eran muy enanos; y también llevó indios e indias muy blancos, que con el gran blancor no vean bien. Y entonces los caciques de Tlaxcala le rogaron que llevase en su compañía tres hijos de los más principales de aquella provincia, y entre ellos fue un hijo de Xicotencatl el viejo ciego, que después se llamó don Lorenzo de Vargas, y llevó otros caciques mexicanos; y estando aderezando su partida, le llegaron nuevas de la Veracruz que habían venido dos navíos muy buenos veleros, y en ellos le trajeron cartas de Castilla, y lo que se contenía en ellas diré adelante.

Capítulo CXCV. Cómo vinieron cartas a Cortés de España, del cardenal de Sigüenza don García de Loaysa, que era presidente de Indias y luego fue arzobispo de Sevilla, y de otros caballeros, para que en todo caso se fuese luego a Castilla, y le trajeron nuevas que era muerto su padre Martín Cortés; y lo que sobre ello hizo

Ya he dicho en el capítulo pasado lo acaecido entre Cortés y el tesorero y el factor y veedor, y por qué causa lo desterró de México, y cómo vino dos veces el obispo de Tlaxcala a entender en amistades y Cortés nunca quiso responder a cartas ni a cosa ninguna que le dijesen, y se apercibió para ir a Castilla; y le vinieron cartas del Presidente de Indias don García de Loaysa, y del duque de Béjar y de otros caballeros, en que le decían que, como estaba ausente, daban quejas delante de su majestad, y decían en las quejas muchos males y muertes que había hecho dar a los gobernadores que su majestad enviaba, y que fuese en todo caso a volver por su honra; y le trajeron nuevas que su padre Martín Cortés era fallecido; y como vio las cartas, le pesó mucho, así de la muerte de su padre como de las cosas que dél decían que había hecho, no siendo así; y se puso luto, puesto que lo traía en aquel tiempo por la muerte de su mujer doña Catalina Juárez «la Marcaída», e hizo gran sentimiento por su padre, y las honras lo mejor que pudo; y si mucho deseo tenía de antes de ir a Castilla, desde allí adelante se dio mayor prisa, porque luego mandó a su mayordomo, que se decía Pedro Ruiz de Esquivel, natural de Sevilla, que fuese a la Veracruz, y de dos navíos que habían llegado, que tenía fama que eran nuevos y veleros, que los comprase; y estaba apercibiendo bizcocho y cecina de tocinos y lo perteneciente para el matalotaje muy cumplidamente, como convenía para un gran señor y rico que Cortés era, y cuantas cosas se pudieron haber en la Nueva España que eran buenas para el mar, y conservas que de Castilla vinieron; y fueron tantas y de tanto género, que para dos años se pudieran mantener otros dos navíos, aunque tuvieran mucha más gente, con lo que en Castilla les sobró. Pues yendo el mayordomo por la laguna de México en una canoa grande para ir a un pueblo que se dice Ayotzingo, que es donde desembarcan las canoas, que por ir más presto a hacer lo que Cortés le mandaba fue por allí, y llevó seis indios mexicanos remeros y un negro, y ciertas barras de oro para comprar los navíos; y quien quiera que fue, le aguardó en la misma laguna y le mató, que nunca se supo quién ni quién no, ni pareció canoa ni indios ni el negro que le remaba, salvo que desde allí a cuatro días hallaron al Esquivel en una isleta de la laguna, el medio cuerpo comido de aves carniceras. Sobre la muerte deste mayordomo hubo grandes sospechas, porque unos decían que era hombre que se alababa de cosas que decía él mismo que pasaba con damas y con otras señoras, y decían otras cosas malas que dicen que hacía; y a esta causa estaba malquisto, y ponían sospechas de otras muchas cosas que aquí no declaro; por manera que no se supo de su muerte, ni aun se pesquisó muy de raíz quién le mató, perdónele Dios. Y luego Cortés volvió a enviar de presto a otros mayordomos para que le tuviesen aparejados los navíos y metido el bastimento y pipas de vino, y mandó dar pregones que cualesquier personas que quisieren ir a Castilla les dará pasaje y comida de valde, yendo con licencia del gobernador. Y luego Cortés, acompañado de Gonzalo de Sandoval y de Andrés de Tapia y de otros caballeros, se fue a Veracruz, y como se hubo confesado y comulgado se embarcó; y quiso nuestro señor Dios darle tal viaje, que en cuarenta y un días llegó a Castilla, sin parar en La Habana ni en isla ninguna, y fue a desembarcar cerca de la villa de Palos, junto a nuestra señora de la Rábida; y como se vieron en salvamento en aquella tierra, hincan las rodillas en tierra y alzan las manos al cielo, dando muchas gracias a Dios por las mercedes que siempre les hacía; y llegaron a Castilla en el mes de diciembre de 1527 años. Y pareció ser que Gonzalo de Sandoval iba muy doliente, y a grandes alegrías hubo tristezas, que fue Dios servido desde ahí a pocos días de le llevar desta vida en la villa de Palos, y en la posada que estaba era de un cordonero de hacer jarcias y cables y maromas, y antes que muriese le hurtó el huésped trece barras de oro; lo cual vio el Sandoval por sus ojos que se las sacaron de una caja, porque aguardó el cordonero que no estuviese allí persona ninguna en compañía del Sandoval; y tuvo tales astucias, que envió a sus criados del Sandoval que fuesen por la posta de la Rábida a llamar a Cortés; y el Sandoval, puesto que lo vio, no osó dar voces, porque, como estaba muy debilitado y flaco y malo, temió que el cordonero, que le pareció mal hombre, no le echase el colchón o almohada sobre la boca y re ahogase; y luego se fue el huésped a Portugal, huyendo con las barras de oro y no se pudo cobrar cosa ninguna. Volvamos a Cortés, que cuando supo que estaba muy malo el Sandoval vino luego por la posta adonde estaba, y el Sandoval le dijo la maldad que su huésped le había hecho, y cómo le hurtó las barras de oro y se fue huyendo; en lo cual, puesto que pusieron gran diligencia para que se sobrasen, como se pasó a Portugal, se quedó con ello. Y el Sandoval cada día iba empeorando de su mal, y los médicos que le curaban le dijeron que luego se confesase y recibiese los santos sacramentos e hiciese testamento, y él lo hizo con grande devoción y mandó muchas mandas así a pobres como a monasterios, y nombró por su albacea a Cortés y heredera a una hermana o hermanas y la una hermana, el tiempo andando, se casó con un hijo bastardo del conde de Medellín; y como hubo ordenado su alma y hecho testamento, dio el ánima a nuestro señor Dios, que la crió, y por su muerte se hizo gran sentimiento, y con toda la pompa que pudieron le enterraron en el monasterio de nuestra señora de la Rábida; y Cortés, con todos los caballeros que iban en su compañía, se pusieron luto ¡perdónele Dios, amén! Y luego Cortés envió correo a su majestad y al cardenal de Sigüenza, y al duque de Béjar y al conde de Aguilar y a otros caballeros, e hizo saber cómo había llegado a aquel puerto y de cómo Gonzalo de Sandoval había fallecido, e hizo relación de la calidad de su persona y de los grandes servicios que había hecho a su majestad, y que fue capitán de mucha estima así para mandar ejércitos como para pelear por su persona; y como aquellas cartas llegaron ante su majestad, recibió alegría de la venida de Cortés, puesto que le pesó de la muerte del Sandoval, porque ya tenía noticia de su generosa persona, y asimismo le pesó al cardenal don García de Loaysa y al real consejo de Indias. Pues el duque de Béjar y el conde de Aguilar y otros caballeros se holgaron en gran manera, puesto que a todos les pesó de la muerte del Sandoval; y luego fue el duque de Béjar, juntamente con el conde de Aguilar, a dar más relación dello a su majestad, puesto que ya tenía la carta de Cortés, y dijo que bien sabía la gran lealtad de quien había fiado y que caballero que tan grandes servicios le había hecho, que en todo lo demás lo había de mostrar en lealtad, como era obligado a su rey y señor, lo cual se ha parecido bien por la obra; y esto dijo el Duque porque en el tiempo que ponían las acusaciones y decían muchos males contra Cortés delante de su majestad, puso tres veces su cabeza y estado por fiador de Cortés y de los soldados que estábamos en su compañía, que éramos muy leales y grandes servidores de su majestad y dignos de grandes mercedes, porque en aquel tiempo no estaba descubierto el Perú ni había la fama de lo que después hubo. Y luego su majestad envió a mandar que por todas las ciudades y villas por donde Cortés pasase le hiciesen mucha honra, y el duque de Medina Sidonia le hizo gran recibimiento en Sevilla y le presentó caballos muy buenos; y después que reposó allí dos días, fue a jornadas largas a nuestra señora de Guadalupe para tener novenas, y fue su ventura tal, que en aquella sazón había allí llegado la señora doña María de Mendoza, mujer del comendador mayor de León don Francisco de los Cobos, y había traído en su compañía muchas señoras de grande estado, y entre ellas una señora doncella, hermana suya, que de ahí a dos años casó con el adelantado de Canarias; y como Cortés lo supo, hubo gran placer, y luego como llegó, después de haber hecho oración delante de nuestra señora y dado limosna a pobres y mandar decir misas, puesto que llevaba luto por su padre y su mujer y por Gonzalo de Sandoval, fue muy acompañado de los caballeros que llevó de la Nueva España y con otros que se le habían allegado para su servicio, y fue a hacer gran acato a la señora doña María de Mendoza y a la señora doncella, su hermana, que era muy hermosa, y a todas las demás señoras que con ellas venían. Y como Cortés en todo era muy cumplido y regocijado, y la fama de sus grandes hechos volaba por toda Castilla, pues plática y agraciada expresiva no le faltaba, y sobre todo, mostrarse muy franco y tener riquezas de que dar, comenzó a hacer grandes presentes de muchas joyas de oro de diversas hechuras a todas aquellas señoras, y después de las joyas, dio penachos de plumas verdes llenas de argentería de oro y de perlas, y en todo lo que dio fue muy aventajada la señora doña María de Mendoza y a la señora su hermana; y después que hubo hecho aquellos ricos presentes, dio por sí sola a la señora doncella ciertos tejuelos de oro muy fino para que hiciese joyas, y tras esto, mandó dar mucho liquidámbar y bálsamo para que se sahumasen; y mandó a los indios maestros de jugar el palo en los pies, que delante de aquellas señoras les hiciesen fiesta y trajesen el palo de un pie al otro, que fue cosa de que se contentaron y aun se admiraron de lo ver; y demás de todo esto, supo Cortés que de la litera en donde había venido la señora doncella se le mancó una acémila, y secretamente mandó comprar dos muy buenas y que las entregasen a los mayordomos que traían cargo de su servicio; y aguardó en la villa de Guadalupe hasta que partiesen para la corte, que en aquella sazón estaba en Toledo, y fueles acompañando y sirviendo y haciendo banquetes y fiestas, y tan gran servidor se mostró, que lo sabía muy bien hacer y representar, que la señora doña María de Mendoza le trató casamiento con su hermana; y si Cortés no fuera desposado con la señora doña Juana de Zúñiga, sobrina del duque de Béjar, ciertamente tuviera grandísimos favores del comendador mayor de León y de la señora doña María de Mendoza, su mujer, y su majestad le diera la gobernación de la Nueva España. Dejemos de hablar en este casamiento, pues todas las cosas son guiadas y encaminadas por la mano de Dios, y diré cómo escribió la señora doña María de Mendoza al comendador mayor de León, su marido, sublimando en gran manera las cosas de Cortés, y que no era nada la fama que tiene de sus heroicos hechos para lo que ha visto y conocido de su persona y conversación y franqueza, y le representó otras gracias que en él había conocido y los servicios que le había hecho, y que le tenga por su muy gran servidor, y que a su majestad le haga sabidor de todo y le suplique que le haga mercedes. Y como el comendador mayor vio la carta de su mujer, se holgó con ella; y como era el más privado que hubo en nuestros tiempos del emperador, llevóle la misma carta a su majestad, y de su parte le suplicó que en todo le favoreciese, y así su majestad lo hizo, como adelante diré; y dijo el duque de Béjar y el almirante al Cortés, como por pasatiempo, cuando hubo llegado a la corte, que habían oído decir a su majestad, cuando supo que había venido a Castilla, que tenía deseo de ver y conocer a su persona, que tantos y tan buenos servicios le ha hecho, y de quien tantos males le han informado que hacía con mañas y astucias. Pues llegado Cortés a la corte, su majestad le mandó señalar posada: pues por parte del duque de Béjar y del conde de Aguilar y de otros grandes señores, sus deudos, le salieron a recibir y se le hizo mucha honra. Y otro día, con licencia de su majestad, fue a le besar sus reales pies, llevando en su compañía por sus intercesores, por más le honrar, al almirante y al duque de Béjar y al comendador mayor de León; y Cortés, después de demandar licencia para hablar, se arrodilló en el suelo, y su majestad le mandó levantar, y luego representó sus muchos y notables servicios, y todo lo acontecido en las conquistas e ida de Honduras, y las tramas que hubo en México del factor y veedor; y recontó todo lo que llevaba en la memoria; y porque era muy larga relación, y por no embarazar más a su majestad, entre otras pláticas, dijo: «Ya vuestra majestad estará cansado de me oír, y para un tan gran emperador y monarca de todo el mundo, como vuestra majestad es, no es justo que un vasallo como yo tenga tanto atrevimiento, y mi lengua no está acostumbrada a hablar con vuestra majestad, y podría ser que mi sentido no diga con aquel tan debido acato que debo todas las cosas acaecidas; aquí tengo este memorial, por donde vuestra majestad podrá ver, si fuere servido, todas las cosas muy por extenso cómo pasaron»; y entonces se hincó de rodillas para besarle los pies por las mercedes que fue servido hacerle en le haber oído. Y el emperador nuestro señor le mandó levantar: y el almirante y el duque de Béjar dijeron a su majestad que era digno de grandes mercedes; y luego le hizo marqués del Valle y le mandó dar ciertos pueblos, y aun le mandaba dar el hábito de señor Santiago, y como no se lo señalaron con renta, se calló por entonces; que esto yo no lo sé bien de qué manera fue! y le hizo capitán general de la Nueva España y mar del Sur, y Cortés se tornó a humillar para besarle sus reales pies, y su majestad le mandó que se levantase. Y después de hechas estas grandes mercedes, desde ahí a pocos días que había llegado a Toledo adoleció Cortés, que llegó a estar tan al cabo, que creyeron que se muriera; y el duque de Béjar y el comendador mayor don Francisco de los Cobos suplicaron a su majestad que, pues que Cortés tan grandes servicios le había hecho, que le fuese a visitar antes de su muerte a su posada; y su majestad fue acompañado de duques, marqueses y condes y del don Francisco de los Cobos, y le visitó; que fue muy grande favor, y por tal se tuvo en la corte; y después que estuvo Cortés bueno, como se tenía por tan grande privado de su majestad, y el conde de Nasao le favorecía, y el duque de Béjar y almirante de Castilla, un domingo yendo a misa, ya su majestad estaba en la iglesia mayor, acompañado de duques y marqueses y condes, y estaban asentados en sus asientos conforme al estilo y calidad que entre ellos se tenía por costumbre de se asentar, vino Cortés algo tarde a misa, sobre cosa pensada, y pasó por delante de aquellos ilustrísimos señores con su falda de luto alzada, y se fue sentar cerca del conde Nasao, que estaba su asiento el más cercano del emperador; y de que así lo vieron pasar delante de aquellos grandes señores de salva, murmuráronlo de su grande presunción y osadía, y tuviéronlo por desacato, y que no se le había de atribuir a la policía de lo que dél decían; y entre aquellos duques y marqueses estaba el duque de Béjar y el almirante de Castilla y el conde de Aguilar, y dijeron que aquello no se le había de tener a Cortés a mal miramiento, porque su majestad por le honrar le había mandado que se fuese a sentar cerca del conde de Nasao; y que demás de aquello, que su majestad mandó que mirasen y tuviesen noticia que Cortés con sus compañeros, había ganado tantas tierras, que toda la cristiandad le era en cargo; que ellos, los estados que tenían que los habían heredado de sus antepasados por servicio que habían hecho; y que por estar desposado Cortés con su sobrina, su majestad le mandaba honrar. Volvamos a Cortés, y diré que, viéndose tan sublimado en privanza con el emperador y el duque de Béjar y conde Nasao, y aun del almirante, y ya con título de marqués, comenzó a tenerse en tanta estima, que no tenía cuenta, como era razón, con quien le había favorecido y ayudado para que su majestad le diese el marquesado, ni al cardenal fray García de Loaysa ni a Cobos, ni a la señora doña María de Mendoza ni a los del real consejo de Indias, que todo se le pasaba por alto, y todos sus cumplimientos eran con el duque de Béjar y conde Nasao y el almirante. Y creyendo que tenía muy bien entablado su juego con tener privanza con tan grandes señores, comenzó a suplicar con mucha instancia a su majestad que le hiciese merced de la gobernación de la Nueva España, y para ello representó otra vez sus servicios, y que siendo gobernador entendía descubrir por la mar del Sur islas y tierras muy ricas, y se ofreció con otros muchos cumplimientos; y aun echó otra vez por intercesores al conde Nasao y al duque de Béjar y al almirante; y su majestad les respondió que se contentase que le había dado el marquesado de mucha renta, y que también había de dar a los que le ayudaron a ganar la tierra, que eran merecedores dello; que pues lo conquistaron, que lo gocen. Y dende allí adelante comenzó decaer de la grande privanza que tenía; porque, según dijeron muchas personas, el cardenal, que era presidente del real consejo de Indias, y los del real consejo de Indias habían entrado en consulta con su majestad sobre las cosas y mercedes de Cortés, y les pareció que no fuese gobernador; otros dijeron que el comendador mayor y la señora doña María de Mendoza le fueron algo contrarios porque no hacía cuenta dellos: ora sea por lo uno o por lo otro, el emperador no le quiso más oír, por más que le importunaban, sobre la gobernación. Y en este instante se fue su majestad a embarcar a Barcelona para pasar a Flandes y fueron acompañándole muchos duques y marqueses y siempre él echaba por intercesores aquellos duques y marqueses para suplicar a su majestad que le diese la gobernación; y su majestad respondió al conde Nasao que no le hablase más en aquel caso, que ya le había dado un marquesado que tenía más renta de la que el conde Nasao, tenía con todo su estado. Dejemos a su majestad embarcado con buen viaje, y volvamos a Cortés y las grandes fiestas que le hicieron a sus velaciones, y de las ricas joyas que dio a la señora doña Juana de Zúñiga, su mujer; y fueron tales que, según dijeron quien las vio, y la riqueza dellas, que en toda Castilla no se habían dado más estimadas; y de algunas dellas la serenísima emperatriz doña Isabel, nuestra señora, que tuvo voluntad de las haber, según lo que dellas le contaban los lapidarios, y aun dijeron que ciertas piedras que Cortés le hubo presentado, que se descuidó o no quiso darle de las más ricas, como las que dio a la marquesa, su mujer. Quiero traer a la memoria otras cosas que a Cortés le acaecieron en Castilla el tiempo que estuvo en la corte, y fue, que triunfaba con mucha alegría, y según dijeron muchas personas que vinieron de allá, que estaban en su compañía, que hubo fama que la serenísima emperatriz doña Isabel, nuestra señora, no estaba tan bien en los negocios de Cortés como al principio que llegó a la corte, cuando alcanzó a saber que había sido ingrato al cardenal y al real consejo de Indias, y aun al comendador mayor de León y con la señora doña María de Mendoza, y alcanzó a saber que tenía otras muy ricas piedras, mejores que las que le hubo dado. Y con todo esto que le informaron, mandó a los del real consejo de Indias que en todo fuese ayudado; y entonces capituló Cortés que enviaría por ciertos años por la mar del Sur dos navíos de armada bien abastecidos, y con setenta soldados y capitanes con todo género de armas, a su costa, a descubrir islas y otras tierras, y que de lo que descubriese le harían ciertas mercedes; a las cuales capitulaciones me remito, porque ya no se me acuerdan. Y también en aquel instante estaba en la corte don Pedro de la Cueva, comendador mayor de Alcántara, hermano del duque de Alburquerque, porque este caballero fue el que su majestad había mandado que fuese a la Nueva España con gran copia de soldados a cortar la cabeza a Cortés si le hallase culpado, y a otras cualesquier personas que hubiesen hecho alguna cosa en deservicio de su majestad; y como vio a Cortés, y supo que su majestad le había hecho marqués, y era casado con la señora doña Juana de Zúñiga, se holgó mucho dello, y se comunicaba cada día el comendador don Pedro de la Cueva con el marqués don Fernando Cortés; y dijo al mismo Cortés que si por ventura fuera a la Nueva España y llevara los soldados que su majestad le mandaba, que por más leal y justificado que le hallase, que por fuerza había de pagar la costa de los soldados, y aun su ida, y que fueran más de 300.000 pesos; y que lo hizo mejor de venir ante su majestad. Y porque tuvieron otras muchas pláticas, que aquí no relato, las cuales de Castilla nos escribieron personas que se hallaron presentes a ellas, y de todo lo demás por mí relatado en el capítulo que dello habla; y demás desto, nuestros procuradores lo escribieron, y aun el mismo marqués escribió los grandes favores que de su majestad alcanzó, y no declaró la causa por qué no le dieron la gobernación. Dejemos esto, y digo que desde ahí a pocos días después que fue marqués envió a Roma a besar los santos pies de nuestro muy santo padre el papa Clemente; porque Adriano, que hacía por nosotros, ya había fallecido tres o cuatro años había, y envió por su embajador a un hidalgo que se decía Juan de Herrada, y con él envió un rico presente de piedras ricas y joyas de oro, y dos indios maestros de jugar el palo con los pies; y le hizo relación de su llegada a Castilla y de las tierras que había ganado, y de los servicios que hizo a Dios primeramente y a nuestro gran emperador, y le dio toda la relación por un memorial de las tierras, cómo son muy grandes y la manera que en ellas hay, y que todos los indios eran idólatras y que se han vuelto cristianos, y otras muchas cosas que convenían decir a nuestro muy santo padre; y porque yo no lo alcancé a saber tan por extenso como en la carta iba, lo dejaré aquí de decir, y aun esto que aquí digo, después lo alcanzamos a saber del mismo Juan de Herrada, fue un buen soldado que hubo ido en nuese supimos que enviaba a suplicar a nuestro muy santo padre que se quitasen parte de los diezmos. Y para que bien entiendan los curiosos lectores quién es este Juan de Herrada, fue un buen soldados que hubo ido en nuestra compañía a las Honduras cuando fue Cortés; y después que vino de Roma fue al Perú, y le dejó don Diego de Almagro por ayo de su hijo don Diego el mozo; y este fue tan privado de don Diego de Almagro, y fue el capitán de los que mataron a don Francisco Pizarro el viejo, y después maese de campo de Almagro el mozo. Volvamos a decir lo que le aconteció en Roma al Juan de Herrada que, después que fue a besar los santos pies de su santidad, y presentó los dones que Cortés le envió y los indios que traían el palo con los pies, su santidad lo tuvo en mucho, y dijo que daba gracias a Dios, que en sus tiempos tan grandes tierras se hubiesen descubierto y tantos números de gentes se hubiesen vuelto a nuestra santa fe; y mandó hacer procesiones, y que todos diesen gracias por ello a Dios nuestro señor; y dijo que Cortés y todos sus soldados habíamos hecho grandes servicios a Dios primeramente, y al emperador don Carlos, nuestro señor, y a toda la cristiandad, y que éramos dignos de grandes mercedes; y entonces nos envió bulas para no absolver a culpa y a pena de todos nuestros pecados, y otras indulgencias para los hospitales e iglesias, con grandes perdones; y dio por muy bueno todo lo que Cortés había hecho en la Nueva España, según y como su antecesor el papa Adriano; y en lo de los diezmos no sé si le hizo cierta merced; y escribió a Cortés en respuesta de su carta, y lo que en ella se contenía yo no lo supe, porque, como dicho tengo, deste Juan de Herrada y de un soldado que se decía Campo, que volvieron desde Roma, alcancé a saber lo que aquí escribo; porque, según dijeron, después que hubo estado en Roma diez días, y habían los indios maestros de jugar el palo con los pies estado delante de su santidad y de los sacros cardenales, de que se holgaron mucho de lo ver, su santidad le hizo merced al Juan de Herrada de le hacer conde palatino y le mandó dar cierta cantidad de ducados para que se volviese, y una carta de favor para el emperador nuestro señor, que le hiciese su capitán y le diese buenos indios de encomienda. Y como Cortés ya no tenía mando en la Nueva España, y no le dio cosa ninguna de lo que el santo padre mandaba, se pasó al Perú, donde fue capitán.

Capítulo CXCVI. Cómo entretanto que Cortés estaba en Castilla con título de marqués, vino la real audiencia a México, y en lo que entendió

Pues estando Cortés en Castilla con título de marqués, en aquel instante llegó la real audiencia a México, según su majestad lo había mandado, como dicho tengo en el capítulo que dello habla, y por presidente Nuño de Guzmán, que solía estar por gobernador en Pánuco, y cuatro licenciados por oidores; los nombres dellos se decían Matienzo, que era natural de Vizcaya o cerca de Navarra, y Delgadillo, de Granada, y un Maldonado, de Salamanca; no es este el licenciado Alonso Maldonado «el bueno», que fue gobernador de Guatemala; y vino un licenciado Parada, que solía estar en la isla de

Cuba. Y así como llegaron estos oidores a México, después que les hicieron gran recibimiento en la entrada de la ciudad, en obra de quince o veinte días que habían llegado, se mostraron muy justificados en hacer justicia, y traían los mayores poderes que nunca a la Nueva España después trajeron virreyes ni presidentes, y era para hacer el repartimiento perpetuo, y anteponer a los conquistadores y hacerles muchas mercedes, porque así se «lo mandó su majestad»; y luego hacen saber de su venida a todas las ciudades y villas que en aquella sazón estaban pobladas en la Nueva España, para que envíen procuradores con las memorias y copias de los indios que hay en cada provincia, para hacer el repartimiento perpetuo, y en pocos días se juntaron en México los procuradores de las ciudades y villas y otros conquistadores. Y en aquella sazón estaba yo en México por procurador síndico de la villa de Guazacualco, donde en aquel tiempo era vecino; y como vi lo que el presidente y oidores mandaron, fui por la posta a nuestra villa para elegir quiénes habían de venir por procuradores para hacer el repartimiento perpetuo; y cuando llegué hubo muchas contrariedades en elegir los que habían de venir, porque unos vecinos querían que viniesen sus amigos, y otros no lo consentían, y por votos hubimos de salir elegidos el capitán Luis Marín y yo. Llegados a México, demandamos todos los procuradores de las más villas y ciudades que se habían juntado el repartimiento perpetuo, según su majestad mandaba; y en aquella sazón estaba trastrocado el Nuño de Guzmán y el Matienzo y Delgadillo, porque los otros dos oidores, que. fueron Maldonado y Parada, luego que a aquella ciudad llegaron fallecieron de dolor de costado; y si allí estuviera Cortés, según hay maliciosos, también le infamaran y dijeran que Cortés los había muerto. Y volviendo a nuestra relación, quién fue causa de les volver el propósito que no hiciesen el repartimiento según su majestad mandaba, dijeron muchas personas que lo entendieron muy bien, que fue el factor Salazar, porque se hizo tan íntimo amigo de Nuño de Guzmán y de Delgadillo, que no se hacía otra cosa sino lo que mandaba, y tal como el consejo dieron, en tal paró todo; y lo que le aconsejaron fue, que no hiciese el repartimiento perpetuo por vía ninguna; porque, si lo hacían, que no serían tan señores ni los tendrían en tanto acato los conquistadores y pobladores, con decir que no les podían dar ni quitar más indios de los que entonces les diese; y de otra manera, que los tendrían siempre debajo de su mano, y podrían dar y quitar a quien quisiesen, y serían muy ricos y poderosos; y también trataron entre el factor y Nuño de Guzmán y Delgadillo que fuese el mismo factor a Castilla por la gobernación de la Nueva España para Nuño de Guzmán, porque ya sabían que Cortés no tenía tanto favor con su majestad como al principio que fue a Castilla, y no se le habían dado, por más intercesores que echó ante su majestad para que se la diesen. Pues ya embarcado el factor en una nao que llamaban «la Sornosa», dio a través con gran tormenta en la costa de Guazacualco, y se salvó en un batel y volvió a México, y no hubo efecto su ida a Castilla. Dejemos desto y diré en lo que entendieron luego que a México llegaron el Nuño de Guzmán y Matienzo y Delgadillo, y fue en tomar residencia al tesorero Alonso de Estrada, la cual dio muy buena; y si se mostrara tan varón como creíamos que lo fuera, él se quedara por gobernador, porque su majestad no le mandaba quitar la gobernación; antes, como dicho tengo en el capítulo pasado, había venido mandado pocos meses había de su majestad que gobernase solo el tesorero, y no juntamente con el Gonzalo de Sandoval, y dio por muy buenas las encomiendas que había de antes dado, y al Nuño de Guzmán no le nombraban en las provisiones más de por presidente y repartidor juntamente con los oidores; y demás desto, si se pusiera de hecho en tener la gobernación en sí, todos los vecinos de México y los conquistadores que en aquella sazón estábamos en aquella ciudad le favoreciéramos, pues veíamos que su majestad no le quitaba del cargo que tenía; y demás desto, vimos en el tiempo que gobernó hacía justicia y tenía mucha voluntad y buen celo de cumplir lo que su majestad mandaba; y dende a pocos días falleció de enojo dello. Dejemos de hablar en esto, y diré en lo que luego entendieron en la audiencia real, y fueron muy contrarios en las cosas del marqués; y enviaron a Guatemala a tomar residencia a Jorge de Alvarado, y vino un Orduña el viejo, natural de Tordesillas, y lo que pasó en la residencia yo no lo sé; y luego le pusieron en México muchas demandas a Cortés por vía del fiscal, y el factor Salazar asimismo le puso otras demandas, y los escritos que daba en los estrados era con muy gran desacato y palabras muy mal dichas, y lo que en los escritos decían, que Cortés era tirano y traidor, y que había hecho muchos deservicios a su cesárea majestad, y otras muchas cosas feas; y tan malas, que el licenciado Juan Altamirano, ya por mí otra vez nombrado, que era la persona a quien Cortés hubo dejado su poder cuando fue a Castilla, se levantó en pie, con su gorra quitada, en los mismos estrados, y dijo al presidente y oidores con mucho acato que suplicaba a su alteza que le mandasen al factor que en los escritos que diese, que fuese bien mirado, y que no le consientan que diga del marqués, pues es buen caballero y tan grande servidor de vuestra alteza, tan malas y feas palabras, y que, demande su justicia como debe; y no aprovechó cosa ninguna lo que el licenciado Altamirano allí en los estrados les suplicó, porque para otro día tuvo el factor otros más feos escritos; y fue la cosa, según después alcanzamos a saber, que el Nuño de Guzmán y el Delgadillo le daban lugar a ello en tal manera, que el licenciado Altamirano y el factor, allí delante del presidente y oidores, sobre los escritos vinieron a palabras muy feas y sentidas que entre ellos dijeron, y el Altamirano echó mano a un puñal para el factor, y le iba a dar si no se abrazara con él Nuño de Guzmán y Matienzo y Delgadillo, y luego toda la ciudad revuelta, y llevaron preso a las atarazanas al licenciado Altamirano, y al factor a su posada; y los conquistadores fuimos al presidente a suplicar por el Altamirano, y dende allí a tres días le sacaron de la prisión y los hicimos amigos. Y pasemos adelante, que hubo luego otra tormenta mayor, y fue, que en aquella sazón había aportado allí a México un deudo del capitán Pánfilo de Narváez, el cual se decía Zavallos, que le enviaba desde Cuba su mujer del Pánfilo de Narváez, la cual se decía María de Valenzuela, en busca de su marido Narváez, que había ido por gobernador al río de Palmas, porque ya tenía fama que era perdido o muerto; y trajo su poder para haber sus bienes donde quiera que los hallase, y también creyendo que había aportado a la Nueva España. Y como llegó a México este Zavallos, secretamente, según el Zavallos dijo y así fue fama, el Nuño de Guzmán y el Matienzo y Delgadillo le hablaron para que ponga demanda y dé queja de todos los conquistadores que fuimos juntamente con Cortés a desbaratar a Narváez, y se le quebró el ojo y se quemó su hacienda, y también demandó la muerte de los que allí murieron; y el Zavallos, dada su queja como se lo mandaron, y grandes informaciones dello, prendieron a todos los más conquistadores que en aquella ciudad nos hallamos, que en las probanzas vieron que fueron en ello, que pasaron de más de doscientos y cincuenta, y a mí también me prendieron, y nos sentenciaron en ciertos pesos de oro de tepuzque, y nos desterraron de cinco leguas de México, y luego nos alzaron el destierro, y aun a muchos de nosotros no nos demandaron el dinero de la sentencia, porque era poca cosa. Y tras esta tormenta, ponen a Cortés otra demanda las personas que mal le querían, y fue, que se había alzado con mucha cantidad de oro y joyas y plata de gran valía, que se hubo en la toma de México, y aun la recámara de Guatemuz, y que no dio parte dello a los conquistadores, sino a cosa de 80 pesos, y que en su nombre lo envió a Castilla, diciendo que servía a su majestad con ello, y se quedó con la mayor parte dello, que no lo envió todo; y eso que envié, que lo robó en la mar un Juan Florín, francés, corsario, que fue el que ahorcaron en el Puerto del Pico, como dicho tengo en los capítulos que dello hablan, y que era obligado el Cortés a pagar todo aquello que el Juan Florín robó, y más lo que escondió; y le pusieron otras demandas, y en todas le condenaban que lo pagase de sus bienes, y se los vendían. Y también tuvieron manera y concertaron para que un Juan Juárez, cuñado de Cortés, demandase públicamente en los estrados la muerte de su hermana doña Catalina Juárez «la Marcayda», la cual demandó en los estrados, como se lo mandaron, y presentó testigos cómo y de qué manera dicen que fue su muerte. Y luego tras esto hubo otros impedimentos, y fue que, como le pusieron a Cortés la demanda que dicho tengo de la recámara de Guatemuz, y del oro y plata que se hubo en México, muchos de los que éramos amigos de Cortés, nos juntamos, con licencia de un alcalde ordinario, en casa de un García Holguín, y firmamos que no queríamos parte de aquellas demandas del oro ni de la recámara, ni por nuestra parte fuese compelido Cortés a que pagase ninguna cosa dello, y decíamos que sabíamos cierto y claramente que lo enviaba a su majestad, y lo hubimos por bueno hacer aquel servicio a nuestro rey y señor; y como el presidente y los oidores vieron que dimos peticiones sobre ello, nos mandaron prender a todos, diciendo que sin su licencia no nos habíamos de juntar ni firmar cosa ninguna; y como vieron la licencia del alcalde, puesto que nos sentenciaron en destierro de México cinco leguas, luego nos le alzaron, y todavía lo recibíamos por grandes molestias y agravios. Y luego tras esto se pregonó que todos los que venían del linaje de judíos, o moros que hubiesen quemado o ensambenitado por la santa inquisición en el cuarto grado a sus padres o abuelos, que dentro de seis meses saliesen de la Nueva España, so pena de perdimiento de la mitad de sus bienes; y en aquel tiempo vieran el acusar que acusaban unos a otros, y el infamar que hacían, y no salieron de la Nueva España sino dos: el uno era mercader de la Veracruz, y el otro era un escribano de México. Y dende a un año trajo licencia el escribano para estar en la Nueva España, y casó una hija que trajo de Castilla muy honradamente, porque alegó que había servido a su majestad. Y con todas estas cosas no eran tan ejecutivos que lo llevaban con rigor, ni sentenciaban sino en muy pocos pesos de un oro bajo que se dice tepuzque, y aun lo dejaban de cobrar que no lo pagaban. Y para los conquistadores, eran tan buenos y cumplían lo que su majestad mandaba, en cuanto al dar indios a los que eran verdaderos conquistadores, que a ninguno dejaban de dar indios, y de lo que vacaba les hacían muchas mercedes. Lo que les echó a perder fue la demasiada licencia que daban para herrar esclavos, porque daban licencias a «despuertas», y las vendían los criados del Nuño de Guzmán y del Delgadillo y Matienzo: pues en lo de Pánuco herráronse tantos que aína despoblaran aquella provincia. Y demás desto como no residían en sus oficios, no se sentaban en los estrados todos los días que eran obligados y se andaban en banquetes y tratando en amores y en mandar echar suertes, que para ello embarazaban algunos días; y el Nuño de Guzmán, que era franco y de noble condición, envió en aguinaldo una cédula de un pueblo que se dice Huaspaltepec al contador Albornoz, que había pocos días que volvió de Castilla y vino casado con una señora que se decía doña Catalina de Loaysa, y aun trajo el Rodrigo de Albornoz de España licencia de su majestad para hacer un ingenio de azúcar en un pueblo que se dice Cempoal, el cual pueblo en pocos años destruyó. Volvamos a nuestro cuento: que, como el Nuño de Guzmán hacía aquellas franquezas y herraba tantos indios por esclavos, e hizo muchas molestias a Cortés; y del licenciado Delgadillo decían que hacía dar indios a personas que le acudían con cierta renta, y hacía compañías, y también porque puso por alcalde mayor en la villa de Guaxaca a su hermano, que se decía Berrio, y hallaron que el hermano llevaba cohechos y hacía muchos agravios a los vecinos; y también se halló que en la villa de los zapotecas puso otro teniente, que se decía Delgadillo como él, que también llevaba cohechos y hacía injusticias; y el licenciado Matienzo era viejo y pusiéronle que era vicioso de beber mucho vino y que iba muchas veces a las huertas a hacer banquetes, y llevaba consigo tres o cuatro hombres alegres que bebían bien, y desque todos estaban como convenía, y asidos, que tomaba uno de ellos una bota con vino, y que desde lejos hacía con la misma bota: «Huichochu» como cuando llaman al señuelo a los gavilanes, y el viejo licenciado iba como desalado a la bota y la empinaba y bebí de ella; y también se le pusieron por cargos que toda la semana y algunos días de fiesta se les iba en mandar echar suertes, y que el mismo Nuño de Guzmán y Delgadillo y Matienzo eran jueces de ello, y que más querían estar en las suertes que en los estrados; y aun sospecharon que salían muchas suertes a quienes ellos querían ser aficionados. Y fueron tantas las cosas que dellos decían con probanzas, y aun cartas de los prelados y religiosos, que, viendo su majestad y los del real consejo de Indias las informaciones y cartas que contra ellos fueron, mandó que luego sin más dilación se quitase redondamente toda la real audiencia y los castigasen y pusiesen otro presidente y oidores que fuesen de ciencia y buena conciencia y rectos en hacer justicia; y mandó que luego fuesen a la provincia de Pánuco a saber qué tantos mil esclavos habían herrado, y fue el mismo Matienzo por mandado de su majestad, que a este viejo oidor hallaron con menos cargos y mejor juez que a los demás; y demás desto, luego se dieron por ningunas las cédulas que habían dado para herrar esclavos, y se mandaron quebrar todos los hierros con que se herraban, y que dende allí adelante no se hiciesen más esclavos, y aun se mandó hacer memoria de los que había en toda la Nueva España, para que no se vendiesen ni se sacasen de una provincia a otra; y demás desto, mandó que todos los repartimientos y encomiendas de indios que había dado el Nuño de Guzmán y los demás oidores a deudos y paniaguados y a sus amigos, o a otras personas que no tenían méritos, que luego sin ser más oídos se los quitasen, y los diesen a las personas que su majestad había mandado que los hubiesen. Quiero traer aquí a la memoria qué de pleitos y debates hubo sobre este tornar a quitar los indios de encomienda que ya les había dado el Nuño de Guzmán, juntamente con los oidores; unos alegaban ser conquistadores no lo siendo, y otros pobladores de tantos años, y que si entraban y salían en casa del presidente y oidores, que era para les servir y honrar y acompañar, y hacer lo que por ellos les fuese mandado en cosas que fuesen cumplideras al servicio de su majestad, y que no entraban en sus casas por criados ni paniaguados, y cada uno defendía y alegaba lo que más a su provecho podía; y fue de tal manera la cosa, que a pocos de los que les habían dados los indios, se los tornaron a quitar, sino fue a los que diré aquí: el pueblo de Huaspaltepec al contador Rodrigo de Albornoz, que le hubo enviado el Nuño de Guzmán en aguinaldo, y también le quitaron a un Villaroel, marido que fue de Isabel de Ojeda, otro pueblo de Cornavaca, y también los quitaron a un mayordomo de Nuño de Guzmán, que se decía Villegas, y a otros deudos y criados de los mismos oidores, y otros se quedaron con ellos. Pues como se supo esta nueva en México, que vino de Castilla, que quitaban redondamente toda la audiencia real, en lo que entendieron Nuño de Guzmán y Delgadillo y Matienzo fue luego enviar procuradores a Castilla para abonar sus cosas con probanzas de testigos que ellos quisieron tomar como quisieron, para que dijesen que eran muy buenos jueces y que hacían lo que su majestad les mandaba, y otros abonos que les convenía decir para que en Castilla los diesen por buenos jueces. Pues para elegir a las personas que habían de ir con los poderes, así para que procurasen por ellos como para cosas que convenían a aquella ciudad y Nueva España, y a la gobernación della, mandaron que nos juntásemos en la iglesia mayor todos los procuradores que teníamos poder de las ciudades y villas, que en aquella sazón nos hallamos en México, y con nosotros juntamente algunos conquistadores, personas de cuenta, y por nuestros votos quisieron que eligiéramos para que fuese procurador a Castilla al factor Salazar; porque, como ya he dicho otras veces, puesto que el Nuño de Guzmán y el Matienzo y Delgadillo hacían algunos desatinos, ya atrás por mí memorados, por otra parte eran tan buenos para todos los conquistadores y pobladores, que nos daban de los indios que vacaban; y con esta confianza creyeron que votáramos por el factor, que era la persona que ellos querían enviar en su nombre. Pues como nos hubimos juntado en la iglesia mayor de aquella ciudad, como nos fue mandado, eran tantas las voces y tabarra y behetría que daban muchas personas de las que no eran llamadas para aquel efecto, que se entraron por fuerza en la iglesia, que, aunque les mandábamos salir fuera della, no querían ni aun callar; en fin, como cosa de comunidad, daban voces; y como aquello vimos nos salimos de la junta los que estábamos nombrando que lo habíamos de votar, fuimos a decir al presidente y oidores que para otro día lo dejábamos, y que en casa del mismo presidente, donde hacían la real audiencia, eligiríamos a quien viésemos que convenía; y después nos pareció que solamente querían nombrar personas amigas del Nuño de Guzmán y Delgadillo y Matienzo; y acordamos se eligiese una persona por parte de los mismos oidores y otra por la parte de Cortés; y fueron nombrados, a Bernardino Vázquez de Tapia por la parte de Cortés, y por la parte de los oidores a un Antonio de Carvajal, que fue capitán de bergantines; mas, a lo que entonces a mí me pareció, así el Bernardino Vázquez de Tapia como el Carvajal eran aficionados a las cosas del Nuño de Guzmán mucho más que a las de Cortés, y tenían razón, porque ciertamente nos hacían más bien y cumplían algo de lo que su majestad mandaba en dar indios que no Cortés, puesto que los pudiera dar muy mejor que todos en el tiempo que tuvo el mando; mas, como somos tan leales los españoles, por haber sido Cortés nuestro capitán le teníamos afición, más que él tuvo voluntad de nos hacer bien, habiéndoselo mandado su majestad, pudiendo cuando era gobernador. Pues ya elegidos, sobre los capítulos que habían de llevar hubo otras contiendas; porque decían el presidente y oidores que era cumplidero al servicio de Dios y de su majestad, y con parecer de todos los procuradores, que no volviese Cortés a la Nueva España, porque estando en ella siempre habría bandos y revueltas, y quedando en ella no habría buena gobernación, y por ventura se alzaría con ella; y todos los más procuradores lo contradecíamos, y que era muy leal y gran servidor de su majestad. Y en aquella sazón llegó don Pedro de Alvarado a México, que había venido de Castilla y traía la gobernación de Guatemala, y adelantado, y comendador de Santiago, y casado con una señora que se decía doña Francisca de la Cueva (y falleció aquella señora así como llegó a la Veracruz); pues como llegó a México, con mucho luto él y sus criados, y como entendió los capítulos que enviaban por parte del presidente y oidores, túvose orden que el mismo adelantado, con los demás procuradores, escribiésemos a su majestad todo lo que la audiencia real intentaba. Y como fueron los procuradores, por mí ya, nombrados, a Castilla con los recaudos y capítulos que habían de pedir, y los del real consejo de Indias conocieron que todo iba guiado contra Cortés por pasión no quisieron hacer cosa que conviniese al Nuño de Guzmán ni a los demás oidores, porque ya estaba mandado por su majestad, que de hecho les quitasen el cargo. Y también en este instante

Cortés estaba en Castilla, que en todo les fue muy contrario, y volvía por su honra y estado, y luego se apercibió Cortés para venir a la Nueva España con la señora marquesa su mujer y casa; y entre tanto que viene, diré cómo Nuño de Guzmán fue a poblar una provincia que se dice Jalisco, y acertó en ello muy mejor que no Cortés en lo que envió a descubrir, como adelante verán.

Capítulo CXCVII. Cómo Nuño de Guzmán supo por cartas ciertas de Castilla que le quitaban el cargo, porque había mandado su majestad que le quitasen de presidente a él y a los oidores, y viniesen otros en su lugar, acordó de ir a pacificar y conquistar la provincia de Jalisco, que ahora se dice la Nueva Galicia

Pues como Nuño de Guzmán supo por cartas ciertas que le quitaban el cargo de ser presidente a él y a los oidores, y venían otros oidores; como en aquella sazón todavía era presidente el Nuño de Guzmán, allegó todos los más soldados que pudo, así de a caballo como escopeteros y ballesteros, para que fuesen con él a una provincia que se dice Jalisco; y los que no querían ir de grado, apremiábalos que fuesen, o por fuerza, o habían de dar dineros a otros soldados que fuesen en su lugar, y si tenían caballos se los tomaban, y cuando mucho, no les pagaban sino la mitad menos de lo que valían; y los vecinos ricos de México ayudaron con lo que podían, y llevó muchos indios mexicanos cargados y otros de guerra para que le ayudasen, y por los pueblos que pasaba con su fardaje hacíales grandes molestias. Y fue a la provincia de Michoacan, que por allí era su camino, y tenían los naturales de los pueblos de aquella provincia, de los tiempos pasados, mucho oro, y aunque era bajo, porque estaba revuelto con plata, le dieron cantidad dello; y porque el Cazonci que era el mayor cacique de aquella provincia, que así se llamaba, no le dio tanto oro como le demandaba el Nuño de Guzmán, le atormentó y le quemó los pies, y porque le demandaba indios e indias para su servicio, y por otras trancanillas que se le levantaron al pobre cacique, lo ahorcó, que fue una de las más malas y feas cosas que presidente ni otras personas podían hacer, y todos los que iban en su compañía se lo tuvieron a mal y a crueldad; y llevó de aquella provincia muchos indios cargados hasta donde pobló la ciudad que ahora llaman de Compostela, con harta costa de la hacienda de su majestad y de los vecinos de México, que llevó por fuerza; y porque yo no me hallé en aquesta jornada, se quedará aquí; mas cierto que Cortés ni el Nuño de Guzmán jamás se hubieron bien; y también sé que siempre se estuvo en aquella provincia el Nuño, de Guzmán hasta que su majestad mandó que enviasen por él a Jalisco a su costa, y le trajeron preso a México a dar cuenta de las demandas y sentencias que contra él dieron en la real audiencia que nuevamente en aquella sazón vino, y le pusiesen a pedimiento de Matienzo y Delgadillo. Quiérolo dejar en este estado, y diré cómo llegó la real audiencia a México, y lo que hizo.

Capítulo CXCVIII. Cómo llegó la real audiencia a México, y lo que se hizo

Ya he dicho en el capítulo pasado cómo su majestad mandó quitar toda la real audiencia de México, y dio por ninguna las encomiendas de indios que habían dado el presidente y oidores que en ella residían; porque los daban a sus deudos y paniaguados y a otras personas que no tenían méritos; y mandó su majestad que se los quitasen y los diesen a los conquistadores que estaban con Pobres repartimientos; y porque tuvieron noticia que no hacían justicia ni cumplieron sus reales mandatos; y mandó venir otros oidores que fuesen de ciencia y conciencia, y les encargó que en todo hiciesen justicia, y por presidente vino don Sebastián Ramírez de Villaescusa, que en aquella sazón era obispo de Santo Domingo, y cuatro licenciados por oidores, que se decían el licenciado Alonso Maldonado de Salamanca, y el licenciado Zainos, de Toro o de Zamora, y el licenciado Vasco de Quiroga, de Madrigal, que después fue obispo de Michoacan, y el licenciado Salmerón, de Madrid; y primero llegaron a México los oidores que llegase el obispo de Santo Domingo; y se les hizo dos grandes recibimientos, así a los oidores, que vinieron primero, como al presidente, que vino de ahí a pocos días; y luego mandaron pregonar residencia general, y de todas las ciudades y villas vinieron muchos vecinos y procuradores, y aun caciques y principales, y dieron tantas quejas del presidente y oidores pasados, de agravios y cohechos e injusticias que les habían hecho, que estaban espantados el presidente y oidores que les tomaban la residencia. Pues los procuradores de Cortés les ponen tantas demandas de los bienes y hacienda que les hicieron vender en las almonedas, como dicho tengo antes de ahora, que si todo en lo que les condenaban hubieran de pagar, montaba sobre 200.000 pesos de oro. Y como el Nuño de Guzmán estaba en Jalisco, y no quería venir a la Nueva España a dar su residencia, respondía el Delgadillo y Matienzo en la residencia que les tomaban, que todas aquellas demandas que les ponían eran a cargo de Nuño Guzmán, que como presidente lo mandaba de hecho, y no eran a su cargo, y que mandasen enviar por él, que venga a México a descargarse de los cargos que le ponen; y puesto que ya había enviado a Jalisco la real audiencia provisiones para que pareciese personalmente en México, no quiso venir; y el presidente y oidores, por no alborotar la Nueva España, disimularon la cosa, y hacen sabidor dello a su majestad, y luego enviaron sobre ello al real consejo de Indias a un licenciado que se decía fulano de la Torre, el cual decían que era natural de Badajoz, para que le tomase residencia en la provincia de Jalisco y para que le traiga preso a México y que le eche preso en la cárcel pública; y trajo comisión para que nos pagase el Nuño de Guzmán todo en lo que nos sentenció a los conquistadores sobre lo de Narváez, y lo de las firmas cuando nos echaron presos, como dicho tengo en el capítulo pasado que dello habla, y dejaré apercibiendo a este licenciado de la Torre para venir a la Nueva España, y diré en qué paró la residencia. Y es, que al Delgadillo y Matienzo les vendieron sus bienes para pagar las sentencias que contra ellos dieron, y los echaron presos en la cárcel pública por lo que más debían, que no alcanzó a pagar con sus bienes; y a un hermano de Delgadillo, que se decía Berrio, que estaba por alcalde mayor en Guaxaca, hallaron contra él tantos agravios y cohechos que había llevado, que le vendieron sus bienes para pagar a quien los había tomado, y le echaron preso por lo que no alcanzaba, y murió en la cárcel; y otro tanto hallaron contra otro pariente de Delgadillo que estaba por alcalde mayor en los zapotecas, que también se llamaba Delgadillo, como el pariente, y murió en la cárcel; y ciertamente eran tan buenos jueces y rectos en hacer justicia los nuevamente venidos, que no entendían sino solamente en hacer lo que Dios y su majestad manda, y en que los indios conociesen que les favorecían y que fuesen bien doctrinados en la santa doctrina; y demás desto, luego quitaron que no se herrasen esclavos, e hicieron otras buenas cosas. Y como el licenciado Salmerón y el licenciado Zainos eran viejos, acordaron de enviar a demandar licencia a su majestad para se ir a Castilla, porque ya habían estado cuatro años en México y estaban ricos y habían servido bien en las cargos que habían traído, y su majestad les envió licencia, después de haber dado residencia, que dieron muy buena; pues el presidente don Sebastián Ramírez, obispo que en aquella sazón era de Santo Domingo, también fue a Castilla, porque su majestad le envió llamar para se informar dél de las cosas de la Nueva España y para ponerle por presidente en la cancillería real de Granada; y dende cierto tiempo lo pasaron a la de Valladolid y le dieron el obispado de Tuy; y dende a pocos días vacó el de León, y se le dieron, y era presidente, como dicho tengo, en la cancillería de Valladolid, y en aquel instante vacó el obispado de Cuenca, y se le dieron. Por manera que se alcanzaban unas bulas de los obispados a otras, y por ser buen juez vino a subir en el estado que he dicho; y en esta sazón vino la muerte a llamarle, y paréceme a mí, según nuestra santa fe, que está en la gloria con los bienaventurados: porque, a lo que conocí y comuniqué con él cuando era presidente en México, en todo era muy recto y bueno, y como tal persona, había sido, antes que fuese obispo de Santo Domingo, inquisidor en Sevilla. Volvamos a nuestra relación, y diré del licenciado Alonso Maldonado, que su majestad le mandó que viniese a la provincia de Guatemala y Honduras y Nicaragua por presidente y gobernador, y en todo fue muy bueno y recto juez y gran servidor de su majestad, y aun tuvo título de adelantado de Yucatán por capitulación que tuvo hecha con su suegro don Francisco de Montejo. Pues el licenciado Quiroga fue tan bueno, que le dieron el obispado de Michoacan. Dejemos de contar destos prosperados por sus virtudes, y volvamos a decir del Delgadillo y Matienzo, que fueron a Castilla y a sus tierras muy pobres, y no con buenas famas; y dende a dos o tres años dijeron que murieron. Y ya en esta sazón había su majestad mandado que viniese a la Nueva España por virrey el ilustrísimo y buen caballero, y digno de loable memoria, don Antonio de Mendoza, hermano del marqués de Mondéjar; y vinieron por oidores el doctor Quesada, natural de Ledesma, y el licenciado Tejada, de Logroño, y aun en aquel tiempo estaba por oidor el licenciado Maldonado, que aun no había ido a ser presidente de Guatemala; y también vino por oidor un licenciado que se decía Loaysa, natural de Ciudad Real, y como era hombre viejo, estuvo tres o cuatro años en México, y allegó pesos de oro para irse a Castilla y se volvió a su casa; y de ahí a poco tiempo vino un licenciado de Sevilla, que se decía Santillana, que después fue doctor, y todos fueron muy buenos jueces; y después que se les hizo grandes recibimientos en la entrada de aquella ciudad, se pregonó residencia general contra el presidente y oidores pasados, y todos los hallaron muy rectos y buenos, y usaron de sus cargos conforme a justicia. Y volviendo a nuestra relación cerca del Nuño de Guzmán, que se estaba en Jalisco, y como el virrey don Antonio de Mendoza alcanzó a saber que su majestad mandó venir al licenciado de la Torre a tomarle residencia en Jalisco y echarle preso en la cárcel pública, y hacerle que pagase al marqués del Valle lo que se hallase deberle, y a los conquistadores también nos pagase en lo que nos sentenció sobre lo de Narváez: por hacerle bien y porque no fuese molestado y afrentado, le envió a llamar que viniese luego a México sobre su palabra, y le señaló por posada sus palacios; y el Nuño de Guzmán así lo hizo, que se vino luego; y el Virrey le hacía mucha honra y le favorecía, y comía con él; y en este instante llegó a México el licenciado de la Torre, y como traía mandado de su majestad que luego echase preso a Nuño de Guzmán y que en todo hiciese justicia, puesto que primero lo comunicó con el virrey, y parece ser no halló tanta voluntad para ello como quisiera, acordó de le sacar de la posada del virrey, a do estaba; y decía a voces: «Esto manda su majestad así se ha de hacer, y no otra cosa»; y lo llevó a la cárcel pública de aquella ciudad, y estuvo preso ciertos días, hasta que rogó por él el virrey, que le sacaron de la cárcel; y como conocieron en el de la Torre que traía recios aceros para no dejar de ejecutar la justicia, y tomar residencia muy a las derechas al Nuño de Guzmán: y como la malicia humana muchas veces no deja cosa en que pueda infamar que no infame, parece ser que, como el licenciado de la Torre era algo aficionado al juego, especial de naipes, puesto que no jugaba sino al triunfo, y a la primera por pasatiempo; quien quiera que fue, por parte de Nuño de Guzmán, como en aquel tiempo se usaban traer unos tabardos con mangas largas, especial los juristas, metieron en una de las mangas del tabardo del licenciado de la Torre una baraja de naipes de los chicos, y ataron la manga de arte que no se pudiesen salir en aquel instante; y yendo el licenciado por la plaza de México, acompañado de personas de calidad, quien quiera que fue en meterle los naipes, tuvo manera que se le desató, y saliéronsele los naipes pocos a pocos, y dejó rastros dellos en el suelo en la plaza por donde iba, y las personas que le iban acompañando, desque vieron salir de aquella manera los naipes, se lo dijeron, que mirase lo que traía en la manga del tabardo. Y cuando el licenciado vio tan grande burla dijo con grande enojo: «Bien parece que no quieren que haga yo justicia a las derechas; mas si no me muero, yo la haré de manera que su majestad sepa deste desacato que conmigo se ha hecho»; y dende a pocos días cayó malo, y de pensamiento dello o de otras cosas que le ocurrieron, de calenturas murió. Y luego proveyó la audiencia real, juntamente con el virrey, del poder que traía el de la Torre a un hidalgo que se decía Francisco Vázquez Coronado, natural de Salamanca, y era muy íntimo amigo del virrey, y todo se hizo de la manera que el Nuño de Guzmán quiso, en la residencia que le tomaron. Este Francisco Vázquez de Coronado fue desde a cierto tiempo por capitán a la conquista de Cibola, que en aquel tiempo llamaban «las siete ciudades», y dejó en su lugar en la gobernación de Jalisco a un Cristóbal de Oñate, persona de calidad, y el Francisco Vázquez era recién casado con una señora hija del tesorero Alonso de Estrada, y demás de ser llena de virtudes era muy hermosa, y como fue aquellas ciudades de la Cibola, tuvo gana de volver a la Nueva España y a su mujer, y dijeron algunos soldados de los que fueron en su compañía, que quiso remedar a Ulises capitán greciano, que se hizo loco cuando estaba sobre Troya para venir a gozar de su mujer Penélope; así hizo Francisco Vázquez Coronado, que dejó la conquista que llevaba, y le dio ramo de locura y se volvió a su mujer, y, como se lo daban en cara de se haber vuelto de aquella manera, falleció dende a pocos días.

Capítulo CXCIX. Cómo vino don Hernando Cortés, marqués del Valle, de España, casado con la señora doña María de Zúñiga, con título de marqués del Valle y capitán general de la Nueva España y de la mar del Sur; y del recibimiento que se le hizo

Como había mucho tiempo que Cortés estaba en Castilla, y ya casado, como dicho tengo, y con título de marqués y capitán general de la Nueva España y de la mar del Sur, tuvo gran deseo de se volver a la Nueva España a su casa y estado y tomar posesión de su marquesado; y como supo que estaban las cosas en México en el estado que he referido, de la manera ya por mí dicha, se dio prisa, y se embarcó con toda su casa en ciertos navíos y, con buen tiempo que les hizo en la mar, llegó al puerto de la Veracruz, y se le hizo recibimiento, y luego se fue por las villas de su marquesado; y llegado a México, se le hizo otro recibimiento; y en lo que entendió fue en presentar sus provisiones de marqués y hacerse pregonar por capitán general de la Nueva España y del mar del Sur, y demandar al virrey y audiencia real que le contasen sus vasallos de la manera que él pensó; y esto me parece a mí que vino mandado de su majestad para que se los cantase; porque, a lo que yo entendí, cuando le dieron el marquesado demandó a su majestad que le hiciese merced de ciertas villas y pueblos con tantos mil vecinos tributarios; y porque esto yo no lo sé bien, remítome a los caballeros y otras personas que lo saben mejor, y a los pleitos que sobre ello se han traído; porque tenía el marqués en el pensamiento, cuando demandó a su majestad aquella merced de los vasallos, que se había de contar cada casa de vecino o cacique o principal de aquellas villas por un tributario: como si dijésemos ahora que no se habían de contar los hijos varones que eran ya casados, ni yernos, ni otros muchos indios que estaban en cada casa en servicio del dueño della, sino solamente cada vecino Por un tributario, ora tuviese muchos hijos o yernos u otros allegados criados; y la audiencia real de México proveyó que lo fuese a contar un oidor de la misma real audiencia, que se decía el doctor Quesada, y comenzó a contar desta manera: el dueño de cada casa por un tributario, y si tenían hijos de edad, cada hijo un tributario, y si tenía yernos, cada yerno un tributario, y los indios que tenía en su servicio, aunque fuesen esclavos, cada uno contaban por un tributario. Por manera que en muchas de las casas contaban diez y doce y quince tributarios; y Cortés tenía por sí, y así lo proponía y demandó a la real audiencia, que cada casa era un vecino y se había de contar solo un tributario; y si cuando el marqués suplicó a su majestad le hiciese merced del marquesado, le declarara que le diera tal villa y tal villa con los vecinos y moradores que tenía, su majestad le hiciera merced dellas; y el marqués creyó y tenía por cierto que demandando los vasallos que acertaba en ello, y salió al contrario. Por manera que nunca le faltaron pleitos, y a esta causa estuvo mal con las cosas del doctor Quesada, que se los fue a contar, y aun con el virrey y audiencia real no le faltaron cosquillas, y se hizo relación dello a su majestad por parte de la real audiencia, para saber de la manera que habían de contar; y se estuvo suspenso el contar de los vasallos ciertos años, que siempre el marqués llevó sus tributos dellos sin haber cuenta. Volvamos a nuestra materia: como esto pasó, de ahí a pocos días se fue desde México a una villa de su marquesado, que se dice Cornavaca, y llegó a la marquesa, e hizo allí su asiento, que nunca más la trajo a la ciudad de México. Y demás desto, como dejó capitulado con la serenísima emperatriz doña Isabel, nuestra señora, de gloriosa memoria, y con los del real consejo de Indias, que había de enviar armadas por la mar del Sur a descubrir islas y tierras, y todo a su costa, comenzó a hacer navíos en un puerto de una su villa, que era en aquel tiempo del marquesado, que se dice Tehuantepec, y en otros puertos de Zacatula y Acapulco; y las armadas que envió diré adelante, que nunca tuvo ventura en cosa que pusiese la mano, sino todo se le tornaba espinas y se le hacían mal; muy mejor acertó Nuño, de Guzmán, como adelante diré.

Capítulo CC. De los gastos que el marqués don Hernando Cortés hizo en las armadas que envió a descubrir, y cómo en todo lo demás no tuvo ventura; y he menester volver mucho atrás de mi relación para que bien se entienda lo que ahora diré

En el tiempo que gobernaba la Nueva España Marcos de Aguilar por virtud del poder que para ello le dejó el licenciado Luis Ponce de León al tiempo que falleció, según ya lo he declarado muchas veces antes que Cortés fuese a Castilla, envió el mismo marqués del Valle cuatro navíos que había labrado en una provincia que se dice Zacatula, bien abastecidos de bastimento y artillería, con buenos marineros y con doscientos y cincuenta soldados, y mucho rescate de cosas de mercerías de Castilla, y todo lo que era menester de vituallas y pan bizcocho para más de un año, y envió en ellos por capitán general a un hidalgo que se decía Álvaro de Saavedra Cerón; fueron su viaje y derrota para las islas de los Malucos y Especiería o la China, y este fue por mandado de su majestad, que se lo hubo escrito a Cortés desde la ciudad de Granada en 22 de junio de 1526 años; y porque Cortés me mostró la misma carta a mí y a otros conquistadores que le estábamos teniendo compañía, lo digo y declaro aquí; y aun le mandó su majestad a Cortés que a los capitanes que enviase, que fuesen a buscar una armada que había salido de Castilla para la China, e iba en ella por capitán un fray don García de Loaysa, comendador de San Juan de Rodas; y en esta sazón que se apercibía el Saavedra para el viaje, aportó a la costa de Tehuantepec un patache, que era de los que habían salido de Castilla con la armada del mismo comendador que dicho tengo, y venía en el mismo patache por capitán un Ortuño de Lango, natural de Portugalete; del cual dicho capitán y pilotos que en el patache venían se informó el Álvaro de Saavedra Cerón de todo lo que quiso saber, y aun llevó en su compañía a un piloto y a dos marineros, y se lo pagó muy bien, porque volviesen otra vez con él, y tomó plática de todo el viaje que había traído y de las derrotas que habían de llevar. Y después de haber dado las instrucciones y avisos que los capitanes y pilotos que van a descubrir suelen dar en sus armadas, después de haber oído misa y encomendádose a Dios, se hicieron a la vela en el puerto de Ciguatanejo, que es la provincia de Colima o Zacatula, que no lo sé bien, y fue en el mes de diciembre en el año de 1527 o 28, y quiso nuestro señor Jesucristo encaminarles, que fueron a los Malucos y a otras islas; y los trabajos y hambres y dolencias que pasaron, y aun muchos que se murieron en aquel viaje, yo no lo sé; mas yo vi dende a tres años en México a un marinero de los que habían ido con el Saavedra, y contaba cosas de aquellas islas y ciudades donde fueron, que yo me estaba admirado; y estas son las tierras e islas que ahora van desde México con armada a descubrir y tratar; y aun oí decir que los portugueses que estaban por capitanes en ellas, que prendieron al Saavedra o a gente suya y que los llevaron a Castilla, o que tuvo noticia dello su majestad; y como ha tantos años que pasó y yo no me hallé en ello, más de, como tengo dicho, haber visto la carta que su majestad escribió a Cortés, en esto no diré más. Quiero decir ahora cómo en el mes de mayo de 1532 años, después que Cortés vino de Castilla, envió desde el puerto de Acapulco otra armada con dos navíos bien abastecidos con todo género de bastimentos, y marineros, los que eran menester, y artillería y rescate, y ochenta soldados escopeteros y ballesteros, y envió por capitán general a un Diego Hurtado de Mendoza: y estos dos navíos envió a descubrir por la costa del sur a buscar islas y tierras nuevas; y la causa dello es, porque, como dicho tengo en el capítulo que dello habla, así lo tenía capitulado Cortés con los del real consejo de Indias cuando su majestad se fue a Flandes. Y volviendo a decir del viaje de los dos navíos, fue que, yendo el capitán Hurtado sin ir a buscar islas ni se meter mucho en la mar ni hacer cosa que de contar sea, se apartaron de su compañía amotinados más de la mitad de los soldados que llevaba con el un navío; y dicen que ellos mismos, por concierto que entre el capitán y los amotinados se hizo, fue darles el navío en que iban para volver a la Nueva España: mas nunca tal es de creer, que el capitán les diera licencia, sino que ellos se la tomaron; y ya que daban vuelta los amotinados, les hizo el tiempo contrario y les echó en tierra, y fueron a tomar agua, y con mucho trabajo vinieron a Jalisco, y dieron nuevas dello, y desde allí voló la nueva a México, de lo cual le pesó mucho a Cortés; y el Diego Hurtado corrió siempre la costa, y nunca se oyó decir más dél ni del navío, ni jamás pareció. Quiero dejar de decir desta armada, pues se perdió; y diré cómo Cortés luego despachó otros dos navíos que estaban ya hechos en el puerto de Tehuantepec, los cuales abasteció muy cumplidamente, así de pan como de carne, y todo lo necesario que en aquel tiempo se pudo haber, y con mucha artillería y buenos marineros, y setenta soldados y cierto rescate, y por capitán dellos a un hidalgo que se decía Diego Becerra de Mendoza, de los Becerras de Badajoz o Mérida; y fue en el otro navío por capitán un Hernando de Grijalva, y este Grijalva iba debajo de la mano deste Becerra; y fue por piloto mayor un vizcaíno que se decía Ortuño Jiménez, gran cosmógrafo. Y Cortés mandó a Becerra que fuese por la mar en busca del Diego Hurtado, y si no le hallase, metiese en mar alta, y buscasen islas y tierras nuevas, porque había fama de ricas islas de perlas; y el piloto Ortuño Jiménez cuando estaba platicando con otros pilotos en las cosas de la mar, antes que partiese para aquella jornada, decía y prometía de les llevar a tierras bien afortunadas de riquezas, que así las llamaban, y decía tantas cosas, cómo serían todos ricos, que algunas personas lo creían. Y después que salieron del puerto de Tehuantepec, la primera noche se levantó un viento contrario, que apartó los dos navíos el uno del otro, que nunca más se vieron; y bien se pudieran tornar a juntar, porque luego hizo buen tiempo, salvo que el Hernando de Grijalva, por no ir debajo de la mano de Becerra, se hizo luego a la mar y se apartó con su navío, porque el Becerra era muy soberbio y mal acondicionado: y en tal paró, según adelante diré; y también se apartó el Hernando de Grijalva porque quiso ganar honra por sí mismo si descubría alguna buena isla, y metióse dentro en la mar más de doscientas leguas, y descubrió una isla que le puso nombre Santo Tomé, y estaba despoblada. Dejemos a Grijalva y a su derrota, y volveré a decir lo que le acaeció al Becerra con el piloto Ortuño Jiménez: es que riñeron en el viaje, y como el Becerra iba malquisto con todos los más soldados que iban en la nao, concertó el Ortuño, con otros vizcaínos marineros y con soldados con quien había tenido palabras el Becerra, de dar en él una noche y matarle, y así lo hicieron, que estando durmiendo le despacharon al Becerra y a otros soldados; y si no fuera por dos frailes franciscos que iban en aquella armada, que se metieron en despartillos, más males hubiera; y el piloto Jiménez con sus compañeros se alzaron con el navío, y por ruego de los frailes les fueron a echar en tierra de Jalisco, así a los religiosos como a otros heridos; y el Ortuño Jiménez dio vela, y fue a una isla que la puso nombre Santa Cruz, donde dijeron que había perlas y estaba poblada de indios como salvajes; y como saltó en tierra para tomar agua, y los naturales de aquella bahía o isla estaban de guerra, los mataron, que no más quedaron salvo los marineros que quedaban en el navío; y como vieron que todos eran muertos, se volvieron al puerto de Jalisco con el navío, y dieron nuevas de lo acaecido, y certificaron que la tierra era buena y bien poblada y rica de perlas; y luego fue esta nueva a México, y como Cortés lo supo, hubo gran pesar de lo acaecido. De lo cual tomó codicia el Nuño de Guzmán y, para saber si era así que había perlas, en el mismo navío, que vinieron a darte aquella nueva, lo armó muy bien así de soldados y capitán y bastimentos, y envió a la misma tierra a saber qué cosa era; y el capitán y los soldados que envió tuvieron voluntad de se volver porque no hallaron las perlas ni cosa ninguna de lo que los marineros dijeron, y se tornaron a Jalisco por se estar en los pueblos de su encomienda que nuevamente les había dado el Nuño de Guzmán, y porque en aquella sazón se descubrieron buenas minas de oro en aquella tierra: ahora sea por lo uno, o por lo otro, no hicieron cosa que de provecho fuese. Y como Cortés era hombre de corazón que no reposaba, con tales sucesos acordó de no enviar más capitanes, sino ir él en persona; y en aquel tiempo tenía sacados de astilleros tres navíos de buen porte en el puerto de Tehuantepec; y como le dieron las nuevas que había perlas adonde mataron al Ortuño Jiménez, y porque siempre tuvo en pensamiento de descubrir por la mar del Sur grandes poblaciones, tuvo voluntad de lo ir a poblar, porque así lo tenía capitulado con la serenísima emperatriz doña Isabel, de gloriosa memoria, como ya dicho tengo, y los del real consejo de Indias, cuando su majestad pasó a Flandes; y como en la Nueva España se supo que el marqués iba en persona, creyeron que era a cosa cierta y rica, y viniéronle a servir tantos soldados, así de a caballo y otros arcabuceros y ballesteros, y entre ellos treinta y cuatro casados, que se le juntaron por todos sobre trescientas y veinte personas, con las mujeres casadas; y después de bien abastecidos los navíos de mucho bizcocho y carne y aceite, y aun dijeron vino y vinagre y otras cosas pertenecientes para bastimento; y llevó mucho rescate y tres herreros con sus fraguas y dos carpinteros de ribera con sus herramientas, y otras muchas cosas que aquí no relato por no me detener, y con buenos y expertos pilotos y marineros, mandó que los que se quisiesen ir a embarcar al puerto de Tehuantepec, donde estaban los tres navíos, que se fuesen, y esto por no llevar tanto embarazo por tierra; y él se fue desde México con el capitán Andrés de Tapia y otros capitanes y soldados, y llevó clérigos y religiosos que le decían misa, y llevó médicos y cirujanos y botica; y llegados al puerto adonde se habían de hacer a la vela, ya estaban allí los tres navíos que vinieron de Tehuantepec. Y como todos los soldados se vinieron juntos, con sus caballos y a pie, Cortés se embarcó con los que le pareció que podrían ir de la primera barcada hasta la isla o bahía que nombraron de Santa Cruz, adonde decían que había perlas; y como Cortés llegó con buen viaje a la isla, que fue en el mes de mayo de 1536 o 7 años, que ya no me acuerdo, y luego despachó los navíos para que volviesen los demás soldados y mujeres casadas, y caballos que quedaban aguardando con el capitán Andrés de Tapia, y luego se embarcaron; y alzadas velas, yendo por su derrota, dióles un temporal que les echó cabe un gran río, que le pusieron nombre San Pedro y San Pablo; y asegurado el tiempo, volvieron a seguir su viaje, y dioles otra tormenta que les despartió a todos tres navíos, y el uno dellos fue al puerto de Santa Cruz, adonde Cortés estaba, y el otro fue a encallar y dar a través en tierra de Jalisco; y los soldados que en él iban estaban muy descontentos del viaje, y de muchos trabajos, se volvieron a la Nueva España y otros se quedaron en Jalisco; y el otro navío aportó a una bahía que llamaron el Guayabal; y pusiéronle este nombre porque había allí mucha fruta que llaman guayabas. Y como habían dado a través, tardaron tanto y no acudían donde Cortés estaba, y les aguardaban por horas, porque se les habían acabado los bastimentos; y en el navío que dio a través en tierra de Jalisco iba la carne y bizcocho y todo el más bastimento; a esta causa estaban muy congojosos así Cortés como todos los soldados, porque no tenían qué comer; y en aquella tierra no cogen los naturales del maíz, que son gente salvaje y sin policía, y lo que comen es frutas de las que hay entre ellos, y pesquerías y mariscos, y de los soldados que estaban con Cortés, de hambres y de dolencias se murieron veintitrés, y muchos más estaban dolientes, y maldecían a Cortés y a su isla y bahía y descubrimiento; y cuando aquello vio, acordó de ir en persona con el navío que allí aportó y con cincuenta soldados y con dos herreros y carpinteros y tres calafates, en busca de los otros dos navíos, porque por los tiempos y vientos que habían corrido, entendió que habían dado a través; y yendo en busca dellos, halló al uno encallado, como dicho tengo, en la costa de Jalisco, y sin soldados ningunos, y el otro estaba cerca de unos arrecifes. Y con gran trabajo y con tornarlos a aderezar y calafatear, volvió a la isla de Santa Cruz con sus tres navíos y bastimento, y comieron tanta carne los soldados que lo aguardaban, que como estaban debilitados de no comer cosas de sustancia de muchos días atrás, les dio cámaras y tanta dolencia, que se murieron la mitad dellos, y por no ver Cortés delante de sus ojos tantos males, fue a descubrir a otras tierras, y entonces toparon con la California, que es una bahía; y como Cortés estaba tan trabajado y flaco, deseábase volver a la Nueva España; sino que de empacho, porque no dijesen dél que había gastado gran cantidad de pesos de oro, y no había topado tierras de provecho ni tenía ventura en cosa que pusiese la mano, y que eran maldiciones de los soldados y conquistadores verdaderos de la Nueva España, a este efecto no se iba. Y en aquel instante, como la marquesa doña Juana de Zúñiga, su mujer, no sabía ningunas nuevas, mas que había dado a través un navío en la costa de Jalisco, estaba muy penosa, creyendo no se hubiese muerto o perdido; y luego envió en su busca dos navíos, los cuales uno dellos fue en que había vuelto a la Nueva España el Grijalva, que había ido con el Becerra, y el otro navío era nuevo, que lo acabaron de labrar en Tehuantepec; los cuales dos navíos cargaron de bastimento lo que en aquella sazón pudieron haber, y envió por capitán dellos a un fulano de Ulloa, y escribió muy afectuosamente al marqués, su marido, con palabras y ruegos que luego se volviese a México a su estado y marquesado, y que mirase los hijos e hijas que tenía, y dejase de porfiar más con la fortuna, y se contentase con los heroicos hechos y fama que en todas partes hay de su persona; y asimismo le escribió el virrey don Antonio de Mendoza muy sabrosa y amorosamente, pidiéndole por merced que se volviese a la Nueva España; los cuales dos navíos con buen viaje llegaron donde Cortés estaba, y cuando vio cartas del virrey y los ruegos de la marquesa e hijos, dejó por capitán con la gente que allí tenía a Francisco de Ulloa, y todos los bastimentos que para él traía, y luego se embarcó, y vino al puerto de Acapulco, y tomado tierra, a buenas jornadas vino a Cornavaca, adonde estaba la marquesa, con la cual hubo mucho placer; y todos los vecinos de México se holgaron con su venida, y aun el virrey y audiencia real; porque había fama que se decía en México que se querían alzar todos los caciques de la Nueva España viendo que no estaba en la tierra Cortés; y demás desto, luego se vinieron todos los soldados y capitanes que había dejado en aquella isla o bahía que llaman la California;. y esto de su venida no sé de qué manera fue, si ellos de hecho se vinieron, o el virrey y la audiencia real les dio licencia para ello. Y desde a pocos meses, como Cortés estaba algo más reposado, envió otros navíos bien abastecidos, así de pan y carne como de buenos marineros, y sesenta soldados y buenos pilotos, y fue en ellos por capitán el Francisco de Ulloa, otras veces por mí nombrado; y aquestos navíos que envió, fue que la audiencia real de México se lo mandaba expresamente que los enviase, para cumplir Cortés lo capitulado con su majestad, según dicho tengo en los capítulos pasados que dello hablan. Volvamos a nuestra relación, y es que salieron del puerto de la Natividad por el mes de junio de 1530 y tantos años, y esto de los años no me acuerdo bien; y le mandó Cortés al capitán que corriesen la costa adelante Y acabasen de bojar la California, y procurasen de buscar al capitán Diego Hurtado, que nunca más pareció; y tardó en el viaje en ir y venir siete meses, y sé que no hizo cosa que de contar sea; y volvió al puerto de Jalisco; y dende a pocos días que el Ulloa estaba en tierra descansando, un soldado de los que había llevado en su capitanía le aguardó en parte que le dio de estocadas, donde le mató; y en esto que he dicho paró los viajes y descubrimientos que el marqués hizo; y aun le oí decir muchas veces que había gastado en las armadas sobre 300.000 pesos de oro; y para que su majestad le pagase alguna cosa dello, y sobre el contar de los vasallos, determinó de ir a Castilla; y para demandar a Nuño de Guzmán cierta cantidad de pesos de oro de los que la real audiencia le hubo sentenciado el Nuño de Guzmán que pagase a Cortés de cuando le mandó vender sus bienes; porque en aquel tiempo el Nuño de Guzmán fue preso a Castilla. Y si miramos en ello, en cosa ninguna tuvo ventura después que ganó la Nueva España, y dicen. que son maldiciones que le echaron.

Capítulo CCI. Cómo en México se hicieron grandes fiestas y banquetes por alegría de las paces del cristianísimo emperador nuestro señor, de gloriosa memoria, con el rey Francisco de Francia, cuando las vistas de Aguas Muertas

En el año de 38 vino nueva a México que el cristianísimo emperador nuestro señor, de gloriosa memoria, fue a Francia, y el rey Francisco de Francia le hizo gran recibimiento en un puerto que se dice Aguas Muertas, donde se hicieron paces y se abrazaron los reyes con gran amor, estando presente madama Leonor, reina de Francia, mujer del rey Francisco y hermana del emperador, de felice recordación, nuestro señor, donde se hizo gran solemnidad y fiestas en aquellas paces, y por honra y alegría dellas, el virrey don Antonio de Mendoza y el marqués del Valle y la real audiencia y ciertos caballeros conquistadores hicieron grandes fiestas. En esta sazón habían hecho amistades el marqués del Valle y el virrey don Antonio de Mendoza, que estaban algo amordazados sobre el contar de los vasallos del marquesado y sobre que el virrey favoreció mucho al Nuño de Guzmán para que no pagase la cantidad de pesos de oro que se debía a Cortés desde el tiempo que fue el Nuño de Guzmán presidente en México; y acordaron de hacer grandes fiestas y regocijos, y fueron tales, que otras como ellas, a lo que a mí me parece, no he visto hacer en Castilla, así de justas y juegos de cañas, correr toros, encontrarse unos caballeros con otros, y otros grandes disfraces que había; y todo esto que he dicho no es nada para las muchas invenciones de otros juegos, como se solían hacer en Roma cuando entraban triunfando los cónsules y capitanes que habían vencido batallas, y los epitafios y carteles que sobre cada cosa había; y el inventor de aquellas cosas fue un caballero romano que se decía Luis de León, persona que decían que era de linaje de los patricios, natural de Roma. Y volviendo a nuestra fiesta, amaneció hecho un bosque en la plaza mayor de México, con tanta diversidad de árboles, tan natural como si allí hubieran nacido. Había en medio unos árboles como que estaban caídos de viejos y podridos, y otros llenos de moho, con unas yerbecitas que parece que nacían de ellos; y otros árboles colgaban uno como vello; y otros de otra manera, tan perfectamente puestos que era cosa de notar. Y dentro en el bosque había muchos venados, y conejos, y liebres, y zorros, y adives, y muchos géneros de alimañas chicas de las que hay en esta tierra, y dos leoncillos y cuatro tigres pequeños, y teníanlos en corrales que hicieron en el mismo bosque, que no podían salir hasta que fuese menester echar fuera para la caza; porque los indios naturales mexicanos son tan ingeniosos de hacer estas cosas, que en el universo, según han dicho muchas personas que han andado por el mundo, no han visto otros como ellos; porque encima de los árboles había tanta diversidad de aves pequeñas, de cuantas se crían en la Nueva España, que son tantas y de tantas raleas, que sería larga relación si las hubiese de contar. Y había otras arboledas muy espesas algo apartadas del bosque, y en cada una de ellas un escuadrón de salvajes con sus garrotes añudados y retuertos, y otros salvajes con arcos y flechas; y vanse a la caza; porque en aquel instante las soltaron de los corrales y corren tras ellas por el bosque y salen a la plaza mayor, sobre matar la caza, los unos salvajes con otros revuelven una cuestión soberbia entre ellos, que fue harta de ver cómo batallaban a pie; y desde que hubieron peleado un rato se volvieron a su arboleda. Dejemos esto que no fue nada para la invención que hubo de jinetes hechos de negros y negras con su rey y reina y todos a caballo, que eran más de cincuenta y de las grandes riquezas que traían sobre sí de oro y piedras ricas y aljófar y argentería; y luego van contra los salvajes y tienen otra cuestión sobre la caza; que cosa era de ver la diversidad de rostros que llevaban, las máscaras que traían y cómo las negras daban de mamar a sus negritos y cómo hacían fiestas a la reina. Después de esto amaneció otro día en mitad de la misma plaza mayor hecha la ciudad de Rodas con sus torres y almenas, troneras y cubos y cavas y alrededor cercada y tan al natural como era Rodas, y con cien comendadores con sus ricas encomiendas, todas de oro y perlas, muchos de ellos a caballo a la jineta, con sus lanzas y adargas, y otros a la estradiota, para romper lanzas; y otro a pie con sus arcabuces y por gran capitán general de ellos y gran maestro de Rodas era el marqués Cortés, y traían cuatro navíos con sus mástiles y trinquetes, mesanas y velas y tan al natural que se elevaban algunas personas en ello de los ver ir a la vela por mitad de la plaza y dar tres vueltas y soltar tanta de la artillería que los navíos tiraban; y venían allí unos indios al bordo vestidos al parecer como frailes dominicos, que es como vienen de Castilla, pelando unas gallinas y otros frailes venían pescando. Dejemos los navíos y su artillería y trompetería, quiero decir cómo estaban en una emboscada metidas dos capitanías de turcos muy al natural a la turquesa, con riquísimos vestidos de sedas y de carmesí y grana con mucho oro, y ricas caperuzas, como ellos los traen en su tierra y todos a caballo, y estaban en celada para hacer un salto y llevar ciertos pastores con sus ganados que pacían cabe una fuente, y el un pastor de los que guardaban se huyó y dio gran aviso al gran maestre de Rodas. Ya que llevaban los turcos los ganados y pastores, salen los comendadores y tienen una batalla entre los unos y los otros, que les quitaron la presa del ganado, y vienen otros escuadrones de turcos por otra parte sobre Rodas y tienen otras batallas con los comendadores, y prendieron muchos de los turcos; y sobre esto, luego sueltan toros bravos para los despartir. Pues quiero decir las muchas señoras, mujeres de conquistadores y otros vecinos de México que estaban a las ventanas de la gran plaza, y de las riquezas que sobre sí tenían de carmesí y sedas y damascos y oro y plata y pedrería, que era cosa riquísima; a otros corredores estaban otras damas muy ricamente ataviadas, que las servían galanes. Pues las grandes colaciones que se daban a todas aquellas señoras así a las de las ventanas como las que estaban en los corredores y les sirvieron de mazapanes, alcorzas y diacitrón, almendras y confites, y otras de mazapanes con las armas del marqués, y otras con las armas del virrey, y todas doradas y plateadas, y entre algunas iban con mucho oro sin otra manera de conserva; pues frutas de la tierra no las escribo aquí porque es cosa espaciosa para las acabar de relatar; y demás de esto, vinos los mejores que se pudieron haber; pues aloja y clarea y cacao con su espuma, y suplicaciones y todo servido con ricas vajillas de oro y plata; y duró este servicio desde una hora después de vísperas y después otras dos horas que la noche los departió que cada uno se fue a casa. Dejemos de contar colaciones y las invenciones y fiestas pasadas y diré de dos solemnísimos banquetes que se hicieron. Uno hizo el marqués en sus palacios, y otro hizo el virrey en los suyos y casas reales, y estos fueron cenas. Y la primera hizo el marqués, y cenó en ella el virrey con todos los caballeros y conquistadores de quien se tenía cuenta con ellos, y con todas las señoras, mujeres de los caballeros y conquistadores, y de otras damas, y se hizo muy solemnísimamente. Y no quiero poner aquí por memoria de todos los servicios que se dieron porque será gran relación; basta que se diga que se hizo muy copiosamente. Y la otra cena que hizo el virrey, la hizo en los corredores de las casas reales, hechos unos como vergeles y jardines entretejidos por arriba de muchos árboles con sus frutas, al parecer que nacían de ellos; encima de los árboles muchos pajaritos de cuantos pudiera haber en la tierra, y tenían hecha la fuente de Chapultepec, y tan al natural como ella es con unos manaderos chicos de agua que reventaban por algunas partes de la misma fuente, y allí cabe ella estaba un gran tigre atado con unas cadenas y a la otra parte de la fuente estaba un bulto de hombre, de gran cuerpo, vestido de arriero con dos cueros de vino cabe el que se adurmió de cansado, y otros bultos de cuatro indios que le desataban de un cuero y se emborrachaban y parecía que estaban bebiendo y haciendo gestos y estaba hecho todo tan al natural que venían muchas personas de todas jaeces con sus mujeres a lo ver. Pues ya puestas las mesas había dos cabeceras muy largas y en cada una su cabecera; en la una estaba el marqués, y en la otra el virrey, y para cada cabecera sus maestresalas y pajes y grandes servicios con mucho concierto. Quiero decir lo que se sirvió. Aunque no vaya aquí escrito por entero diré lo que me acordaré porque yo fui uno de los que cenaron en aquellas grandes fiestas. Al principio fueron sus ensaladas hechas de dos o tres maneras y luego cabritos y perniles de tocino asado a la ginovisca, tras esto pasteles de codornices, y palomas, y luego gallos de papada y gallinas rellenas; luego manjar blanco; tras esto pepitoria; luego torta real, luego pollos y perdices de la tierra y codornices en escabeche. Y luego alzan aquellos manteles dos veces y quedan otros limpios con sus panzuelos; luego traen empanadas de todo género de aves y de caza; éstas no se comieron, ni aún de muchas cosas del servicio pasado; y luego sirven de otras empanadas de pescado, tampoco se comió cosa de ello; luego traen carnero cocido, y vaca, y puerco y nabos y coles, y garbanzos; tampoco se comió cosa ninguna; y entre medio de estos manjares ponen en las mesas frutas diferenciadas para tomar gusto, y luego traen gallinas de la tierra cocidas enteras, con picos y pies plateados: tras esto anadones y ansarones enteros con los picos dorados, y luego cabezas de puercos y de venados y de terneras, por grandeza; y con ello grandes músicas de cantares a cada cabecera, y la trompetería y géneros de instrumentos, arpas, vigüelas, flautas, dulzainas, chirimías; en especial cuando los maestresalas servían las tazas; traían a las señoras que allí estaban y cenaron, que fueron muchas más que no fueron a la cena del marqués, muchas copas doradas, unas con aloja, otras con vino, otras con agua y otras con clarea; y tras esto sirvieron a otras señoras más insignes de unas empanadas muy grandes y en algunas de ellas venían dos conejos vivos, y en otras conejos vivos chicos, y otras llenas de codornices y palomas y otros pajaritos vivos y cuando se las pusieron fue en una sazón y a un tiempo y desde que les quitaron los coberteros los conejos se fueron huyendo sobre las mesas y las codornices y pájaros volaron. Aún no he dicho del servicio de aceitunas y rábanos y queso y cardos y frutas de la tierra; no hay que decir sino que toda la mesa estaba llena del servicio dellos. Entre estas cosas había truhanes y decidores que decían en loor del Cortés y del virrey cosas muy de reír. Y aún no he dicho las fuentes, del vino blanco y tinto, hechos de industria que corrían. Pues abajo en los patios, otros servicios para gentes y mozos de espuela y criados de todos los caballeros que cenaban arriba en aquel banquete, que pasaron de trescientos y más de doscientas señoras. Pues aún se me olvidaban los novillos asados enteros llenos de dentro de pollos y gallinas y codornices y palomas y tocino. Esto fue en el patio abajo entre los mozos de espuelas y mulatos e indios. Y digo que duró este banquete desde que anocheció hasta dos horas después de media noche, que las señoras daban voces que no podían estar más a la mesa y otras se acongojaban y por fuerza alzaron los manteles, que otras cosas había que servir. Y todo esto se sirvió con oro y plata y grandes vajillas muy ricas. Una cosa vi que con estar cada sala llena de españoles que no eran convidados y eran tantos que no cabían en los corredores, que vinieron a ver la cena y banquete, y no faltó en toda aquella cena del virrey plata ninguna; y en la del marqués faltaron más de cien marcos de plata; y la causa que no faltó en la del virrey fue porque el mayordomo mayor, que se decía Agustín Guerrero, mandó a los caciques mexicanos que para cada pieza pusiese un indio de guarda y aunque se enviaban a todas las casas de México muchos platos y escudillas con manjar blanco y pasteles y empanadas y otras cosas de este arte, iba con cada pieza de plata un indio y lo traía; lo que faltó fue saleros de plata, muchos manteles y pañizuelos y cuchillos, y esto el mismo Agustín Guerrero me lo dijo otro día; y también contaba el marqués por grandeza que le faltaba sobre cien marcos de plata. Dejemos las cenas y banquetes y diré que para otro día hubo toros y juegos de cañas y dieron al marqués un cañazo en un empeine del pie, que estuvo malo y cojeaba; y para otro día corrieron caballos desde una plaza que llaman el Taltelulco hasta la plaza Mayor y dieron ciertas varas de terciopelo y raso para el caballo que más corriese y primero llegase a la plaza; y asimismo corrieron unas mujeres desde debajo de los portales del tesorero Alonso de Estrada hasta las casas reales y se les dio ciertas joyas de oro a la que más presto llegó al puesto; e hicieron muchas farsas, y fueron tantas, que ya no se me acuerda, y de noche hicieron disfraces, y porque de estas grandes fiestas hubo dos cronistas que lo escribieron según y de la manera que pasó, y quien fueron los capitanes y gran maestre de Rodas, y aún lo enviaron a Castilla para que en el real consejo de Indias se viese, porque su majestad en aquella sazón estaba en Flandes. Quiero poner una cosa de donaire y es que un vecino de México que se dice el maestre de Roa, ya hombre viejo que tiene un gran lobanillo en el pescuezo y era de oficio catepasmo como tiene nombre de maestre de Roa le nombraron adrede maese de Rodas, porque este cirujano fue el que el marqués hubo enviado a llamar a Castilla para que le curase el brazo derecho que tenía quebrado de una caída de un caballo después que vino de Honduras, y porque viniese a curarle el brazo se lo pagó muy bien y le dio unos pueblos de indios; y cuando se acabaron de hacer las fiestas que dicho tengo como tuvo nombre de maestre de Rodas y fue uno de los cronistas y tenía buena plática, fue a Castilla en aquella sazón y tuvo tal conocimiento con la señora doña María de Mendoza mujer del comendador mayor, don

Francisco de los Cobos, que la convocó y la prometió de le dar cosas con que pariese y de tal manera se lo decía que le creyó y la señora doña María le dijo que si paría que le daría 2.000 ducados y le favorecería en el real consejo de Indias para haber otros pueblos de indios y asimismo le prometió el mismo maestre de Roa al cardenal de Sigüenza, que era presidente de Indias, que le sanaría de la gota, y el presidente se lo creyó, y luego le proveyeron, por mandado del cardenal y por favor de la señora doña María de Mendoza de muy buenos indios, mejores que los que tenía, y lo que hizo en las curas fue que ni sanó al marqués de su brazo, antes se le quedó más manco, puesto que se lo pagó muy bien y le dio los indios por mí memorados, ni la señora doña María de Mendoza, nunca parió por más letuarios calientes de zarzaparrilla que la mandó comer, ni al cardenal sanó de su gota; y quedóse con las barras de oro que le dio Cortés y con los indios que le hubo dado el real consejo de Indias, y volvióse a la Nueva España rico y con buenos indios y dejá en Castilla entre los negociantes que habían ido a pleitos unos chistes que el maestre de Roa, que por solo el nombre que le pusieron maestre de Rodas y ser plático les fue a engañar así al presidente como a la señora doña María de Mendoza; y otros conquistadores, con cuanto sirvieron a su majestad, no recaudaron nada y que valió más un poco de zarzaparrilla que llevó, que cuantos servicios hicimos los verdaderos conquistadores a su majestad. Dejemos de contar vidas ajenas, que bien sé que tendrán razón de decir que para qué me meto en estas cosas, que por contar una antigüedad y cosa de memoria acaecida, dejo mi relación; volvamos a ella. Y es, que como se acabaron de hacer las fiestas, mandó el marqués apercibir navíos y matalotaje para ir a Castilla, para suplicar a su majestad que le mandase pagar algunos pesos de oro de los muchos que había gastado en las armadas que envió a descubrir; y porque tenía pleitos con Nuño de Guzmán, que en aquella sazón le envió preso al Nuño de Guzmán el audiencia real a España, y también tenía pleitos sobre el contar de los vasallos; y entonces Cortés me rogó a mí que fuese con él, y que en la corte demandaría mejor mis pueblos ante los señores del real consejo de Indias que no en la audiencia real de México; y luego me embarqué y fui a Castilla, y el marqués no fue de ahí a dos meses, porque dijo que no tenía allegado tanto oro como quisiera llevar, y porque estaba malo del empeine del pie, del cañazo que le dieron, y esto fue en el año de 540; y porque el año pasado de 539 falleció la serenísima emperatriz nuestra señora doña Isabel, de gloriosa memoria, la cual falleció en Toledo en primero día del mes de mayo, y fue llevado a sepultar su cuerpo a la ciudad de Granada, y por su muerte se hizo gran sentimiento en la Nueva España, y se pusieron todos los más conquistadores grandes lutos, y yo, como regidor que era de la villa de Guazacualco y conquistador más antiguo, me puse grandes lutos, y con ellos fui a Castilla; y llegado a la corte, me los torné a poner muchos mayores, como era obligado, por la muerte de nuestra reina y señora, y en aquel tiempo también llegó a la corte Hernando Pizarro, que vino del Perú, y fue cargado de luto, con más de cuarenta hombres que llevaba consigo, que le acompañaban; y también en esa sazón llegó Cortés a la corte con luto él y sus criados, que estaba en aquella sazón la corte en Madrid; y los señores del real consejo de Indias, como supieron que Cortés llegaba cerca de Madrid, le mandaron salir a recibir, y le señalaron por posada las casas del comendador don Juan de Castilla; y cuando algunas veces iba Cortés al real consejo de Indias, salía un oidor hasta la puerta donde hacían el acuerdo del real consejo, y le llevaba con mucho acato a los estrados donde estaba el presidente don fray García de Loaysa, cardenal de Sigüenza, y después fue arzobispo de Sevilla; y oidores el licenciado Gutierre Velázquez y el obispo de Lugo y el doctor don Juan Bernal Díaz de Luco y el doctor Beltrán; y un poco junto de las sillas de aquellos señores caballeros le ponían a Cortés otra silla y le oían; y desde entonces nunca más volvió a la Nueva España, porque entonces le tomaron residencia, y su majestad no le quiso dar licencia para que se volviese a la Nueva España, puesto que echó por intercesores al almirante de Castilla y al duque de Béjar y al comendador mayor de León; y aun también echó por intercesora a la señora doña María de Mendoza, y nunca le quiso dar licencia su majestad; antes mandó que le detuviesen hasta acabar de dar la residencia, y nunca la quisieron concluir; y la respuesta que le daban en el real consejo de Indias era, que hasta que su majestad viniese de Flandes de hacer el castigo de Gante, que no podían darle licencia. Y también en aquella sazón al Nuño de Guzmán le mandaron desterrar de su tierra y que siempre anduviese en la corte, y le sentenciaron en cierta cantidad de pesos de oro; mas no le quitaron los indios de su encomienda de Jalisco; y también andaba él y sus criados cargados de luto. Y como en la corte nos veían, así al marqués Cortés como al Pizarro y al Nuño de Guzmán y todos los demás que veníamos de la Nueva España a negocios, y otras personas del Perú, con lutos, tenían por chiste de llamarnos «los indianos peruleros entutados». Volvamos a nuestra relación: que también en aquel tiempo a Hernando Pizarro le mandaron echar preso en la Mota de Medina, y entonces me vine yo a la Nueva España, y supe que había pocos meses que se habían alzado en las provincias de Jalisco unos peñoles que se llaman Nochitlan, y que el virrey don Antonio de Mendoza los envió a pacificar a ciertos capitanes, y a unos que se decía Cristóbal de Oñate, y los indios alzados daban grandes combates a los españoles y soldados, que de México y, viéndose cercados de los indios, enviaron a demandar socorro al don Pedro de Alvarado, que en aquella sazón estaba en unos sus navíos de una gran armada que hizo en lo de Guatemala para la China; en el puerto de la Purificación, y fue a favorecer a los españoles que estaban sobre los peñoles por mí ya nombrados, y llevó gran copia de soldados y dende a pocos días murió por causa de un caballo que le tomó debajo y le machucó el cuerpo, como adelante diré. Y quiero dejar esta plática, y traeré a la memoria dos armadas que salieron de la Nueva España la una era la que hizo el virrey don Antonio de Mendoza, y la otra fue la que hizo don Pedro de Alvarado, según dicho tengo.

Capítulo CCII. Cómo el virrey don Antonio de Mendoza envió tres navíos a descubrir por la banda del sur en busca de Francisco Vázquez Coronado, y le envió bastimentos y soldados, que estaban en la conquista de la Cibola

Ya he dicho en el capítulo pasado que dello habla que el virrey don Antonio de Mendoza y la real audiencia de México enviaron a descubrir «las siete ciudades», que por otro nombre se llama Cibola, y fue por capitán general un hidalgo que se decía Francisco Vázquez Coronado, natural de Salamanca, que en aquella sazón se había casado con una señora que, además de ser virtuosa, era hermosa, hija del tesorero Alonso de Estrada, y en aquel tiempo estaba el Francisco Vázquez por gobernador de Jalisco, porque a Nuño de Guzmán, que solía estar por gobernador, ya se lo habían quitado. Pues partidos por tierra con muchos soldados de a caballo y escopeteros y ballesteros, había dejado por su teniente en lo de Jalisco a un hidalgo que se decía fulano de Oñate; y después de ciertos meses que hubo llegado a «las siete ciudades» y, pareció ser que un fraile franciscano que se decía fray Marcos de Niza había ido de antes a descubrir aquellas tierras, o fue en aquel viaje con el mismo Francisco Vázquez Coronado, que esto no lo sé bien; y cuando llegaron a las tierras de la Cibola, y vieron los campos tan llanos y llenos de vacas y toros disformes de los nuestros de Castilla, y los pueblos y casas con sobrados, y subían por escaleras, parecióle al fraile que sería bien volver a la Nueva España, como luego vino, a dar relación al virrey don Antonio de Mendoza que enviase navíos por la costa del sur, con herraje y tiros y pólvora y ballestas y armas de todas maneras, y vino y aceite y bizcocho, porque le hizo relación que las tierras de la Cibola estaban en la comarca de la costa del sur, y que con los bastimentos y herraje serían ayudados el Francisco Vázquez y sus compañeros, y que ya quedaban en aquella tierra; y a esta causa envió los tres navíos que dicho tengo, y fue por capitán general un Hernando de Alarcón, maestresala que fue del mismo virrey, y fue por capitán de otro navío un hidalgo que se dice Marcos Ruiz de Rojas, natural de Madrid; otros dijeron que había ido por capitán de otro navío un fulano Maldonado: y porque yo no fui en aquella armada, mas de por oídas lo digo desta manera; y fueron dadas todas las instrucciones a los pilotos y capitanes de lo que habían de hacer y cómo se habían de regir y navegar.

Capítulo CCIII. De una muy grande armada que hizo el adelantado don Pedro de Alvarado en el año de 1537

Razón es que se traiga a la memoria y no quede por olvido una muy buena armada que el adelantado don Pedro de Alvarado hizo en el año de 1537 en la provincia de Guatemala, donde era gobernador, y en un puerto que se dice Acaxutla, en la banda del sur, y fue para cumplir ciertas capitulaciones que con su majestad hizo la segunda vez que volvió a Castilla, y vino casado con una señora que se decía doña Beatriz de la Cueva; y fue el concierto que se capituló con su majestad, que el adelantado pusiese ciertos navíos y pilotos y marineros y soldados y bastimentos, y todo lo que hubiese menester, a su costa, para enviar a descubrir por la vía del poniente a la China o Malucos u otras cualquier islas de la Especiería, y para lo que descubriese, su majestad le prometió en las mismas tierras que le haría ciertas mercedes y daría renta en ellas; y porque yo no he visto lo capitulado, me remito a ello, y por esta causa lo dejo de poner en esta relación. Y volviendo a nuestra materia, y es que, como siempre el adelantado fue muy servidor de su majestad, lo cual se pareció en las conquistas de la Nueva España e ida del Perú, y en todo puso su persona, con cuatro hermanos suyos, que sirvieron a su majestad en lo que pudieron; y en esto de ir a lo del poniente con buena armada, se quiso aventajar a todas las armadas que hizo el marqués del Valle, de las cuales tengo hecha larga relación en los capítulos que dello hablan; y esto que digo es porque puso en la mar del Sur trece navíos de buen porte, y entre ellos una galera y un patache, y todos muy bien abastecidos, así de pan como de carne y pipas de agua, y todo bastimento que en aquella sazón pudieron haber, y muy bien artillados, y con buenos pilotos y marineros, los que habían menester. Pues para hacer tan pujante armada, y estando tan apartados del puerto de la Veracruz, que son más de doscientas leguas hasta donde se labraron los navíos, que en aquella sazón de la Veracruz se trajo el hierro para la clavazón y anclas y pipas, y otras muchas cosas pertenecientes para aquella flota, gastó en ellas más millares de pesos de oro que en Castilla se pudieran gastar aunque se labraran en Sevilla ochenta navíos; y fueron tantos los gastos que hizo, que no le bastó la riqueza que trajo del Perú, ni el oro que le sacaban de las minas en la provincia de Guatemala, ni los tributos de sus pueblos, ni lo que le presentaron sus deudos y amigos y lo que tomó fiado de mercaderes; y ya que en aquella sazón se quisiera ayudar de traer anclas y hierro y otras muchas cosas pertenecientes para los navíos, desde el Puerto de Caballos no venían navíos ni mercaderes, ni se trataba aquel puerto en aquella sazón como ahora. Volvamos a nuestra relación: que aun no es nada los pesos de oro que gastó en los navíos para lo que dio a capitanes y alférez y maeses de campo y a seiscientos y cincuenta soldados, y los muchos caballos que entonces compró, que valían los buenos a 300 pesos, y los comunes a 150 y a 200, pues arcabuces y pólvora y ballestas y todo género de armas fueron tan excesivos gastos, los cuales se podrán colegir; y fueron tan altos los pensamientos que tuvo de hacer gran servicio a su majestad, y descubrirle por el poniente la China o Malucos y Especiería, y aun de conquistar algunas islas della, y a lo menos dar traza que por la parte de su gobernación hubiese el trato della, pues que aventuraba toda su hacienda y persona. Pues ya puesto a punto sus naos para navegar, y en cada una sus estandartes reales, y señalados pilotos y capitanes, y dadas las instrucciones de lo que habían de hacer y derrotas que hablan de llevar, y las señas de los faroles para de noche, y a todos los soldados, como dicho tengo, que fueron sobre seiscientos y cincuenta, con más de doscientos caballos; y después de oído misa del Espíritu Santo, el mismo adelantado por capitán general de toda su armada, dan velas en ciertos días del año de 1538, y fue navegando por su derrota hasta el puerto de la Purificación, que es en la provincia de Jalisco, porque en aquel puerto había de tomar agua y más soldados y bastimento. Pues como supo el virrey don Antonio de Mendoza desta tan pujante armada, que para en estas partes era muy grande, y de los muchos soldados y caballos y artillería que llevaba, tuvo por muy gran cosa de cómo pudo juntar y armar trece navíos de la costa del sur, y allegar tantos soldados, estando tan apartado del puerto de la Veracruz y de México: es cosa de pensar en ello a las personas que tienen noticias destas tierras y saben los gastos que hacen. Pues como el virrey don Antonio de Mendoza supo y se informó que era para descubrir la China, y alcanzó a saber de pilotos y cosmógrafos que se podía descubrir muy bien por el poniente, y se lo certificó un deudo suyo que se decía Villalobos, que sabía mucho de alturas y del arte de navegación, acordó de escribir desde México al adelantado con ofertas y buenos prometimientos para que se diese orden en que la armada hiciese compañía con él: para lo efectuar fueron a hacer el concierto don Luis de Castilla y un mayordomo mayor del virrey, que se decía Agustín Guerrero; y después que el adelantado vio los recaudos que llevaban para hacer concierto, y bien platicado sobre el negocio, se concertó que se viesen el virrey y el adelantado en un pueblo que se dice Chiribitio, que es en la provincia de Michoacan, que era de la encomienda de un Juan de Alvarado, deudo del mismo adelantado; y como el virrey supo adonde se habían de ver, fue en posta desde México al pueblo por mí nombrado, donde estaba el adelantado aguardando al virrey para hacer la plática, y allí se vieron, y concertaron que fuesen entrambos a dos a ver la armada, y luego fueron, y cuando lo hubieron visto, se volvieron a México, para desde allí enviar capitán general de toda la flota; y el adelantado quería que fuese un deudo suyo por general, que se decía Juan de Alvarado (no digo por el de Chiribitio, sino otro su sobrino), que tenía indios en Guatemala; y el virrey quería que fuese juntamente con él un fulano de Villalobos; en este tiempo tuvo mucha necesidad el adelantado de venir a su gobernación de Guatemala a cosas que le convenían, y lo dejó todo aparte por estar presente en su armada, y fue al puerto de la Natividad por tierra, donde en aquella sazón estaban todos sus navíos y soldados, para que por su mano fuesen despachados; y ya que estaban para se hacer a la vela, le vino una carta que le envió un Cristóbal de Oñate, que estaba por teniente de gobernador de aquella provincia de Jalisco, por ausencia de Francisco Vázquez Coronado, que había ido por capitán a «las siete ciudades» que llaman de Cibola, como dicho tengo en el capítulo que dello habla; y lo que en la carta el Oñate le decía era que, pues en todo era gran servidor de su majestad, en este caso que ahora ha ocurrido se parecerán muy mejor sus servicios; que por amor de Dios, que luego con brevedad le vaya a socorrer con su persona y soldados y caballos y arcabuceros, porque está cercado en parte que si no son socorridos no se podrá defender de muchas capitanías de indios guerreros que están en unas fuerzas y peñoles que se dicen de Nochitlan, y que han muerto a muchos españoles de los que estaban en su compañía, y se temía no le acabasen de desbaratar; y le significó en la carta otras muchas lástimas, y que a salir los indios de aquellos peñoles y fortalezas victoriosos, la Nueva España estaba en gran peligro. Y como el adelantado vio la carta, y en ella las palabras que dicho tengo, y otros españoles le dijeron en el peligro en que estaban, luego mandó juntar sus soldados, así de caballo como arcabuceros y ballesteros, y fue en posta a hacer aquel socorro; y cuando llegó al real estaban tan afligidos los cercados, que si no fuera por él, según se vio, los mataran los indios, y con su llegada aflojaron algo y no que dejasen de dar muy bravosa guerra; y estando peleando entre unos peñoles un soldado, pareció ser que el caballo en que iba se le derriscó, y vino rodando por el peñol abajo con tan gran furia y saltos por donde el adelantado estaba, que no se pudo apartar a cabo ninguno, sino que el caballo le encontró de arte, que le maltrató y le quebrantó todo el cuerpo, porque le tomó debajo, y fue de tal manera, que se sintió muy malo, y para guarecerle y curarlo, creyendo que no fuera tanto el quebramiento, le llevaron en andas a curar a una villa, que era la más cercana de aquellos peñoles, que se dice la Purificación; y yendo por el camino se comenzó a pasmar, y llegado a la villa, de ahí a pocos días, después de se haber confesado y comulgado, dio el ánima a Dios nuestro señor, que la crió. Algunas personas dijeron que hizo testamento, y no ha parecido. Falleció aqueste caballero por sacarle luego del real, que si de allí no le sacaran y le curaran como era razón, no se pasmara; y a todas las cosas que nuestro señor hace y ordena démosle muchas gracias y loores por ello; pues ya es fallecido ¡perdónele Dios! En aquella villa le enterraron con la mayor pompa que pudieron; y después he oído decir que Juan de Alvarado, el encomendero de Chiribitio, llevó sus huesos de donde estaban enterrados al mismo pueblo de su encomienda, y mandó hacer muchas honras y misas y limosnas por su ánima. Pues como se supo su muerte en el real de Nochitlan y en su flota y armada, como no había capitán general ni cabeza que los mandase, muchos de los soldados se fueron cada uno por su parte con las pagas que les dieron; y cuando a México llegó esta nueva, todos los más caballeros, juntamente con el virrey, la sintieron; y como faltó el adelantado, luego en posta envían por el virrey para que les vaya a socorrer, y el virrey no pudo ir luego, y envió al licenciado Maldonado, e hizo lo que pudo en aquel socorro; y luego fue el virrey y llevó todos los soldados que pudo allegar, y quiso Dios que venció a los indios de los peñoles, y desbaratados, se volvieron a México a cabo de muchos días que en esta guerra estuvieron con gran trabajo. Dejemos aquel socorro que el adelantado hizo, pues a todos los cercados ayudó, y él murió del arte que ya he dicho; y quiero decir que, como se supo en Guatemala de su muerte, la tristeza y lloros que hubo en su casa, y su querida mujer doña Beatriz de la Cueva rompía la cara y se mesaba los cabellos, juntamente con sus damas y doncellas que tenía para casar; pues su amada hija y señores hijos, y un caballero, yerno suyo, que se dice don Francisco de la Cueva, primo segundo del duque de Alburquerque, que dejaba por gobernador de aquella provincia, tuvieron mucho pesar, y todos los vecinos conquistadores hicieron sentimiento y le hicieron solemnes honras, porque el obispo don Francisco Marroquín, de buena memoria, sintió mucho su muerte, y con toda la clerecía y cera y pompa que pudieron rogaban a Dios por su ánima cada día; y en esto de las honras puso el obispo gran solicitud. Y también quiero decir que un mayordomo del adelantado, por mostrar más tristeza por la muerte de su señor, mandó que se entintasen todas las paredes de las casas con un betún de tinta que no se pudiese quitar. Y también oí decir que muchos caballeros iban a consolar a la señora doña Beatriz de la Cueva, mujer del adelantado, porque no tomase tanta tristeza por su marido, y le decían que diese gracias a Dios, pues que dello fue servido; y ella, como buena cristiana, decía que así se las daba; y como las mujeres son tan lastimosas por lo que bien quieren, y que deseaba morirse y no estar en este triste mundo con tantos trabajos: traigo aquí esto a la memoria por lo que el cronista Francisco López de Gómara dice en su crónica, que dijo aquella señora que ya no tenía nuestro señor Jesucristo en qué más mal la pudiese hacer de lo hecho, y por aquella blasfemia fue servido que desde a pocos días vino en esta ciudad una tormenta y tempestad de agua y cieno y piedras muy grandes y maderos muy gordos, que descendió de un volcán que está media legua de Guatemala, que derribó toda la mayor parte de las casas donde vivía aquella señora, mujer del adelantado, estando en una recámara rezando con sus damas y doncellas, que las tomó a todas debajo, y las más se ahogaron. Y en las palabras que dijo el Gómara que había dicho aquella señora, no pasó como dice, sino como dicho tengo; y si nuestro señor Jesucristo fue servido de la llevar deste mundo, fue secreto de Dios; de la cual avenida y terremoto diré adelante en su tiempo y lugar; y quiero ahora referir otras cosas que son muy de notar: que con haber servido el adelantado tan bien a su majestad, y con sus cuatro hermanos, que se decían Jorge y Gonzalo y Gómez y Juan, y todos Alvarados, cuando falleció, como dicho tengo, no les quedaron a sus hijos e hijas ningunos pueblos de los que tenía en su encomienda, habiéndolos él ganado y conquistado, y haber venido a descubrir esta Nueva España con Juan de Grijalva y después con Cortés. Pues digamos ahora a dónde murieron él y sus hijos y mujer y hermanos, que es cosa de mirar en ello. Ya he dicho que murió en lo de Nochitlan, y su hermano Jorge de Alvarado en la villa de Madrid, yendo a suplicar a su majestad le gratificase sus servicios, y esto fue en el año de 1540; y el Gómez de Alvarado en el Perú; el Gonzalo de Alvarado no se me acuerda si murió en Guaxaca o en México, el Juan de Alvarado yendo a la isla de Cuba a poner cobro en la hacienda que dejó en aquella isla. Pues sus hijos, el mayor, que se decía don Pedro, fue a Castilla en compañía de un su tío que se decía Juan de Alvarado el mozo, vecino que fue de Guatemala, e iba a besar los pies del emperador nuestro señor y traerle a la memoria los servicios de su padre; y nunca más se supo nueva dellos, porque creyeron que se perdieron en la mar o los cautivaron moros. Pues don Diego, el hijo menor, como se vio perdido, volvió al Perú, y en una batalla murió. Pues doña Beatriz, su mujer, ya he dicho dos veces cómo la tormenta la llevó deste mundo, a ella y a otras señoras que estaban en su compañía. Tengan ahora más cuenta los curiosos lectores desto que aquí tengo referido, y miren que el adelantado murió solo sin su querida mujer y amadas hijas, y la mujer sin su querido marido, y los hijos el uno yendo a Castilla y el otro en una batalla en el Perú, y los hermanos según y de la manera que dicho tengo. Nuestro señor Jesucristo los lleve a su santa gloria, ¡amén! Ahora nuevamente se han hecho en esta ciudad de Guatemala dos sepulcros junto al altar de la santa iglesia mayor para traer los huesos del adelantado don Pedro de Alvarado, que están enterrados en el pueblo de Chiribito, y traídos que sean a esta ciudad, enterrarles en el un sepulcro, y el otro sepulcro es para que cuando Dios nuestro señor sea servido llevar desta presente vida a don Francisco de la Cueva y doña Leonor de Alvarado, su mujer, e hija del mismo adelantado, enterrarse en ellos; porque a su costa traen los huesos de su padre y mandaron hacer el sepulcro en la santa iglesia, como dicho tengo. Dejemos esta materia, y volveré a decir en lo que paró la armada, y es, que después que murió, como he referido, dende a un año, poco más o menos tiempo, Mendoza mandó que tomasen ciertos navíos, los mejores y más nuevos de los trece que enviaba el adelantado a descubrir la China por la banda del poniente, y envió por capitán de los navíos a un su deudo, que se decía fulano de Villalobos, y que se fuese la misma derrota que tenía concertado de enviar a descubrir; y en lo que paró este viaje yo no lo sé bien, y a esta causa no doy más relación dello; y también he oído decir que nunca los herederos del adelantado cobraron cosa ninguna, así de navíos como de bastimentos, sino que todo se perdió. Dejemos esta materia, y diré lo que Cortés hizo.

Capítulo CCIV. De lo que el marqués del Valle hizo desde que estaba en Castilla

Como su majestad volvió a Castilla de hacer el castigo de Gante, e hizo la gran armada para ir sobre Argel, le fue a servir en ella el marqués del Valle, y llevó en su compañía a su hijo el mayorazgo; también llevó a don Martín Cortés, el que hubo en doña Marina, y llevó muchos escuderos y criados y caballos, y gran copia y servicio, y se embarcó en una buena galera, en compañía de don Enrique Enríquez; y como Dios fue servido hubiese tan recia tormenta, se perdió casi que toda la real armada; también dio a través la galera en que iba Cortés, y escapó él y sus hijos y todos los más caballeros que en ella iban, con gran riesgo de sus personas; y en aquel instante, como no hay tanto acuerdo como debía haber, especialmente viendo la muerte al ojo, dijeron muchos de los criados de Cortés que le vieron que se ató en unos paños revueltos al brazo, y en el paño ciertas joyas de piedras muy riquísimas que llevaba como gran señor, como se suele decir, «para no menester», y con la revuelta del salir en salvo de la galera, y con la mucha multitud de gente que había se le perdieron todas las joyas y piedras que llevaba, que, a lo que decían, valían muchos pesos de oro. Y volveré a decir de la gran tormenta y pérdida de caballeros y soldados que se perdieron. Aconsejaron a su majestad los capitanes y maestros de campo que eran del real consejo de guerra, que luego alzase el cerco y real de sobre Argel, y se fuese por Bujía, pues que veían que nuestro señor Dios fue servido darles aquel tiempo contrario, y no se podía hacer más de lo hecho. En el cual acuerdo y consejo no llamaron a Cortés para que diese su parecer; y de que lo supo, dijo que si su majestad era servido, que él entendía, con el ayuda de Dios y con la buena ventura de nuestro césar, que con los soldados que estaban en el campo, de tomar a Argel; y también dijo a vueltas destas palabras muchos loores de sus capitanes y compañeros que nos hallamos con él en la conquista de México, diciendo que fuimos para sufrir hambres y trabajos, y que do quiera que les llamase hacía con ellos heroicos hechos, y que heridos y entrapajados no dejaban de pelear y tomar cualquier ciudad y fortaleza, aunque sobre ello aventurasen a perder las vidas; y como muchos caballeros le oyeron aquellas palabras, dijeron a su majestad que fuera bien haberle llamado a consejo de guerra, y que se tuvo a descuido no haberle llamado; otros caballeros dijeron que si no fue llamado fue porque sentían en el marqués que sería de contrario parecer, y aquel tiempo de tanta tormenta no daba lugar a muchos consejeros, salvo que su majestad y los más caballeros de la real armada se pusiesen en salvo, porque estaban en muy gran peligro, y que el tiempo andando, con el ayuda de Dios volverían a poner cerco a Argel; y así, se fueron por Bujía. Dejemos esta materia, y diré cómo volvieron a Castilla de aquella trabajosa jornada. Y como el marqués estaba muy cansado, así de estar en Castilla en la corte y haber venido por Bujía, y ya era viejo, quebrantado del camino ya por mí dicho, deseaba en gran manera volver a la Nueva España si le dieran licencia; y como había enviado a México por su hija la mayor, que se decía doña María Cortés, que tenía concertado de la casar con don Álvaro Pérez Osorio, hijo del marqués de Astorga y heredero del marquesado, y le había prometido sobre 5.000 ducados de oro en casamiento, y otras muchas cosas de vestidos y joyas, y vino a recibirla a Sevilla; y este casamiento se desconcertó, según dijeron muchos caballeros, por culpa de don Álvaro Pérez Osorio; de que el marqués recibió tanto enojo, que de calenturas y cámaras que tuvo recias estuvo al cabo; y andando con su dolencia, que siempre empeoraba, acordó salir de Sevilla por quitarse de muchas personas que le importunaban en negocios, y se fue a Castilleja de la Cuesta para allí entender en su alma y ordenar su testamento; y cuando lo hubo ordenado como convenía, y haber recibido los santos sacramentos, fue nuestro señor Jesucristo servido de llevarle deste trabajoso mundo, y murió en 2 días del mes de diciembre de 1547 años, y llevóse su cuerpo a enterrar con grande pompa y muchos lutos y clerecía, y grande sentimiento de muchos caballeros, y fue enterrado en la capilla de los duques de Medina Sidonia; y después fueron traídos sus huesos a la Nueva España, y están en un sepulcro en Coyoacan o en Texcoco; esto no lo sé bien; porque así lo mandó en su testamento. Quiero decir la edad que tenía, a lo que a mí se me acuerda; lo declararé por esta cuenta que diré: en el año que pasamos con Cortés desde Cuba a la Nueva España fue el de 1519 años, y entonces solía decir, estando en conversación de todos nosotros los compañeros que con él pasamos, que había treinta y cuatro años, y veintiocho que habían pasado hasta que murió, que son sesenta y dos años. Las hijas e hijos que dejó legítimos fue don Martín Cortés, marqués que ahora es, y doña María Cortés, la que he dicho que estaba concertada en el casamiento con don

Álvaro Pérez Osorio, heredero del marquesado de Astorga; que después casó esta doña María con el conde de Luna, de León; y a doña Juana, que casó con don Hernando Enríquez, que ha de heredar el marquesado de Tarifa, y a doña Catalina de Arellano, que murió en Sevilla; y más digo, que las llevó la señora marquesa doña Juana de Zúñiga, su madre, a Castilla cuando vino por ellas un fraile de santo Domingo que se dice fray Antonio de Zúñiga, el cual fraile era hermano de la misma marquesa; y también se casó otra señora doncella que estaba en México, que se decía doña Leonor Cortés, con un Juanes de Tolosa, vizcaíno, persona rica, que tenía sobre 100.000 pesos y unas buenas minas de plata; del cual casamiento tuvo mucho enojo el marqués «el mozo», que vino a la Nueva España; y también tuvo dos hijos varones bastardos, que se decían don Martín Cortés, que fue comendador de Santiago; este caballero hubo en doña Marina «la lengua»; y a don Luis Cortés, que también fue comendador de Santiago, que hubo en otra señora que se decía doña fulana de Hermosilla; y hubo otras tres hijas bastardas: la una hubo en una indiana de Cuba que se decía doña fulana Pizarro, y la otra en otra india mexicana, y la otra que nació contrahecha, que hubo en otra mexicana y sé yo que estas señoras doncellas tenían buena dote: porque desde niñas les dio buenos indios, que fueron unos pueblos que se dicen Chinanta. Y en el testamento y mandas que hizo, yo no lo sé bien, mas tengo en mí que, como sabio, lo haría bien, y tuvo mucho tiempo para ello, y como era viejo, que lo haría con mucha cordura y mandaría descargar su conciencia. Y mandó que hiciesen un hospital en México, y también mandó que en una su villa que se dice Coyoacan, que está obra de dos leguas de México, que se hiciese un monasterio de monjas, y que le trajesen sus huesos a la Nueva España; y dejó buenas rentas para cumplir su testamento, y las mandas fueron muchas y buenas y de muy buen cristiano; y por excusar prolijidad no lo declaro, y también por no me acordar de todas, aquí no las relato. La letra y blasón que traía en sus armas y reposteros fueron de muy esforzado varón y conforme a sus heroicos hechos, y estaban en latín, y como yo no sé latín, no lo declaro; y traía en ellos siete cabezas de reyes presos en una cadena, y a lo que a mí me parece, según vi y entiendo, fueron los reyes que ahora diré: Moctezuma, gran señor de México, y Cacamatzin, su sobrino de Moctezuma, que también fue gran señor de Texcoco, y a Coadlabaca, que asimismo era señor de Iztapalapa y de otros pueblos, y al señor de Tacuba y al señor de Coyoacan, y a otro gran cacique de dos provincias que se decían Tulapa, junto a Matalcingo. Este que dicho tengo, decían que era hijo de una su hermana de Moctezuma, y muy propincuo heredero de México; y el postrer rey que Guatemuz, el que nos dio guerra y defendía la ciudad cuando la ganamos a ella y a sus provincias, y estos siete grandes caciques son los que el marqués traía en sus reposteros y blasones por armas, porque de otros reyes yo no me acuerdo que se hubiesen preso que fuesen reyes, como dicho tengo en el capítulo que dello habla; pasaré adelante, y diré su proporción y condición de Cortés. Fue de buena estatura y cuerpo y bien proporcionado y membrudo, y la color de la cara tiraba algo a cenicienta, y no muy alegre; y si tuviera el rostro más largo, mejor le pareciera; y los ojos en el mirar amorosos, y por otra parte graves; las barbas tenía algo prietas y pocas y ralas, y el cabello que en aquel tiempo se usaba era de la misma manera que las barbas y tenía el pecho alto y la espalda de buena manera, y era cenceño y de poca barriga y algo estevado, y las piernas y muslos bien sacados, y era buen jinete y diestro de todas armas, así a pie como a caballo, y sabía muy bien menearlas; y sobre todo, corazón y ánimo, que es lo que hace al caso. Oí decir que cuando mancebo, en la isla Española fue algo travieso sobre mujeres, y que se acuchillaba algunas veces con hombres esforzados y diestros, y siempre salió con victoria; y tenía una señal de cuchillada cerca de un bezo de abajo, que si miraban bien en ello, se le parecía, mas cubríanselo las barbas, la cual señal le dieron cuando andaba en aquellas cuestiones. En todo lo que mostraba, así en su presencia y meneos como en pláticas y conversación, y en comer y en el vestir, en todo daba señales de gran señor. Los vestidos que se ponía eran según el tiempo y usanza, y no se le daba nada de no traer muchas sedas ni damascos ni rasos, sino llanamente y muy pulido; ni tampoco traía cadenas grandes de oro, salvo una cadenita de oro de prima hechura, con un joyel con la imagen de nuestra señora la virgen santa María, con su hijo precioso en los brazos, y con un letrero en latín en lo que era de nuestra señora, y de la otra parte del joyel el señor san Juan Bautista, con otro letrero; y también traía en el dedo un anillo muy rico con un diamante, y en la gorra, que entonces se usaba de terciopelo, traía una medalla, y no me acuerdo el rostro que en la medalla traía figurado ni la letra dél; mas después, el tiempo andando, siempre traía gorra de paño sin medalla. Servíase ricamente, como gran señor, con dos maestresalas y mayordomos y muchos pajes, y todo el servicio de su casa muy cumplido, y grandes vajillas de plata y de oro. Comía a mediodía bien, y bebía una buena taza de vino aguado, que cabría un cuartillo, y también cenaba, y no era nada regalado ni se le daba nada por comer manjares delicados ni costosos, salvo cuando veía que había necesidad que se gastase o los hubiese menester. Era muy afable con todos nuestros capitanes y compañeros, especial con los que pasamos con él de la isla de Cuba la primera vez; y era latino, y oí decir que era bachiller en leyes, y cuando hablaba con letrados y hombres latinos, respondía a lo que le decían en latín. Era algo poeta, hacía coplas en metros y en prosa; y en lo que platicaba lo hacía muy apacible y con muy buena retórica, y rezaba por las mañanas en unas horas, y oía misa con devoción; tenía por su muy abogada a la virgen María nuestra señora, la cual todo fiel cristino la debemos tener por nuestra intercesora y abogada; y también tenía a señor san Pedro, Santiago, y al señor san Juan Bautista, y era limosnero. Cuando juraba decía: «En mi conciencia»; y cuando se enojaba con algún soldado de los nuestros sus amigos le decía: «¡Oh, mal pese a vos!». Y cuando estaba muy enojado se le hinchaba una vena de la garganta y otra de la frente, y aunque algunas veces, de muy enojado, arrojaba un lamento y no decía palabra fea ni injuriosa a ningún capitán ni soldado; y era muy sufrido, porque soldados hubo muy desconsiderados que decían palabras muy descomedidas, y no les respondía cosa muy sobrada ni mala; y aunque había materia para ello, lo más que les decía era: «Callad, o iros con Dios, y de aquí adelante tened más miramiento en lo que dijéreis, porque os costará caro por ello, y os haré castigar». Era muy porfiado, en especial en cosas de la guerra, que, por más consejo y palabras que le decíamos sobre cosas desconsideradas de combates que nos mandaba dar cuando rodeamos los pueblos grandes de la laguna; y en los peñoles que ahora llaman «del marqués», le dijimos que no subiésemos arriba en unas fuerzas y peñoles, sino que les tuviésemos cercados, por causa de las muchas galgas que desde lo alto de la fortaleza venían derriscando, que nos echaban, porque era imposible defendernos del golpe y ímpetu con que venían, y era aventurarnos todos a morir, porque no bastaría esfuerzo ni consejo ni cordura; y todavía porfió contra todos nosotros, y hubimos de comenzar a subir, y corrimos harto peligro, y murieron diez o doce soldados, y todos los más salimos descalabrados y heridos, sin hacer cosa que de contar sea, hasta que mudamos otro consejo. Y demás desto, en el camino que fuimos a las Higüeras, a lo de Cristóbal de Olí cuando se alzó con la armada, yo le dije muchas veces que fuésemos por las sierras, y porfió que mejor era por la costa; y tampoco acertó, porque si fuéramos por donde yo decía, era toda la tierra poblada. Y para que bien lo entienda quien no lo ha andado, es de Guazacualco, camino derecho de Chiapas, y de Chiapas a Guatemala, y de Guatemala a Naco, que es adonde en aquella sazón estaba el Cristóbal de Olí. Dejemos esta plática, y diré que cuando luego veníamos con nuestra armada a la Villarrica y comenzamos a hacer las fortalezas, el primero que cavó y sacó tierra en los cimientos fue Cortés, y siempre en las batallas le vi que entraba en ellas juntamente con nosotros. Comenzaré a decir en las batallas de Tabasco, que él fue por capitán de los de a caballo y peleó muy bien. Vamos a la Villarrica, ya he dicho acerca de lo de la fortaleza. Pues en dar, como dimos, con trece navíos a través por consejo de nuestros valerosos capitanes y fuertes soldados, y no como lo dice Gómara. Pues en las guerras de Tlaxcala, en tres batallas se mostró muy esforzado capitán. Y en la entrada de México con cuatrocientos soldados, cosa es de pensar en ello y más tener atrevimiento de prender al gran Moctezuma dentro de sus palacios, teniendo tan grandes números de guerreros, y también digo que lo prendimos por consejo de nuestros capitanes y de todos los más soldados. Y otra cosa, que no es de olvidar de la memoria, el quemar delante de sus palacios a capitanes del Moctezuma porque fueron en la muerte de un nuestro capitán que se decía Juan de Escalante, y de otros siete soldados; de los cuales capitanes indios no me acuerdo sus nombres; poco va en ello, que no hace a nuestro caso. Y también qué atrevimiento y osadía fue que con dádivas y joyas de oro, y por buenas mañas y ardides de guerra ir contra Pánfilo de Narváez, capitán de Diego Velázquez, que traía sobre mil y trescientos soldados, contados en ellos hombres de la mar, y traía noventa de a caballo y otros tantos ballesteros, y ochenta espingarderos, que así se llamaban; y nosotros con doscientos y sesenta y seis compañeros, sin caballos ni escopetas ni ballestas, sino solamente nuestras picas y espadas y puñales y rodelas, los desbaratamos, y prendimos a Narváez. Pasemos adelante, y quiero decir que cuando entramos otra vez en México al socorro de Pedro de Alvarado, y antes que saliésemos huyendo, cuando subimos en el alto cu de Huichilobos, vi que se mostró muy varón, puesto que no nos aprovecharon nada sus valentías ni las nuestras. Pues en la derrota y muy nombrada guerra de Otumba, cuando nos estaban esperando toda la flor y valientes guerreros mexicanos y todos sus sujetos para nos matar allí. También se mostró muy esforzado cuando dio un encuentro al capitán y alférez de Guatemuz, que le hizo abatir sus banderas y perder el gran brío de su valeroso pelear de todos sus escuadrones, con tanto esfuerzo como peleaban, y después de Dios, nuestros esforzados capitanes que le ayudaban, que fue Pedro de Alvarado y Gonzalo de Sandoval, y Cristóbal de Olí y Diego de Ordás, y Gonzalo Domínguez y un Lares y Andrés de Tapia, y otros esforzados soldados que aquí no nombro, de los que no teníamos caballos y de los que Narváez, también ayudaron muy bien; y quien luego mató al capitán del estandarte fue un Juan de Salamanca, natural de Ontiveros, y le quitó un rico penacho, y se le dio a Cortés. Pasemos adelante, y diré que también se halló Cortés juntamente con nosotros en una batalla bien peligrosa en lo de Iztapalapa, y lo hizo como buen capitán. Y en lo de Xochimilco, cuando le derribaron los escuadrones mexicanos del caballo, y le ayudaron ciertos tlaxcaltecas nuestros amigos, y sobre todos un nuestro esforzado soldado que se decía Cristóbal de Olea, natural de Castilla la Vieja (tengan atención a esto que diré), que uno era Cristóbal de Olí, que fue maese de campo, y otro es Cristóbal de Olea; y esto declaro aquí porque no arguyan sobre ello y no digan que voy errado. También se mostró Cortés muy como esforzado cuando sobre México estábamos, y en una calzadilla le desbarataron los mexicanos, y le llevaron a sacrificar sesenta y dos soldados, y a Cortés le tenían engarrafado para le llevar a sacrificar, y le habían herido en una pierna, y quiso Dios que por su buen esfuerzo y pelear, y porque lo socorrió el mismo Cristóbal de Olea, que fue el que la otra vez en Xochimilco le libró de los mexicanos y le ayudó a cabalgar, y salvó a Cortés la vida, y el esforzado Olea quedó allí muerto con los demás que dicho tengo; y ahora que lo estoy escribiendo se me representa la manera y proporción de la persona del Cristóbal de Olea y de su gran esfuerzo, y aun se me pone tristeza por ser de mi tierra y deudo de mis deudos. No quiero decir otras muchas proezas y valentías que hizo nuestro marqués del Valle, porque son tantas y de tal manera, que no acabaré tan presto de las relatar, y volveré a decir de su condición, que era muy aficionado a juegos de naipes y dados, y cuando jugaba era muy afable en el juego, y decía ciertos remoquetes que suelen decir los que juegan a los dados y era en demasía dado a mujeres, y celoso en guardar las suyas. Era muy cuidadoso en todas las conquistas que hicimos, y muchas noches rondaba y andaba requiriendo las velas, y entraba en los ranchos y aposentos de nuestros soldados, y al que hallaba sin armas o estaba descalzo los alpargates le reprendía y le decía que «a la oveja ruin le pesa la lana», y le reprendía con palabras agrias. Cuando fuimos a las Higüeras vi que había tomado una maña o condición que no solía tener en las guerras pasadas, que cuando comía, si no dormía un sueño, se le revolvía el estómago y revesaba y estaba malo, y por excusar este mal cuando íbamos camino, le ponían debajo de un árbol u otra sombra, una alfombra que llevaban a mano para aquel efecto, o una capa, y aunque más Sol hiciese o lloviese, no dejaba de dormir un poco, y luego caminar. Y también vi que cuando estábamos en las guerras de la Nueva España era cenceño y de poca barriga, y después que volvimos de las Higüeras engordó mucho y de gran barriga. Y también vi que se paraba la barba prieta, siendo de antes que blanqueaba. También quiero decir que solía se muy franco cuando estaba en la Nueva España y la primera vez que fue a Castilla, y cuando volvió la segunda vez, en el año de 1540, le tenían por escaso, y le puso pleito un su criado que se decía Ulloa, hermano de otro que mataron, que no le pagaba su servicio. Y también, si bien se quiere considerar y miramos en ello, después que ganamos la Nueva España siempre tuvo trabajos, y gastó muchos pesos de oro en las armadas que hizo; en la California ni ida de las Higüeras tuvo ventura ni tampoco me parece la tiene ahora su hijo don Martín Cortés, siendo señor de tanta renta, haberle venido el gran desmán que dicen de su persona y de sus hermanos. ¡Nuestro señor Jesucristo lo remedie y al marqués don Hernando Cortés le perdone Dios sus pecados! Bien creo que se me habrán olvidado otras cosas que escribir sobre las condiciones de su valerosa persona: lo que se me acuerda y vi, eso escribo. De la otra señora, doncella, su hija, no sé si la metieron monja o la casaron. Oí decir que en Valladolid se casó un caballero con ella: no lo sé bien. Y la otra su hija que estaba contrahecha de un lado, oí decir que la metieron monja en Sevilla o en San Lúcar. No sé sus nombres, y por esto no los nombro, ni tampoco diré qué se hicieron tantos 1.000 pesos de oro que tenían para sus casamientos: muchas pláticas y sospechas se tuvo desde su casamiento por esta causa, pues yo no los sé, ni tocaré en esta tecla: ayúdelo Dios, amén. Supe que el fraile hermano de la marquesa era muy codicioso y tenía mala cara y peores ojos usturnios.

Capítulo CCV. De los valerosos capitanes y fuertes soldados que pasamos dende la isla de Cuba con el venturoso y muy animoso capitán don Hernando Cortés, que después de ganado México fue marqués del Valle y tuvo otros ditados

Primeramente, el mismo marqués don Hernando Cortés murió junto a Sevilla, en una villa que se dice Castilleja de la Cuesta; y pasó don Pedro de Alvarado, que después de ganado México fue comendador de Santiago y adelantado y gobernador de Guatemala y Honduras y Chiapas; murió en lo de Jalisco yendo que fue a socorrer un ejército de españoles que estaba sobre el peñol de Nochitlan, según lo he dicho y declarado en el capítulo que dello habla; y pasó Gonzalo de Sandoval, que fue capitán muy preeminente y alguacil mayor, y fue gobernador cierto tiempo en la Nueva España cuando Alonso de Estrada gobernada. Tuvo dél grande noticia, y de sus heroicos hechos, su majestad, y murió en la villa de Palos yendo que iba con don Hernando Cortés a besar los pies a su majestad; y pasó un Cristóbal de Olí, esforzado capitán y maestre de campo que fue en las guerras de México, y murió en lo de Naco degollado por justicia, porque se alzó con una armada que le había dado Cortés. Estos tres capitanes que dicho tengo, fueron muy loados y alabados delante de su majestad cuando Cortés fue a la corte, porque dijo el emperador nuestro señor que tuvo en su ejército, cuando conquistó a México y Nueva España, tres capitanes que podían ser tenidos en tanta estima como los muy afamados que hubo en el mundo. El primero que dijo fue don Pedro de Alvarado, que además de ser esforzado, tenía gracia en su persona y parecer para hacer gente de guerra; y dijo por el Cristóbal de Olí que era un Héctor en el esfuerzo para combatir persona por persona, y que si como era esforzado tuviera consejo, fuera muy más tenido en el esfuerzo que suelen decir de Héctor, mas había de ser mandado; y dijo por el Gonzalo de Sandoval que era tan valeroso y esforzado capitán y de buenos consejos, que podía ser uno de los buenos coroneles que ha habido en España, y que en todo era tan bastante, que osara decir y hacer; y también dijo Cortés que tuvo muy buenos y valerosos soldados, y que peleábamos con muy gran esfuerzo; y lo que sobre ese caso propone Bernal Díaz del Castillo es, que si esto que ahora dice Cortés, escribiera la primera vez que hizo relación a su majestad de las cosas de la Nueva España, bueno fuera; mas en aquel tiempo que escribió a su majestad, toda la honra y prez de nuestras conquistas se daba a sí mismo, y no hacía relación de cómo se llamaban los capitanes y fuertes soldados, ni de nuestros heroicos hechos; sino escribía a su majestad: «Esto hice, esto otro mandé hacer a uno de mis capitanes»; y quedábamos en blanco hasta ya a la postre, que no podía ser menos de nombrarnos. Volvamos a nuestra relación: pasó otro muy buen capitán y bien animoso, que se decía Juan Velázquez de León, murió en las puentes; pasó don Francisco de Montejo, que después de ganado México fue adelantado de Yucatán, murió en Castilla; y pasó Luis Marín, capitán que fue en lo de México, persona preeminente y bien esforzado, murió de su muerte; y pasó un Pedro de Ircio, era ardid de corazón y de mediana estatura y paticorto, y hablaba mucho que había hecho y acontecido en Castilla por su persona, y lo que veíamos y conocíamos dél no era para nada, y llamábamosle que era otro Agrajes, sin obras; fue cierto tiempo capitán en la calzada de Tepeaquilla en el real de Sandoval; y pasó otro buen capitán que se decía Andrés de Tapia, fue muy esforzado, murió en México de su muerte; pasó un Juan de Escalante, capitán que fue en la Villarrica cuando fuimos sobre México, murió en poder de los indios en la batalla que nombramos de Almería, que son unos pueblos que están entre Tuzapan y Cenpoal; también mataron en su compañía siete soldados que ya no se me acuerdan sus nombres, y le mataron el caballo: éste fue el primer desmán que tuvimos en la Nueva España; y también pasó un Alonso Dávila, fue capitán y el primer contador puesto por Cortés que hubo en la Nueva España; persona muy esforzada, fue algo amigo de ruidos, y don Hernando Cortés, conociendo su inclinación, porque no hubiese cizañas, procuró de lo enviar por procurador a la isla Española, donde residía la audiencia real y los frailes jerónimos que estaban por gobernadores, y cuando le envió le dio buenas barras y joyas de oro por contentarle. Y los negocios que entonces llevó fue acerca de la manera que se había de tener en nuestras conquistas y en el herrar por esclavos los indios que hubiesen dado primero la obediencia a su majestad y después de dada se hubiesen vuelto a levantar, y en las paces, muerto cristiano por traición; de lo cual, desde que vino el Alonso Dávila de la Española y viendo que traía buenos despachos, le volvió a enviar a Castilla, porque ya teníamos conquistado a México y después que salimos huyendo, porque, como dicho tengo, estaba en la Española, y entonces, por más le contentar y apartar de sí, te dio un muy buen pueblo que se dice Guatitán y barras de oro, porque hiciese bien los negocios y dijese de su persona ante su majestad mucho bien; y entonces también don Hernando Cortés envió en su compañía del Alonso Dávila a un fulano de Quiñones, natural de Zamora, capitán que fue de la guarda de don Hernando Cortés, y les dio poder para que procurasen las cosas de la Nueva España, y con ellos envió la gran riqueza del oro y plata y joyas y otras muchas cosas que hubimos en la toma de México, y la recámara del oro que solía tener Moctezuma y Guatemuz, los grandes caciques de México. Y quiso la ventura que al Quiñones acuchillaron en la isla de Tercera sobre amores de una mujer y murió de las heridas y yendo el Alonso Dávila su viaje cerca de Castilla le topó un armada de franceses, en que venía por capitán de ella un Juan Florín, y le robó el oro y plata y navío y le llevó preso a Francia, y estuvo preso cierto tiempo y, al cabo de dos años, te soltó el francés que le tenía y se vino a Castilla; y en aquella sazón estaba en la corte don Francisco de Montejo, adelantado de Yucatán, y se vino con él, con cargo de contador de Yucatán y entonces o poco tiempo antes, había venido a México un Gil González de Benavides, hermano de Alonso de Ávila, el cual solía estar en la isla de Cuba y como el Alonso Dávila estaba en Yucatán y el Gil González en México, envió poder a su hermano Gil González de Benavides para que tuviese en sí y se sirviese del pueblo de Guatitán, y como el Gil González fue con nosotros en aquel tiempo a las Higüeras, porque nunca fue conquistador de la Nueva España, y se pasaron ciertos años que se servía y llevaba los tributos del dicho pueblo, y según pareció sin tener título de él más del poder que el hermano le envió; y en aquel tiempo murió el Alonso Dávila; y, según pareció, el fiscal de su majestad puso demanda para que se diese aquel pueblo a su majestad, pues el Alonso Dávila era fallecido; y sobre este pleito hubo los alborotos y rebeliones y muertes que en México se hicieron, y desterrados que hubo, y otros con mala fama; y si todo bien se nota, hubo mal fin y en peor acabó. El Quiñones que iba a Castilla, murió acuchillado en la Tercera; el oro y plata robado por la armada de Juan Florín francés; el Alonso Dávila preso en Francia, el mismo Juan Florín, que lo robó, fue preso en el mar por vizcaínos y ahorcado en el puerto del Pico; el pueblo de Guatitán se quitó a los hijos de Gil González de Benavides y sobre ello fueron degollados, porque según se halló, no tuvieron la lealtad que eran obligados al servicio de su majestad; y con ellos ajusticiaron y desterraron otras personas y otras quedaron con mala fama. He querido poner esto en esta relación aunque no había necesidad paila que se vea sobre qué fue el desasosiego de México. Hartos estarán de haber oído estos malos sucesos. Pasemos adelante y vamos a decir de nuestra materia.

Pasó un Francisco de Lugo, capitán que fue en algunas entradas, hombre bien esforzado; fue hijo bastardo de un caballero de Medina del Campo que se decía Álvaro de Lugo el viejo, señor de unas villas que se dicen Fuentecastín y Villalba: murió de su muerte. Y pasó un Andrés de Monjaraz, capitán que fue cierto tiempo en lo de México; estaba muy malo de bubas y dolores que le impedían harto para la guerra, murió de su muerte; y pasó un su hermano que se decía Gregorio de Monjaraz, buen soldado, ensordeció estando en la guerra de México, murió de su muerte; y pasó Diego de Ordás, capitán que fue en la primera vez que fuimos sobre México, y después de ganada la Nueva España fue comendador de Santiago y fue al río de Marañón por gobernador, donde murió; y pasaron cuatro hermanos de don Pedro de Alvarado, que se decían Jorge de Alvarado, fue capitán cierto tiempo en lo de México y en la provincia de Guatemala, murió en Madrid en el año de 1540; y el otro su hermano se decía Gómez de Alvarado murió en el Perú; y el otro se llamaba Gonzalo de Alvarado murió de su muerte en Oaxaca; Juan de Alvarado era bastardo, murió en la mar yendo que iba a la isla de Cuba a comprar caballos; pasó Juan Jaramillo, capitán que fue de un bergantín cuando estábamos sobre México, y este es el que casó con doña Marina la lengua: fue persona preeminente, murió de su muerte; pasó un Cristóbal Flores, hombre de valía, murió en lo de Jalisco, yendo que fue con Nuño de Guzmán; y pasó un Cristóbal Martín de Gamboa, caballerizo que fue de Cortés, murió de su muerte; pasó un Caicedo, fue hombre rico, murió de su muerte; y pasó un Francisco de Saucedo, natural de Medina de Rioseco, y porque era muy pulido le llamábamos «el Galán»: decían que había sido maestresala del almirante de Castilla, murió en las puentes; pasó un Gonzalo Domínguez, muy esforzado y gran jinete, murió en poder de los indios; y pasó un fulano Morón, bien esforzado y buen jinete, murió en poder de indios; y pasó un Francisco de Morla, muy esforzado soldado y buen jinete, natural de Jerez, murió en las puentes; también pasó otro buen soldado que se decía fulano de Mora, natural de Ciudad Rodrigo, murió en los peñoles que están en la provincia de Guatemala; y pasó un Francisco de Bonal, persona de valía, natural de Salamanca, murió de su muerte; pasó un fulano de Lares, bien esforzado y buen jinete, murió en Las puentes; pasó otro Lares, ballestero, también murió en las puentes; pasó un Simón de Cuenca, que fue mayordomo de Cortés, matáronlo indios en lo de Xicalango; también murieron en su compañía otros diez soldados que no se me acuerdan sus nombres; y también pasó un Francisco de Medina, natural de Aracena, fue capitán en una entrada, murió en lo de Xicalango en poder de indios: también murieron en su compañía otros quince soldados que tampoco me acuerdo sus nombres; y también pasó un Maldonado, que le llamábamos «el ancho», natural de Salamanca, persona preeminente, y había sido capitán de entradas, murió de su muerte; y pasaron dos hermanos que se decían Francisco Álvarez Chico y Juan Álvarez Chico, naturales de Fregenal: el Francisco Álvarez era hombre de negocios y estaba doliente, y murió en la isla de Santo Domingo: el Juan Álvarez murió en lo de Colima, en poder de indios; y pasó un Francisco de Terrazas, mayordomo que fue de Cortés, persona preeminente, murió de su muerte; y pasó un Cristóbal del Corral, el primer alférez que tuvimos en lo de México, persona bien esforzada, fuese a Castilla y allá murió; pasó un Antonio de Villa Real, marido que fue de Isabel de Ojeda, que después se mudó el nombre de Villa Real, y dijo que se decía Antonio Serrano de Cardona, murió de su muerte; pasó un Francisco Rodríguez Magariño, persona preeminente, murió de su muerte; y Francisco Flores pasó asimismo, que fue vecino de Guaxaca, persona muy noble, murió de su muerte; y pasó un Alonso de Grado, y era hombre más por entender en negocios que guerra, y este, con importunaciones que tuvo Cortés, le casó con doña Isabel, hija de Moctezuma, murió de su muerte; pasaron cuatro soldados que tenían por sobrenombres Solíses: el uno, que era hombre anciano, murió en las puentes, y el otro se decía Solís, y porque era algo arrebatacuestiones le llamábamos «casquete», murió de su muerte en Guatemala; el otro se decía Pedro de Solís «tras-de-la-puerta», porque estaba siempre en su casa tras de la puerta mirando los que pasaban por la calle, y él no podía ser visto: fue yerno de Orduña «el viejo», vecino de la Puebla, y murió de su muerte; el otro Solís se decía «el de la huerta», y nosotros le llamábamos «saya de seda», porque se preciaba mucho de traer suyo de seda, y murió de su muerte; y pasó un esforzado soldado que se decía Benítez, murió en las puentes; y pasó otro muy esforzado soldado que se decía Juan Ruano, murió en las puentes; y pasó Bernardino Vázquez de Tapia, persona muy preeminente y rico, murió de su muerte; y pasó un muy esforzado soldado que se decía Cristóbal de Olea, natural de tierra de Medina del Campo, y bien se puede decir que, después de Dios, por éste salvó la vida Cortés la primera vez en lo de Xochimilco, cuando se vio Cortés en gran aprieto, que le derribaron los indios mexicanos del caballo, que se decía «el romo», y este Olea llegó de los primeros a socorrerle, e hizo tales cosas por su persona, que tuvo lugar Cortés de cabalgar en el caballo, y luego le socorrieron tlaxcaltecas y otros soldados que en aquel tiempo llegamos, y el Olea quedó mal herido; y la postrera vez que le socorrió este Olea, cuando en México en la calzadilla le desbarataron los mexicanos y le mataron sesenta y dos soldados, y a Cortés le tenía ya engarrafado un escuadrón de mexicanos para le llevar a sacrificar, y le habían dado una cuchillada en una pierna, y el buen Olea con su ánimo tan esforzado peleó tan bravamente que se le quitó, y allí perdió la vida este esforzado varón que ahora que lo estoy escribiendo se me enternece el corazón, y me parece que ahora le veo y se me representa su presencia y grande ánimo cómo muchas veces nos ayudaba a pelear; y de aquella derrota escribió Cortés a su majestad que no fueron sino veintiocho los que murieron, y como he dicho, fueron sesenta y dos. Y para que bien se entienda esto que escribo del Olea, y no digan algunas personas que salgo de la orden de lo que pasó, sepan que el uno es Cristóbal de Olea, natural de Castilla la Vieja, y que he dicho: y el otro fue Cristóbal de Olí, que fue maese de campo, natural que fue de úbeda o de Linares, porque estos dos capitanes casi que tienen un nombre. Volvamos a nuestro cuento: que también pasó con nosotros un buen soldado que tenía una mano menos, que se la cortaron en Castilla por justicia, murió en poder de indios; pasó otro soldado que se decía Tobilla, que cojeaba de una pierna, que decía él que se había hallado en la del Garellano con el Gran Capitán, murió en poder de indios; pasaron dos hermanos que se decían Gonzalo López de Jimena y Juan López de Jimena: el Gonzalo López murió en poder de indios, y el Juan López fue alcalde mayor en la Veracruz y murió de su muerte; y pasó un Juan de Cuéller, buen jinete: este casó primera vez con una hija del señor de Texcoco, la cual se decía doña Ana y era hermana de Estesuchel, señor del mismo Texcoco, murió de su muerte; y pasó otro fulano que se decía Cuéller, deudo de Francisco Verdugo, vecino de México, murió de su muerte; y pasó un Santos Hernández, hombre anciano, natural de Soria, que por sobrenombre le llamábamos «el buen viejo», jinete batidor, murió de su muerte; y pasó un Pedro Moreno Medrano, vecino que fue de la Veracruz, y muchas veces fue en ella alcalde ordinario, y era recto en hacer justicia, y después fue a vivir a la Puebla fue hombre que sirvió muy bien a su majestad, así de soldado como de hacer justicia, murió de su muerte; y pasó un Juan de Limpias Carvajal, buen soldado, capitán que fue de bergantines, y ensordeció estando en la guerra, murió de su muerte; y pasó un Melchor de Gálvez, vecino que fue de Guaxaca, murió de su muerte; y pasó un Román López, que después de ganado México se le quebró un ojo, persona preeminente, murió en Guaxaca; pasó un Villabrando, que decían que era deudo del conde de Ribadeo, persona preeminente, murió de su muerte; pasó un Osorio, natural de Castilla la Vieja, buen soldado y persona de mucha cuenta, murió en la Veracruz; pasó un Rodrigo de Castañeda, fue naguatato y buen soldado, murió en Castilla; pasó un fulano de Pilar, fue buena lengua, murió en lo de Coyoacan cuando fue con Nuño de Guzmán; pasó otro soldado que se dice Granado, vive en México; pasó un Martín López, fue un muy buen soldado, este fue el maestro de hacer los trece bergantines, que fue harta ayuda para ganar a

México, y de soldado sirvió bien a su majestad, vive en México; pasó un Juan de Nájera, buen soldado y ballestero, sirvió bien en la guerra; y pasó un Ojeda, vecino de los zapotecas, y quebrándole un ojo en lo de México; pasó un fulano de la Serna, que tuvo unas minas de plata, tenía una cuchillada por la cara, que le dieron en la guerra, no me acuerdo qué se hizo dél; y pasó un Alonso Hernández Portocarrero, primo del conde de Medellín, caballero preeminente, y este fue a Castilla la primera vez que enviamos presentes a su majestad, y en su compañía fue don Francisco de Montejo antes que fuese adelantado, y llevaron mucho oro en granos sacado de las minas, y joyas de diversas hechuras, y el Sol de oro y la Luna de plata. Y según pareció, el obispo dé Burgos, que se decía don Juan Rodríguez de Fonseca, arzobispo de Rosano, mandó prender al Alonso Hernández Portocarrero porque decía al mismo obispo que quería ir a Flandes con el presente ante su majestad, y porque procuraba por las cosas de Cortés, y tuvo achaque el obispo para le prender porque le acusaron al Portocarrero que había traído a la isla de Cuba una mujer casada, y en Castilla murió: y puesto que era uno de los principales compañeros que con nosotros pasaron, se me olvidaba de poner en esta cuenta hasta que me acordé de él. Y pasó otro buen soldado que se decía Luis de Zaragoza. Y también pasó otro muy buen soldado que se decía Alonso Luis o Juan Luis, y era muy alto de cuerpo y le decíamos por sobrenombre «el niño», murió en poder de indios; y pasó otro buen soldado que se decía Hernando Burgueño, natural de Aranda de Duero, murió de su muerte; y pasó otro buen soldado que se decía Alonso de Monroy, y porque se decía que era hijo de un comendador de Santisteban, porque no le conociesen se llamaba Salamanca, murió en poder de indios; y vamos adelante, que también pasó un fulano de Villalobos, natural de Santa Olalla, que se fue a Castilla rico; y pasó un Tirado de la Puebla, era hombre de negocios, murió de su muerte. Y pasó un Juan del Río, fue a Castilla. Y pasó un Juan Rico de Alanís, buen soldado, murió en poder de indios. Y pasó un Gonzalo Hernando de Alanis, bien esforzado soldado. Y pasó un Juan Ruiz de Alanis, murió de su muerte. Y pasó un fulano Navarrete, vecino que fue de Pánuco, murió de su muerte; pasó un Francisco Martín de Vendabal, vivo le llevaron los indios a sacrificar; y asimismo a otro su compañero que se decía Pedro Gallego, y desto echamos mucha culpa a Cortés, porque quiso echar una celada a unos escuadrones mexicanos, y los mexicanos se la echaron al mismo Cortés y le arrebataron los dos soldados, y los llevaron a sacrificar delante de sus ojos, que no se pudieron valer; y pasaron tres soldados que se decían Trujillos: el uno natural de Trujillo, y era muy esforzado y murió en poder de indios, y el otro, natural de Huelva, también fue de mucho ánimo, murió en poder de indios, y pasó un soldado que se decía Juan Flamenco, murió de su muerte; y pasó un Francisco de Barco natural del Barco de Ávila, capitán que fue en la Cholulteca, murió de su muerte; pasó un Juan Pérez, que mató a su mujer, que se decía «la hija de la vaquera», murió de su muerte; y pasó otro buen soldado que se decía Rodrigo de Jara «el corvocado», extremado hombre por su persona, murió en Colima o en Zacatula; y pasó otro buen soldado que se decía Madrid «el corvocado», murió en Colima o Zacatula; y pasó otro soldado que se decía Juan de Inhiesta, fue ballestero, murió de su muerte; y pasó un fulano de Alamillo, vecino que fue de Pánuco, buen ballestero, murió de su muerte; y pasó un fulano Morón, gran músico, vecino de Colima o Zacatula, murió de su muerte; pasó un fulano de Varela, buen soldado, vecino que fue de Colima o Zacatula, murió de su muerte; pasó un fulano de Valladolid, vecino de Colima o Zacatula, murió en poder de indios; y pasó un fulano de Villafuerte, persona de valía, que casó con una deuda de la mujer que primero tuvo Hernando Cortés, y era vecino de Zacatula o de Colima, murió de su muerte; y pasó un Juan Ruiz de la Parra, vecino que fue de Zacatula o Colima, murió de su muerte; y pasó un fulano Gutiérrez, vecino de Colima o Zacatula, murieron de su muerte; y pasó otro buen soldado que se decía Valladolid «el gordo», murió en poder de indios; y pasó un Pacheco, vecino que fue de México, persona preeminente, murió de su muerte; y pasó un Hernando de Lerma o de Lema, hombre anciano, que fue capitán, murió de su muerte; pasó un fulano Juárez «el viejo», que mató a su mujer con una piedra de moler maíz, murió de su muerte; y pasó un fulano de Angulo y un Francisco Gutiérrez y otro mancebo que se decía Santa Clara, vecinos que fueron de La Habana, que murieron en poder de indios; y pasó un Garci Caro, vecino que fue de México, murió de su muerte; y pasó un mancebo que se decía Larios, vecino que fue de México, murió de su muerte, que tuvo pleito sobre sus indios; pasó un Juan Gómez, vecino que fue de Guatemala, fue rico a Castilla; y pasaron dos hermanos que se decían los Jiménez, naturales que fueron de Inguijuela de Extremadura; el uno murió en poder de indios, el otro de su muerte; y pasaron dos hermanos que se decían los Florianes, murieron en poder de indios; y pasó un Francisco González de Nájera y un su hijo que se decía Pero González de Nájera, y dos sobrinos del Francisco González que se decían los Ramírez; el Francisco González murió en los peñoles que están en la provincia de Guatemala, y los sobrinos en las puentes de México; y pasó otro buen soldado que se decía Amaya, vecino que fue de Guaxaca, murió de su muerte; y pasaron dos hermanos que se decían Carmona, naturales de Jerez, murieron de sus muertes; y pasaron otros dos hermanos que se decían los Vargas, naturales de Sevilla; el uno murió en poder de indios, y el otro de su muerte; y pasó otro buen soldado que se decía Polanco, natural de Ávila, vecino que fue de Guatemala, murió de su muerte; y pasó un Hernán López de Ávila, tenedor que fue de los bienes de los difuntos, fue rico a Castilla; y pasó un Juan de Aragón, vecino de Guatemala. Y pasó un Andrés de Rodas, vecino de Guatemala, murió de su muerte; y pasó un fulano de Cieza, que tiraba bien una barra, murió en poder de indios; pasó un Santisteban, «viejo», ballestero, vecino de Chiapas, murió de su muerte; pasó un Bartolomé Pardo, murió en poder de indios; pasó un Bernardino de Coria, vecino que fue de Chiapas, padre de uno que se decía Centeno, murió de su muerte; y pasó un Pedro Escudero y un Juan Cermeño, y otro su hermano que se llamaba como él, buenos soldados; al Pedro Escudero y a Juan Cermeño mandó Cortés ahorcar porque se alzaban con un navío para ir a la isla de Cuba a dar mandado a Diego Velázquez, de cuando enviamos los embajadores, oro y plata a su majestad, para que los saliese a tomar en La Habana, y quien lo descubrió fue el Bernardino de Coria, y murieron ahorcados; y pasó un Gonzalo de Umbría, piloto, muy buen soldado; a este también mandó Cortés cortar los dedos de los pies porque se iba por piloto con los demás, y fuese a Castilla a quejar ante su majestad, y le fue muy contrario a Cortés, y su majestad le mandó dar su real cédula para que en la Nueva España le diesen 1.000 pesos de oro cada año de renta en pueblos de indios, y nunca volvió a Castilla, porque temió a Cortés; y pasó un Rodrigo Rangel, que fue persona preeminente, y estaba muy tullido de bubas, nunca fue a la guerra para que dél se haga memoria, y de dolores murió; y pasó un Francisco de Orozco, que también estaba malo de bubas y muy doliente, y había sido soldado en Italia, que estuvo ciertos días por capitán en lo de Tepeaca entre tantos que estuvimos en la guerra de México, no sé qué hizo ni dónde murió; y pasó un soldado que se decía Mesa, y había sido artillero en Italia, y así lo fue en la Nueva España, y murió ahogado en un río después de ganado México; y pasó otro muy esforzado soldado que se decía fulano Arbolanche, natural de Castilla la Vieja, murió en poder de indios; y pasó otro soldado que se decía Luis Velázquez, natural de Arévalo, murió en las Higüeras cuando fuimos con Cortés; y pasó un Martín García, valenciano, buen soldado, murió en lo de Higüeras; y pasó otro bueno soldado que se decía Alonso de Barrientos; este se fue desde Tuztepeque a se acoger entre los indios de Chinanta cuando se alzó México, y en lo de Tuztepeque murieron sesenta y seis soldados y cinco mujeres de Castilla de los de Narváez y de los nuestros, que mataron los mexicanos que estaban en guarnición en aquella provincia; y pasó un Almodóvar «el viejo» y un su hijo que se decía Álvaro de Almodóvar, y dos sobrinos que tenían el mismo sobrenombre de Almodóvar, y el un sobrino murió en poder de indios, y el viejo y el Álvaro y el sobrino murieron sus muertes; y pasaron dos hermanos que se decían los Martínez, naturales de Fregenal, buenos hombres por sus personas, murieron en poder de indios; y pasé un buen soldado que se decía Juan del Puerto, murió tullido de bubas; y pasó otro buen soldado que se decía Lagos, murió en poder de indios; y pasó un fraile de nuestra señora de la Merced que se decía fray Bartolomé de Olmedo, y era teólogo, y gran cantor y virtuoso, murió su muerte; y pasó otro soldado que se decía Sancho de Ávila, natural de las Garrovillas: este, según decían, había llevado a Castilla de las islas de Santo Domingo 6.000 pesos de oro en unos borceguíes, que cogió de unas minas ricas, y como llegó a Castilla lo jugó y lo gastó, y se vino con nosotros, e indios le mataron; y pasó un Alonso Hernández de Palo, ya hombre viejo, y dos sobrinos; el uno se decía Alonso Hernández, buen ballestero, y el otro no se me acuerda el nombre, y el Alonso Hernández murió en poder de indios y los demás murieron de sus muertes; y pasó otro buen soldado que se decía Alonso de la Mesta, natural de Sevilla o del Ajarafe, murió en poder de indios; y pasó otro buen soldado que se decía Rabanal, montañés, murió en poder de indios; pasó otro muy buen hombre por su persona, que se decía Pedro de Guzmán; y se casó con una valenciana que se decía doña Francisca de Valtierra fuese al Perú, y hubo fama que murieron helados él y la mujer y un caballo y unos negros y otras gentes; y pasó un buen ballestero que se decía Cristóbal Díaz, natural del Colmenar de Arenas, murió de su muerte; y pasó otro soldado que se decía Retamales, matáronle indios en lo de Tabasco, y pasó otro esforzado soldado que se decía Ginés Nortes, murió en lo de Yucatán en poder de indios; pasó otro muy diestro soldado y bien esforzado, que se decía Luis Alonso, y cortaba muy bien con una espada, murió en poder de indios; y pasó un Alonso Catalán, buen soldado, murió en poder de indios; y otro soldado que se decía Juan Siciliano, vecino que fue de México, murió de su muerte; y pasó otro buen soldado que se decía Canillas, fue en Italia atambor, y también en la Nueva España, murió en poder de indios; y pasó un Hernández, secretario que fue de Cortés, natural de Sevilla, murió en poder de indios; pasó un Juan Díaz, que tenía una gran nube en un ojo, natural de Burgos, que traía a cargo el rescate y vitualias de Cortés, murió en poder de indios; pasó un Diego de Coria, vecino que fue de México, murió de su muerte; pasó otro buen soldado, mancebo, que se decía Juan Núñez de Mercado, que era natural de Cuéllar, otros decían que era natural de Madrigal: este soldado cegó de los ojos, vecino que ahora es de la Puebla; y pasó otro buen soldado, y el más rico de todos los que pasamos con Cortés, que se decía Juan Sedeño, natural de Arévalo, y trajo un navío suyo y una yegua y un negro, y tocinos y mucho pan y casabe, murió de su muerte y fue persona preeminente; y pasó un fulano de Baena, vecino que fue de la Trinidad, murió en poder de indios; y pasó un Zaragoza, ya hombre viejo, padre que fue de Zaragoza el escribano de México, murió de su muerte; y pasó un buen soldado que se decía Diego Martín de Ayamonte, murió de su muerte; y pasó otro soldado que se decía Cárdenas, decía él mismo que era nieto del comendador mayor don fulano Cárdenas, murió en poder de indios; y pasó otro soldado que se decía Cárdenas, hombre de la mar, piloto, natural de Triana: este fue el que dijo que no había visto tierra adonde hubiese dos reyes como en la Nueva España, porque Cortés llevaba quinto como rey, después de sacado el real quinto, y de pensamiento dello cayó malo, y fue a Castilla y dio relación dello a su majestad, y de otras cosas de agravios que le habían hecho, y fue muy contrario a Cortés, y su majestad le mandó dar su real cédula para que le diesen indios que rentasen 1.000 pesos: y así como vino a México con ella, murió de su muerte; y pasó otro buen soldado que se decía Argüello, natural de León, murió en poder de indios; y pasó otro soldado que se decía Diego Hernández, natural de Saelices de los Gallegos, ayudó a aserrar la madera de los bergantines, y cegó y murió su muerte; y pasó otro soldado de muchas fuerzas y animoso, que se decía fulano Vázquez, murió en poder de indios; y pasó otro soldado ballestero que se decía Arroyuelo, decían que era natural de Olmedo, murió en poder de indios; y pasó un fulano Pizarro, capitán que fue en entradas, decía Cortés que era su deudo: en aquel tiempo no había nombre de Pizarros ni el Perú estaba descubierto, murió en poder de indios; y pasó un Álvaro López, vecino que fue de la Puebla, murió de su muerte; y pasó otro soldado que se decía Yáñez, natural de Córdoba, y este soldado fue con nosotros a las Higüeras, y entre tanto que fue se le casó la mujer con otro marido, y de que volvimos de aquel viaje no quiso tomar a la mujer, murió de su muerte; y pasó un buen soldado y bien suelto peón que se decía Magallanes, portugués, murió en poder de indios; y pasó otro portugués, platero, murió en poder de indios; y pasó otro portugués, ya hombre anciano, que se decía Martín de Alpedrino, murió de su muerte; y pasó otro portugués que se decía Juan Álvarez Rubazo, murió de su muerte; y pasó otro muy esforzado portugués que se decía Gonzalo Sánchez, murió de su muerte; y pasó otro portugués, vecino que fue de la Puebla, que se decía Gonzalo Rodríguez, persona preeminente, murió de su muerte; y pasaron otros dos portugueses, vecinos de la Puebla, que se decían los Villanuevas, altos de cuerpo, no sé qué se hicieron o dónde murieron; y pasaron tres soldados que tenían por sobrenombres fulanos de Ávila; el uno, que se decía Gaspar de Ávila, fue yerno de Hortigosa, el escribano, murió de su muerte; y el otro Ávila se allegaba con el capitán Andrés de Tapia, murió en poder de indios; el otro Ávila no me acuerdo adónde fue a ser vecino; y también pasaron dos hermanos, hombres ancianos, que se decían los Vandadas, decían que eran naturales de tierra de Ávila, murieron en poder de indios; y pasaron otros tres soldados que tenían por sobrenombres Espinosas; el uno era vizcaíno, y murió en poder de indios; y el otro se decía Espinosa «de la bendición», porque siempre traía por plática «con la buena bendición», era muy buena aquella plática, y murió de su muerte; y el otro

Espinosa era natural de Espinosa de los Monteros, murió en poder de indios; y pasó un Pedro Perón, de Toledo, murió de su muerte; y vino otro buen soldado que se decía Villasinda, natural de Portillo, que se metió fraile francisco, murió de su muerte; y pasaron dos buenos soldados que se decían por sobrenombre San Juan; al uno llamábamos San Juan «el entonado», porque era muy presuntuoso, murió en poder de indios; y el otro se decía San Juan de Uchila, era gallego, murió de su muerte; y pasó otro buen soldado que se decía Izquierdo, natural de Castromocho, fue vecino en la villa de San Miguel, sujeta a Guatemala, murió de su muerte; y pasó un Aparicio Martín, que casó con una que se decía «la Medina», natural de Medina de Rioseco, vecino que fue de San Miguel, murió de su muerte; y pasó un buen soldado que se decía Cáceres, natural de Trujillo, murió en poder de indios; y pasó otro buen soldado que se decía Alonso de Herrera, natural de Jerez; este fue capitán en los zapotecas, y acuchilló a otro capitán que se decía Figueroa sobre ciertas contiendas de las capitanías, y por temor del tesorero Alonso de Estrada, que en aquella sazón era gobernador, porque no le prendiese se fue a lo de Marañón, y allá murió en poder de indios, y el Figueroa se ahogó en la mar yendo a Castilla; y también pasó un mancebo que se decía Maldonado, natural de Medellín, estuvo malo de bubas, y no sé si murió de su muerte: no lo digo por Maldonado de la Veracruz, marido que fue de doña María del Rincón; y pasó otro soldado que se decía Morales, ya hombre anciano, que cojeaba de una pierna: decían que fue soldado del comendador Solís, fue alcalde ordinario en la Villarrica, y hacía recta justicia; y pasó otro soldado que se decía Escalona, el mozo, murió en poder de indios; y pasaron tres soldados, que todos tres fueron vecinos en la Villarrica, que nunca fueron a guerra ni a entrada ninguna de la Nueva España: al uno decían Arévalo y al otro Juan León y al otro Madrigal, murieron de su muerte; y pasó otro soldado que se decía por sobrenombre Lencero, cuya fue la venta que ahora se dice «de Lencero», que está entre la Veracruz y la Puebla, que fue buen soldado y se metió fraile mercedario; y pasó un Alonso Durán, que era algo bisojo, que no veía bien, que ayudaba de sacristán, murió de su muerte; y pasé otro soldado que se decía Navarro, que se allegaba en casa del capitán Sandoval, y después se casó en la Veracruz, murió de su muerte; y pasó otro buen soldado que se decía Alonso de Talavera, que se allegaba en casa del capitán Sandoval, murió en poder de indios; y pasaron dos soldados, que se decía el uno Juan de Manzanilla y el otro Pedro Manzanilla; el Pedro Manzanilla murió en poder de indios, el Juan de Manzanilla fue vecino de la Puebla, murió de su muerte; y pasó un soldado que se decía Benito Bejel, fue atambor de ejércitos en Italia, y también lo fue en la Nueva España, murió de su muerte; y pasó un Alonso Romero, que fue vecino de la Veracruz, persona rica y preeminente, murió de su muerte; y pasó un Nuño Pinto, su cuñado; vecino que fue de la Veracruz, persona rica y preeminente, murió de su muerte; y pasó un soldado que se decía Síndos de Portillos, natural de Portillo, y tuvo muy buenos indios y estaba rico, y dejó sus indios y vendió sus bienes, y los repartió a pobres y se metió fraile francisco, y fue de santa vida; y otro buen soldado que se decía Francisco de Medina, natural de Medina del Campo, se metió fraile francisco y fue buen religioso; y otro buen soldado que se decía Quintero, natural de Moguer, y tuvo buenos indios y estuvo rico, y lo dio por Dios y se metió fraile francisco y fue buen religioso; y otro soldado que se decía Alonso de Aguilar, cuya fue la venta que ahora llaman «de Aguilar», que está entre la Veracruz y la Puebla, y fue persona rica y tuvo repartimiento de indios, todo lo vendió y dio por Dios, y se metió fraile dominico y fue muy buen religioso, y otro soldado que se decía fulano Burguillos, tenía buenos indios y estuvo rico, y lo dejó y se metió fraile francisco, y este Burguillos después se salió de la orden y no fue tan buen religioso como debiera; y otro buen soldado que se decía Escalante, era galán y buen jinete, metióse fraile francisco, que después se salió del monasterio, y ahí obra de un mes se tornó a tomar los hábitos y fue buen religioso; otro buen soldado que se decía Lintorno, natural de Guadalajara, se metió fraile francisco y fue buen religioso, y solía tener indios de encomienda, y era hombre de negocios. Otro soldado que se decía Gaspar Díaz, natural de Castilla la Vieja, y fue rico, así de sus indios como de sus tratos, todo lo dio por Dios, y se fue a los pinares de Guaxocingo, en parte muy solitaria, e hizo una ermita y se puso en ella por ermitaño, y fue de tan buena vida y se daba a ayunos y disciplinas, que se paró muy flaco y debilitado, y decían quo dormía en el suelo en unas pajas; y de que lo supo el obispo don fray Juan de Zumárraga le mandó que no hiciese tan áspera vida, y tuvo tan buena fama el ermitaño Gaspar Díaz, que se metieron en su compañía otros ermitaños, y todos hicieron buenas vidas, y a cuatro años que allí estaban fue Dios servido llevarle a su santa gloria. Y pasó otro buen soldado que se decía Alonso Bellido, murió en poder de indios; y vino un fulano Peinado, que se tulló de mal de bubas después de ganado México, murió en la Veracruz; y pasó otro soldado que se decía Ribadeo, gallego, que por sobrenombre le llamábamos Meberreo, porque bebía mucho vino, murió en poder de indios en lo de Almería; pasó otro soldado que llamábamos «el galleguillo» porque era chico de cuerpo, murió en poder de indios; pasó un esforzado soldado que se decía Lerma; este fue uno de los que ayudaron a salvar a Cortés, como dicho tengo en el capítulo que dello habla, y se fue entre los indios como aburrido de temor del mismo Cortés, a quien había ayudado a salvar la vida, por ciertas cosas de enojo que Cortés contra él tuvo, que aquí no declaro por su honor; nunca más supimos dél vivo ni muerto: mala sospecha tuvimos; también pasó otro buen soldado que se decía Pinedo, criado que había sido de Diego Velázquez, gobernador de Cuba, y cuando vino Narváez se iba de México para el mismo capitán Narváez, y en el camino le mataron indios, sospechóse que por mandado de Cortés; pasó otro soldado y buen ballestero que se decía Pedro López, murió de su muerte; y asimismo paso otro Pedro López, ballestero, que fue con Alonso de Ávila a la isla Española, y allá se quedó; y pasaron tres herreros, el uno se llamaba Juan García y el otro Hernán Martín, que casó con la Bermuda, que se llamaba Catalina Márquez, y el otro no me acuerdo su nombre: el uno murió en poder de indios y los dos de sus muertes; y pasó otro soldado que se decía Álvaro Gallego, vecino que fue de México, cuñado de unos Zamoras, murió de su muerte; y pasó otro soldado, ya hombre anciano, que se decía Paredes, padre de un Paredes que ahora está en lo de Yucatán, murió en poder de indios; y pasó otro soldado que se decía Gonzalo Mejía Rapapelo, porque decía él mismo que era nieto de un Mejía que andaba a robar en el tiempo del rey don Juan en compañía de un Centeno, murió en poder de indios; pasó un Pedro de Tapia, y murió tullido después de ganado México; y pasaron ciertos pilotos que se decían Antón de Alaminos y un su hijo que también tenía el mismo nombre que su padre, eran naturales de Palos; y un Camacho de Triana, y un Juan Álvarez, «el manquillo», de Huelva; y un Sopuerta del Condado, ya hombre anciano: y un Cárdenas; éste fue el que estuvo malo de pensamiento cómo sacaban dos quintos del oro, el uno para Cortés; y un Gonzalo de Umbría; y hubo otro piloto que se decía Galdin, y también hubo más pilotos, que ya no se me acuerdan sus nombres; mas el que yo vi que se quedó para vecino en México fue el Sopuerta, que todos los demás se fueron a Cuba y Jamaica y a otras islas y a Castilla a ganar pilotajes: por temor a Cortés, porque estaba mal con ellos porque dieron aviso a Francisco de Garay de las tierras que demandó a su majestad que le hiciese mercedes; y aun fueron cuatro pilotos dellos a se quejar de Cortés delante de su majestad, los cuales fueron los Alaminos y el Cárdenas y el Gonzalo de Umbría, y les mandó dar cédulas reales para que en la Nueva España diesen a cada uno 1.000 pesos de renta; y el Cárdenas, vino, y los demás nunca acá vinieron. Y pasó otro soldado que se decía Lucas, genovés, y era piloto, murió en poder de indios; y pasó otro soldado que se decía Juan, genovés: murió en poder de indios; y también pasó otro Lorenzo, genovés, vecino que fue de Guaxaca, marido de una portuguesa vieja, murió de su muerte; y pasó otro soldado que se decía Enrique, natural de tierra de Palencia: este soldado se ahogó de cansado y del peso de las armas y del calor que le daban; y pasó otro soldado que se decía Cristóbal Jaén, era carpintero, murió en poder de indios; y pasó un Ochoa, vizcaíno, hombre rico y preeminente, vecino que fue de Guaxaca, murió de su muerte; y pasó un bien esforzado soldado que se decía Zamudio, fuese a Castilla porque acuchilló a unos en México: en Castilla fue capitán de una capitanía de hombres de armas, murió en lo de Castilnovo con otros muchos caballeros españoles; y pasó otro soldado que se decía Cervantes, el loco, era chocarrero y truhán, murió en poder de indios; y pasó uno que llamaban Plazuela, matáronlo indios; y pasé un buen soldado que se decía Alonso Pérez «Maite», que vino casado con una india muy hermosa de Bayamo, murió en poder de indios; y pasó un Martín Vázquez, natural de Olmedo, hombre rico y preeminente, vecino que fue de México, murió de su muerte; pasó un Sebastián Rodríguez, buen ballestero, y después de ganado México fue trompeta, murió de su muerte; y pasó otro ballestero que se decía Peñalosa, compañero del Sebastián Rodríguez, murió de su muerte; y pasó un soldado que se decía Álvaro, hombre de la mar, natural de Palos, que decían que tuvo en indias de la tierra treinta hijos en obra de tres años, matáronlo indios en lo de las Higüeras; y pasó otro soldado que se decía

Juan Pérez Malinche, que después le oí nombrar Arteaga, vecino de la Puebla, fue hombre rico y murió de su muerte; pasó un buen soldado que se decía Pedro González Sabiote, murió de su muerte; pasó otro buen soldado que se decía Jerónimo de Aguilar: este Aguilar pongo en esta cuenta porque fue el que hallamos en la Punta de Cotoche, que estaba en poder de indios, y fue nuestra lengua, murió tullido de bubas; y pasó otro soldado que se decía Pedro, valenciano, vecino de México, murió de su muerte; pasaron tres soldados que tenían por sobrenombre Tarifas: el uno fue vecino de Guaxaca, marido de una mujer que se decía Catalina Muñiz, murió de su muerte; el otro se decía Tarifa «el de los servicios», porque siempre andaba diciendo que servía a su majestad y que no le daban nada, y era natural de Sevilla, hombre hablador, murió de su muerte; y el otro llamaban Tarifa «el de las manos blancas», también era natural de Sevilla: llamábamosle así porque no era para la guerra ni para cosa de trabajo, sino hablar de cosas pasadas que le habían acaecido en Sevilla, murió en el río del Golfo Dulce en el viaje de Higüeras, ahogóse él y su caballo, que nunca parecieron más; pasó otro buen soldado que se decía Pedro Sánchez Farfán, que estuvo por capitán en Texcoco entre tanto que andábamos en la guerra, murió de su muerte; y pasó otro soldado que se decía Alonso de Escobar, el paje que fue de Diego Velázquez, de quien se tuvo mucha cuenta, matáronlo indios; y pasó otro soldado que se decía el bachiller Escobar, era boticario, y curaba así de cirugía como de medicina, enloqueció y murió su muerte; y pasó otro soldado que se decía también Escobar, bien esforzado, mas fue tan bullicioso, que murió ahorcado porque forzó a una mujer casada y por revoltoso; y pasó otro soldado que se decía fulano de Santiago, natural de Huelva, fuese a Castilla rico; pasó otro su compañero del Santiago que se decía Ponce, murió en poder de indios; pasó un fulano Méndez, ya hombre anciano, matáronlo indios; otros tres soldados que murieron en las guerras que tuvimos en lo de Tabasco: el uno se decía Saldaña, los otros dos no me acuerdo sus nombres; y pasó otro buen soldado y ballestero, era hombre ya anciano, que jugaba mucho a los naipes, murió en poder de indios; y pasó otro soldado anciano que trajo un su hijo que se decía Orteguilla, paje que fue del gran Moctezuma, así al viejo como al hijo mataron los indios; y pasó otro soldado que se decía fulano de Gaona, natural de Medina de Rioseco, murió en poder de indios; y pasó otro soldado que se decía Juan de Cáceres, que después de ganado México fue hombre muy rico y vecino de México, murió de su muerte; pasó otro soldado que se decía Gonzalo Hurones, natural de las Garrovillas, murió de su muerte; y pasó otro soldado, ya hombre anciano, que se decía Ramírez «el viejo», que renqueaba de una pierna, vecino que fue de México, murió de su muerte; pasó otro soldado, y muy esforzado, que se decía Luis Farfán, murió en poder de indios; y pasó otro soldado que se decía Morillas, murió en poder de indios; y pasó otro soldado que se decía fulano de Rojas, que después pasó al Perú; y pasó un Astorga, hombre anciano y vecino que fue de Guaxaca, murió de su muerte; pasaron dos hermanos que se llamaban Tostados, el uno murió en poder de indios y el otro de su muerte; y pasó otro buen soldado que se decía Baldovinos, murió en poder de indios; también quiero aquí poner a Guillén de la Loa y a Andrés Núñez y a maese Pedro el de la Harpa y a otros tres soldados que tomamos del navío que venían de los de Garay, como dicho tengo, y por esta causa los pongo aquí con los de Cortés, por ser todo en un tiempo, el Guillén de la Loa murió de un cañazo que le dieron en México en un juego de cañas, y los otros dellos de su muerte, y otros en poder de indios; y pasó un Porras, muy bermejo y gran cantor, murió en poder de indios; y pasó un Ortiz, gran tañedor de vihuela, y enseñaba a danzar; y vino un su compañero que se decía Bartolomé García, fue minero en la isla de Cuba: este Ortiz y el Bartolomé García pasaron el mejor caballo de todos los que pasaron en nuestra compañía, el cual caballo les tomó Cortés, o se lo pagó, murieron entrambos compañeros en poder de indios; pasó otro buen soldado que se decía Serrano, era buen ballestero, murió en poder de indios; y pasó un hombre anciano que se decía Pedro de Valencia, natural de un lugar que cabe Plasencia, murió de su muerte; pasó otro soldado que se decía Quintero, fue maestre de navío, matáronle indios; pasó un Alonso Rodríguez, que dejó buenas minas en la isla de Cuba y estaba rico, murió en poder de indios en los peñoles, que ahora llaman «los peñoles que ganó el marqués»; y también murió allí otro buen soldado que se decía Gaspar Sánchez, sobrino del tesorero de Cuba, con otros seis soldados que fueron de los de Narváez; y también pasó un Pedro de Palma, primer marido que tuvo Elvira López, «la larga», murió ahorcado él y otro soldado que se decía Trebejo, natural de

Fuenteguinaldo: los cuales mandó ahorcar Gil González de Ávila o Francisco de las Casas, y juntamente con ellos a un clérigo de misa, por revoltosos y hombres amotinadores de ejércitos cuando se venían a la Nueva España desde Naco, después que hubieron degollado a Cristóbal de Olí, como dicho tengo en el capítulo que dello habla. Estos soldados y clérigos eran de los que habían ido con Cristóbal de Olí, puesto que eran de los que pasaron con Cortés. A mí me enseñaron un árbol o ceiba donde los ahorcaron, viniendo que veníamos de las Higüeras en compañía de Luis Marín. Y volviendo y nuestro cuento, también pasó un Andrés de Mola, levantisco, murió en poder de indios; y también pasó un buen soldado que se decía Alberca, natural de Villanueva de la Serena, murió en poder de indios. Pasaron otros muy buenos soldados que solían ser hombres de la mar, como fueron pilotos, maestres y contramaestres: de los más mancebos de los navíos que dimos a través, muchos dellos fueron animosos en las guerras y batallas, y por no me acordar de todos no pongo aquí sus nombres. Y también pasaron otros soldados, hombres de la mar, que se decían los Peñates, y otros Pinzones, los unos naturales de Gibraleón y otros de Palos: dellos murieron en poder de indios, y otros fueron a Castilla a quejarse de Cortés, También me quiero yo poner aquí en esta relación a la postre de todos, puesto que vine a descubrir dos veces primero que Cortés, y la tercera con el mismo Cortés, según lo tengo ya dicho en el capítulo que dello habla; mi nombre es Bernal Díaz del Castillo, y soy vecino y regidor de Santiago de Guatemala, y natural de la muy noble e insigne y muy nombrada villa de Medina del Campo, hijo de Francisco Díaz del Castillo, regidor de ella, que por otro nombre le nombraban «el galán», que haya santa gloria; y doy muchas gracias y loores a Dios nuestro señor y a nuestra señora la virgen Santa María, su bendita madre, que me ha guardado que no sea sacrificado, como en aquellos tiempos sacrificaron todos los más de mis compañeros que nombrados tengo, para que ahora se descubran muy claramente nuestros heroicos hechos: y quiénes fueron los valerosos capitanes y fuertes soldados que ganamos esta parte del Nuevo Mundo, y no refieran la honra y prez y nuestra valía a un solo capitán.

Capítulo CCVI. De las estaturas y proporciones y edades que tuvieron ciertos capitanes valerosos y fuertes soldados que fueron de Cortés, cuando vinimos a conquistar la Nueva España

El marqués don Hernando Cortés, ya he dicho en el capítulo que dél habla, en el tiempo que falleció en Castilleja de la Cuesta, de su edad, proporción y persona, y qué condiciones tenía, y otras cosas que hallarán escritas en esta relación, si lo quisieren ver. También he dicho en el capítulo que dello habla, del capitán Cristóbal de Olí, de cuando fue con la armada a las Higüeras, de la edad que tenía, y de sus condiciones y proporciones: allí lo hallarán. Quiero ahora poner la edad y proporciones y parecer de don Pedro de Alvarado. Fue comendador de Santiago, adelantado y gobernador de Guatemala y Honduras y Chiapas, sería obra de treinta y cuatro años cuando acá pasó; fue de muy buen cuerpo y bien proporcionado, y tenía el rostro y cara muy alegre y en el mirar muy amoroso; y por ser tan agraciado le pusieron por nombre los indios mexicanos Tonatio, que quiere decir el Sol. Era muy suelto y buen jinete, y sobre todo, ser franco y de buena conversación, y en el vestir se traía muy pulido y con ropas ricas, y traía al cuello una cadenita de oro con un joyel; ya no se me acuerdan las letras que tenía el joyel; y en un dedo un anillo con una esmeralda; y porque ya he dicho dónde falleció y otras cosas acerca de la persona, en esta no quiero poner más. El adelantado Francisco de Montejo fue de mediana estatura, el rostro alegre, y amigo de regocijos y buen jinete; y cuando acá pasó sería de edad de treinta y cinco años, y era más dado a negocios que para la guerra; era franco y gastaba más de lo que tenía de renta; fue adelantado y gobernador de Yucatán, murió en Castilla. El capitán Gonzalo de Sandoval fue muy esforzado, y sería cuando acá pasó de hasta veintidós años; fue alguacil mayor de la Nueva España, y fue gobernador della, juntamente con el tesorero Alonso de Estrada, obra de once meses; su estatura muy bien proporcionada y de razonable cuerpo y membrudo; el pecho alto y ancho, y asimismo tenía la espalda, y de las piernas algo estevado y muy buen jinete; el rostro tiraba algo a robusto, y la barba y el cabello que se usaba algo crespo y acastañado, y la voz no la tenía muy clara, sino algo espantosa, y ceceaba tanto cuanto; no era hombre que sabía letras, sino a las buenas llanas, ni era codicioso de haber oro, sino solamente tener fama y hacer sus cosas como buen capitán esforzado, y en las guerras que tuvimos en la Nueva España siempre tenía cuenta en mirar por los soldados que le parecía que lo hacían bien, y les favorecía y ayudaba; no era hombre que traía ricos vestidos, sino muy llanamente, como buen soldado; tuvo el mejor caballo y de mejor carrera, revuelto a una mano y a otra, que decían que no se había visto mejor en Castilla ni en esta tierra: era castaño acastañado, y una estrella en la frente y un pie izquierdo calzado, que se decía el caballo «Motilla»; y cuando hay ahora diferencia sobre buenos caballos suelen decir: «Es en bondad tan bueno como Montilla». Dejaré lo del caballo, y diré deste valeroso capitán que falleció en la villa de Palos cuando fue a Castilla con don Hernando Cortés a besar los pies a su majestad; y deste Gonzalo de Sandoval fue de quien dijo el marqués Cortés a su majestad que, además de los fuerte y valerosos soldados que tuvo en su compañía, que fue tan animoso capitán, que se podía nombrar entre los muy esforzados que hubo en el mundo, y que podía ser coronel de muchos ejércitos, y para decir y hacer. Fue natural de Medellín, hijodalgo; su padre fue alcaide de una fortaleza. Pasemos a decir de otro buen capitán que se decía Juan Velázquez de León, natural de Castilla la Vieja: sería de hasta treinta y seis años cuando acá pasó; era de buen cuerpo, y derecho y membrudo, y buena espalda y pecho, y todo bien proporcionado y bien sacado, el rostro robusto, la barba algo crespa y alheñada, y la voz espantosa y gorda, y algo tartamudo; fue muy animoso y de buena conversación; y si algunos bienes tenía en aquel tiempo los repartía con sus compañeros. Díjose que en la isla Española mató a un caballero, persona por persona en aquella tierra principal, que era hombre rico, que se decía Ribasaltas; y desque le hubo muerto se retrajo, y la justicia de aquella isla nunca lo puedo haber, ni la real audiencia, para hacer sobre el caso justicia; y aunque le iban a prender, por su persona se defendía de los alguaciles, y se vino a la isla de Cuba, y de Cuba a la Nueva España, y fue muy buen jinete, y a pie y a caballo muy extremado varón; murió en las puentes cuando salimos huyendo de México. Y Diego de Ordás, fue natural de Tierra de Campos, y sería de edad de cuarenta años cuando acá pasó: fue capitán de soldados de espada y rodela, porque no era hombre de a caballo; fue muy esforzado y de buenos consejos, era de buena estatura y membrudo, y tenía el rostro muy robusto y la barba algo prieta y no mucha; en la habla no acertaba bien a pronunciar algunas palabras, sino algo tartajoso; era franco y de buena conversación; fue comendador de Santiago; murió en lo de Marañón, siendo capitán o gobernador, que esto no lo sé muy bien. El capitán Luis Marín fue de buen cuerpo y membrudo y esforzado; era estevado y la barba algo rubia, el rostro largo y alegre, excepto que tenía unas señales como que había tenido viruelas; sería de hasta treinta años cuando acá pasó; era natural de Sanlúcar, ceceaba un poco como sevillano. Fue buen jinete y de buena conversación, murió en lo de Michoacán. El capitán Pedro de Ircio era de mediana estatura y paticorto, y tenía el rostro alegre, y muy plático en demasía que haría y acontecería, y siempre contaba cuentos de don Pedro Jirón y del conde de Ureña; era ardid de corazón, y a esta causa le llamábamos «Agrajes», sin obras: y sin hacer cosas que de contar sean, murió en México. Alonso de Ávila fue capitán ciertos días en lo de México, y el primer contador de su majestad que eligió Cortés hasta que el rey nuestro señora mandase otra cosa, era de buen cuerpo y rostro alegre, en la plática expresiva, muy clara y de buenas razones, y muy esforzado; sería de hasta treinta y tres años cuando acá pasó: y tenía otra cosa, que era franco con sus compañeros; mas era tan soberbio y amigo de mandar y no ser mandado, y algo envidioso; era orgulloso y bullicioso, que Cortés no le podía sufrir: y a esta causa le envió a Castilla por procurador juntamente con un Antonio de Quiñones, natural de Zamora, y con ellos envió la recámara y riquezas de Moctezuma y de Guatemuz, y franceses lo robaron, y prendieron al Alonso de Ávila, porque el Quiñones ya era muerto en la Tercera, y desde a dos años volvió el Alonso de Ávila a la Nueva España; o en Yucatán o en México murió. Este Alonso de Ávila fue tío de los caballeros que degollaron en México, hijos de Gil González de Benavides, lo cual tengo ya dicho y declarado en mi historia. Andrés de Monjaraz fue capitán cuando la guerra de México, y era de razonable estatura, el rostro alegre y la barba prieta, y de buena conversación; siempre estuvo malo de bubas, y a esta causa no hizo cosa que de contar sea, más póngolo aquí en esta relación para que sepan que fue capitán, y sería de hasta treinta años cuando acá pasó; murió de dolor de las bubas. Pasemos a un muy esforzado soldado que se decía Cristóbal de Olea, natural de tierra de Medina del Campo; sería de edad de veintiséis años cuando acá pasó; era de buen cuerpo y membrudo, ni muy alto ni bajo; tenía buen pecho y espalda, el rostro algo robusto, mas era apacible, y la barba y cabello tiraba algo como crespo, y la voz clara; este soldado fue en todo lo que le veíamos hacer tan esforzado y presto en las armas, que le teníamos muy buena voluntad y le honrábamos, y él fue el que escapó de muerte a don Fernando Cortés en lo de Xochimilco, cuando los escuadrones mexicanos le habían derribado del caballo «el Romo», y le tenían asido y engarrafado para lo llevar a sacrificar; y asimismo le libró otra vez cuando en lo de la calzadilla de México lo tenían otra vez asido muchos mexicanos para lo llevar vivo a sacrificar, y le habían ya herido en una pierna al mismo Cortés, y le llevaron vivos sesenta y dos soldados. Este esforzado soldado hizo cosas por su persona, que, aunque estaba muy mal herido, mató a cuchillo y dio estocadas a todos los indios que le llevaban a Cortés, que les hizo que lo dejasen; y así le salvó la vida, y el Cristóbal de Olea quedó muerto allí por lo salvar. Quiero decir de dos soldados que se decían Gonzalo Domínguez y un Lares; digo que fueron tan esforzados, que los teníamos en tanto como Cristóbal de Olea; eran de buenos cuerpos y membrudos, y los rostros alegres, y bien hablados, y muy buenas condiciones; y por no gastar más palabras en sus loas, podránse contar con los más esforzados soldados que ha habido en Castilla; murieron en las batallas de Otumba, digo el Lares, y el Domínguez en lo de Tehuantepec, de un caballo que le tomó debajo. Vamos a otro buen capitán y esforzado soldado que se decía Andrés de Tapia, sería de obra de veinticuatro años cuando acá pasó; era de color el rostro algo ceniciento, y no muy alegre, y de buen cuerpo y de poca barba y rala, y fue muy buen capitán, así a pie como a caballo; murió de su muerte. Si hubiera de escribir todas las facciones y proporciones de todos nuestros capitanes y fuertes soldados que pasamos con Cortés, era gran prolijidad; porque, según todos eran esforzados y de mucha cuenta, dignos éramos de estar escritos con letras de oro. Y no pongo aquí otros muchos valerosos capitanes que fueron de los de Narváez, porque mi intento desde que comencé a hacer mi relación no fue sino para escribir nuestros heroicos hechos y hazañas de los que pasamos con Cortés; solo quiero poner al capitán Pánfilo de Narváez, que fue el que vino contra Cortés desde la isla de Cuba con mil y trescientos soldados, sin contar en ellos hombres de la mar, y con doscientos y sesenta y seis soldados los desbaratamos, según se verá en mi relación, y cómo y cuándo y de qué manera pasó aquel hecho. Y volviendo a mi materia, era el Narváez al parecer de obra de cuarenta y dos años, y alto de cuerpo y de recios miembros, y tenía el rostro largo y la barba rubia, y agradable presencia, y la plática y voz muy vagorosa y entonada, como que salía de bóveda; era buen jinete y decían que era esforzado; era natural de Valladolid o de Tudela de Duero; era casado con una señora que se decía María de Valenzuela; fue en la isla de Cuba capitán y hombre rico; decían que era muy escaso, y cuando le desbaratamos se le quebró un ojo, y tenía buenas razones en lo que hablaba: fue a Castilla delante su majestad a quejarse de Cortés y de nosotros, y su majestad le hizo merced de la gobernación de cierta tierra en lo de la Florida, y allá se perdió y gastó cuanto tenía. Como dos caballeros curiosos han visto y leído la memoria atrás dicha de todos los capitanes y soldados que pasamos con el venturoso y esforzado don Hernando Cortés, marqués del Valle, a la Nueva España desde la isla de Cuba, y pongo por escrito sus proporciones, así de cuerpo como de rostro y edades, y las condiciones que tenían, y en qué parte murieron, y de qué partes eran, me han dicho que se maravillaban de mí que cómo a cabo de tantos años no se me ha olvidado y tengo memoria dellos. A esto respondo y digo que no es mucho que se me acuerde ahora sus nombres: pues éramos quinientos y cincuenta compañeros que siempre conversábamos juntos, así en las entradas como en las velas, y en las batallas y encuentros de guerras, y los que mataban de nosotros en las tales peleas y cómo los llevaban a sacrificar. Por manera que comunicábamos los unos con los otros, en especial cuando salíamos de algunas muy sangrientas y dudosas batallas, echábamos menos los que allá quedaban muertos, y a esta causa los pongo en esta relación; y no es de maravillar dello, pues en los tiempos pasados hubo valerosos capitanes que andando en las guerras sabían los nombres de sus soldados, y los conocían y los nombraban, y aun sabían de qué provincias y tierras eran naturales, y comúnmente eran en aquellos tiempos cada uno de los ejércitos que traían treinta mil hombres; y decían las historias que dellos han escrito, que Mitridates, rey de Ponto, fue uno de los que conocían a sus ejércitos, y otro fue el rey de los epirotas, y por otro nombre se decía Alejandro. También dicen que Aníbal, gran capitán de Cartago, conocía a todos sus soldados; y en nuestros tiempos el esforzado y gran capitán Gonzalo Hernández de Córdoba conocía a todos los más soldados que traían en sus capitanías, y así han hecho otros muchos valerosos capitanes. Y más digo, que, como ahora los tengo en la mente y sentido y memoria, supiera pintar y esculpir sus cuerpos y figuras y talles y meneos, y rostros y facciones, como hacía aquel gran pintor y muy nombrado Apeles, y los pintores de nuestros tiempos Berruguete, y Micael Angel, o el muy afamado burgalés, que dicen que es otro Apeles, dibujara a todos los que dicho tengo al natural, y aun según cada uno entraba en las batallas y el ánimo que mostraba; y gracias a Dios y a su bendita madre nuestra señora, que me escapó de no ser sacrificado a los ídolos, y me libró de otros muchos peligros y trances, para que haga ahora esta memoria.

Capítulo CCVII. De las cosas que aquí van declaradas cerca de los méritos que tenemos los verdaderos conquistadores; las cuales serán apacibles de las oír

Ya he recontado los soldados que pasamos con Cortés, y dónde murieron; y si bien se quiere tener noticia de nuestras personas, éramos todos los más hijosdalgos, aunque algunos no pueden ser de tan claros linajes, porque vista cosa es que en este mundo no nacen todos los hombres iguales, así en generosidad como en virtudes. Dejando esta plática aparte de nuestras antiguas noblezas: con heroicos hechos y grandes hazañas que en las guerras hicimos, peleando de día y de noche, sirviendo a nuestro rey y señor, descubriendo estas tierras, y hasta ganar esta Nueva España y gran ciudad de México y otras muchas provincias a nuestra costa, estando tan apartados de Castilla ni tener otro socorro ninguno, salvo el de nuestro señor Jesucristo, que es el socorro y ayuda verdadera, nos ilustramos mucho más que de antes; y si miramos las escrituras antiguas que dello hablan, si son así como dicen, en los tiempos pasados fueron ensalzados y puestos en gran estado muchos caballeros, así en España como en otras partes, sirviendo, como en aquella sazón sirvieron en las guerras, y por otros servicios que eran aceptos a los reyes que en aquella sazón reinaban. Y también he notado que algunos de aquellos caballeros que entonces subieron a tener títulos de estados y de ilustres, no iban a las tales guerras ni entraban en batallas sin que se les diesen sueldos y salarios; y no embargante que se lo pagaban, les dieron villas y castillos y grandes tierras perpetuas, y privilegios con franquezas, los cuales tienen sus descendientes. Y demás desto, cuando el rey Jaime de Aragón conquistó y ganó de los moros mucha parte de sus reinos, los repartió a los caballeros y soldados que se hallaron en los ganar, y desde aquellos tiempos tienen sus blasones y son tan valerosos; y también cuando se ganó Granada, y del tiempo del Gran Capitán a Nápoles, y también el príncipe de Orange en lo de Nápoles, dieron tierras y señoríos a los que ayudaron en las guerras y batallas; y nosotros, sin saber su majestad cosa ninguna, le ganamos esta Nueva España. He traído esto aquí a la memoria para que se vean nuestros muchos y buenos y nobles y leales servicios que hicimos a Dios y al rey y toda la cristiandad, y se pongan en una balanza y medida cada cosa en su cantidad, y hallarán que somos dignos y merecedores de ser puestos y remunerados como los caballeros por mí atrás dichos; y aunque entre los valerosos soldados, que en estas hojas de atrás pasadas he puesto por memoria hubo muchos esforzados y valerosos compañeros, que me tenían a mí en reputación de razonable soldado, volviendo a mi materia, miren los curiosos lectores con atención esta mi relación, y verán en cuántas batallas y reencuentros de guerra muy peligrosos me he hallado desque vine a descubrir, y dos veces estuve asido y engarrofado de muchos indios mexicanos, con quien en aquella sazón estaba peleando, para me llevar a sacrificar, y Dios me dio esfuerzo que me escapé, como en aquel instante llevaron a otros muchos mis compañeros, sin otros grandes peligros y trabajos, así de hambre y sed, e infinitas fatiga que suelen recrecer a los que semejantes descubrimientos van a hacer en tierras nuevas; lo cual hallarán escrito parte por parte en esta mi relación; y quiero dejar de entrar más la pluma en esto, y diré los bienes que se han seguido de nuestras ilustres conquistas.

Capítulo CCVIII. Cómo los indios de toda la Nueva España tenían muchos sacrificios y torpedades, y se los quitamos, y les impusimos en las cosas santas de buena doctrina

Pues he dado cuenta de cosas que se convienen, bien es que diga los bienes que se han hecho, así para el servicio de Dios y de su majestad, con nuestras ilustres conquistas; y aunque fueron tan costosas de las vidas de todos los más de mis compañeros, porque muy pocos quedamos vivos, y los que murieron fueron sacrificados, y con sus corazones y sangre ofrecidos a los ídolos mexicanos, que se decían Tezcatepuca, y Huichilobos, quiero comenzar a decir de los sacrificios que hallamos por las tierras y provincias que conquistamos, las cuales estaban llenas de sacrificios y maldades, porque mataban cada un año, solamente en México y ciertos pueblos que están en la laguna, sus vecinos, según hallo por cuenta que dello hicieron religiosos franciscos: que fueron los primeros que vinieron a la Nueva España, tres años y medio antes que viniesen los dominicos, que fueron muy buenos religiosos y de santa doctrina; y hallaron sobre dos mil y quinientas personas, chicas y grandes. Pues en otras provincias a esta cuenta muchos más serían; y tenían otras maldades de sacrificios, y por ser de tantas maneras, no los acabaré de escribir todas por extenso; mas las que yo vi y entendí pondré aquí por memoria. Tenían por costumbre que sacrificaban las frentes y las orejas, lenguas y labios, los pechos, brazos y molledos, y las piernas y aun sus naturas; y en algunas provincias eran retajados, y tenían pedernales de navajas, con que se retajaban. Pues los adoratorios, que son cues, que así los llaman entre ellos, eran tantos, que los doy a la maldición, y me parece que eran casi que al modo como tenemos en Castilla y en cada ciudad nuestras santas iglesias y parroquias, y ermitas y humilladeros, así tenían en esta tierra de la Nueva España sus casas de ídolos llenas de demonios y diabólicas figuras; y demás destos cues, teman cada indio o india dos altares, el uno junto a donde dormía, y el otro a la puerta de su casa, y en ellos muchas arquillas de maderas, y otros que llaman petacas, llenas de ídolos, unos chicos y otros grandes, y piedrezuelas y pedernales, y librillos de un papel de corteza de árbol, que llaman amatl, y en ellos hechos sus señales del tiempo y de cosas pasadas. Y además desto, eran los más dellos sométicos, en especial los que vivían en las costas y tierra caliente, en tanta manera, que andaban vestidos en hábito de mujeres muchachos a ganar en aquel diabólico y abominable oficio. Pues comer carne humana, así como nosotros traemos vaca de las carnicerías; y tenían en todos los pueblos, de madera gruesa hechas a manera de casas, como jaulas, y en ellas metían a engordar muchos indios e indias y muchachos, y en estando gordos los sacrificaban y comían; y demás desto, las guerras que se daban unas provincias y pueblos a otros, y los que cautivaban y prendían los sacrificaban y comían. Pues tener excesos carnales hijos con madres, y hermanos con hermanas, y tíos con sobrinas, halláronse muchos que tenían este vicio desta torpedad. Pues de borrachos, no lo sé decir, tantas suciedades que entre ellos pasaban; solo una quiero aquí poner, que hallamos en la provincia de Pánuco, que se embudaban por el sieso con unos cañutos, y se henchían los vientres de vino de lo que entre ellos se hacía, como cuando entre nosotros se echa una medicina; torpedad jamás oída. Pues tener mujeres, cuantas querían; tenían otros muchos vicios y maldades; y todas estas cosas por mí recontadas, quiso nuestro señor Jesucristo que con su santa ayuda, que nosotros los verdaderos conquistadores que escapamos de las guerras y batallas y peligros de muerte, ya otras veces por mí dicho, se lo quitamos, y les pusimos en buena policía de vivir y les íbamos enseñando la santa doctrina. Verdad es que después desde a dos años pasados, y que todas las más tierras teníamos de paz, y con la policía y manera de vivir que he dicho, vinieron a la Nueva España unos buenos religiosos franciscos, que dieron muy buen ejemplo y doctrina, y desde ahí a otros tres o cuatro años vinieron otros buenos religiosos de señor santo Domingo, que se lo han quitado muy de raíz, y han hecho mucho fruto en la santa doctrina y cristiandad de los naturales. Mas, si bien se quiere notas, después de Dios, a nosotros los verdaderos conquistadores que los descubrimos y conquistamos, y desde el principio les quitamos sus ídolos y les dimos a entender la santa doctrina, se nos debe el premio y galardón de todo ello, primero que a otras personas, aunque sean religiosos; porque cuando el principio es bueno, el medio y el cabo todo es digno de loor; lo cual pueden ver los curiosos lectores de la policía y cristiandad y justicia que les mostramos en la Nueva España. Y dejaré esta materia, y diré los más bienes que, después de Dios, por nuestra causa han venido a los naturales de la Nueva España.

Capítulo CCIX. De cómo impusimos en muy buenas y santas doctrinas a los indios de la Nueva España, y de su conversión; y de cómo se bautizaron, y volvieron a nuestra santa fe, y les enseñamos oficios que se usan en Castilla, y a tener y guardar justicia

Después de quitadas las idolatrías y todos los malos vicios que se usaban, quiso nuestro señor Dios que con su santa ayuda, y con la buena ventura y santas cristiandades de los cristianísimos emperador don Carlos, de gloriosa memoria, y de nuestro rey y señor, felicísimo e invictísimo rey de las Españas, don Felipe nuestro señor, su muy amado y querido hijo, que Dios le de muchos años de vida, con acrecentamiento de más reinos, para que en este su santo y feliz tiempo lo goce él y sus descendientes; se han bautizado desde que los conquistamos todas cuantas personas había, así hombres como mujeres, y niños que después han nacido, que de antes iban perdidas sus ánimas a los infiernos: y ahora, como hay muchos y buenos religiosos de señor san Francisco y de santo Domingo, y de otras órdenes, andan en los pueblos predicando, y en siendo la criatura de los días que manda nuestra santa madre iglesia de Roma, los bautizan; y demás desto, con los santos sermones que les hacen, el santo evangelio está muy bien plantado en sus corazones y se confiesan cada año, y algunos de los que tienen más conocimiento a nuestra santa fe se comulgan. Y además desto, tienen sus iglesias muy ricamente adornadas de altares, y todo lo perteneciente para el santo culto divino, con cruces y candeleros y ciriales, y cáliz y patenas, y platos, unos chicos y otros grandes, de plata, e incensario, todo labrado de plata. Pues capas, casullas y frontales, en pueblos ricos los tienen, y comúnmente de terciopelo y damasco y raso y de tafetán, diferenciados en las colores, y las mangas de las cruces muy labradas de oro y seda, y en algunas tienen perlas; y las cruces de los difuntos de raso negro, y en ellas figurada la misma cara de la muerte, con su disforme semejanza y huesos, y el cobertor de las mismas andas, unos las tienen buenas y otros no tan buenas. Pues campanas, las que han menester según la calidad que es cada pueblo. Pues cantores de capilla de voces bien concertadas, así tenores como tiples y contraltos, no hay falta; y en algunos pueblos hay órganos, y en todos los más tienen flautas y chirimías y sasacuches y dulzainas. Pues trompetas altas y sordas, no hay tantas en mi tierra, que es Castilla la Vieja, como hay en esta provincia de Guatemala; y es para dar gracias a Dios, y cosa muy de contemplación, ver como los naturales ayudan a decir una santa misa, en especial si la dicen franciscos o dominicos, que tiene cargo del curato del pueblo donde la dicen. Otra cosa buena tienen, que les han enseñado los religiosos, que así hombres como mujeres, y niños que son de edad para las deprender, saben todas las santas oraciones en sus mismas lenguas, que son obligados a saber; y tienen otras buenas costumbres cerca de la santa cristiandad, que cuando pasan cabe un santo altar o cruz abajan la cabeza con humildad y se hincan de rodillas, y dicen la oración del Pater Noster o el Ave María; y más les mostramos los conquistadores a tener candelas de cera encendidas delante los santos altares y cruces, porque de antes no se sabían aprovechar della en hacer candelas. Y demás de lo que dicho tengo, les enseñamos a tener mucho acato y obediencia a todos los religiosos y a los clérigos, y que cuando fuesen a sus pueblos les saliesen a recibir con candelas de cera encendidas y repicasen las campanas, y les diesen bien de comer, y así lo hacen con los religiosos: y tenían estos cumplimientos con los clérigos; mas después que han conocido y visto de algunos de ellos y los demás, sus codicias y hacen en los pueblos desatinos, pasan por alto, y no los querrían por curas en sus pueblos, sino solo franciscos o dominicos; y no aprovecha cosa que sobre este caso los pobres indios digan al prelado, que no lo oyen: ¡Oh qué había que decir sobre esta materia! Mas quedarse ha en el tintero y volveré a mi relación. Demás de las buenas costumbres por mí dichas, tienen otras santas y buenas, porque cuando es el día del Corpus Christi o de Nuestra Señora, u de otras fiestas solemnes que entre nosotros hacemos procesiones, salen todos los más pueblos cercanos de esta ciudad de Guatemala en procesión con sus cruces y con candelas de cera encendidas, y traen en los hombros en andas la imagen del santo o santa de que es la advocación de su pueblo, lo más ricamente que pueden, y vienen cantando las letanías y otras santas oraciones, y tañen sus flautas y trompetas; y otro tanto hacen en sus pueblos cuando es el día de las tales solemnes fiestas, y tienen costumbre de ofrecer los domingos y pascuas, especialmente el día de Todos los Santos; y esto del ofrecer, los clérigos les dan tal prisa donde son curas, y tienen tales modos, que no se les quedará a los indios por olvido, porque dos o tres días antes que venga la fiesta les mandan apercibir para la ofrenda; y también ofrecen a los religiosos, mas no con tanta solicitud. Y pasemos adelante, y digamos cómo todos los más indios naturales destas tierras han deprendido muy bien todos los oficios que hay en Castilla entre nosotros, y tienen sus tiendas de los oficios y obreros, y ganan de comer a ello; y los plateros de oro y de plata, así de martillo como de vaciadizo, son muy extremados oficiales, y asimismo lapidarios y pintores; y los entalladores hacen tan primas obras con sus sutiles alegras de hierro, especialmente entallan esmeriles, y dentro dellos figurados todos los pasos de la santa pasión de nuestro redentor y salvador Jesucristo, que si no los hubiera visto, no pudiera creer que indios lo hacían: que se me significa a mi juicio que aquel tan nombrado pintor como fue el muy antiguo Apeles, y de los de nuestros tiempos, que se dicen Berruguete y Micael Angel, ni de otro moderno ahora nuevamente nombrado, natural de Burgos, que se dice que en sus obras tan primas es otro Apeles, del cual se tiene gran fama, no harán con sus muy sutiles pinceles las obras de los esmeriles, ni relicarios que hacen tres indios grandes maestros de aquel oficio, mexicanos, que se dicen Andrés de Aquino y Juan de la Cruz y el Crespillo. Y demás desto, todos los más hijos de principales solían ser gramáticos, y lo deprendían muy bien, si no se lo mandaran quitar en el santo sínodo que mandó hacer el reverendísimo arzobispo de México; y muchos hijos de principales saben leer y escribir y componer libros de canto llano; y hay oficiales de tejer seda, raso y tafetán, y hacer paños de lana, aunque sean veinticuatrenos, hasta frisas y sayal, y mantas y frazadas, y son cardadores y pelaires y tejedores, según y de la manera que se hace en Segovia y en Cuenca, y otros sombrereros y jaboneros; solos dos oficios no han podido entrar en ellos, aunque lo han procurado, que es hacer el vidrio ni ser boticarios; mas yo los tengo por de tan buenos ingenios, que lo deprenderán muy bien, porque algunos dellos son cirujanos y herbolarios y saben jugar de mano y hacer títeres, y hacen vihuelas muy buenas. Pues labradores, de su naturaleza lo son antes que viniésemos a la Nueva España, y ahora crían ganado de todas suertes y doman bueyes, y aran las tierras y siembran trigo, y lo benefician y cogen, y lo venden, y hacen pan y bizcocho, y han plantado sus tierras y heredades de todos los árboles y frutas que hemos traído de España, y venden el fruto que procede dello; y han puesto tantos árboles, que porque los duraznos no son buenos para la salud y los platanales les hacen mucha sombra, han cortado y cortan muchos, y lo ponen de membrillares y manzanas y perales, que los tienen en más estima. Pasemos adelante y diré de la justicia que les hemos enseñado a guardar y cumplir, y como cada año eligen sus alcaldes ordinarios y regidores y escribanos y alguaciles, fiscales y mayordomos, y tienen sus casas de cabildo, donde se juntan dos días de la semana, y ponen en ellas sus porteros: y sentencian, y mandan pagar deudas que se deben unos a otros, y por algunos delitos de crimen azotan y castigan; y si es por muertes o cosas atroces, remítenlo a los gobernadores, si no hay audiencia real; y según me han dicho personas que lo saben muy bien, en Tlaxcala y en Texcoco y en Cholula, y en Guaxocingo y en Tepeaca, y en otras ciudades grandes, cuando hacen los indios cabildo, que salen, delante de los que están por gobernadores y alcaldes, maceros con mazas doradas, según sacan los virreyes de la Nueva España; y hacen justicia con tanto primor y autoridad como entre nosotros, y se precian y desean saber mucho de las leyes del reino por donde sentencien. Además desto, todos los caciques tienen caballos y son ricos, traen jaeces con buenas sillas, y se pasean por las ciudades, villas y lugares donde se van a holgar o son naturales, y llevan sus indios por pajes que les acompañan, y aun en algunos pueblos juegan cañas y corren toros y corren sortijas, especial si es día de Corpus Christi o de señor San Juan o señor Santiago, o de nuestra señora de agosto, o la advocación de la iglesia del santo de su pueblo; y hay muchos que aguardan los toros, y aunque sean bravos; y muchos dellos son jinetes, en especial en un pueblo que se dice Chiapas de los Indios, y los que son caciques todos los más tienen caballos y algunos hatos de yeguas y mulas, y se ayudan con ello a traer leña y maíz y cal, y otras cosas deste arte, y lo venden por las plazas, y son muchos dellos arrieros según y de la manera que en nuestra Castilla se usa. Y por no gastar más palabras, todos los oficios hacen muy perfectamente, hasta paños de tapicería. Dejaré de hablar más en esta materia, y diré otras muchas grandezas que por nuestra causa ha habido y hay en esta Nueva España.

Capítulo CCX. De otras cosas y provechos que se han seguido de nuestras ilustres conquistas y trabajos

Ya habrán oído en los capítulos pasados lo por mí recontado acerca de los bienes y provechos que se han hecho con nuestras ilustres hazañas y conquistas; diré ahora del oro, plata y piedras preciosas, y otras riquezas de granas y lanas, y hasta zarzaparrilla y cueros de vacas, que desta Nueva España han ido y van cada año a Castilla a nuestro rey y señor; así lo de sus reales quintos como otros muchos presentes que le hubimos enviado así como le ganamos estas tierras, sin las grandes cantidades que llevan mercaderes y pasajeros; que después que el sabio rey Salomón fabricó y mandó hacer el santo templo de Jerusalén con el oro y plata que le trajeron de las islas de Tarsis y Ofir y Sabá, no se ha oído en ninguna escritura antigua que más oro, plata y riquezas han ido cotidianamente a Castilla que de estas tierras: y esto digo así, porque ya que del Perú, como es notorio, han ido muchos millares de oro y plata, en el tiempo que ganamos esta Nueva España no había nombre del Perú ni estaba descubierto, ni se conquistó desde ahí a diez años, y nosotros siempre desde el principio, como dicho tengo, comenzamos a enviar a su majestad presentes riquísimos, y por esta causa, y por otras que diré, antepongo a la Nueva España, porque bien sabemos que en las cosas acaecidas del Perú siempre los capitanes y gobernadores y soldados han tenido guerras civiles, y todo revuelto en sangre y en muertes de muchos soldados; y en esta Nueva España siempre tenemos, y tendremos, para siempre jamás el pecho por tierra, como somos obligados, a nuestro rey y señor, y pondremos nuestras vidas y haciendas en cualquiera cosa que se ofrezca para servir a su majestad. Y además desto, miren los curiosos lectores qué de ciudades, villas y lugares están pobladas en estas partes de españoles, que, por ser tantos y no saber yo los nombres de todos, se quedarán en silencio; y tengan atención a los obispados que hay, que son diez, sin el arzobispo de la mue insigne ciudad de México: y cómo hay tres audiencias reales, todo lo cual diré adelante, así de los que han gobernado, como de los arzobispos y obispos que ha habido; y miren las santas iglesias catedrales y los monasterios donde están dominicos, como franciscos y mercedarios y agustinos; y miren qué hay de hospitales, y los grandes perdones que tienen, y la santa casa de nuestra señora de Guadalupe, que está en lo de Tepeaquilla, donde solía estar asentado el real de Gonzalo de Sandoval cuando ganamos a México; y miren los santos milagros que ha hecho y hace de cada día, y démosle muchas gracias a Dios y a su bendita madre nuestra señora por ello, que nos dio gracia y ayuda que ganásemos estas tierras, donde hay tanta cristiandad. Y también tengan cuenta cómo en México hay colegio universal, donde estudian y aprenden la gramática, teología, retórica y lógica y filosofía, y otros artes y estudios, y hay moldes y maestros de imprimir libros, así en latín como en romance, y se gradúan de licenciados y doctores; y otras muchas grandezas pudiera decir, así de minas ricas de plata que en ellas están descubiertas y se descubren a la continua, por donde nuestra Castilla es prosperada y tenida y acatada. Y si no basta lo bien que ya he dicho y propuesto de nuestras conquistas, quiero decir que miren las personas sabias y leídas esta mi relación desde el principio hasta el cabo, y verán que en ningunas escrituras en el mundo, ni en hechos hazañosos humanos, ha habido hombres que más reinos y señoríos hayan ganados, como nosotros los verdaderos conquistadores, para nuestro rey y señor, y entre los fuertes conquistadores mis compañeros, puesto que los hubo muy esforzados, a mí me tenían en la cuenta dellos, y el más antiguo de todos; y digo otra vez que yo, yo, yo lo digo tantas veces, que yo soy el más antiguo y he servido como muy buen soldado a su majestad y dígolo con tristeza de mi corazón, porque me veo pobre y muy viejo, una hija por casar, y los hijos varones ya grandes y con barbas, y otros por criar, y no puedo ir a Castilla ante su majestad para representarle cosas cumplideras a su real servicio, y también para que me haga mercedes, pues se me deben bien debidas. Dejaré esta plática, por que si más en ello meto la pluma me será muy odiosa de personas envidiosas. Y quiero proponer una cuestión a modo de diálogo: y es, que habiendo visto la buena e ilustre fama que suena en el mundo de nuestros muchos y buenos y notables servicios que hemos hecho a Dios y a su majestad y a toda la cristiandad, da grandes voces y dice que fuera justicia y razón que tuviéramos buenas rentas, y más aventajadas que tienen otras personas que no han servicio en estas conquistas ni en otras partes a su majestad; y asimismo pregunta que dónde están nuestros palacios y moradas, y qué blasones tenemos en ellas diferenciadas de las demás; y si están en ellas esculpidos y puestos por memoria nuestros heroicos hechos y armas, según y de la manera que tienen en España los caballeros que dicho tengo en el capítulo pasado, que sirvieron en los tiempos pasados a los reyes que en aquella sazón reinaban: pues nuestras hazañas no son menores que las que ellos hicieron, antes son de muy memorable fama, y se puedan contar entre los nombrados que ha habido en el mundo. Y demás desto, pregunta la ilustre fama por los conquistadores que hemos escapado de las batallas pasadas, y por los muertos, dónde están sus sepulcros y qué blasones tienen en ellos. A estas cosas se le puede responder con mucha verdad: «Oh excelente e ilustre fama, y entre buenos y virtuosos deseada y loada, y entre maliciosos y personas que han procurado oscurecer nuestros heroicos hechos no querrían ver ni oír vuestro ilustre nombre, porque nuestras personas no ensalcéis como conviene; hágoos, señora, saber que de quinientos cincuenta soldados, que pasamos con Cortés desde la isla de Cuba, no somos vivos en toda la Nueva España, de todos ellos, hasta este año de 1568 que estoy trasladando esta relación, sino cinco; que todos los demás murieron en las guerras ya por mí dichas, en poder de indios, y fueran sacrificados a los ídolos, y los demás murieron de sus muertes. Y los sepulcros, que me pregunta dónde los tienen, digo que son los vientres de los indios, que los comieron las piernas y muslos, brazos y molledos, pies y manos; y los demás, fueron sepultados sus vientres, que echaban a los tigres y sierpes y halcones, que en aquel tiempo tenían por grandeza en casas fuertes, y aquellos fueron sus sepulcros y allí están sus blasones; y a lo que a mí se me figura, con letras de oro habían de estar descritos sus nombres, pues murieron aquella crudelísima muerte, y por servir a Dios y a su majestad y dar luz a los que estaban en tinieblas: y también por haber riquezas, que todos los hombres comúnmente venimos a buscar. Y demás de le haber dado cuenta a la ilustre fama, me pregunta por los que pasaron con Narváez y con Garay; digo que los de Narváez fueron mil y trescientos, sin contar entre ellos hombres de la mar, y no son vivos de todos ellos sino diez o once, que todos los demás murieron en las guerras y sacrificados, y sus cuerpos comidos de indios, ni más ni menos que los nuestros; y los que pasaron con Garay de la isla de Jamaica, a mi cuenta: con las tres capitanías que vinieron a San Juan de Ulúa, antes que pasase el Garay con los que trajo a la postre cuando él vino, serían por todos mil y doscientos soldados, y todos los más fueron sacrificados en la provincia de Pánuco, y comidos sus cuerpos de los naturales de la provincia. Y demás desto, pregunta la loable fama por otros quince soldados que aportaron a la Nueva España, que fueron de los de Lucas Vázquez de Ayllón cuando le desbarataron, y él murió en la Florida. A esto digo que todos son muertos; y hágoos saber, excelente fama, que de todos los que he recontado y ahora somos vivos de los de Cortés, hay cinco, y estamos muy vicios y dolientes de enfermedades, y muy pobres y cargados de hijos, e hijas para casar y nietos, y con poca renta, y así pasamos nuestras vidas con trabajos y miserias. Y Pues ya he dado cuenta de lo que me han preguntado, y de nuestros palacios y blasones y sepulcros, suplícoos, ilustrísima fama, que de aquí adelante alcéis más vuestra excelente y virtuosísima voz, para que en todo el mundo se vean claramente nuestras grandes proezas; porque hombres maliciosos, con sus sacudidas y envidiosas lenguas, no las oscurezcan ni aniquilen; y procuréis que a los que su majestad le ganaron estas sus tierras y se les debe el premio dello, no se dé a los que no se les debe, porque ni su majestad tiene cuenta con ellos, ni ellos con su majestad sobre servicios que les hayan hecho. A esto que he suplicado a la virtuosísima fama, me responde que lo hará de muy buena voluntad, y que se espanta cómo no tenemos los mejores repartimientos de indios, pues los ganamos y su majestad lo manda dar: como los tiene el marqués Cortés; no se entiende que sea tanto, sino moderadamente. Y más dice la loable fama, que las cosas del valeroso y animoso Cortés han de ser siempre muy estimadas y contadas entre los hechos de valerosos capitanes; y que no hay memoria de ninguno de nosotros en los libros históricos que están escritos del cronista Francisco López de Gómara, ni en la del doctor Illescas, que escribió el Pontifical, ni en otros modernos cronistas: y solo el marqués Cortés dice en sus libros que es el que lo descubrió y conquistó, y que los capitanes y soldados que los ganamos quedamos en blanco sin haber memoria de nuestras personas y conquistas, y en que ahora se ha holgado mucho en saber claramente que todo lo que he escrito en mi relación es verdad. Y que la misma escritura trae consigo al pie de la letra lo que pasó, y no lisonjas viciosas, ni por sublimar a un solo capitán quieren deshacer a muchos capitanes y valerosos soldados, como ha hecho el Francisco López de Gómara y los demás cronistas que siguen su propia historia, sin poner ni quitar más de lo que él dice. Y más me prometió la buena fama, que por su parte lo pondrá con voz muy clara a do quiera que se hallare. Y demás de lo que ella declara, que mi historia si se imprime, cuando la vean y oigan, la darán fe verdadera, y oscurecerá las lisonjas de los pasados. Y además de lo que he propuesto a manera de diálogo, me preguntó un doctor, oidor de la audiencia real de Guatemala, que cómo Cortés, cuando escribía a su majestad y fue la primera vez a Castilla, no procuró por nosotros, pues por nuestra causa, después de Dios, fue marqués y gobernador. A esto respondí entonces, y ahora lo digo, que, como tomó para sí al principio, cuando su majestad le hizo merced de la gobernación, todo lo mejor de la Nueva España, creyendo que siempre fuera señor absoluto y que por su mano nos diera indios o quitara, y a esta causa se presumió que no lo hizo ni quiso escribir; y también, porque en aquel tiempo su majestad le dio el marquesado que tiene, y como le importunaba que le diese luego la gobernación de la Nueva España, como de antes la había tenido, y le respondió que ya le había dado el marquesado, no curó de demandar cosa ninguna para nosotros que bien nos hiciese, sino solamente para él. Y además desto, habían informado el factor y veedor y otros caballeros de México a su majestad que Cortés había tomado para sí las mejores provincias y pueblos de la Nueva España, y que había dado a sus amigos y parientes que nuevamente habían venido de Castilla otros buenos pueblos, y que no dejaba para el real patrimonio sino poca cosa; después supimos mandó su majestad que de lo que tenía sobrado diese a los que con él pasamos; y en aquel tiempo su majestad se embarcó en Barcelona para ir a Flandes. Y si Cortés en el tiempo que ganamos la Nueva España la hiciera cinco partes, y la mejor y de más ricas provincias y ciudades diera la quinta parte a nuestro rey y señor de su real quinto, bien hecho fuera, y tomara para sí una parte, y media dejara para iglesias y monasterios y propios de ciudades, y que su majestad tuviera que dar y hacer mercedes a caballeros que le servían en las guerras de Italia o contra turcos o moros, y las dos partes y media nos repartiera perpetuas, con ellas nos quedáramos, así Cortés con la una parte como nosotros; porque, como nuestro césar fue tan cristianísimo y no le costó el conquistar cosa ninguna, nos hiciera estar mercedes. Y demás desto, y como en aquella sazón no sabíamos qué cosa era demandar justicia, ni a quien la pedir sobre nuestros servicios, ni otros agravios y fuerzas que pasaban en las guerras, sino solamente al mismo Cortés como capitán, y que lo mandaba muy de hecho, nos quedamos en blanco con lo poco que nos habían depositado, hasta que vimos que a don Francisco de Montejo, que fue a Castilla ante su majestad, le hizo merced de ser adelantado y gobernador de Yucatán, y le dio los indios que tenía en México y le hizo otras mercedes; y Diego de Ordás, que asimismo fue ante su majestad, le dio una encomienda de Santiago y los indios que tenía en la Nueva España; y a don Pedro de Alvarado, que también fue a besar los pies a su majestad, le hizo adelantado y gobernador de Guatemala y Chiapas, y comendador de Santiago, y otras mercedes de los indios que tenía; y a la postre fue Cortés y le dio el marquesado y capitán general del mar del Sur. Y desque los conquistadores vimos que los que no parecían ante su majestad no tenían quién suplicase nos hiciese el rey mercedes, enviamos a suplicarle que lo que de allí adelante vacase, nos lo mandase dar perpetuo; y como se vieron nuestras justificaciones, cuando envió la primera audiencia real a México, y vino en ella por presidente Nuño de Guzmán y por oidores el licenciado Delgadillo, natural de Granada, y Matienzo, de Vizcaya, y otros dos oidores que llegando a México murieron; y mandó su majestad expresamente al Nuño de Guzmán que todos los indios de la Nueva España se hiciesen un cuerpo, a fin que las personas que tenían repartimientos grandes que les había dado Cortés, que no les quedase tanto y les quitasen dello, y que a los verdaderos conquistadores nos diese los mejores pueblos y de mas renta, y que para su real patrimonio dejasen las cabeceras y mejores ciudades. Y también mandó su majestad que a Cortés que le contasen los vasallos, y que le dejasen los que tenían capitulados en su marquesado, y lo demás no me acuerdo que mandó sobre ello; y la causa por donde no hizo el repartimiento perpetuo el Nuño de Guzmán y los oidores, fue por malos terceros, que por su honor aquí no nombro, porque le dijeron que si repartía la tierra, que cuando los conquistadores y pobladores se viesen con sus indios perpetuos no les tendrían en tanto acato ni serían tan señores de les mandar, porque no tendrían qué quitar ni poner, ni les vendrían a suplicar que les diese de comer; y de otra manera, que tendrían que dar de lo que vacase a quienes quisiesen, y ellos serían ricos y tendrían mayores poderes; y a este fin se dejó de hacer. Verdad es que el Nuño de Guzmán y los oidores, en vacando indios, luego los depositaban a conquistadores y pobladores, y no eran tan malos, como los hacían, para los vecinos y pobladores, que a todos les contentaban y daban de comer; y si les quitaron redondamente de la audiencia real, fue por las contrariedades que tuvieron con Cortés y sobre el herrar de los indios libres por esclavos. Quiero dejar este capítulo y pasaré a otro, y diré acerca del repartimiento perpetuo».

Capítulo CCXI. Cómo el año de 1550, estando la corte en Valladolid, se juntaron en el real consejo de Indias ciertos

prelados y caballeros, que vinieron de la Nueva España y del Perú por procuradores, y otros hidalgos que se hallaron presentes, para dar orden que se hiciese el repartimiento perpetuo; y lo que en la junta se hizo y platicó es lo que diré

En el año de 1550 vino del Perú el licenciado de la Gasca, y fue a la corte, que en aquella razón estaba en Valladolid, y trajo en su compañía a un fraile dominico que se decía don fray Martín «el regente»; y en aquel tiempo su majestad le mandó hacer merced al mismo regente del obispado de las Charcas; y entonces se juntaron en la corte don fray Bartolomé de las Casas, obispo de Chiapas, y don Vasco de Quiroga, obispo de Michoacan, y otros caballeros que vinieron por procuradores de la Nueva España y del Perú, y ciertos hidalgos que venían a pleitos ante su majestad, que todos se hallaron en aquella sazón en la corte, y juntamente con ellos, a mí me mandaron llamar, como a conquistador más antiguo de la Nueva España; y como el de la Gasca y todos los demás peruleros habían traído cantidad de millares de pesos de oro, así para su majestad como para ellos: y de lo que traían de su majestad se le envió desde Sevilla a Augusta de Alemania, donde en aquella sazón estaba su majestad, y en su real compañía nuestro felicísimo don Felipe, rey de las Españas, nuestro señor, su muy amado y querido hijo, que Dios guarde; y en aquel tiempo fueron Ciertos caballeros con el oro y por procuradores del Perú a suplicar a su majestad que fuese servido hacemos mercedes para que mandase hacer el repartimiento perpetuo: y según pareció, otras veces antes de aquella se lo habían suplicado por parte de la Nueva España, cuando fue un Gonzalo López y un Alonso de Villanueva con otros caballeros procuradores de México. Y su majestad mandó en aquel tiempo dar el obispado de Palencia al licenciado de la Gasca, que fue obispo y conde de Pernia, porque tuvo ventura que así como llegó a Castilla había vacado; y se decía en la corte por plática, que aun en esto tuvo ventura y dicho, demás de la que tuvo en dejar de paz el Perú, y tornar a haber el oro y plata que le habían robado los Contreras. Y volviendo a mi relación, lo que proveyó su majestad sobre la perpetuidad de los repartimientos de indios, fue enviar a mandar al marqués de Mondéjar, que era presidente en el real consejo de Indias, y al licenciado Gutierre Velázquez, y al licenciado Tello de Sandoval, y al doctor Hernán Pérez de la Fuente, y al licenciado Gregorio López, y al doctor Ribadeneyra, y al licenciado Briviesca, que eran oidores del mismo real consejo de Indias, y a otros caballeros de otros reales consejos, que todos se juntasen y que viesen y platicasen cómo se podía hacer el repartimiento, de manera que en todo fuese bien mirado el servicio de Dios, y su real patrimonio no viniese a menos. Y desque todos estos prelados y caballeros estuvieron juntos en las casas de Pero González de León, donde residía el real consejo de Indias, se platicó en aquella mue ilustrísima junta que se diesen los indios perpetuos en la Nueva España y en el Perú, no me acuerdo bien si se nombró el nuevo reino de Granada y Bogotá; mas paréceme que también entraron con los demás, y las causas que se propusieron en aquel negocio fueron santas y buenas. Lo primero se platicó que, siendo perpetuos, serían muy mejor tratados e industriados en nuestra santa fe, y que si algunos adoleciesen, los curarían como a hijos y les quitarían parte de sus tributos; y que los encomenderos se perpetuarían mucho más en poner heredades y viñas y sementeras, y criarían ganados y cesarían pleitos y contiendas sobre indios; y no había menester visitadores en los pueblos, y habría paz y concordia entre los soldados en saber que ya no tienen poder los para en vacando indios se los dar por vía de parentesco ni por otras maneras que en aquella sazón les daban; y con darles perpetuos a los que han servido a su majestad, descargaba su real conciencia; y se dijo otras muy buenas razones. Y más se dijo, que se habían de quitar en el Perú a hombres bandoleros, los que se hallasen que habían deservido a su majestad. Y después que por todos aquellos de la ilustre junta fue muy bien platicado de lo que dicho tengo, todos los más procuradores, con otros caballeros, dimos nuestros pareceres y votos que se hiciesen perpetuos los repartimientos: luego en aquella sazón hubo votos contrarios, y fue el primero el obispo de Chiapas, y lo ayudó su compañero fray Rodrigo, de la orden de santo Domingo, y asimismo el licenciado Gasca, que era obispo de Palencia y conde de Pernia, y el marqués de Mondéjar y dos oidores del consejo real de su majestad; y lo que propusieron en la contradicción aquellos caballeros por mi dichos, salvo el marqués de Mondéjar, que no se quiso mostrar a una parte ni a otra, sino que se estuvo a la mira a ver lo que decían y ver los que más votos tenían, fue decir que ¿cómo habían de dar indios perpetuos? Ni aun de otra manera por sus vidas no los habían de tener, sino quitárselos a los que en aquella sazón los tenían, porque personas había entre ellos en el Perú que tenían buena renta de indios, que merecían que los hubieran castigado, cuanto y más dárselos ahora perpetuos y que do creían que había en el Perú paz y asentada la tierra, habría soldados que, como viesen que no había que les dar, se amotinarían y habría más discordias. Entonces respondió don Vasco de Quiroga, obispo de Michoacan, que era de nuestra parte, y dijo al licenciado de la Gasca que ¿por qué no castigó a los bandoleros y traidores, pues conocía y le eran notorias sus maldades, y que él mismo les dio indios? Y a esto respondió el de la Gasca, y se paró a reír, y dijo: «Creerán, señores, que hice poco en salir en paz y en salvo de entre ellos, y algunos descuarticé e hice justicia»; y pasaron otras razones sobre aquella materia. Y entonces dijimos nosotros, y muchos de aquellos señores que allí estábamos juntos, que se diesen perpetuos en la Nueva España a los verdaderos conquistadores que pasamos con Cortés, y a los de Narváez y a los de Garay, pues habíamos quedado muy pocos, porque todos los demás murieron en las batallas peleando en servicio de su majestad, y lo habíamos servido bien; y que con los demás hubiese otra moderación. Y ya que teníamos esta plática por nuestra parte, y la orden que dicho tengo, unos de aquellos prelados y señores del consejo de su majestad dijeron que cesase todo hasta que el emperador nuestro señor viniese a Castilla, que se esperaba cada día, para que en una cosa de tanto peso y calidad se hallase presente; y puesto que por el obispo de Michoacan y ciertos caballeros, y yo juntamente con ellos, que éramos de la parte de la Nueva España, fue tornado a replicar, pues que estaban ya dados los votos conformes, se diesen perpetuos en la Nueva España; y que los procuradores del Perú procurasen por si, pues su majestad lo había enviado a mandar, y en su real mando mostraba afición para que en la Nueva España se diesen perpetuos. Y sobre ello hubo muchas pláticas y alegaciones, y dijimos que, ya que en el Perú no se diesen, que mirasen los muchos servicios que hicimos a su majestad y a toda la cristiandad; y no aprovechó cosa ninguna con los señores del real consejo de Indias y con el obispo fray Bartolomé de las Casas, y fray Rodrigo, su compañero, y con el obispo de las Charcas. Y dijeron que en viniendo su majestad de Augusta de Alemania, se proveería de manera que los conquistadores serían muy contentos; y así se quedó por hacer. Dejaré esta plática, y diré que en posta se escribió en un navío a la Nueva España, y como se supo en la ciudad de México las cosas arriba dichas que pasaron en la corte, concertaban los conquistadores de enviar por sí solos procuradores ante su majestad. Y aun a mí me escribió de México a esta ciudad de Guatemala el capitán Andrés de Tapia, y un Pedro Moreno Medrano y Juan de Limpias Carvajal, «el sordo», desde la Puebla, porque ya en aquella sazón era yo venido de la corte; y lo que me escribían, fue dándome cuenta y relación de los conquistadores que enviaban su poder: y en la memoria me contaban a mí por uno de los más antiguos, y yo mostré las cartas en esta ciudad de Guatemala a otros conquistadores, para que las ayudásemos con dineros para enviar los procuradores; y según pareció, no se concertó la ida por falta de pesos de oro, y lo que se concertó en México, fue que los conquistadores, juntamente con toda la comunidad, enviasen a Castilla procuradores, pero no se negoció y de esta manera andamos de mula coja, y de mal en peor, y de un virrey en otro, y de gobernador en gobernador. Y después desto, mandó el invictísimo nuestro rey y señor don Felipe (que Dios guarde y deje vivir muchos años, con aumento de más reinos) en sus reales ordenanzas y provisiones que para ello ha dado, que los conquistadores y sus hijos en todo conozcamos mejoría, y luego los antiguos pobladores casados, según se verá en sus reales cédulas.

Capítulo CCXII. De otras pláticas y relaciones que aquí irán declaradas, que serán agradables de oír

Como acabé de sacar en limpio esta mi relación, me rogaron dos licenciados que se la emprestase para saber muy por extenso las cosas que pasaron en las conquistas de México y Nueva España, y ver en qué diferían lo que tenían escrito los cronistas Francisco López de Gómara y el doctor Illescas acerca de las heroicas hazañas que hizo el marqués del Valle, de lo que en esta relación escribo: y yo se la presté, porque de sabios siempre se pega algo a los idiotas sin letras como yo soy, y les dije que no enmendasen cosa ninguna de las conquistas, ni poner ni quitar, porque todo lo que yo escribo es muy verdadero; y cuando lo hubieron visto y leído los dos licenciados, el uno dellos era muy retórico, y tal presunción tenía de sí, que después de la sublimar y alabar de la gran memoria que tuve para no se me olvidar cosa de todo lo que pasamos desde que vinimos a descubrir primero que viniese Cortés dos veces, y la postrera vine con Cortés, que fue en el año de 17 con Francisco Hernández de Córdoba, y en el 18 con un Juan de Grijalva, y en el de 19 vine con el mismo Cortés. Y volviendo a mi plática, me dijeron los licenciados que cuanto a la retórica, que va según nuestro común hablar de Castilla la Vieja, y que en estos tiempos se tiene por más agradable, porque no van razones hermoseadas ni afectadas, que suelen componer los cronistas que han escrito en cosas de guerras, sino toda una llaneza, y debajo de decir verdad se encierran las hermoseadas razones; y más dijeron, que les parece que me alabo mucho de mí mismo en lo de las batallas y reencuentros de guerra en que me hallé, y que otras personas lo habían de decir y escribir primero que yo; y también, para dar más crédito a lo que he dicho, que diese testigos y razones de algunos cronistas que lo hayan escrito, como suelen poner y alegar los que escriben, y aprueban con otros libros de cosas pasadas, y no decir, como digo tan secamente, esto hice y tal me acaeció, porque yo no soy testigo de mi mismo. A esto respondí, y digo ahora, que en el primer capítulo de mi relación, en una carta que escribió el marqués del Valle en el año de 1540 desde la gran ciudad de México a Castilla, a su majestad, haciéndole relación de mi persona y servicios, le hizo saber cómo vine a descubrir Nueva España dos veces primero que no él, y tercera vez que volví en su compañía, y como testigo de vista me vio muchas veces batallar en las guerras mexicanas y en toma de otras ciudades como esforzado soldado, hacer en ellas cosas notables y salir muchas veces de las batallas mal herido, y cómo fui en su compañía a Honduras e higüeras, que así nombran en esta tierra, y otras particularidades que en la carta se contenían, que por excusar prolijidad aquí no declaro; y asimismo escribió a su majestad el ilustrísimo virrey don Antonio de Mendoza, haciendo relación de lo que había sido informado de los capitanes, en compañía de los que en aquel tiempo militaban, y conformaba todo con lo que el marqués del Valle escribió; y asimismo por probanzas muy bastantes que por mi parte fueron presentadas en el real consejo de Indias en el año de 540. Así, señores licenciados, vean si son buenos testigos Cortés y el virrey don Antonio de Mendoza y mis probanzas; y si esto no basta, quiero dar otro testigo, que no lo habla mejor en el mundo, que fue el emperador nuestro señor don

Carlos V, por su real carta, cerrada con su real sello, mandó a los virreyes y presidentes que, teniendo respeto a los muchos y buenos servicios que le constó haberle hecho, sea antepuesto y conozca mejoría yo y mis hijo: todas las cuales cartas tengo guardadas los originales dellas, y los traslados se quedaron en la corte en el archivo del secretario Ochoa de Luyando; y esto doy por descargo de lo que los licenciados me propusieron. Y volviendo a la plática, si quieren más testigos tengan atención y miren esta Nueva España, que es tres veces más que nuestra Castilla y está más poblada de españoles, que por ser tantas ciudades y villas aquí no nombro, y miren las grandes riquezas que destas partes van cotidianamente a Castilla. Y demás desto, he mirado que nunca quieren escribir de nuestros heroicos hechos los dos cronistas Gómara y el doctor Illescas, sino que de toda nuestra prez y honra nos dejaron en blanco, si ahora yo no hiciera esta verdadera relación; porque toda la honra dan a Cortés; y puesto que tengan razón, no nos habían de dejar en olvido a los conquistadores, y de las grandes hazañas que hizo Cortés me cabe a mi parte, pues me hallé en su compañía de los primeros en todas las batallas que él se halló, y después en otras muchas que me envió con capitanes a conquistar otras provincias. Lo cual hallarán escrito en esta mi relación, dónde, cuándo y en qué tiempo: y también mi parte de lo que escribió en un blasón que puso en una culebrina, que fue un tiro que se nombró el Ave Fenix, el cual se forjó en México de oro y plata y cobre, y le enviamos presentado a su majestad, y decían las letras del blasón: «Esta ave nació sin par, yo en serviros sin segundo, y vos sin igual en el mundo». Así que parte me cabe desta loa de Cortés; y además desto, cuando fue Cortés la primera vez a Castilla a besar los pies a su majestad, le hizo relación que tuvo en las guerras mexicanas muy esforzados y valerosos capitanes y compañeros, que, a lo que creía, ningunos más animosos que ellos había oído en crónicas pasadas de los romanos; también me cabe parte dello. Y cuando fue a servir a su majestad en lo de Argel, sobre cosas que allá acaecieron cuando alzaron el campo por la gran tormenta que hubo, dicen que dijo en aquella sazón muchas loas de los conquistadores sus compañeros; así, que de todas sus hazañas me cabe a mí parte dellas, pues yo fui en le ayudar. Y volviendo a nuestra relación de lo que dijeron los licenciados, que me alabo mucho de mi persona y que otros lo habían de decir, a esto respondí que en este mundo se suelen alabar unos vecinos a otros las virtudes y bondades que en ellos hay, y no ellos mismos; mas él que no se halló en la guerra, ni lo vio ni lo entendió, ¿cómo lo puede decir? ¿Habíanlo de parlar los pájaros en el tiempo que estábamos en las batallas, que iban volando, o las nubes que pasaban por alto, sino solamente los capitanes y soldados que en ello nos hallamos? Y si hubiérades visto, señores licenciados, que en esta mi relación hubiera yo quitado su prez y honra a algunos de los valerosos capitanes y fuertes soldados, mis compañeros, que en las conquistas nos hallamos, y aquella misma honra me pusiera a mí solo, justo fuera quitarme parte; mas aun no me alabo tanto como yo puedo y debo. Y a esta causa lo escribo para que quede memoria de mí; y quiero poner aquí una comparación, y aunque es por la una parte muy alta, y de la otra un pobre soldado como yo digo que me hallé en muchas más batallas que el Julio César, que dicen de él sus crónicas que fue muy animoso y presto en las armas y muy esforzado en dar una batalla, y cuando tenía espacio, de noche escribía por propias manos sus heroicos hechos; y puesto que tuvo muchos cronistas, no lo quiso fiar dellos, que él lo escribió; así que no es mucho que yo ahora en esta relación declare en las batallas que me hallé peleando y en todo lo acaecido. Y para que bien se entienda todo lo que dicho tengo, y en las batallas y reencuentros de guerra en que he hallado desde que vine a descubrir Nueva España hasta que estuvo pacificada, y puesto que hubo otras muchas guerras y reencuentros, que yo no me hallé en ellas, así por estar mal herido como por tener otros males que con los trabajos de las guerras suelen recrecer; y también, como había muchas provincias que conquistar, unos soldados íbamos a unas entradas y provincias y otros iban a otras; mas en las que yo me hallé son las siguientes:

Primeramente, cuando vine a descubrir Nueva España y lo de Yucatán con un capitán que se decía Francisco Hernández de Córdoba, en la Punta de Cotoche un buen reencuentro de guerra.

Luego más adelante, en lo de Champotón, una buena batalla campal, en que nos mataron la mitad de todos nuestros compañeros y yo salí mal herido, y el capitán con dos heridas, de que murió.

Luego de aquel viaje en lo de la Florida, cuando fuimos a tomar agua, un buen reencuentro de guerra, donde salí herido, y allí nos llevaron vivo un soldado.

Y cuando vine con otro capitán que se decía Juan de Grijalva, una batalla campal que fue con los de Champotón, que fue en el mismo pueblo la primera vez cuando lo de Francisco Hernández, y nos mataron diez soldados, y el capitán salió mal herido.

Después cuando vine tercera vez con el capitán Cortés, en lo de Tabasco, que se dice el río de Grijalva, en dos batallas campales, yendo por capitán Cortés.

De que llegamos a Nueva España, en la de Cingapacinga, con el mismo Cortés.

De ahí a pocos días en tres batallas campales en la provincia de Tlaxcala, con Cortés.

Luego el peligro de lo de Cholula.

Entrados en México, me hallé en la prisión de Moctezuma; no lo escribo por cosa que sea de contar de guerra, sino por el gran atrevimiento que tuvimos en prender aquel tan gran cacique.

De ahí obra de cuatro meses, cuando vino el capitán Narváez contra nosotros, y traían mil y trescientos soldados, noventa de a caballo y ochenta ballesteros y noventa espingarderos, y nosotros fuimos sobre él doscientos y sesenta y seis y le desbaratamos y prendimos, con Cortés.

Luego fuimos al socorro de Alvarado, que le dejamos en México en guarda del gran Moctezuma, y se alzó México, y en ocho días con sus noches que nos dieron guerra los mexicanos, nos mataron sobre ochocientos y sesenta soldados; pongo aquí en estos días, que batallamos seis días, y batallas en que me hallé.

Luego en la batalla que dimos en esta tierra de Otumba; luego cuando fuimos sobre Tepeaca, en una batalla campal, yendo por capitán el marqués Cortés.

Después cuando íbamos sobre Texcoco, en un reencuentro de guerra con mexicanos y los de Texcoco, yendo Cortés por capitán.

En dos batallas campales, y salí bien herido de un bote de lanza en la garganta, en compañía de Cortés.

Luego en dos reencuentros de guerra con los mexicanos cuando íbamos a socorrer ciertos pueblos de Texcoco, sobre la cuestión de unos maizales de una vega, que están entre Texcoco y México.

Luego cuando fui con el capitán Cortés, que dimos vuelta a la laguna de México, en los pueblos más recios que en la comarca había, los peñoles, que ahora se llaman, «del Marqués», donde nos mataron ocho soldados y tuvimos mucho riesgo en nuestras personas, que fue bien desconsiderada aquella subida y tomada del peñol, con Cortés.

Luego en la batalla de Cuernavaca, con Cortés.

Luego en tres batallas en Xochimilco, donde estuvimos en gran riesgo todos de nuestras personas, y nos mataron cuatro soldados, con el mismo Cortés.

Luego cuando volvimos sobre México, en noventa y tres días que estuvimos en la ganar, todos los más destos días y noches teníamos batallas campales, y halló por cuenta que serían más de ochenta batallas, reencuentros de guerra en las que entonces me hallé.

Después de ganado México, me envió el capitán Cortés a pacificar las provincias de Guazacualco y Chiapas y zapotecas, y me hallé en tomar la ciudad de Chiapas, y tuvimos dos batallas campales y un reencuentro.

Después en los de Chamula y Cuitlan otros dos encuentros de guerra.

Después en Teapa y Cimatan otros dos reencuentros de guerra, y mataron dos compañeros míos, y a mí me hirieron malamente en la garganta.

Más que se olvidaba, cuando nos echaron de México, que salimos huyendo, en nueve días que peleamos de día y de noche, en otras cuatro batallas.

Después la ida de Higüeras y Honduras con Cortés, que estuvimos dos años y tres meses hasta volver a México, y en un pueblo que llamaban Zulaco hubimos una batalla campal, y a mí me mataron el caballo, que me costó 600 pesos.

Después de vueltos a México ayudé a pacificar las sierras de los zapotecas y minxes, que se habían alzado entre tanto que estuvimos en aquella guerra.

No cuento otros muchos reencuentros de guerra, poro que sería nunca acabar, ni digo de cosas de grandes peligros en que me hallé y se vio mi persona.

Y tampoco quiero decir cómo soy uno de los primeros que volvimos a poner cerco a México primero que Cortés cuatro o cinco días; por manera que vine primero que el mismo Cortés a descubrir Nueva España dos veces, y como dicho tengo, me hallé en tomar la gran ciudad de México y en quitarles el agua de Chapultepec, y hasta que se ganó México no entró agua dulce en aquella ciudad.

Capítulo CCXII bis. De las señales y planetas que hubo en el cielo de Nueva España antes que en ella entrásemos, y pronósticos de declaración que los indios mexicanos hicieron, diciendo sobre ellos; y de una señal que hubo en el cielo, y otras cosas que son de traer a la memoria

Dijeron los indios mexicanos, que poco tiempo había, antes que viniésemos a Nueva España, que vieron una señal en el cielo, que era como entre verde y colorado y redonda como rueda de carreta y que junto a la señal venía otra raya y camino de hacia donde sale el Sol y se venía a juntar con la raya colorada; y Moctezuma, gran cacique de México, mandó llamar a sus papas y adivinos, para que mirasen aquella cosa y señal, nunca entre ellos vista ni oída, que tal hubiese, y según pareció, los papas lo comunicaron con el ídolo Huichilobos, y la respuesta que dio, fue que tendrían muchas guerras y pestilencias, y que habría sacrificación de sangre humana. Y como vinimos en aquel tiempo con Cortés y dende a diez meses, vino Narváez y trajo un negro lleno de viruelas, el cual las pegó a todos los indios que había en un pueblo que se decía Cempoal, y desde aquel pueblo cundió en toda Nueva España y hubo grande pestilencia. Y además de esto las guerras que nos dieron en México cuando fuimos al socorro de Pedro de Alvarado, que de mil y trescientos soldados que en ella entramos, mataron y sacrificaron ochocientos y cincuenta; por manera que los que lo dijeron, salieron ciertos en los de las señales. Nosotros nunca las vimos, sino por dicho de mexicanos lo pongo aquí, porque así lo tienen en sus pinturas, las cuales hallamos verdaderas. Lo que yo vi y todos cuantos quisieron ver, en el año del veintisiete, estaba una señal del cielo de noche a manera de espada larga, como entre la provincia de Pánuco y la ciudad de Texcoco, y no se mudaba del cielo, a una parte ni a otra, en más de veinte días: y dijeron los papas e indios mexicanos que era señal que habría pestilencia, y dende a pocos días hubo sarampión y otra enfermedad, como lepra que hedía muy mal, de lo cual murió mucha gente, pero no tanto como de la viruela. También quiero decir cómo en la villa de Guazacualco en el año veintiocho, llovió una aguacero de terrones, y no eran de la manera que otras veces suele llover, y en cayendo en el suelo, aquello que parecía agua, se congelaba en sapos, poco mayores que moscardones y se cuajó el suelo de ellos y luego comenzaron a saltar la vía del río que estaba cerca y sin ir unos la vía de otros, ni quebrar la vía derecha, se entraron en el río, y como eran muchos y la tierra calurosa, y hace muchos soles no pudieron llegar todos los sapos al río, y así quedaron muchos en el suelo, y aves carniceras y de rapiña comieron todos los más, y los que no llegaron dieron mal olor, y los mandamos limpiar para quitar la hedentina. Así mismo dijeron otras personas de fe y de creer, que en un pueblo cerca de la Veracruz, que se dice Cempoal, llovió en aquel instante muchos sapillos junto a un ingenio de azúcar, que había en aquella sazón en Cempoal que era del contador Albornoz. Y como esto de llover de los sapos, parece que no son cosas que todos los hombres las ven con los ojos, estuve por no escribirlas, porque como dicen los sabios: que cosas de admiración que no se cuenten; y leyendo esta relación un caballero, vecino de esta ciudad, persona de calidad que se dice Juan de Guzmán, dijo que es verdad, que vinieron él y otro hidalgo Por la provincia del Yucatán que llovió tantos sapos que en los capotes que llevaban de camino, del agua que cayó en ellos, se congeló gran cantidad de sapos pequeños, y que los sacudieron. Y así mismo dijo otro vecino de Guatemala, que se llama Cosme Román, que en la Ciudad Vieja llovió sapillos y era en el tiempo que dijo Guzmán. Volvamos a una gran tormenta y tempestad que acaeció en Guatemala y es que en el año 1541, por el mes de septiembre, llovió tanta agua, tres días con sus dos noches, que se hinchó una boca de un volcán que estaba obra de una legua de la ciudad de Guatemala y reventó por un lado de la abertura del volcán y, del gran ímpetu del agua, trajo muchas piedras y árboles, de tal manera que si no lo hubiera visto, no lo pudiera creer, porque dos yuntas de bueyes, no las podrían arrancar, las cuales piedras están hoy día por señal; y además de ella, los árboles con sus raíces muy grandes, y muchos maderos y piedras chicas; el agua era a manera de lama y cieno cuajado, y hubo tan gran viento que hacía alzar olas al agua, puesto que era como lama, y con esta agua, grandísimo ruido, no se oían unos a otros vecinos, ni padres a hijos no se podían valer. Y esta tormenta fue en sábado en la noche a obra de las diez, en once de septiembre del año ya por mí dicho. Y toda aquella tempestad, de piedras, maderos, agua y cieno, vino por mitad de lo poblado de Guatemala y llevó y derribó todas las casas que halló, por fuertes y recias que eran, y murieron en ellas muchos hombres, mujeres y niños, y se perdieron cuantas alhajas y hacienda tenían los vecinos; y otras muchas casas que estaban en parte, que la tormenta no las llevó, quedaron llenas hasta las ventanas de lama, lodo y piedras, atravesando muchos árboles; y en aquella sazón, que esto pasaba, se recogió a rezar en un oratorio, una ilustre señora que se decía doña Beatriz de la Cueva, mujer del adelantado, don Pedro de Alvarado, y tenía consigo algunas damas y doncellas que había traído de Castilla para las casar; y estando rezando y rogando a Dios que las guardase de la tempestad, cuando no se cató vino el agua y cieno con tanto sonido y recio que la derribó, la casa y oratorio, y las ahogó y llevó el agua; que no se escaparon sino una señora que se dice doña Leonor de Alvarado, hija del adelantado, la cual hallaron entre unos árboles y piedras grandes y desde que la conocieron sus criados la sacaron medio muerta y sin sentido; y ahora en esta sazón está casada con un caballero, que se dice don Francisco de la Cueva que es primo del duque de Alburquerque, y tiene hijos varones muy buenos caballeros e hijas doncellas muy generosas para casar, y también escaparon otras dos señoras de las que no recuerdo sus nombres. Volveré a tratar de esta materia que después día claro, muchas personas dijeron que cuando andaba la tormenta, que oyeron silbos, y voces y aullidos muy espantables, y decían que venían envueltos con las piedras muchos demonios, que de otra manera que era cosa imposible venir tantas piedras y árboles sobre sí, y que andaba en las olas una vaca con un cuerno y dos bultos de hombres como negros de malas caras y gestos y que decían a grandes voces: Dejadlo, dejadlo, que todo ha de perecer y acabar. Y cuando salían los vecinos a las puertas o se asomaban a las ventanas a ver que cosa era, tomaban en sí gran pavor y si porfiaban de salir de una calle a otra para se guarecer, los padres a los hijos, y los maridos a sus mujeres, los arrebataba la ola de agua y del cieno y los llevaba hasta el río que estaba muy cerca. Y además de estos desastres hizo otros peores males a los indios que estaban poblados y vivían más arriba, en aquel pasaje donde venían las piedras y maderas, agua y cieno, y a todos los ahogó. Dios perdónelos así a unos como a los otros, Fama fue que aquella señora, ya por mí nombrada otras veces, que allí se ahogó, que pocos días habían le habían traído nuevas de que el adelantado, su marido, le habían muerto, en socorro que fue a hacer en los soldados de Nochitlán, españoles, según más largamente lo he recontado y está escrito, y como le trajeron tan tristes nuevas, ella se mesó los cabellos y lloró mucho y se rasguñó su cara y por más sentimiento mandó que todas las paredes de su casa se parasen negras con una tinta y betún negro; y después de hechas las, honras por su querido marido, pareció que echaba menos cada día más al adelantado su marido, y daba gritos y voces y hacía muchos sentimientos y no quería comer, ni recibir consolación; y como se suele usar consolar a los tristes y viudas, iban a verla muchos caballeros de esta ciudad y la decían palabras con que se consolase y no tuviese tanta pena, pues Dios fue servido de llevarse aquel caballero: y que hiciese bien por su alma, y diese gracias a Dios por ello, y la decían otras palabras de consuelo que en tales cosas se suelen decir; y dicen que respondió, que daba gracias a Dios por ello, pero que no tenía otro consuelo en este mundo, en que Dios nuestro señor la pudiese hacer más daño de lo hecho en llevarle a su marido; y dijeron muchas personas que si fueran dichas aquellas palabras de todo corazón, que fueron muy malas y que Dios nuestro señor, no se pagó de ellas y que fue servido por aquella blasfemia, la tempestad viniese y que feneciese en ella con sus doncellas, y que muriesen, así vecinos, mujeres y niños e indios e indias, y casas y haciendas y que todo se perdiese. Secretos son de Dios, por todo lo que es servido de hacer y le hemos de dar gracias y loores y con corazones contritos suplicarle, nos perdone nuestros pecados. Después que he estado en Guatemala, he oído decir que nunca aquella señora dijo tan malas palabras, sino que tan solamente que deseaba morirse con su marido; y lo demás que se lo levantaron. Y volviendo a decir de las piedras que trajo la avenida, son tan grandes, que cuando vienen a esta ciudad forasteros, las van a ver y quedan espantados. Después de aquella desdicha pasó de la tormenta, los vecinos que escaparon de ella buscaron los cuerpos de los muertos y los enterraron y no osaron vivir en la ciudad: porque muchos de ellos y casi todos se fueron a estar a sus estancias, y otros hicieron ranchos Y chozas en el campo, hasta que se acordó por todos los vecinos que se poblase esta ciudad donde ahora está, que solía ser labranza de maizales. Y cierto no fue buen acuerdo tomar tan mal asiento, porque mejor estuviera en Petapa y más convenientes para todos los vecinos mercaderes, o en los llanos de Chimaltenango; y si miramos bien en ello, en esta ciudad desde que aquí se asentó, nunca faltan trabajos de venir el río crecido o temblores. Y dejando esto del mal asiento, quiero traer a la memoria lo que se acordó y ordenó en esta ciudad por el obispo pasado, de buena memoria, y otros caballeros, que se hiciese una procesión cada año a once de septiembre y que saliese de la iglesia mayor y fuese de madrugada a la Ciudad Vieja, y llevase todas las cruces y dignidades y clérigos y religiosos todos con gran contrición, cantando las letanías y otras santas oraciones, y todos los demás rezando y demandando a Dios misericordia, para que nos perdone nuestros pecados y los de los que murieron en aquella tormenta, hasta llegar con la procesión a la Iglesia que solía ser en la Ciudad Vieja, y la tienen bien adornada y enramada, y paños de tapicería, y aderezados los altares y allí dicen misa los sacerdotes y religiosos y desde que acaban de decir las misas, dicen sus responsos por los difuntos que allí están enterrados y ponen en las sepulturas de personas insignes algunas tumbas con hachas de cera encendidas; y ofreciendo pan y vino y carneros y en otras de lo que pueden, según la calidad de los difuntos que allí están enterrados y todas las más veces hay sermones y el obispo, ya otra vez por mí nombrado, iba con la procesión, el cual murió, y en su testamento dejó cierta renta para que se pagase a los sacerdotes, las misas que dijesen: remítome al testamento. Y después que se ha dicho misa y oído sermón, muchos vecinos de esta ciudad y Caballeros y señoras tienen allá sus ollas, meriendas y comidas suntuosas, según que se usa en Castilla, y se van a holgar a algunas huertas y jardines o en el campo, o como cuando tenemos una procesión fuera de la ciudad o promesa o advocación y santos, se tiene por costumbre en Castilla, llevar el almuerzo. Esto que aquí he dicho y relatado, yo no me hallé en ello, mas dígolo porque entre los papeles y memorias que dejó el buen obispo don Francisco Marroquín, estaban escritos los temblores, cómo y cuándo y de qué manera pasó, según aquí va declarado, y lo

436

demás me dijeron personas de fe y de creer, que se hallaron presentes en la avenida, porque en aquel tiempo estaba en Chiapas; y después de esto pasado, han corrido otros tiempos, que dicen los curas y dignidades de esta santa Iglesia de Guatemala, que no dejó renta el obispo don Francisco Marroquín, de buena memoria, para hacer la procesión que se solía hacer, y así está ya todo olvidado de tantos años a esta parte ya pasados.

Libros a la carta

A la carta es un servicio especializado para
  empresas,
  librerías,
  bibliotecas,
  editoriales
  y centros de enseñanza;
  y permite confeccionar libros que, por su formato y concepción, sirven a los propósitos más específicos de estas instituciones.

Las empresas nos encargan ediciones personalizadas para marketing editorial o para regalos institucionales. Y los interesados solicitan, a título personal, ediciones antiguas, o no disponibles en el mercado; y las acompañan con notas y comentarios críticos.

Las ediciones tienen como apoyo un libro de estilo con todo tipo de referencias sobre los criterios de tratamiento tipográfico aplicados a nuestros libros que puede ser consultado en Linkgua-ediciones.com .

Linkgua edita por encargo diferentes versiones de una misma obra con distintos tratamientos ortotipográficos (actualizaciones de carácter divulgativo de un clásico, o versiones estrictamente fieles a la edición original de referencia).

Este servicio de ediciones a la carta le permitirá, si usted se dedica a la enseñanza, tener una forma de hacer pública su interpretación de un texto y, sobre una versión digitalizada «base», usted podrá introducir interpretaciones del texto fuente. Es un tópico que los profesores denuncien en clase los desmanes de una edición, o vayan comentando errores de interpretación de un texto y esta es una solución útil a esa necesidad del mundo académico.

Asimismo publicamos de manera sistemática, en un mismo catálogo, tesis doctorales y actas de congresos académicos, que son distribuidas a través de nuestra Web.

El servicio de «libros a la carta» funciona de dos formas.

1. Tenemos un fondo de libros digitalizados que usted puede personalizar en tiradas de al menos cinco ejemplares. Estas personalizaciones pueden ser de todo tipo: añadir notas de clase para uso de un grupo de estudiantes,

introducir logos corporativos para uso con fines de marketing empresarial, etc. etc.

2. Buscamos libros descatalogados de otras editoriales y los reeditamos en tiradas cortas a petición de un cliente.

www.ingramcontent.com/pod-product-compliance
Lightning Source LLC
Chambersburg PA
CBHW031324230426
43670CB00006B/228